Rudolf Hickel
Jan Priewe

Nach dem Fehlstart

Ökonomische
Perspektiven
der deutschen
Einigung

S. Fischer

Gesamtherstellung: Wagner GmbH, Nördlingen
Printed in Germany 1994
ISBN 3-10-033506-6

Inhalt

Vorwort

Die Verwirklichung der deutschen Einheit erweist sich, vor allem im sozial-ökonomischen Bereich, schwieriger als erwartet. Während sich in Ostdeutschland von Anfang an eine tiefgreifende Transformationskrise zeigte, geriet Westdeutschland mit dem Ende des Einigungsbooms Mitte 1992 in die wirtschaftliche Rezession. Die Entwicklung im neuen Deutschland wird durch hohe Staatsverschuldung, Massenarbeitslosigkeit und strukturelle Defizite der Wirtschaft gekennzeichnet. Durch diese Herausforderung wird auch die europäische Wirtschafts- und Währungsintegration in Mitleidenschaft gezogen.

In der Öffentlichkeit machen sich Resignation und – was noch schlimmer ist – Perspektivlosigkeit breit. Die erste Voraussetzung, diese ernste Lage zu überwinden, besteht in einer umfassenden Information der Entscheidungsträger *und* der Öffentlichkeit. Und hier beginnen die Schwierigkeiten. Der ökonomische Prozeß der deutschen Einigung im Kontext der europäischen Integration wird immer komplexer und daher selbst für den Interessierten immer weniger durchschaubar.

Diese Ausgangslage hat uns motiviert, die sozial-ökonomischen Fragen der deutschen Einigung im makroökonomischen Zusammenhang zu analysieren und Lösungsansätze zu entwerfen. Dabei fühlten wir uns durch das Echo auf unser Buch *»Der Preis der Einheit«* (1991 als Fischer Taschenbuch, Bd. 11272) bestärkt. Wir sind uns bewußt, eine Gratwanderung zwischen fachlicher Analyse und sachbuchartiger Aufarbeitung der Fakten und Perspektiven eingegangen zu sein. So gesehen besteht ein Zweck des Buches darin, dem fachlich interessierten Publikum Daten und Analysen zu vermitteln, die einer weiteren Vertiefung in der Fachliteratur bedürfen, während einem breiteren Publikum Gelegenheit geboten werden soll, sich einen Überblick zu verschaffen.

Bremen/Berlin, Januar 1994 Rudolf Hickel/Jan Priewe

Einleitung

Nach dem Fehlstart: Aufgaben, Perspektiven, Alternativen

Kaum jemand konnte sich im Jahre 1989 vorstellen, daß die beiden deutschen Staaten in so kurzer Zeit vereint werden. Niemand, auch nicht der lauteste Kassandra-Rufer, glaubte 1990, daß die wirtschaftliche Lage des neuen Deutschlands so aussieht, wie sie sich vier Jahre später darstellt. *So* hat die Einheit niemand gewollt. Die deutsche Wirtschaft ist in eine tiefe Krise geschlittert. Im Westen kam es zu einer Rezession; im Osten brach das Wirtschaftssystem zusammen. Beides zusammen ergibt die schwerste Wirtschaftskrise nach dem Zweiten Weltkrieg. Der Osten soll dem Westen angeglichen werden, aber die Geburt der Wiedervereinigung bekam bisher beiden nicht. Der Start in die Vereinigung, von manchen seit Jahrzehnten erhofft, von den meisten insgeheim längst aufgegeben, für viele ein Alptraum – nach vier Jahren läßt sich mit Fug und Recht sagen: *Es war ein Fehlstart.*

Den Weg der schnellstmöglichen nachholenden Modernisierung, auf den die ostdeutsche Wirtschaft geschickt wurde, erwies sich als Sackgasse. Die dabei angewandte »Schocktherapie«, die auf schnelle harte DM, Dynamik der Marktkräfte, schnelle Privatisierung und billige Finanzierung setzte, war keine Therapie. Das Modell Deutschland, auf das man siegesgewiß in Ost und West gesetzt hatte, steht vor seiner schwersten Prüfung, denn es muß grundlegend reformiert werden.

In den neuen Bundesländern ist jeder Dritte arbeitslos, die Beschäftigung sank um 40 vH, und nur mit hohen Finanztransfers aus dem Westen kann die Zahl der Arbeitsplätze auf dem jetzigen Niveau gehalten werden. Die ostdeutsche Wirtschaft hat ihre Basis, die Industrie, verloren; die Deindustrialisierung ist eingetreten. Die Industrieproduktion sank um etwa 70 vH seit 1989 und wird nur mühsam wieder hochkommen. Anstelle der versprochenen blühenden Landschaften entstand eine Industriewüste, in der nur wenige industrielle Kerne mit Milliardensubventionen – gewissermaßen kleine Oasen – erhalten werden konnten. An innovativen

Keimzellen für spätere wirtschaftliche Dynamik mangelt es. Ein großer Teil der Ost-Wirtschaft hat die Transformation in die westdeutschen Produktionsverhältnisse nicht überstanden. Marktwirtschaft ohne Märkte, Kapitalismus ohne Kapital und Kapitalisten – soziale Marktwirtschaft als tiefgreifende Abhängigkeit von westlichen Sozialtransfers.

Gewiß, die Durchschnittseinkommen sind seit der Wende kräftig gestiegen, vielen geht es seitdem wirtschaftlich viel besser, vielen nicht unbedingt besser, aber auch nicht schlechter; indessen ist die große Zahl der ostdeutschen Einigungsverlierer unübersehbar. Nie zuvor gab es in Deutschland seit Kriegsende derartige soziale Erschütterungen, die von der großen Mehrheit der Ostdeutschen mit – für westliche Augen – unerhörtem Langmut und tiefer Resignation, auch Verbitterung, hingenommen werden. Für viele ist die Vergangenheit der Vergleichsmaßstab, die Meßlatte ist niedrig gesteckt: Es kann ja nur besser werden, wenn nicht für alle, dann doch für mich.

Der Nebel um die Zukunftsperspektiven der ostdeutschen Wirtschaft lichtet sich allmählich. Eine Ernüchterung folgte bislang der anderen. Es wird noch ein paar Jahre dauern, bis die Produktion den Stand von 1989 wieder erreicht hat. Ein sich selbst tragender Aufschwung wird noch lange nicht Wirklichkeit, aber subventionsgestütztes Wirtschaftswachstum, das von sich aus keine durchgreifende Reindustrialisierung bringt. Die Marktkräfte dringen nicht bis in die Tiefe und Breite des Ostens, um dort eine neue tragfähige wirtschaftliche Basis zu schaffen. Der Phönix aus der Asche läßt sich nicht blicken, die Zerstörung des Alten ist kaum schöpferisch, wie Schumpeter es sich von Innovationen erhoffte. Alle Prognosen deuten darauf hin, daß auch auf lange Sicht kaum mehr als sechs Millionen Arbeitsplätze in den neuen Bundesländern existieren werden, also nicht mehr als jetzt. Die dort getätigten Investitionen werden die Produktivität steigern, kapitalintensive Produktion wird dominieren, aber das Gebiet bleibt bedeutend strukturschwächer als die schwächsten westdeutschen Regionen. Ostdeutschland ist und bleibt eine *Dependenzökonomie*, zwar kein deutsches *»mezzoggiorno«*, aber gegenüber Westdeutschland systematisch unterentwickelt.

Nach dem Jahr 2000 wird der ostdeutsche Arbeitsmarkt allerdings wieder annähernd ins Lot kommen: nicht durch mehr Beschäftigung, sondern durch schrittweise Verminderung des Arbeitskräftepotentials. Ältere geben die Arbeitsplatzsuche auf oder kommen ins Rentenalter, Frauen werden in die »stille Reserve« des Arbeitsmarktes verdrängt, Jüngere und viele Fachkräfte wandern Jahr für Jahr gen Westen, die Geburtenrate hat sich halbiert, und die Bevölkerungszahl schmilzt dahin. *Passive Sanierung* nennt die Regionalökonomie diesen Prozeß, der allerdings erst spät im nächsten Jahrzehnt zu einer »Normalisierung« der Arbeitsmärkte führt.

Es scheint, die Einigungspolitik, ausnahmsweise auf Langfristigkeit getrimmt, hat längst auf diesen Zug gesetzt und sich klammheimlich die Vergeblichkeit eingestanden, eine breite wirtschaftliche Erneuerung zustande zu bringen. Sie würde auch den Preis der Einheit noch höher schrauben, und die knappen öffentlichen Mittel sollen vorrangig zur Pflege des kriselnden »Standortes Deutschland« eingesetzt werden – der aber befindet sich, von wenigen Ausnahmen abgesehen, im Westen der Republik. Gleichwohl müssen auf längere Sicht hohe Finanztransfers in der heutigen Dimension, also etwa 5 vH des westdeutschen Sozialproduktes, jährlich für die Alimentierung der Länder- und Gemeindehaushalte, der Unternehmen und privaten Haushalte aufgebracht werden. So notwendig die Milliarden sind, für den wirtschaftlichen Aufbau reichen sie nicht. Mit Geld allein wäre es auch nicht getan.

Das neue Deutschland wird ein unausgeglichenes wirtschaftsgeografisches Gebilde sein, wie es in den meisten anderen hochentwickelten Ländern freilich längst existiert. Jetzt erst wird deutlich, daß Westdeutschland über Jahrzehnte hinweg eine relativ ausgeglichene Regionalstruktur hatte, aus historischen Gründen, aber auch durch regionalpolitische Anstrengungen bedingt. Das war auch ein Erfolg des Sozialstaats mit einer Politik zur Herstellung »einheitlicher Lebensverhältnisse« durch föderalen Ausgleich. Deutschlands neue Regionalstruktur wird jetzt eher der Italiens, Frankreichs, Spaniens oder der USA ähneln.

Für die Mehrheit der wirtschaftswissenschaftlichen Analytiker sind die *Ursachen* des ostdeutschen Fiaskos eindeutig, denn immer, wenn hohe Arbeitslosigkeit herrscht, sind – so die neoklassische Sicht – zu hohe Löhne die Hauptschuldigen. Wir halten dagegen, daß der Produktivität weit vorauseilende Löhne in der Ex-DDR ganz unvermeidbar waren; und selbst wenn extrem niedrige Löhne vereinbart worden wären, wäre rentable Produktion mit guten Absatzchancen höchst unsicher gewesen. Der Kern der ostdeutschen Tragödie liegt vielmehr in den Ausgangsbedingungen, die durch die schnelle Währungsunion geschaffen wurden, die die ostdeutsche Wirtschaft in eine extreme Quasi-Aufwertung führten. Angesichts dieser politisch-ökonomischen Ausgangslage wäre eine behutsame interventionistische Einigungspolitik notwendig gewesen, aber das Gegenteil wurde – häufig dilettantisch – praktiziert. Fehler wurden zu spät und halbherzig korrigiert, es mangelt bis heute an einer Aufbaustrategie. *In erster Linie hat die Wirtschaftspolitik den Fehlstart zu verantworten.*

Der westdeutsche Einigungsboom 1990–92 lebte von der Explosion der schuldenfinanzierten Staatsausgaben und der Beherrschung der ostdeutschen Märkte zu Lasten der dortigen Produktionsmöglichkeiten. Nirgendwo auf der Welt hatten westdeutsche Unternehmen so leichtes Spiel, rasch neue Absatzmärkte ohne relevante Konkurrenz und nur mit einem Minimum an erforderlicher lokaler Produktion vor Ort zu gewinnen. Der Boom mußte ebenso schrill enden, wie er begann. Gesamtwirtschaftlich, gesamtdeutsch war er gefährliches Gift. Zwar blieb nach dem Ende des Booms die einigungsbedingte Staatsverschuldung hoch, die weiteren Impulse, die allein Wachstum erzeugen, verminderten sich. Infolge des industriellen Desasters in Ostdeutschland kam es nicht zur erhofften großen Investitionsgüternachfrage aus den neuen Bundesländern. Als dann noch die Exporte Westdeutschlands scharf absackten, begann ab Mitte 1992 die westdeutsche Produktion zu sinken. Dazu trug maßgeblich die Deutsche Bundesbank mit ihrer unangemessenen Geldmengenpolitik bei, die – trotz kaum beschleunigter Inflation in Westdeutschland und politisch gewolltem Preisanstieg im Osten – die Leitzinsen auf das höchste Niveau hievten, das es je gab. Im Endeffekt löste die Bundesbank mit ihrem Restriktionskurs Mitte 1992, wie bereits 1973/74 und 1980, die Konjunkturkrise in Westdeutschland aus. Damit hat sie die deutsche wie auch die europäische Einigung nachhaltig belastet.

Allerdings trug die Geldpolitik dazu bei, die anfänglich unsicheren Erwartungen ausländischer Kreditgeber an die innere Stabilität der DM und vor allem an die Wechselkursstabilität zu festigen. Trotz explodierender Staatsverschuldung in Deutschland, trotz leicht akzelerierter Inflation, während in den Nachbarländern der Preisauftrieb zurückging, trotz Währungsumstellung durch die Währungsunion von 1990, trotz erstmaligem Leistungsbilanzdefizit seit der letzten Ölpreiskrise geriet die DM nicht unter Abwertungsverdacht, im Gegenteil. Die langfristigen Zinsen sanken sogar vom hohen Niveau Anfang 1990 deutlich.

Die Bundesbank blieb bei einer restriktiven Geldpolitik. Aber sie orientierte sich nicht nur an der Bändigung der Geldmenge, deren Entwicklung sie ständig irrtümlich als Inflationspotential interpretierte und die sie letztlich nicht zu kontrollieren vermochte, sondern zunehmend auch an den Wechselkursen. Sie wollte trotz der Einigungsprobleme die DM als europäische Ankerwährung erhalten und festigen und die DM-Dominanz im Europäischen Währungssystem ausbauen, wodurch die anderen europäischen Länder gegen ihr binnenwirtschaftliches Interesse an der Beschäftigungsstabilisierung zur Anpassung an die deutsche Hochzinspolitik gezwungen wurden. Letztlich ist die monetaristisch fundierte Geldmengenpolitik der Bundesbank gescheitert. Es ist an der Zeit, über Alternativen nachzudenken.

In den vergangenen Jahren hatte man versucht, die Wechselkurse im Europäischen Währungssystem möglichst stabil zu halten, und zwar vor allem durch besonders hohe Zinsen in den Ländern mit weicher Währung. Dies nützte der deutschen Exportwirtschaft, denn wegen der höheren Inflation im Ausland ergab sich bei stabilen Wechselkursen eine ständige reale Abwertung der DM. Diese beruhte letztlich auf falschen, künstlich hochgehaltenen Wechselkursen, die den Kaufkraftparitäten immer weniger entsprachen. Als dann die Bundesbank ihre starre Geldpolitik auch auf die Gefahr einer heftigen Rezession hin fortsetzte, gerieten die europäischen Nachbarländer zunehmend unter Druck. Wegen Rezession und Arbeitslosigkeit stand ihnen das Wasser bis zum Halse, und die hohen deutschen Zinsen, in deren Schlepptau sie sich bewegen mußten, ließen das Faß letztlich überlaufen.

Im Herbst 1993 kam es zum Konflikt, wodurch faktisch das ohnehin schwierig zusammenzuhaltende Europäische Währungssystem (EWS) außer Kraft gesetzt wurde. Die Bundesbank hatte ohne Rücksicht auf die europäischen Nachbarländer Geldpolitik betrieben und die Zinsschraube bei weitem überdreht. Sie hat ihre Autonomie, die die fehlende politische und parlamentarische Kontrolle dieses wichtigen Politikbereichs zum Ausdruck bringt, durch die Verfolgung ihrer Ziele dem Vorwurf des Mißbrauchs ausgesetzt und damit selbst untergraben.

Die reale Divergenz der westeuropäischen Länder ist infolge der deutschen Einigungsprobleme und der starren, nicht europäisch ausgerichteten Geldpolitik der Bundesbank größer denn je geworden; die Realisierung des mittlerweile in Kraft getretenen Vertrages von Maastricht, der die Weiterentwicklung des Währungssystems zur Europäischen Wirtschafts- und Währungsunion, ja zur politischen Union vorsieht, ist in weite Ferne gerückt. Die angestrebte monetäre Konvergenz bei zunehmender realer Divergenz zu erreichen – diese Rechnung wird nicht aufgehen. Diese Lektion konnte man auch aus der deutsch-deutschen Währungsunion lernen. Die europäische Integration hat einen herben Rückschritt erfahren, der allerdings die Chance eröffnet, erneut über andere und bessere Wege der Integration – auch unter Berücksichtigung der völlig veränderten Lage der osteuropäischen Länder – nachzudenken. Zu den Problemen der deutsch-deutschen Integration kommt nun die stockende europäische Integration hinzu. Der einst so verheißungsvoll propagierte EG-Binnenmarkt, der Anfang 1993 in Kraft trat, erwies sich zunächst als »Einheitliche europäische Rezession«, wie die »Financial Times« treffend kommentierte.

Im Verlauf der viel tiefer als erwartet verlaufenden Rezession in Westdeutschland hat sich gezeigt, daß es neben dem konjunkturellen Einbruch eine Reihe *struktureller Probleme* gibt, die jahrelang durch die gute Konjunktur und durch zurückhaltende, gewinnstabilisierende gewerkschaftliche Tarifpolitik überspielt worden waren. Vor allem die Automobilindustrie und der Maschinenbau, aber auch andere Industriezweige stecken in einer Strukturkrise. Zahlreiche Probleme kommen dabei zusammen. Letztlich wird deutlich, daß die deutsche Industrie zwischen die Mühlsteine der Konkurrenz aus Japan und den USA sowie aus einigen Schwellenländern geraten könnte, wenn sie nicht ihre manifesten Innovationsdefizite beseitigt.

Zwar ist die Rezession eine Krise der nachfrageseitigen Auslastung des Produktionspotentials, und nicht eine vorrangige Kostenkrise. Vielmehr zeigt sich ein Mangel an technologischer Wettbewerbsfähigkeit, insbesondere bei Produktinnovationen, aber auch bei Verfahrensinnovationen; der Vorsprung gegenüber der stärker gewordenen Auslandskonkurrenz schmilzt. Wird der Rückstand nicht beseitigt, ist eine gefährliche Preiskonkurrenz unvermeidbar, in der die deutsche Industrie keine guten Karten hat. Zentrale Wachstumsbranchen sind ins Straucheln gekommen. Auf Lohn- und Steuersenkung zu pochen, ist defensiv und würde auch nur zu einem gefährlichen internationalen Lohn- und Steuersenkungswettlauf führen.

Neue Überlegungen sind dringend erforderlich, um Stärken und Schwächen der deutschen Industrie zu sondieren und richtungsweisende Weichenstellungen vorzunehmen. Lange haben die Unternehmen sich auf ihre angestammten europäischen Märkte konzentriert, wo sie mehr oder minder ein Heimspiel hatten, defensive Unternehmensstrategien betrieben, überschüssiges Kapital auf den Geldmärkten parkten oder zum Aufkauf von Konkurrenten verwendeten, anstatt Investitionen und Innovationen, neue Unternehmensorganisation und neue Management-Methoden aktiv in Angriff zu nehmen.

Die deutsche *Staatsverschuldung* wird sich bis 1995 gegenüber 1989 auf etwa das 2,5fache erhöhen. Die dadurch steigende Zinsbelastung wird um so schwerwiegender für die öffentlichen Haushalte, je schwächer das Wirtschaftswachstum ausfällt. Hinzu kommt, daß die Schulden zu einem großen Teil nicht zukunftsorientiert verwendet werden. Der Verschuldung des Staates kommt eine – freilich gewichtige – Lückenbüßerfunktion im Rahmen einer schier konzeptionslosen Politik der Einigungsfinanzierung zu. Längst hätten die Steuern stärker erhöht und bestimmte Ausgaben gekürzt werden müssen. Die Lastenverteilung, die der Bund zur Finanzierung der deutschen Einheit vorgesehen hat, zwang einseitig die Arbeitnehmer sowie die von Sozialtransfers Abhängigen zur Kasse. Die dadurch entstandene »Gerechtigkeitslücke« gilt es wieder zu schließen.

Die drastischen Konsolidierungsbemühungen, die seit Beginn der Rezession zunehmen, vertiefen nicht nur die verteilungspolitische Schieflage, sondern belasten die gesamtwirtschaftliche Entwicklung. Wer in der Rezession Schulden konsolidieren will, gerät in die Fußspuren von Reichskanzler Brüning, der in der Weltwirtschaftskrise mit seiner Politik der »Notverordnungen« alles noch verschlimmerte. Oder man setzt ganz bewußt auf die Reinigungskrise, um den Boden für neue politische Weichenstellungen fruchtbar zu machen und den politischen Gegner in der Not weichzuklopfen.

Entgegen weitverbreiteten Auffassungen ist die Höhe der Staatsverschuldung, die im übrigen eher dem internationalen Durchschnitt entspricht, für sich genommen kein Anlaß zur Besorgnis oder gar Panik. Weder besteht dadurch besonders große Inflationsgefahr noch müssen die Zinsen zwangsläufig steigen. Das entscheidende, allerdings gravierende Problem ist, daß die Handlungsspielräume der öffentlichen Haushalte durch den Schuldendienst stark eingeengt werden, sofern kein starkes Wirtschaftswachstum entsteht. Letzteres ist mittelfristig nicht zu erwarten, und es wäre auch ökologisch problematisch. Also muß verstärkt nach Möglichkeiten der sozial ausgewogenen Abgabenfinanzierung der öffentlichen Einigungsaufgaben gesucht werden. Vor einer voreiligen und brachialen Schuldenkonsolidierung ist zu warnen. Sie schädigt die Konjunktur, führt zu Mindereinnahmen und Mehrausgaben. Die Nettoneuverschuldung muß daher behutsam und langfristig mit gesamtwirtschaftlichem Augenmaß zurückgeführt werden, wenn Produktion und Beschäftigung nicht gravierenden Schaden nehmen sollen.

Das eigentliche Folgeproblem der deutschen Einigung und der Rezession 1992–94 ist die *Massenarbeitslosigkeit*. Einschließlich der an Maßnahmen der Arbeitsmarktpolitik beteiligten Personen liegt sie 1994 bei ca. 6 Millionen. Will man eine höhere Frauenerwerbstätigkeit, dann fällt die Arbeitsplatzlücke noch höher aus. Das Wirtschaftswachstum in Westdeutschland wird in den 90er Jahren eher schwach ausfallen: die Schuldenlast dämpft, der Saldo aus Lieferungen und Bezügen nach bzw. aus Ostdeutschland dürfte tendenziell kleiner werden, der internationale Wettbewerb nimmt zu, und die Außenhandelsüberschüsse werden nicht wie in der Vergangenheit Konjunkturmotor sein.

Werden die harten Maastrichter Konvergenzkriterien in allen westeuropäischen Ländern angestrebt, dann läuft dies auf mittelfristige austerity-policy hinaus. Starke Reallohnsteigerungen, die den privaten Verbrauch ankurbeln, sind kaum zu erwarten. Dagegen wird es verstärkt einen Rationalisierungsschub geben, so daß auch im kommenden Aufschwung die Beschäftigung nicht ansteigen wird. *Wachstum ohne Arbeitsplätze* – das ist die Perspektive in den 90er Jahren in den alten wie auch in den neuen Bundesländern.

Mithin wird die Arbeitslosigkeit auf dem Extremniveau von 6 Millionen mindestens bis zum Jahr 2000 verharren, was einer faktischen gesamtdeutschen Arbeitslosenquote von etwa 15 vH entspricht. Dies ist die größte Herausforderung für die bundesdeutsche Gesellschaft. Die Gefahr ist groß, daß unter den Schlachtrufen der Deregulierung und Flexibilisierung des Arbeitsmarktes Lohndumping und Absenkung sozialpolitischer Mindeststandards sich breitmachen, die zur Ausgrenzung und Marginalisierung großer Bevölkerungsschichten führen. Zur Herrschaft der Zufriedenen gegen das untere Drittel der Krisenverlierer – im Osten und Westen Deutschlands – darf es indes nicht kommen. Es geht um die Substanz des Sozialstaates. Auch die politischen Risiken wären kaum kalkulierbar.

Eine solche Strategie der Marginalisierung könnte als universale Lösungsformel angesehen werden. Probleme, deren Lösung zu schwer erscheint, werden demnach verdrängt und den Betroffenen überlassen. So gesehen könnte die zentrale Zukunftsaufgabe, der ökologische Umbau der Wirtschaft, als wirtschaftlich hinderlicher Ballast angesehen und in der Agenda der Staatsaufgaben abgestuft werden. Dabei wäre es, auch unter ökonomischen Gesichtspunkten, außerordentlich kurzsichtig, wenn umweltpolitischer Rückschritt oder Stagnation einsetzen sollte. Strategisch viel weitsichtiger wäre eine ökologische Vorreiterrolle Deutschlands.

Es droht auch die Marginalisierung des größten Teils der »dritten Welt« und Osteuropas einschließlich der GUS-Staaten im Rahmen der auf die Triade Westeuropa–Japan–USA zentrierten Weltwirtschaft. Die Gewinner im globalen Wettbewerb der Systeme und Volkswirtschaften blieben unter sich, und die Verlierer würden abgehängt. In der Europäischen Union besteht die Gefahr der Abschottung gegenüber Osteuropa sowie gegenüber dem Süden. Wenn von Globalisierung der Märkte die Rede ist, dann müßte auch über eine neue, gerechtere internationale Arbeitsteilung gesprochen werden, die auch der armen Mehrheit der Menschheit Chancen gibt. Gegenüber den wirklich großen Zukunftsaufgaben erscheint die deutsche und die europäische Integration nicht mehr als ein Vorspiel.

Um die beschäftigungspolitischen Herausforderungen in Deutschland anzunehmen, halten wir eine allein auf Wirtschaftswachstum setzende Strategie für unzulänglich. Freilich muß auch der »produktive Motor« der Ökonomie der alten Bundesländer runderneuert werden, aus ökonomischen und ökologischen Gründen. Wir setzen auf eine breite Innovationsoffensive, die auf deutsche und europäische Industriepolitik und den ökologischen Umbau zentraler Branchen mit einem ausgeklügelten »policy-mix« setzt. Dazu gehört eine ökologische Steuerreform, auch im nationalen Alleingang, an vorderer Stelle. Für Ostdeutschland schlagen wir, zur Abwehr passiver »Sanierung«, eine Strategie der innovationsorientierten Reindustrialisierung vor.

Darüber hinaus wird es ohne einen weit ausgebauten »Zweiten Arbeitsmarkt« auch zur Sicherung wichtiger Produktionsaufgaben mittels aktiver Arbeitsmarktpolitik und vor allem ohne einen neuen Anlauf zu radikalen Arbeitszeitverkürzungen, auch ohne vollen Lohnausgleich, keinen nachhaltigen Abbau der gesamtdeutschen Arbeitslosigkeit geben. Die Finanzierung aller dieser Maßnahmen erfordert eine höhere Staats- und Steuerquote; soll das untere Drittel der Gesellschaft dabei bessergestellt werden, so müssen vorrangig die höheren und mittleren Schichten zur Finanzierung der Zukunftsaufgaben sowie der Grundbedürfnissicherung für alle belastet werden.

Nach dem einigungspolitischen Fehlstart sind in kürzester Zeit so viele Probleme neu entstanden und latente alte manifest geworden, daß es eines gesellschaftlichen und politischen Aufbruchs zu neuen strategischen Weichenstellungen bedarf. Allerdings haben wir große Zweifel, ob die ökonomischen Herausforderungen in Wirtschaft, Politik und Gesellschaft klar genug gesehen werden und die festgefügte bundesdeutsche Gesellschaft die Kraft zu so viel Gestaltung des wirtschaftlichen und sozialen Wandels aufbringen wird, wie er uns notwendig erscheint.

Kapitel 1
Ostdeutschland in der Transformationskrise

1.1 Die wirtschaftliche Lage

Von 1989 bis 1991 schrumpfte – historisch beispiellos – das ostdeutsche Bruttoinlandsprodukt (BIP) um über 40 vH, die Industrieproduktion bis 1992 um etwa 70 vH, die Beschäftigung bis 1993 um etwa 40 vH *(Tab. 1.1)*. Das ostdeutsche BIP macht 1994 gerade 7,9 vH des gesamtdeutschen BIP aus, die ostdeutsche Industrieproduktion trägt zur gesamtdeutschen nur 3 bis 4 vH bei, der ostdeutsche Export zum gesamtdeutschen Export nur 2 vH. Dieser *Kollaps* ist weitaus dramatischer als in allen anderen osteuropäischen »Transformationsökonomien«. Seit 1991 steigt das BIP zwar wieder kräftig (9,7 vH 1992, 6,3 vH 1993), jedoch nicht aufgrund einer eigenständigen Dynamik, sondern wegen hoher öffentlicher Investitionen, steigender Subventionen, Transfers und Kreditaufnahme öffentlicher Stellen. Die Industrieproduktion stieg erst Ende 1993 von der Talsohle ausgehend wieder etwas an, die Beschäftigung geht noch weiter zurück. Besonders drastisch brachen Produktion und Beschäftigung in der Landwirtschaft und der Industrie zusammen. Die Industriebeschäftigung sank bis 1993 um etwa 75 vH auf nur noch 700 000 Personen[1], so daß die Industriedichte (Zahl der industriellen Arbeitsplätze auf 1000 Einwohner) in den neuen Bundesländern auf weniger als die Hälfte des westdeutschen Niveaus sank.

Sachsen-Anhalt, das ostdeutsche Bundesland mit der höchsten Industriedichte, liegt noch unter dem Wert von Schleswig-Holstein, dem Schlußlicht der alten Bundesländer. Die verbliebenen Industriebetriebe produzieren überwiegend für die lokalen und regionalen Märkte, ebenso wie die Bauwirtschaft und die meisten Dienstleistungssektoren. Die befürchtete *Deindustrialisierung* ist eingetreten. Sie bedeutet nicht nur das extreme Schrumpfen der Industrie, sondern auch, daß die ostdeutsche Industriestruktur in eine Abhängigkeitsposition gegenüber dem Westen geraten ist: Die meisten Unternehmen sind mehr oder minder abhängige Tochterunternehmen westdeutscher Zentralen; ihre Fertigungstiefe ist relativ gering, im ungünstigsten Fall sind es »verlängerte Werkbänke«; die zentralen Unternehmensfunktionen mit hochwertigen Arbeitsplätzen, insbesondere im Management und in Forschung und Entwicklung, haben ebenso wie die dynamischen produktionsorientierten Dienstleistungen ihren bevorzugten Standort in westlichen Regionen. Die zwischenbetrieblichen Lieferverflechtungen in Ostdeutschland sind gering, alles wird nach Westen ausgerichtet.

Tab. 1.1: **Die wirtschaftliche Lage Ostdeutschlands 1990–1994** (in Preisen von 1991)

	1990	1991	1992	1993[s]	1994[s]
in Mrd. DM:					
Bruttoinlandsprodukt[1]	271,5	180,9	198,4	211,0	225,9
– Veränderung gegenüber Vorjahr in vH	k. A.	–34,0	9,7	6,3	7,0
Inlandsnachfrage[6]	ca. 300	352,3	391,8	409,5	422,3
privater Verbrauch	k. A.	179,4	192,5	195,0	195,3
Staatsverbrauch	k. A.	85,6	91,7	91,6	90,0
Anlageinvestitionen	k. A.	87,2	108,1	123,8	136,9
– Ausrüstungen	k. A.	41,8	46,3	49,6	52,5
– Bauten	k. A.	45,3	61,8	74,2	84,4
Ausfuhr[2]	38[3]	46,9	52,9	51,7	53,8
Einfuhr[2]	23[3]	218,2	246,3	250,4	250,3
BIP je Einwohner in DM	16759	11270	12637	13613	14669
– dto., in vH des westdeutschen Wertes	41,4	27,4	30,6	33,9	36,5
Preissteigerungsrate[4] in vH	k. A.	12,8	10	8	5
Produktivitätszuwachs[5] in vH	k. A.	k. A.	12,5	8,5	9,1

[s] Schätzung des Institutes für Wirtschaftsforschung Halle
[1] BIP 1989: 336 Mrd. Mark, 1. Halbjahr 1990: 123 Mrd. Mark (nach: *Wirtschaft und Statistik*, Heft 7/1993, S. 481) [2] einschl. innerdeutscher Handel [3] nur Ausland, in jeweiligen Preisen [4] bezogen auf den privaten Verbrauch [5] je Erwerbstätigenstunde [6] Privater und staatlicher Verbrauch, Anlageinvestitionen, Vorratsveränderungen

Quellen: Arbeitsgemeinschaft wirtschaftswissenschaftlicher Forschungsinstitute, Frühjahrsgutachten 1993; Institut für Wirtschaftsforschung Halle, Herbstgutachten 1992 und 1993; Statistisches Bundesamt; eigene Berechnungen

Besonders stark sind ausgerechnet die Innovationsaktivitäten in den neuen Bundesländern zurückgegangen, vor allem in der Industrie. Das *Institut für Wirtschaftsforschung* (IWH) in Halle spricht von einer Demontage der Industrieforschung auf ein Niveau zwischen 15 und 20 vH des ursprünglichen Standes (gemessen an der Zahl der Beschäftigten)[2]. Die Patenttätigkeit ist ebenfalls auf 15 vH des Niveaus von 1989 zurückgefallen. Vergleicht man die Zahl der Patentanmeldungen in den neuen Bundesländern mit dem westlichen Bundesland mit dem höchsten Wert (Baden-Württemberg mit 82 Anmeldungen je 100 000 Einwohner 1992) bzw. mit dem Saarland, das den geringsten Wert aufweist (28), dann liegen alle neuen Länder deutlich hinter dem Saarland (von Mecklenburg-Vorpommern mit 4 bis Thüringen mit 12); lediglich Berlin (Ost- und West-Teil) schneidet mit 28 etwas besser ab. Nach IWH-Untersuchungen betreiben 70 vH der ostdeutschen Unternehmen keine Forschung und Entwicklung, bei den Kleinunternehmen (unter 20 Beschäftigte) sogar 80 bis 85 vH. Die Bemühungen der Forschungs- und Technologiepolitik des Bundes konzentrierten sich stärker auf nicht-industrienahe Aktivitäten.

Der dramatische Rückgang der Produktion und die Deindustrialisierung hatten zur Folge, daß die Güterversorgung der Bevölkerung wie auch die Güternachfrage der Unternehmen in sehr hohem Maße durch Lieferungen aus Westdeutschland befriedigt werden, während ostdeutsche Lieferungen nach Westdeutschland oder ins Ausland auf niedrigem Niveau verharren. Beispielsweise bezogen ostdeutsche »Wirtschaftssubjekte« 1992 Güter aus Westdeutschland für etwa 237 Mrd. DM, lieferten dorthin aber nur Güter für 37 Mrd. DM, und ins Ausland lediglich Waren im Wert von 13 Mrd. DM (Importe 10 Mrd. DM). Betrug das Außenhandelsdefizit im »innerdeutschen Handel« 1989 noch 1 Mrd. DM für die DDR, so lag es für Ostdeutschland 1993 bei über 200 Mrd. DM[3]. Die ostdeutsche Nachfrage nach Gütern und Dienstleistungen war 1993, ebenso wie in den Vorjahren, fast doppelt so hoch wie die dort erwirtschaftete Produktion. Ostdeutschland lebt zur Hälfte von Transfers, Subventionen und Staatskrediten, ohne daß sich eine Änderung dieses Mißverhältnisses abzeichnet. Mit Fug und Recht kann man die ostdeutsche Wirtschaft als *»Dependenzökonomie«* und als *»Transferökonomie«* bezeichnen.

Die Finanztransfers von West- nach Ostdeutschland sind seit der Vereinigung kräftig angestiegen, brutto, also ohne Abzug der Steuereinnahmen des Bundes aus den neuen Bundesländern, von

Tab. 1.2: **Ostdeutscher Außenhandel und West-Ost-Transfers** (in jeweiligen Preisen, in Mrd. DM)

	1991	1992	1993[s]	1994[s]
Ausfuhr nach Westdeutschland	26,0	37,2	40,8	43,4
Einfuhr aus Westdeutschland	205,1	237,7	245,2	253,2
Saldo im innerdeutschen Handel[1]	−179,1	−200,5	−204,4	−209,6
Ausfuhr ins Ausland	18,0	13,5	12,4	13,7
Einfuhr aus dem Ausland	11,3	9,6	10,5	11,3
Saldo im Außenhandel (Ausland)	+6,7	+3,9	+1,9	+2,4
Ausfuhr insgesamt	44,0	51,2	53,2	57,1
Einfuhr insgesamt	216,4	247,3	255,7	264,3
Saldo im Außenhandel insgesamt	−172,3	−196,0	−202,5	−207,2
Finanztransfers aus Westdeutschland, brutto	129,2	150,3	162,9	165,5
davon an				
– Gebietskörperschaften	108,3	118,2	125,9	130,0
– Sozialversicherungen	20,9	32,1	37,0	35,5

[s] Schätzung des Institutes für Wirtschaftsforschung Halle

[1] Zum Vergleich: 1988 exportierte die DDR Waren für DM 6,8 Mrd. DM in die BRD, während sie von dort für DM 7,2 Mrd. DM Waren importierte. (Siehe: H. und S. Maier, Vom innerdeutschen Handel zur deutsch-deutschen Wirtschafts- und Währungsgemeinschaft, Köln 1990, S. 12)

Quellen: Berechnet nach Institut für Wirtschaftsforschung Halle, Frühjahrsgutachten 1993, S. 60, 90; Arbeitsgemeinschaft der wirtschaftswissenschaftlichen Forschungsinstitute, Herbstgutachten 1993

130 Mrd. DM 1991 auf 165 Mrd. DM 1993. Das sind 6,0 vH des westdeutschen Bruttoinlandsproduktes, netto – also nach Abzug der Steuereinnahmen des Bundes aus dem Osten – dürften es etwa 5 vH sein. Dieser Transfersaldo reflektiert den Umfang der Realtransfers, die sich im ostdeutschen Außenhandelsdefizit im innerdeutschen Handel von rund 200 Mrd. DM (1993) niederschlagen *(Tab. 1.2)*.

Die Transfereinkommen der privaten Haushalte machten 1993 etwa 39 vH der verfügbaren Haushaltseinkommen aus. Trotz der hohen Transfers stiegen die realen verfügbaren Haushaltseinkommen nur bis 1992, seitdem stagnieren sie. Damit werden 1994 nicht mehr als 60 vH des westdeutschen realen Haushaltseinkommens erreicht *(Tab. 1.3)*. Von einer Angleichung der Einkommensverhältnisse kann trotz kräftiger Lohnsteigerungen (siehe *Kapitel 1.3*) noch lange nicht die Rede sein.

Tab. 1.3: **Verfügbare Einkommen und Konsum der privaten Haushalte** (in jeweiligen Preisen, in Mrd. DM)

	1991	1992	1993[s]	1994[s]
Verfügbare Einkommen privater Haushalte	200	244	264	276
davon aus				
– unselbständiger Arbeit	111	130	142	146
– laufenden Übertragungen[1]	83	89	100	108
– entnommene Gewinne, Vermögen	6	25	22	22
Ersparnis	13	32	32	33
privater Verbrauch	187	212	232	243
verfügbares nominales Einkommen je Einwohner in DM im Monat	1016	1293	1410	1488
real, in vH gegenüber Vorjahr		16	0	0
real, in vH des westdeutschen Wertes	47	55	57	60

[s] Schätzung des Institutes für Wirtschaftsforschung Halle
[1] Saldo

Quellen: Institut für Wirtschaftsforschung Halle, Frühjahrsgutachten 1993 und Herbstgutachten 1993

Besonders aufschlußreich für die zukünftige wirtschaftliche Entwicklung ist die Beurteilung der *Investitionstätigkeit*. Zwar stiegen die Bruttoanlageinvestitionen aller Bereiche von 1991 bis 1993 real um fast 49 vH, jedoch wird voraussichtlich erst 1994 die Pro-Kopf-Investitionsintensität Westdeutschlands erreicht und leicht überschritten *(Tab. 1.4)*. Um die alten Bundesländer, von niedrigem Niveau ausgehend, einzuholen, müßten wesentlich mehr Investitionen getätigt werden. Relativ kräftig investieren die öffentlichen Hände, einschließlich Bahn und Post; der Wohnungsbau zieht allmählich nach und kommt langsam in Gang. Viel zu schwach ist die Investitionstätigkeit dagegen im verarbeitenden Gewerbe: nach Ifo-Schätzungen wurden (in laufenden Preisen bewertet) 1993 26,5 Mrd. DM investiert, davon 16,5 Mrd. DM durch westdeutsche Unternehmen (Anteil 62 vH), 1991 waren es sogar nur 16,5 Mrd. DM, davon 8,0 Mrd. DM von westdeutschen Unternehmen[4].

Bedenkt man, daß diese Investitionen zu rund einem Drittel durch Investitionszuschüsse und Investitionszulagen, einschließlich Verlustabschreibungen sogar bis zu 50 vH subventioniert werden, dann wird deutlich, wie gering die Kräfte sind, die eine Sanierung industrieller Kerne oder gar eine Reindustrialisierung bewirken könnten. 1991 wurden in den alten Bundesländern rund 114 Mrd. DM (in laufenden Preisen) im verarbeitenden Gewerbe investiert, je Einwohner DM 1789; in den neuen Bundesländern waren es 16,5 Mrd. DM, je Einwohner nur DM 1029, 1994 je Einwohner immerhin DM 1548.

Für 1994 ist ein leichter Rückgang der Investitionen im verarbeitenden Gewerbe zu erwarten, insbesondere weil westdeutsche Unternehmen aus konjunkturellen Gründen ihre Investitionspläne zurückschrauben. 1993 tätigten westdeutsche Unternehmen des verarbeitenden Gewerbes nicht mehr als rund 12–13 vH ihrer Inlandsinvestitionen in den ostdeutschen Bundesländern. Auch die Treuhand-Unternehmen haben relativ wenig investiert, im Dienstleistungssektor geht es dagegen stärker voran.

Viele Beobachter lassen sich durch die hohen Steigerungsraten der Investitionen in den neuen Bundesländern täuschen. Da diese von einem sehr niedrigen Niveau ausgehen und eine Beibehaltung der Steigerungsraten nicht zu erwarten ist, läßt sich gerade bei den Investitionen keine Tendenz zum mittelfristigen Aufholen des Entwicklungsabstandes gegenüber dem Westen feststellen, denn dies würde wesentlich höhere Pro-Kopf-Investitionen als in den alten Bundesländern erfordern.

Die Arbeitsproduktivität ist sprunghaft angestiegen, sowohl gesamtwirtschaftlich als auch insbesondere in der Industrie – jährlich knapp 43 vH 1991 und 1992[5]. Allerdings kam ein Großteil dieses Anstiegs durch das Absterben unterdurchschnittlich produktiver Arbeitsplätze zustande; erst nach und nach wächst die Bedeutung der Investitionen für die Produktivitätszunahme. Dagegen ist das Bruttoinlandsprodukt je Einwohner nach 1990 zunächst gesunken, seit 1992 steigt es wieder leicht. 1993 wurde jedoch nicht mehr als ein Drittel des westdeutschen Wertes erreicht. 1994 werden voraussichtlich nur 83 vH der gesamtwirtschaftlichen Produktion des Jahres 1990 wieder erreicht sein.

Die Erwerbstätigkeit sank bis 1993 um rund 38 vH gegenüber 1989, rechnet man Arbeitsbeschaffungsmaßnahmen und Kurzarbeit heraus, sogar um 42 vH. Zu den 1,15 Millionen registrierten Arbeitslosen 1993 kamen 1,6 Mio. Personen in arbeitsmarktpolitischen Maßnahmen hinzu, so daß die gesamte Unterbeschäftigung nach Berechnung des Institutes für Wirtschaftsforschung Halle bei 2,7 Mio. bzw. bei 30 vH des Erwerbspersonenpotentials lag[6]

Tab. 1.4: **Investitionstätigkeit in Ostdeutschland**
(in Preisen von 1991, in Mrd. DM)

	1991	1992	1993[s]	1994[s]
Bruttoanlageinvestitionen insges.	82,9	108,1	123,8	136,9
Gebietskörperschaften[a]	k. A.	17,0	18,5	20,0
Bundespost	11,2	10,5	10,0	10,0
Verkehrsunternehmen	6,1	10,5	11,0	13,0
Treuhandunternehmen	10,0	6,5	5,0	4,0
Wohnungsvermietung	11,2	18,0	24,0	30,5
Private Unternehmen (ohne Wohnungsverm.)	26,1	45,6	55,3	59,4
westdeutsche Unternehmen	13,4	28,7	33,5	33,5
Investitionen im verarbeit. Gewerbe	16,5	21,1	25,0	24,0
Bruttoanlageinvestitionen insgesamt je Einwohner in vH des westdt. Wertes	59,2	77,2	96,2	107,0

[a] einschließlich Organisationen ohne Erwerbszweck
[s] Schätzung des Institutes für Wirtschaftsforschung Halle

Quelle: Institut für Wirtschaftsforschung Halle, Herbstgutachten 1993

(Tab. 1.5). Zwar waren nur gut 14 vH aller Erwerbspersonen arbeitslos registriert (1993), 17,5 vH dagegen in arbeitsmarktpolitischen Maßnahmen vorübergehend aufgefangen. Dabei hat sich das Arbeitskräfteangebot bereits kräftig vermindert: bis 1993 wanderten (seit 1989) rund 1,1 Mio. Einwohner ab[7], 300 000 pendeln in die alten Bundesländer.

Viele vormals Erwerbstätige haben die aktive Arbeitssuche aufgegeben und sind in die »stille Reserve« abgerutscht oder haben entmutigt den Erwerbswunsch endgültig aufgegeben – die wenigsten, weil sie es subjektiv wollten, sondern weil die Verhältnisse ihnen keine Chance gaben. Bislang zeigte sich noch keine rasche Angleichung der einst hohen Frauenerwerbsquote an die viel niedrigere Westdeutschlands. Noch ist es nur ein geringer Teil der Frauen, die die Suche nach einem Arbeitsplatz aufgegeben hat, die meisten versuchen, sich am Arbeitsmarkt zu behaupten. Unsicher ist dagegen, wie viele der Personen im Vorruhestand noch zum Erwerbspersonenpotential zu rechnen sind. Das *Institut für Arbeitsmarkt- und Berufsforschung* der Bundesanstalt für Arbeit schätzt das ostdeutsche Erwerbspersonenpotential für 1994 auf nur noch 8,2 bis 8,4 Mio. Personen (1989: 9,86 Mio. Erwerbstätige), ohne

»Vorruheständler« sogar auf nur noch etwa 7,8 Millionen[8]. So gesehen würde sich der größte Teil der ostdeutschen Arbeitsmarktprobleme durch »Ausgliederung« der vormals in Ostdeutschland aktiven Erwerbspersonen »lösen«: durch Frühverrentung, Aufgabe der Erwerbstätigkeit, Übergang ins Bildungssystem, Abwanderung und Auspendeln.

Wenn der 1993 eingeleitete Abbau der aktiven Arbeitsmarktpolitik anhält, wird die registrierte Arbeitslosigkeit in Ostdeutschland deutlich steigen. Insbesondere wird der Anteil der Langzeitarbeitslosen sowie derjenigen, die aus Arbeitslosgengeld und -hilfe ausgesteuert werden, zunehmen. Etwa zwei Drittel der Arbeitslosen sind Frauen. Ihre Arbeitslosenquote ist doppelt so hoch wie die der Männer. Sie haben offenbar wesentlich schlechtere Vermittlungschancen in Arbeit wie auch in arbeitsmarktpolitische Maßnahmen als Männer.

Tab. 1.5: **Der ostdeutsche Arbeitsmarkt** (Personen in 1000)

	1991	1992	1993[s]	1994[s]
Erwerbspersonenpotential	9181	9105	8846	8558
Erwerbstätige, Inlandskonzept	7219	6344	6125	6060
registrierte Arbeitslose	913	1170	1153	1200
Pendlersaldo	–290	–365	–357	–345
Fortbildung und Umschulung	223	426	353	255
Vorruhestand, Altersübergangsgeld	536	800	854	698
Arbeitsbeschaffungsmaßnahmen	183	388	262	260
Kurzarbeit Null Stunden	906	192	84	74
Unterbeschäftigung (Vollzeitäquivalent)	2762	2976	2706	2487
Unterbeschäftigungsquote in vH[1]	30,1	32,7	30,6	29,1
Arbeitslosenquote	9,9	12,9	13,0	14,0
Wanderungssaldo[2]	–170	–136[s]	–154[s]	k. A.

[s] Schätzung des Institutes für Wirtschaftsforschung Halle

[1]Anteil der Unterbeschäftigung am Erwerbspersonenpotential [2] 1989: –383, 1990: –359, 1992: 1. Halbjahr –43. Nach Statistischem Bundesamt lag der Wanderungssaldo zwischen Ende 1988 und Mitte 1992 bei 952 000 Personen. Vgl. K. Schoer, E. Dabbert, Bevölkerungsentwicklung nach Kreistypen 1989 bis 1992 in den neuen Ländern und Berlin-Ost. In: Statistisches Bundesamt, *Zur wirtschaftlichen und sozialen Lage in den neuen Bundesländern,* Heft Juli/1993, S. 55

Quelle: Institut für Wirtschaftsforschung Halle, Herbstgutachten 1993

Wie düster die Gegenwarts- und Zukunftsprobleme von den Ostdeutschen selbst eingeschätzt werden, wird besonders deutlich durch die Halbierung der Geburtenzahlen (je 1000 Einwohner) zwischen 1989 und 1992 von 12,0 auf 5,6. In den alten Bundesländern lag die Geburtenzahl 1992 mit 11,6 nahezu doppelt so hoch. Freilich spielen hier viele Faktoren eine Rolle, sicherlich aber auch zu einem erheblichen Teil ökonomische.

1.2 Die zentralen Ursachen – und ihre längerfristigen Folgen

Was über die zahlreichen Ursachen der katastrophalen ostdeutschen Entwicklung seit 1990 von vielen Wissenschaftlern und Politikern zutreffend gesagt wurde, soll hier nicht wiederholt werden. Statt dessen soll hier versucht werden, die wirklich *zentralen* Ursachen kurz zu benennen.

Von vielen wird die *Erblast* des vielfach kritisch beschriebenen DDR-Wirtschaftssystems als Hauptproblem angesehen. Aber diese Sichtweise ist apologetisch und lenkt von den nach 1989 eingetretenen Fehlentwicklungen ab. Aus ökonomischer Sicht dürfte die entscheidende Ursache aller Probleme die schnelle Währungsunion mit den allein aus politischen Gründen gewählten Umtauschsätzen (Mark in D-Mark) sein[9]. Dies führte zu einer faktischen Aufwertung der in Ostdeutschland verwendeten Währung um mehr als das Dreifache, die den ökonomischen Fundamentaldaten diametral widersprach. Eine derartige Aufwertung, praktisch ohne jegliche Schutzmaßnahmen, würde auch die blühendste Ökonomie ruinieren. Gleichwohl gab es nach unserer Auffassung keine politisch gangbare, halbwegs durchsetzbare und ökonomisch bessere Alternative. Ein folgenreicher grundlegender Widerspruch zwischen Ökonomie und Politik hatte sich herausgebildet, der zugunsten der Politik gelöst wurde[10].

Dem ruinösen Aufwertungseffekt in der Folge der Währungsumstellung hätte theoretisch durch drastische Lohnsenkungen oder flächendeckende hohe staatliche Lohnsubventionen entgegengewirkt werden können. Ersteres wäre politisch niemals durchsetzbar gewesen und hätte zudem noch viel massivere Wanderungen nach Westen ausgelöst, letzteres wurde seitens der Regierung nicht einmal ernsthaft geprüft, obwohl schon sehr früh ein kluger Vorschlag amerikanischer Ökonomen vorlag[11]. Damit war eine unvermeidbare große Divergenz zwischen niedriger und nur langsam steigender Produktivität einerseits und rasch steigenden Löhnen andererseits von Anfang an politisch programmiert. Steigende Reallöhne mußten sich aus dem Marktmechanismus auf dem nun einheitlichen deutschen Arbeitsmarkt zwangsläufig ergeben – *wie* stark sie stiegen, steht auf einem anderen Blatt. Um Produktivität und Reallöhne in Einklang zu bringen, hätten jedoch die Löhne nach der Währungsumstellung massiv sinken müssen. Die Lohnfrage, die von den meisten professionellen Ökonomen zur Hauptursache der desaströsen ostdeutschen Wirtschaftsentwicklung hochstilisiert wird, wird in *Kapitel 1.3* genauer untersucht.

Hier bleibt nur festzustellen, daß die Wirtschaftspolitik der Bundesregierung zumindest bis zu den Bundestagswahlen Ende 1990 hilf- und tatenlos den Marktmechanismen vertraute und sich in interventionistischer Abstinenz übte. Jedem ernsthaften Beobachter indessen war klar, daß die Marktkräfte zum Niederkonkurrieren großer Teile der ostdeutschen Ökonomie führen mußten, die unvorbereitet und ohne jegliche Startchancen in den Hochleistungswettbewerb entlassen wurde. Die Transformation als Spaziergang vom realen Sozialismus zum Kapitalismus zu verstehen, das war das Leitbild der ersten Phase der Vereinigungspolitik. Die westdeutschen Unternehmen indessen konnten ihre Überlegenheit leicht unter Beweis stellen, obwohl sie zu einem erheblichen Teil den ökonomisch falschen Rahmenbedingungen der Wirtschafts- und Währungsunion geschuldet war.

Es geht also um gravierende Fehler der Wirtschafts- und Finanzpolitik, die nur zögerlich und bis heute unzulänglich ausgebügelt wurden; der Zeitverlust war nicht mehr wettzumachen. Zu den »Kardinalfehlern« der Einigungspolitik[12] gehörte sicherlich das im Einigungsvertrag (vorrangig auf Betreiben der FDP) durchgesetzte Prinzip *»Rückgabe vor Entschädigung«* bei der Lösung der Eigentumsfrage, ferner eine kurzatmige Finanzpolitik, die die Kosten der Einheit maßlos unterschätzt und bei der Finanzierung viel zu stark auf Verschuldung und eine kraß ungerechte Lastenverteilung gesetzt hat. Hinzu kam eine einseitig auf hastige Privatisierung um jeden Preis ausgerichtete Treuhandpolitik, die auf zukunftsorientierte aktive Industriepolitik verzichtete. Mit den Gewerkschaften wurde anstelle eines substanziellen Sozialpaktes die Konfrontation gesucht. Die meisten dieser Punkte werden in den nachfolgenden Kapiteln genauer bilanziert.

Unter den meisten Ökonomen besteht Einigkeit, die zentralen

wirtschaftlichen Um- und Aufbauprobleme Ostdeutschlands nach der Währungs- und Wirtschaftsunion als Angebotsprobleme zu klassifizieren. Darunter wird verstanden, daß die ostdeutschen Unternehmen nicht hinreichend produktiv und rentabel arbeiten (können), weil eine ganze Reihe von Hemmnissen und Störfaktoren fortbestehen: in erster Linie zu hohe Löhne und damit zu hohe Kosten, schlechte Infrastruktur, Mängel der kommunalen und staatlichen Verwaltung, zuviel staatliche Reglementierung und Regulierung, ungeklärte Eigentumsverhältnisse usw. Demnach besteht das ostdeutsche Kernproblem in einer *Kosten-* und *Rentabilitätskrise.* Relevante Nachfrageprobleme gäbe es nicht, wenn die Anbieter hinreichend wettbewerbsfähig würden. In dieser Sichtweise kommt natürlich den Löhnen die entscheidende Bedeutung für Wohl und Wehe der ostdeutschen Produktion und Beschäftigung zu. So gesehen handelt es sich um *»Kapitalmangel-Arbeitslosigkeit«* im Sinne *»klassischer Arbeitslosigkeit«*: Zu hohe Löhne verhindern ausreichende Kapitalbildung[13].

Wir halten diese Angebotsthese für einseitig, die empirische Lage der Unternehmen nicht hinreichend zur Kenntnis nehmend sowie für wirtschaftspolitisch irreführend. Sicherlich sind die erwähnten Angebotsprobleme allesamt mehr oder minder existent, die meisten Unternehmen leiden unter zu hohen Kosten und Verlusten. Aber daraus folgt noch nicht, daß es keine Nachfrageprobleme gibt. Empirisch läßt sich beobachten, daß gerade auch die bereits modernisierten Unternehmen, die eine günstige Kostenstruktur und eine westlichen Anbietern vergleichbare Produktqualität vorweisen können, große Absatzprobleme haben.

Gäbe es keinen Nachfragemangel, der die Produktion rationiert, dann wäre mit viel größeren Investitionen westlicher Unternehmen sowie mit mehr ostdeutschen Neugründungen zu rechnen. Zwar sind die Angebotsprobleme durchaus groß, aber sie sind nach unserer Auffassung verhältnismäßig leichter lösbar als die Nachfrageprobleme. Es ist relativ einfach, in kürzester Zeit in Ostdeutschland oder anderswo eine hochmoderne Industriefabrik auf Basis sehr hoher Produktivität, hoher Löhne und Gewinne zu bauen. An anlagesuchendem Geldkapital mangelt es auf den Kapitalmärkten nicht, selbst die langfristigen Zinsen sind recht günstig; auch gibt es international genug Unternehmen, denen es an Eigenkapital für derartige Investitionen nicht mangelt. Die entscheidende Restriktion ist allein die Nachfrage nach den Produkten.

Nun ließe sich einwenden, daß die ostdeutsche Nachfrage im

Verhältnis zur ostdeutschen Produktion sehr groß, annähernd doppelt so groß ist. Um diese Nachfrage stärker zu bedienen, müßten westliche Anbieter zurückgedrängt werden. Selbst wenn dies gelänge, so hätten westliche Anbieter entsprechende Nachfrageprobleme, solange sich das gesamtdeutsche oder weltwirtschaftliche Nachfragepotential nicht vergrößert. Die Verdrängung westlicher Anbieter durch wettbewerbsfähige ostdeutsche wäre also ein Nullsummenspiel, das den Absatzmangel nur von Ost nach West verschiebt.

Zudem ließe sich einwenden, daß in Ostdeutschland selbst ein riesiges zukünftiges Nachfragepotential existiert, falls es zum Aufbau einer modernen Wirtschaftsstruktur kommt: Investitions- und Konsumgüter in Höhe mehrerer Billionen DM würden über einen längeren Zeitraum gebraucht und nachgefragt. Die Nachfrage entstünde in der Folge ostdeutscher Produktion: Das Angebot schafft sich die notwendige Nachfrage selbst. Angebot und Nachfrage würden sich in einem sich selbst tragenden ostdeutschen Aufschwung gegenseitig hochschaukeln. Diese Vorstellung ist zwar grundsätzlich zutreffend, aber ihr unterliegt implizit das Bild einer weitgehend autarken ostdeutschen Ökonomie.

In einer modernen Volks- und Weltwirtschaft mit hoher interregionaler Arbeitsteilung haben Regionen von der Größe Ostdeutschlands eine regionale Import- und Exportquote von etwa 50 vH, etwa wie die Niederlande oder wie Nordrhein-Westfalen. Ostdeutsche Unternehmen müßten also die Hälfte ihrer zukünftigen Produktion in andere Regionen, sei es in Westdeutschland, sei es ins Ausland, ausführen. Dort aber expandiert die gesamtwirtschaftliche Nachfrage trendmäßig nur um etwa 2–2,5 vH (real), also nicht hinreichend, um ostdeutschen Unternehmen rasch Absatzmärkte zu verschaffen, solange man nicht an Verdrängungswettbewerb denkt. Das Aufspüren von Marktnischen auf allen Märkten der Welt für ostdeutsche Produzenten wäre nicht ausreichend.

Gleichwohl ist es zutreffend, daß ostdeutsche Unternehmen immerhin die Hälfte ihrer Produktion in diesem Gedankenspiel in Ostdeutschland selbst absetzen können, wenn sie hinreichend wettbewerbsfähig wären. In der Tat, hier entstünde mit neuer Produktion neue Nachfrage, vorausgesetzt, alle Unternehmen in Ostdeutschland würden kräftig im Sinne des Aufbaus expandieren. Prescht nur ein einzelnes Unternehmen im Alleingang vor, dann würde durch die Produktion zwar etwas zusätzliche Nachfrage aus Löhnen und Gewinnen entstehen, die anderen Anbietern zugute käme, aber dieses Unternehmen könnte die neu geschaffenen Produktionskapazitäten nicht auslasten. Würden *alle* ostdeutschen Unternehmen expandieren, dann wäre die Lage zwar wesentlich besser, aber diese Nachfrage wäre gleichwohl unzulänglich.

Zum einen, weil, wie erwähnt, die andere Hälfte der Produktion in kaum expandierende, mehr oder minder saturierte andere Regionen geliefert werden müßte; zum anderen aber ist der ostdeutsche Markt, selbst wenn er rasch expandieren würde, für viele Produkte viel zu klein, um effiziente Produktionseinheiten zu ermöglichen. Beispielsweise wäre der ostdeutsche Binnenmarkt für die Filmfabrik Wolfen (»Orwo«) ein viel zu kleiner Absatzmarkt, selbst wenn hier ein riesiger Marktanteil realisiert werden könnte. Die anderen Märkte sind aber weitgehend besetzt.

Westliche Investoren sind in der Regel nicht bereit, Produktion von alten Standorten nach Ostdeutschland zu verlagern. Praktisch kommen nur Erweiterungsinvestitionen für weltmarktorientierte Produktion in Frage, die ansonsten an anderen Standorten getätigt würden. Anders formuliert: Um das in der Tat große innere Nachfragepotential des ostdeutschen Binnenmarktes zu erschließen, ist erst einmal Produktion für den überregionalen Absatz erforderlich. Zum Beispiel wird der ostdeutsche Maschinenbau nur dann wieder auf die Beine kommen, wenn er sich spezialisiert und den überwiegenden Teil seiner Produktion ins Ausland exportieren kann – erst dann entsteht aus den Löhnen und Gewinnen dieser Branche zusätzliche Binnennachfrage, welche die Expansion anderer Unternehmen ermöglicht.

Die ostdeutschen Nachfrageprobleme resultieren, zusammenfassend formuliert, aus den folgenden Quellen:

— weggebrochener ostdeutscher Binnenmarkt, der vorwiegend von westdeutschen Unternehmen besetzt wurde;

— weggebrochene osteuropäische Märkte;

— weggebrochener West-Handel, seitdem sich die Kostenstrukturen in Ostdeutschland gegenüber der DDR-Epoche ebenso wie die staatliche Subventionierung geändert haben;

— konjunkturelle Nachfrageschwäche in Westdeutschland und der Weltwirtschaft, insbesondere 1992–94;

— nur langsame längerfristige Nachfrageexpansion in Westeuropa und der Weltwirtschaft auf den meisten Märkten.

Diese Nachfrageprobleme sind gerade auch dann relevant, wenn ostdeutsche Produzenten ihre Angebotsprobleme erfolgreich lösen und technologisch wie preislich westdeutschen Anbietern ebenbürtig oder gar überlegen sind. Immer besteht die Gefahr, daß Überkapazitäten aufgebaut werden. Längerfristig würde ein Teil der Arbeitsplätze in West- oder in Ostdeutschland (oder im Ausland) dadurch gefährdet.

Die ostdeutschen Absatzprobleme lassen sich nicht allein auf makroökonomische Nachfragedefizite reduzieren. Sie sind auch ein Wettbewerbsproblem. Selbst wenn ostdeutsche Firmen preislich und technologisch nach erfolgreicher Modernisierung wettbewerbsfähig sind, heißt dies noch lange nicht, daß sie hinreichend Marktzugang finden. Sind es eigenständige ostdeutsche private oder Treuhand-verwaltete Firmen, so sind sie auf den meisten Märkten Außenseiter und »newcomer«. Die Markteintrittshemmnisse für sie sind auf den meisten Märkten, die von wenigen Anbietern (Oligopole) beherrscht sind, äußerst groß. In der Regel gelingt es nur finanzkräftigen Großunternehmen, eine längere Durststrecke in der Markteinführungsphase durchzuhalten. Handelt es sich um ostdeutsche Firmen im Eigentum westlicher Unternehmen, so haben letztere wenig Interesse daran, den ostdeutschen Töchtern Marktanteile auf Kosten ihrer alten Standorte zuzuweisen. So kommt es, daß die ostdeutschen Töchter nur für die regionalen ostdeutschen Märkte, für kleinere Marktnischen oder als »verlängerte Werkbänke« der Alt-Standorte produzieren.

Als Zwischenergebnis läßt sich festhalten, daß die für die ostdeutsche Wirtschaft charakteristischen Probleme nicht allein Kosten- oder Angebotsprobleme im weitesten Sinne sind, sondern in zunehmenden Maße *auch* Nachfrageprobleme. Mithin ist die ostdeutsche Arbeitslosigkeit und der damit verbundene Kapitalmangel sowohl keynesianischer als auch klassischer Natur[14]. Die Nachfrageprobleme verschwinden keineswegs automatisch, sobald die Angebotsprobleme gelöst werden. Ohne Besserung der Absatzprobleme lassen sich aber die Angebotsprobleme kaum lösen – Modernisierung der Produktion ohne hinreichende Marktchancen würde zu Überkapazitäten führen. Sind hingegen Absatzmärkte vorhanden, dann ist eine rasche Sanierung möglich, und Kapitalgeber können gefunden werden. Umgekehrt nützt die Schaffung von mehr Nachfrage wenig, wenn die ostdeutschen Produkte preislich und qualitativ nicht wettbewerbsfähig sind.

Nachfragemangel existiert also, aber an *welcher* Nachfrage mangelt es vorrangig? In erster Linie mangelt es an überregionaler Nachfrage, vorwiegend an der aus Westdeutschland. Für die Zukunft der ostdeutschen Wirtschaft ist es entscheidend, daß die Lieferungen nach Westdeutschland gesteigert und/oder die Bezüge aus Westdeutschland vermindert werden. Denn das riesige ostdeutsche Handelsbilanzdefizit, das vorwiegend im innerdeutschen Handel entstanden ist, ist die entscheidende Ursache des ostdeutschen wirtschaftlichen Zusammenbruchs. Also muß der Nachfragemangel in erster Linie durch Gewinnung größerer Marktanteile in Westdeutschland abgebaut werden, indem entweder bestehende westdeutsche Produktion oder zukünftige zusätzliche westdeutsche Produktion durch ostdeutsche ersetzt wird.

Hinzu kommen müßte Importsubstitution: ein Teil der Bezüge aus Westdeutschland (oder dem Ausland) müßte durch ostdeutsche ersetzt werden. Ferner müßte die Auslandsnachfrage nach ostdeutschen Waren steigen, so daß der Außenhandelsüberschuß größer wird. Sicherlich muß Ostdeutschland beide Handelsbilanzsalden verbessern, aber allein von der Größe her kommt es entscheidend auf den Abbau des Defizits im innerdeutschen Handel an. Dies bedeutet natürlich nichts anderes als den Abbau der westdeutschen Überschüsse im innerdeutschen Handel, wodurch das Wirtschaftswachstum der alten Bundesländer gebremst würde. Anders gesagt: *Eine sich selbst tragende ostdeutsche Entwicklung führt spiegelbildlich zu vermindertem Wirtschaftswachstum in den alten Bundesländern.*

Damit entsteht ein folgenreiches *Dilemma:* Einerseits benötigt Ostdeutschland westdeutsches (und ausländisches) Kapital, westdeutsche Investoren und hohe staatliche Transfers, um sich zu restrukturieren und zu modernisieren. Dies wird um so eher gelingen, je besser Konjunktur und Wachstumschancen in Westdeutschland sind. Insofern braucht Ostdeutschland hohes Wachstum in Westdeutschland. Andererseits wirkt eine erfolgreiche ostdeutsche Entwicklung, ein sich selbst tragender Aufschwung, zwangsläufig wachstumsbremsend in Westdeutschland. Dies führt zu harter Standortkonkurrenz zwischen Ost- und Westdeutschland.

1.3 Das Dilemma der ostdeutschen Lohnpolitik

Die Lohnentwicklung 1990–93

Zum Zeitpunkt der deutsch-deutschen Währungsunion betrug das durchschnittliche ostdeutsche Lohnniveau kaum mehr als ein Drittel des westdeutschen. Dies war gewissermaßen das vom Staatsvertrag über die Wirtschafts-, Währungs- und Sozialunion durch die Umtauschrelationen vorgesehene Ausgangs-Lohnniveau. Damit entsprach das Lohndifferential ungefähr dem Produktivitätsunterschied zwischen beiden Landesteilen. Gleichwohl war die ostdeutsche Wirtschaft damit nicht annähernd wettbewerbsfähig. Bei den Preisen für Güter, Dienstleistungen, Mieten, bei Abgaben und Gebühren setzte eine rasche Tendenz zur Angleichung an die westdeutschen Relationen ein, wodurch ein erheblicher Preisauftrieb entstand. Reallohnsenkungen zur Steigerung der Wettbewerbsfähigkeit hätten Massenarmut und massenhafte Abwanderung zur Folge gehabt, sie wären auch politisch überhaupt nicht durchsetzbar gewesen. Ende 1990 waren die Lohnstückkosten im ostdeutschen verarbeitenden Gewerbe etwa doppelt so hoch wie in Westdeutschland[15], nach Berechnungen der IG Metall lagen die ostdeutschen Lohnstückkosten in ihrem Tarifbereich Anfang 1991 um 78 vH über dem entsprechenden westdeutschen Niveau[16].

1991 vereinbarten die meisten Gewerkschaften mit den zuständigen Arbeitgeberverbänden Stufenpläne zur Tariflohnangleichung an das westdeutsche jeweilige Branchenniveau bis 1994, also in etwa drei Jahren, ausgehend von einer Relation der tariflichen Grundvergütungen im Frühjahr 1991 von 50–60 vH je nach Tarifbereich. Dies entsprach einer Relation bei den Gesamtvergütungen von etwa 40 vH. Beiden Tarifparteien und allen professionellen Beobachtern war damit klar, daß eine der durchschnittlichen Produktivitätsentwicklung vorauseilende Tariflohnpolitik beschlossen worden war. Niemand glaubte an eine volle Produktivitätsangleichung innerhalb von drei Jahren. Selbst bei Tariflohnangleichung bestünden noch erhebliche Effektivlohnunterschiede in der Größenordnung von 20 vH fort, insbesondere wenn man die unterschiedlichen Arbeitszeiten und Sondervergütungen berücksichtigt.

Nachdem die ostdeutschen Metallarbeitgeber den vereinbarten Stufenplan zu Beginn des Jahres 1993 gekündigt hatten und nur 9 vH Tariflohnsteigerung statt der vereinbarten 26 vH sowie Jahrestarifverträge anboten, kam es zum Streik in der ostdeutschen

Metallindustrie. Der Industriegewerkschaft Metall war es gelungen, am Ziel der Tariflohnangleichung festzuhalten, jedoch wurde der Angleichungstermin um zwei Jahre auf 1996 verschoben und eine Härtefallregelung für notleidende Betriebe vereinbart[17]. Auch in anderen Tarifbereichen kam es zur Streckung des Angleichungsprozesses. In der ostdeutschen Metallindustrie – ähnlich in anderen Branchen – wurden damit gegen Ende des Jahres 1993 80 vH des westdeutschen Tariflohnniveaus erreicht, jedoch nur 56,5 vH der Gesamtvergütung[18]. Insgesamt verläuft jedoch die ostdeutsche Lohnentwicklung in den einzelnen Tarifbereichen sehr unterschiedlich.

Die Bruttolohn- und Gehaltssumme je Beschäftigten stieg in Ostdeutschland 1991 um 31,0 vH, 1992 um 35,8 vH und 1993 schätzungsweise um 15 vH, die gesamtwirtschaftliche Produktivität um 8–9 vH. Im verarbeitenden Gewerbe lagen die Steigerungsraten der Nominallöhne bei durchschnittlich gut 33 vH in den Jahren 1991 und 1992 – der effektive Stundenlohn stieg von DM 11,22 im ersten Quartal 1991 auf DM 19,97 im vierten Quartal 1992 *(Tab. 1.6)*. Allerdings dürfte ein beträchtlicher Teil der Produktivitätszuwächse nicht auf technologischen oder organisatorischen Verbesserungen beruhen, sondern auf der Stillegung unterdurchschnittlich produktiver Betriebe und Betriebsteile. Freilich ist dies bei Produktivitätssteigerungen immer in einem bestimmten Umfang, der nicht quantifizierbar ist, der Fall. Wäre dies nicht in dem Maße wie geschehen passiert, so wären die Lohnstückkosten wesentlich schneller gestiegen, weil Lohn- und Produktivitätsentwicklung auseinanderklaffen. Wie auch immer: Die Schere zwischen Produktivität und Löhnen war bereits 1990 weit geöffnet, in den Jahren 1991 bis 1993 hat sie sich etwas geschlossen. Vor allem in den Dienstleistungsbereichen sowie im öffentlichen Sektor ist die Spreizung besonders groß, bekanntlich gibt es aber gerade hier große Probleme der sinnvollen Messung von Arbeitsproduktivität.

Von Anfang an bestand Unsicherheit in der Einschätzung des *Tempos* der Produktivitätsangleichung. Tatsächlich verlief die Produktivitätsentwicklung dann auch sehr unterschiedlich, sowohl zwischen den Sektoren als auch innerhalb der gleichen Branchen. Die Produktivitätssteigerung hing eng mit der Unternehmensanierung und der Investitionstätigkeit zusammen, die wiederum sehr stark von den Aktivitäten der Treuhand sowie der Investitionsbereitschaft westlicher Investoren abhängt.

Legt man die in entwickelten kapitalistischen Ländern üblichen

Tab. 1.6: **Daten zur Lohnentwicklung in Ostdeutschland**

Quartal	1991 I	1991 IV	1992 I	1992 IV	1993 I
Verarbeitendes Gewerbe, Löhne/Gehälter je Beschäftigtenstunde in DM	11,22	16,57	14,47	19,97	k. A.
Index	100,0	147,7	129,0	178,0	k. A.
Arbeitsproduktivität	100,0	150,8	147,7	203,5	k. A.
Lohnstückkosten	100,0	97,7	87,5	87,3	k. A.
Gesamtwirtschaft					
Bruttolohn- u. Gehaltssumme je Beschäftigten, Veränderung gegenüber Vorjahr in vH	31,0		35,8		15,0[s]
Nettolohn- u. Gehaltssumme je Beschäftigten, Veränderung gegenüber Vorjahr in vH	20,8		27,1		4,5[s]
Zunahme der Produktivität in vH	8,8		12,7		9,5
Preisteigerungsrate	12,8		10		8
tarifliche Grundvergütung in Sachsen in vH von Bayern in der Metallindustrie, jeweils ab April des Jahres	58,6		67,4		79,8
dto., Gesamtvergütung[1]	39,9		46,7		56,5
durchschnittlicher Bruttomonatsverdienst der Arbeiter u. Angestellten in der Industrie, Ost-West-Verdienst-Relation in vH	47,1[2]		58,2[2]		k. A.

[s] Schätzung
[1] Unter Berücksichtigung von Leistungszulagen, vermögenswirksamen Leistungen, Urlaubsgeld, Jahressonderzahlung, 10 vH Übertarif, Wochenarbeitszeit und Urlaub [2] Jahresdurchschnitt. Zum Vergleich: 1990: 1. Halbjahr 32,3, 2. Halbjahr 37,1

Quellen: DIW, IfW, Gesamtwirtschaftliche und unternehmerische Anpassungsprozesse in Ostdeutschland, 8. Bericht, a.a.O.; R. Bispinck/WSI-Tarifarchiv, Der Tarifkonflickt, a.a.O., Arbeitsgemeinschaft der wirtschaftswissenschaftlichen Forschungsinstitute, Herbstgutachten 1993, a.a.O.; *Wirtschaft und Statistik*, Heft 6/1993, S. 428; eigene Berechnungen

Maßstäbe an die ostdeutsche Tariflohnpolitik, so erscheint das, was geschehen ist, wie ein Rätsel. Viele Beobachter, nicht nur aus dem neoklassischen Lager, viele aus dem westlichen Ausland, halten daher die ostdeutsche Lohnpolitik für den Kern des Niedergangs der ostdeutschen Ökonomie. Sie werfen den Gewerkschaften extremes »Insider-Verhalten« vor, da sie sich vermeintlich nur um die Interessen der »Arbeitsplatzbesitzer« gekümmert hätten. Wir halten diese Diagnose für falsch. Sie verkennt grundlegend die komplizierten ostdeutschen Bedingungen, die institutionellen Regelungen der Tariflohnpolitik in Deutschland sowie die Handlungsoptionen der Gewerkschaften.

Niedrige Tariflöhne als ostdeutscher Königsweg?

Angenommen, die Gewerkschaften hätten ohne Vorbedingungen auf Lohnzurückhaltung gesetzt und auf das Ziel der mittelfristigen Lohnangleichung verzichtet. Welche Kriterien hätten jetzt für die Tariflohnpolitik angewendet werden sollen? Löhne, die sich an der durchschnittlichen ostdeutschen Produktivität (Niveau und Zuwachs) ausrichten, wären noch Ende 1992 nur etwa halb so hoch gewesen, wie sie tatsächlich waren, d. h. die tarifliche Grundvergütung hätte unter 35 vH des Westniveaus gelegen, die Gesamtvergütung noch viel niedriger. Selbst wenn man in Rechnung stellt, daß dadurch ein Teil der ostdeutschen Waren preisgünstiger gewesen wäre, hätte ein großer Teil der Lohnempfänger Löhne, die erhebliche Sozialhilfeansprüche begründen. Es wären Löhne, die sozialpolitisch nicht akzeptabel wären und zu Massenprotesten und sicherlich auch zu Massenabwanderung geführt hätten, insbesondere bei den jüngeren qualifizierten Arbeitnehmern. Zweifellos wäre die Produktivität auch weniger schnell angestiegen, so daß geringere Reallohnsteigerungen zu erwarten gewesen wären.

Die von G. und H.-W. Sinn vorgeschlagene *Niedriglohnstrategie*[19], die auf das Einfrieren der ostdeutschen Bruttolöhne für vier Jahre auf dem Niveau von 47 vH des Westniveaus (Bruttomonatslohn) ab 1991 hinauslief, allerdings gekoppelt mit einem Investivlohnmodell, hätte zum mindesten große Teile der unteren Arbeitnehmergruppen in erhebliche Existenznöte gebracht. Derartige Vorschläge müssen fernab der Lebenswirklichkeit von Millionen ostdeutschen Bürgerinnen und Bürgern entstanden sein – Schreibtischkreationen, die die Psychologie der Lage kalt übergehen. Auch bei diesem Vorschlag werden die Nachfrage- und Absatzprobleme ignoriert. Im übrigen hätte auch dieses niedrige Lohnniveau noch über der Produktivität gelegen. Insgesamt hätten die niedrigen Löhne tendenziell strukturkonservierend gewirkt. Die »Lohnpeitsche«, die die Unternehmen zur Modernisierung zwingt, hätte kaum existiert.

Ob die niedrigen Löhne wesentlich mehr Arbeitsplätze rentabel gemacht hätten, wäre sehr ungewiß gewesen. Nichts ist unsicherer als die kurz- und langfristige Elastizität der Arbeitskräftenachfrage in bezug auf die Löhne, insbesondere in der ostdeutschen Situation. Nur wer die oben dargestellten Nachfrageprobleme kategorisch ausklammert und eine modellhafte Arbeitsnachfragefunktion konstruiert, deren Prämissen nur im Nirwana der neoklassischen allgemeinen Gleichgewichtstheorie gegeben sind, kann sich des beschäftigungspolitischen Erfolges sicher sein. Schon der Vergleich von Lohnstückkosten- und Beschäftigungsentwicklung, die in den Branchen des verarbeitenden Gewerbes sehr unterschiedlich verlief, zeigt, daß die Zusammenhänge je nach Branche sehr unterschiedlich sind. Würde man noch die Dienstleistungssektoren in die Untersuchung einbeziehen, wäre der Zusammenhang beider Größen noch schwächer: Gerade hier ist die Beschäftigungsentwicklung günstiger verlaufen, jedoch sind die Lohnstückkosten stärker gestiegen. Auch die Erfahrungen mit der »Härteklausel« zeigen, daß Lohnabschläge nur eine erstaunlich begrenzte Wirkung auf die Umstrukturierung der Betriebe haben.

Die makroökonomische inverse Relation zwischen Arbeitskräftenachfrage und Löhnen gilt nur unter bestimmten Prämissen, insbesondere der, daß kein Nachfragemangel auf den Gütermärkten existiert. Würden dennoch zurückhaltende Lohntarife beschlossen, dann wäre das Opfer der Arbeitnehmer groß, aber der Ertrag hochgradig unsicher. Von vielen Kritikern der Gewerkschaften wird insbesondere die Unsicherheit über den Fortgang der wirtschaftlichen Entwicklung in Ostdeutschland nachhaltig unterschätzt. Diese Unsicherheit resultiert zu einem erheblichen Teil aus der chaotischen Einigungspolitik, die keinerlei konzeptionelle Idee erkennen ließ. Im Rahmen einer koordinierten Gesamtstrategie, die die Gewerkschaften als anerkannten Partner, nicht als Gegner, einbezieht, hätte sich möglicherweise ein langsameres Tempo der Lohnangleichung finden lassen. Damit wären nicht die Absatzprobleme gelöst worden, und auch nur ein Teil der Angebotsprobleme, aber die Betriebe hätten etwas mehr Spielraum für die Sanierung bekommen.

Dies wäre dann eine Art *»Sozialpakt«* geworden, der den Gewerkschaften in anderen Fragen Zugeständnisse hätte machen müssen (z. B. Lohnsubventionen, steuerliche Besserstellung, Beschäftigungsgarantien, aktive Sanierung durch die Treuhand, Mitbestimmung, Investivlöhne, Arbeitszeitverkürzungen). Ein derartiger Kompromiß ist gar nicht erst gesucht worden, da es an einer Gesamtstrategie mangelte. Ein Königsweg wäre auch dies nicht gewesen, denn produktivitätsgerechte Löhne hätten von den Gewerkschaften auch im Rahmen einer derartigen Strategie kaum akzeptiert werden können. Wohl in keiner historischen Situation der Nachkriegsgeschichte gab es soviel gesamtwirtschaftlichen und politischen Koordinierungsbedarf zwischen den gesellschaftlichen Gruppen und den entscheidenden staatlichen Institutionen wie in dieser. Zum Marktversagen kam eklatantes Politikversagen hinzu.

Hätten die Gewerkschaften auf eine branchenbezogene Tariflohnpolitik völlig oder weitgehend verzichtet und sich auf eine betriebsbezogene Lohnfindung konzentriert, die sich an der Rentabilität der einzelnen Unternehmen ausrichtet, dann hätten sich nicht nur enorme Lohndifferenzierungen in gleichen Berufsgruppen, Branchen und Regionen ergeben, die nicht mit der Knappheit der einzelnen Arbeitskräftegruppen am Arbeitsmarkt korrespondieren, sondern die Gewerkschaften hätten sich weitgehend selbst aufgegeben und das Prinzip der Branchentarife fallengelassen. Es kann kein Zweifel bestehen, daß diese Praxis auch auf Westdeutschland über kurz oder lang übergegriffen hätte und damit zentrale Elemente der aus der Sicht der Gewerkschaften bewährten industriellen Beziehungen ausgehöhlt hätten. Durch derartige Deregulierungen wären Tarifverträge nachhaltig entwertet worden, ganz abgesehen vom Verlust gewerkschaftlicher Gegenmacht gegen die Verbandsmacht der Unternehmen. Genau dies war wohl auch von den tonangebenden Verbandsmanagern der Arbeitgeber beabsichtigt[20].

Manche Befürworter einer Niedriglohnstrategie mit langsamen Lohnsteigerungen postulieren eine arbeitsintensivere Faktorkombination zwischen Kapital und Arbeit, damit nicht ein abrupter Übergang von relativ arbeitsintensiver DDR-Technologie zu kapitalintensiver »High Tech« stattfindet, sondern eine *»organische Systemtransformation«* (Sinn/Sinn[21]). Da die Faktorkombination, die mit der gewählten Technik entsteht, für einen längeren Zeitraum nicht variabel ist, müßte zumindest während dieses Zeitraums eine dualisierte Technologie- und Wirtschaftsstruktur mit zwei verschiedenen Lohnniveaus zwischen beiden Teilen Deutschlands existieren[22]. In Ostberliner Fabriken eine andere Technologie als in

Westberlin? Haben denn die Unternehmen, wie die neoklassischen Theoretiker vom Schreibtisch aus postulieren, ein ganzes Arsenal unterschiedlicher Technologien parat, eine für westdeutsche, eine für ostdeutsche, eine andere für polnische und noch eine für russische Löhne? Hier offenbart sich eine gewaltige Lücke zwischen Theorie und Wirklichkeit. Derartige Technologien müßten vielleicht erst entwickelt werden (wie man aus der Diskussion über die Technikwahl in Entwicklungsländern weiß).

Modellvorstellungen einer derartigen »organischen Systemtransformation« mit anderer Technologie und längerfristig niedrigerem Lohnniveau behandeln Ostdeutschland im Grunde als eigenständige Volkswirtschaft, ja wie einen eigenständigen Staat mit eigenständigen institutionellen Strukturen, der mit niedrigen Löhnen den Aufwertungseffekt der Währungsumstellung auffangen soll. Hier wird einfach die politisch gewollte Realität des neuen deutschen Bundesstaates mit gleichberechtigten neuen Ländern und dem grundgesetzlichen Anspruch auf einheitliche Lebensverhältnisse in allen ihren Konsequenzen nicht voll zur Kenntnis genommen. Indessen kann kein Zweifel bestehen: Für eine – wenn auch nur vorübergehende – duale Technologiestruktur mit unterschiedlichen Faktorkombinationen ist im neuen einheitlichen Deutschland mit einheitlichem Arbeitsmarkt kein Platz. Die Erwartungen aller Beteiligten, insbesondere auch der Unternehmen, gingen in diesem Punkt in die gleiche Richtung[23].

Um nicht mißverstanden zu werden: In anderen osteuropäischen Ländern stellt sich die Frage ganz anders. In Rußland beispielsweise, noch ausgeprägter natürlich in Entwicklungsländern, wird es auf lange Sicht nur geringe Ersparnisse und damit Mangel an Geldkapital sowie Mangel an technischem Wissen und Überfluß an Arbeit geben, so daß eine andere Kombination von Sachkapital und Arbeit erzwungen wird. In Deutschland hingegen existiert bei hohen Ersparnissen keine nachhaltige Kapitalknappheit, die gesamtdeutsche Geldkapitalbildung ist im Prinzip hinreichend hoch, um den Aufbau eines modernen und ausreichend großen Kapitalstocks in Ostdeutschland zu ermöglichen. Ebenso wäre modernstes technisches Wissen verfügbar, genauso wie im Westteil des Landes. Warum sollte vorhandenes Kapital und Wissen in Ostdeutschland nicht für modernste Technologien genutzt werden?

In gleichem Atemzug wird auf unabsehbare Zeit der Abschied vom Ziel der Tariflohnangleichung gefordert. Niedrigere ostdeutsche Tariflöhne sollten nicht nur der (noch) niedrigeren ostdeutschen Produktivität entsprechen, so die Vorstellung, sondern Anreiz für Investoren sein, im Osten zu investieren. Solange die Arbeitslosigkeit höher als im Westen sei, müßten die Löhne knappheitsbedingt auch niedriger sein. Dahinter steht wieder der Gedanke, daß die Arbeitskräftenachfrage der Unternehmen positiv auf niedrigere Löhne in Ostdeutschland reagiert.

Die internationalen Erfahrungen zeigen, daß hierdurch allenfalls ein Niedriglohnsektor, insbesondere im Dienstleistungssektor mit wenig anspruchsvollen Tätigkeiten wie etwa in den USA, geschaffen werden kann. Die Agglomerationsvorteile entwickelter Hochlohn-Regionen und die Vorteile dort vorhandener hochqualifizierter Arbeitskräfte wiegen ungleich schwerer als niedrige Löhne. Die westdeutschen und westeuropäischen regionalpolitischen Erfahrungen verdeutlichen, daß niedrigere Löhne kein geeignetes Instrument der Regionalpolitik sind. Diese sollte sich vielmehr anderer Instrumente bedienen. Für die Gewerkschaften gibt es keinen Anlaß, von den positiven Erfahrungen flächendeckender branchenorientierter Tariflohnpolitik abzuweichen, die keine relevante regionale Differenzierung in der Branche zuläßt. Dies setzt produktivitätsschwache Unternehmen in peripheren Regionen unter heilsamen Anpassungsdruck. Insgesamt konnte mit diesem System eine relativ ausgeglichene regionale Wirtschaftsstruktur mit vergleichsweise geringen regionalen Lohnunterschieden – etwa im Verhältnis zu den USA oder zu Italien – realisiert werden. Zu Recht verstehen die deutschen Gewerkschaften diese Tariflohnpolitik als wichtigen Teil des sozialstaatlichen Systems, das dazu beigetragen hat, die Entstehung ausufernder minderwertiger »sekundärer« Arbeitsmärkte zu verhindern. Insofern war und ist das Ziel der Lohnangleichung in absehbarer Frist ein Ziel höchster Priorität für die Gewerkschaften, zweifellos auch, um das westdeutsche Lohnniveau nicht zu gefährden.

Vielfach wird gegen eine Politik der Lohnangleichung, die der Produktivitätsentwicklung voraneilt, angeführt, daß die Abwanderungsgefahr bei hohen Löhnen und daraus entstehender Arbeitslosigkeit viel größer sei als jene infolge von anhaltenden Lohnunterschieden[24]. Überdies sei die Abwanderung recht gering. Es ist zwar richtig, daß Massenabwanderung wie in den Jahren 1989/90 nicht mehr existierte, jedoch gab es auch nach 1990 unverändert die Gefahr der Abwanderung bzw. des Auspendelns qualifizierter jüngerer Arbeitskräfte, die kaum ersetzbar sind. Vielfach existiert bereits Fachkräftemangel. Die hohen Pendlerzahlen sind zwar vordergründig arbeitsmarktpolitisch beruhigend, jedoch fördern sie auch die Auszehrung des »Humankapitals« in den ostdeutschen Betrieben.

Um der Abwanderungsgefahr entgegenzuwirken, fordern die Befürworter von niedrigen Löhnen eine stärkere *Lohndifferenzierung*. Bei niedrigem Lohnniveau hätte dies eine enorme Spreizung der Tariflöhne und damit wesentlich andere Rahmentarifverträge als in den alten Bundesländern erfordert, die bereits kräftige Lohn- und Gehaltsdifferenzierungen beinhalten. Rahmentarifverträge werden in der Regel für längere Zeiträume abgeschlossen; sie sollten sich daher auch in Ostdeutschland an den längerfristig zu erwartenden Lohnrelationen orientieren, und das sind sicherlich die westdeutschen. Wichtiger als die weitere Spreizung der Lohngruppen wäre dagegen die korrekte Eingruppierung der Mitarbeiter. Ob der Sog westlicher Arbeitsmärkte mit übertariflichen Zuschlägen bei niedrigen Tariflöhnen zurückgedrängt werden kann, scheint fraglich: erstens sitzen die Arbeitnehmer bei individuellen Lohnverhandlungen am kürzeren Hebel, zweitens würde ein erheblicher lohnpolitischer Wildwuchs entstehen. Die innerbetriebliche Lohnkonkurrenz der Beschäftigten würde die Kooperation und damit die Produktivität der Arbeit beeinträchtigen.

Abwanderungsgefahr, so wird der Lohnangleichungsstrategie entgegenbehalten, entstünde vorrangig infolge von Arbeitslosigkeit aufgrund zu hoher Löhne. Natürlich läßt sich nicht bestreiten, daß sich auch Arbeitslose nach Westen orientieren können. Aber die Argumentation geht davon aus, daß die Schere zwischen Löhnen und Produktivität nicht durch andere Maßnahmen, etwa durch Lohnsubventionen, geschlossen wird und daß darüber hinaus keine wirksame beschäftigungsschaffende Strukturpolitik stattfindet. Genau dies ist aber die Konzeption der Gewerkschaften. Indem eine – im Grunde durch die Einigungsverträge vorgegebene – Angleichungsstrategie in Richtung auf hohe Löhne und Hochtechnologie gewählt wurde und kein dereguliertes ostdeutsches »Sonderwirtschaftsgebiet«, mußte einer *innovationsorientierten Strukturpolitik* ein hoher Stellenwert zukommen. Die beschäftigungspolitische Mit-Verantwortung, die die Tarifparteien im Westen haben (jedoch nicht allein, ohne staatliche Beteiligung, wie Neoklassiker behaupten), kann von ihnen im Osten nicht in gleichem Maße wahrgenommen werden.

Die Tarifpolitik ist damit überfordert. Sie steht im Dilemma, sozialpolitisch akzeptable Ergebnisse zu bringen, die Dualisierung des deutschen Arbeitsmarktes zu verhindern, gleichzeitig Abwanderungsgefahren einzudämmen und in absehbarer Frist gleichwertige Lebensverhältnisse zu schaffen; andererseits soll sie die Unternehmen im Restrukturierungsprozeß kostenseitig entlasten, indem der Kontakt zur Produktivitätsentwicklung nicht verloren wird. Nur eine äußerst drastische Lohnsenkung würde die ostdeutschen Betrieben entlasten, wenn überhaupt, die aber verbietet sich allein schon aus sozialpolitischen Gründen. In dieser Dilemma-Situation blieb den Gewerkschaften gar keine andere Wahl[25]: Sie mußten den schwierigen Weg der raschen Lohnanpassung gehen und gleichzeitig Strukturpolitik vom Staat einfordern. Hinsichtlich des zu wählenden Angleichungszeitraums waren sie, wie sich insbesondere während des Streiks in der Metallindustrie zeigte, durchaus in begrenztem Rahmen kompromißbereit.

Probleme der raschen Lohnangleichung

Eine der Produktivitätsentwicklung vorauseilende Lohnpolitik verursacht Kostendruck und senkt damit Gewinne bzw. vergrößert Verluste[26]. Abgesehen von der Ausnahme von Investitionen, die durch Liquiditätsmangel begrenzt sind, wird jedoch hierdurch die Investitionstätigkeit nicht gehemmt, denn die Investitionen haben ja gerade das Ziel, ein Produktivitätsniveau zu erreichen, das die Zahlung der Löhne aus eigener Kraft ermöglicht. Investitionen dieser Art werden geradezu forciert. In aller Regel sind die Investitionsplanungen an den *längerfristigen* Kosten- und Ertragsstrukturen orientiert. Während der Umstellungsphase führen geringere Gewinne bzw. höhere Verluste infolge vorauseilender Lohnzuwächse zu höheren Stückkosten und Liquiditätsproblemen, die zu übermäßiger Kreditaufnahme und damit zu einer hohen Zins- und Schuldendienstbelastung führen.

Die durch die Stufenpläne zur Tariflohnanpassung verursachten Kostensteigerungen haben in den verschiedenen Bereichen des ostdeutschen Unternehmenssektors ganz unterschiedliche Bedeutung. In denjenigen Sektoren, die keinem überregionalen Wettbewerb ausgesetzt sind (sog. lokale Güter), also insbesondere im Dienstleistungssektor, im Handwerk etc., werden diejenigen Kostensteigerungen, die nicht durch Produktivitätszuwächse aufgefangen werden können, in den Preisen weitergegeben. Der Problembereich besteht ausschließlich aus jenen Unternehmen, die überwiegend überregionalem Wettbewerb ausgesetzt sind, und dies ist im wesentlichen die Industrie. Hier können die folgenden Segmente unterschieden werden:

1) Bei den *Neugründungen* von Tochterunternehmen westlicher Firmen wird von vornherein eine hohe Produktivität erzielt, die womöglich höher als im Westen ist, so daß produktivitätsorientierte Löhne problemlos gezahlt werden können, wenn der Absatz gesichert ist. Das Kalkül, ob und in welchem Maße ein westliches Unternehmen in Ostdeutschland investiert, wird nicht wesentlich von dem Tempo der Lohnangleichung beeinflußt. Entscheidend sind die am Ende des Anpassungsprozesses erwarteten Löhne.

2) In *privatisierten Unternehmen*, die sich ehedem in Treuhand-Verwaltung befanden, wird in der Regel kräftig investiert, so daß die Produktivität rasch ansteigt. Zumindest bei denjenigen Unternehmen, bei denen mit der Treuhand Arbeitsplatzauflagen vertraglich vereinbart wurden, wurden die daraus resultierenden Lohnkosten mit dem Kaufpreis verrechnet. Häufig wurden zusätzlich Zugaben zum Ausgleich der Anlaufverluste gewährt. Diese Verkaufspraxis der Treuhand impliziert faktisch eine pauschalierte Lohnkostensubventionierung. Bei der Berechnung der Kaufpreisabschläge wurde die erwartete Lohnentwicklung zugrunde gelegt. In denjenigen Unternehmen, die ihre Sanierungskonzepte wie geplant realisieren können, dürfte die Lohnentwicklung unproblematisch sein.

3) Viele Investoren, die Treuhand-Betriebe gekauft haben, haben die Umstellungsprobleme unterschätzt oder sind von ungünstigen Veränderungen der Absatzlage überrascht worden. Dies dürfte für zahlreiche kleinere Unternehmen, für *Management-Buy-Outs* und andere Betriebe gelten, aber auch für *Neugründungen* mit ostdeutschen Eignern mit schwacher Eigenkapitalbasis. Diese Firmen haben erhebliche Probleme mit den Lohnsteigerungen, ebenso wie mit anderen ungünstigen Kosten- und Absatzfaktoren.

4) Besonders prekär ist die Lage bei denjenigen Treuhand-Firmen, deren *Sanierung* vernachlässigt wurde. Hier ist die Diskrepanz zwischen Lohn- und Produktivitätsentwicklung am größten. Soweit es sich um sanierungsfähige Betriebe handelt, gewährte die Treuhand in der Regel Liquiditätsbürgschaften für Bankkredite zur Abdeckung der laufenden Verluste. Die daraus entstehende Schuldendienstbelastung für die Unternehmen ist erheblich, ebenso das Ausmaß der Bindung knapper Treuhand-Ressourcen für in Anspruch genommene Bürgschaften, die dann für aktive Sanierung, Eigenkapitalausstattung etc. bei insgesamt limitierten Ausgabenrahmen der Treuhand nicht mehr zur Verfügung stehen. In Form der verbürgten Liquiditätskredite werden aber faktisch Wertschöpfungssubventionen seitens der Treuhand gewährt, die Lohnsubventionen einschließen. Allerdings werden hierbei laufende Kosten über teure Kredite finanziert, eine betriebswirtschaftlich fragwürdige Praxis. Ebenso ist ein pauschaler, nicht an Auflagen oder Regeln gebundener Verlustausgleich fragwürdig, da er der Konservierung alter Strukturen Vorschub leistet.

Nur in den Segmenten (3) und (4) existieren also relevante betriebswirtschaftliche Probleme infolge der Lohn-Produktivitäts-Diskrepanz. Aber diese Probleme sind nur ein mehr oder minder kleiner Teil der Gesamtprobleme, mit denen diese Unternehmen konfrontiert sind. Hier hätten selektive, degressiv gestaffelte befristete *Lohnsubventionen* eingesetzt werden können, wie sie von vielen Seiten in den verschiedensten Varianten vorgeschlagen wurden[27]. Mit Hilfe derartiger Instrumente hätte das Dilemma der ostdeutschen Lohnpolitik wesentlich entschärft werden können. Statt dessen setzten die Arbeitgeber auf die Preisgabe der Stufenpläne sowie auf tarifliche Öffnungsklauseln, verbal lautstark unterstützt von der Bundesregierung, die zudem mit gesetzlichen Öffnungsklauseln drohte und weitergehende Deregulierungsmaßnahmen im Tarifvertragssystem anpeilte.

1.4 Eine vorläufige Schlußbilanz der Treuhandanstalt

Die Verantwortung der Treuhandanstalt

Die Treuhandanstalt (THA) wird Ende 1994 ihr sog. operatives Geschäft beenden. Ab 1995 wird es verschiedene Nachfolgeorganisationen geben, die einzelne Aufgabenbereiche der Treuhand auf längere Zeit weiter wahrnehmen werden. Mithin ist die Arbeit der Treuhand Ende 1994 keineswegs erledigt, nicht einmal die Privatisierung von Unternehmen. Auch wenn viele Informationen über das Ergebnis und die Wirkung der Tätigkeit der THA noch ausstehen, branchen- und unternehmensspezifische Untersuchungen noch fehlen und die Folgewirkungen vieler Maßnahmen erst später beurteilt werden können, so kann doch bereits eine erste Bilanzierung der Treuhand-Arbeit für den Zeitraum 1990–94 vorgenommen werden.

Die THA ist in der Öffentlichkeit, in den Medien, von Managern, von der Wirtschaftswissenschaft und im Ausland sehr *unterschiedlich* beurteilt worden. Offenbar hat sie von Anfang an eine Polarisierung der Meinungen ausgelöst. Die einen rühmen sie als effizient arbeitende Privatisierungsagentur, die die schnellste Privatisierung einer Volkswirtschaft hervorbrachte, die es weltweit je gab, und das unter sehr schwierigen Bedingungen. Die strategische Handlungsausrichtung der Anstalt sei richtig gewesen, gravierende Fehler seien ihr nicht unterlaufen. Angesichts der schwierigen Rahmenbedingungen, insbesondere der schnellen Währungsunion und des Lohnauftriebs in Ostdeutschland, hätte es keine relevanten Handlungsalternativen gegeben. Für andere war und ist die Treuhand das »Schlachthaus«, das wesentlich für die Zerstörung der Wirtschaftssubstanz der neuen Bundesländer verantwortlich ist: eine Art Kolonialagentur, die den Ausverkauf der Ex-DDR betrieb, der Bereicherung und Begünstigung einer häufig halbseidenen westdeutschen Klientel diente und zur »zweiten Enteignung« der Bürger des »Beitrittsgebietes« führte.

Eine genauere Analyse führt zu einer differenzierteren Bewertung. Dabei zeigt sich das Problem, daß die Tätigkeit der Treuhand kaum isoliert von der Wirtschaftspolitik der Bundesregierung sowie den durch die Währungsunion und den Einigungsvertrag gesetzten Rahmenbedingungen beurteilt werden kann. Durch die rasche Währungsunion mit den gewählten Umtauschsätzen waren unabhängig von der THA Ausgangsbedingungen entstanden, die schlagartig nahezu alle Unternehmen der Noch-DDR in die Zahlungsunfähigkeit trieben. So gesehen war es die Treuhand mit ihren anfänglich flächendeckenden Liquiditätsbürgschaften, die gewährleistete, daß überhaupt Unternehmen überleben konnten. Für diese Rahmenbedingungen ebenso wie für die unzulängliche, ja konzeptionslose Einigungspolitik der Bundesregierung kann die THA selbst nicht haftbar gemacht werden. Hier hat die Treuhand nur exekutiert, was anderweitig vorprogrammiert worden war.

Indem der Treuhand durch ein kompliziertes Geflecht von Regeln die Aufgabe des rigorosen Beschäftigungsabbaus, der Liquidation und der Abwicklung zugewiesen wurde, geriet sie in die fürwahr unpopuläre Rolle des Liquidators. Und diese Rolle eignet sich vorzüglich, den geballten Zorn der Betroffenen zu absorbieren und diejenigen, die verantwortlich für die Regeln waren, aus der Schußlinie herauszuhalten. So gelang es der Bundesregierung, die THA als voll funktionsfähigen politischen Blitzableiter in Szene zu setzen. Daraus folgt, daß bei der Bewertung der Tätigkeit der THA sorgfältig zwischen den entscheidenden Restriktionen und äußeren Einflußfaktoren – also der Währungsunion, dem Einigungsvertrag, der Lohndynamik, der Konjunktur, den Transformationsproblemen in Osteuropa etc. – sowie der *Treuhandpolitik* selbst unterschieden werden muß. Letztere besteht aus der Treuhandpolitik der Bundesregierung, speziell des die Fachaufsicht führenden Finanzministers, und den Handlungen der Treuhand selbst.

Nach unserer Bewertung hat der Finanzminister die THA »an der langen Leine« gehalten und ihr große Spielräume bei der strategischen Grundausrichtung der schnellen Privatisierung sowie bei der operativen Tätigkeit belassen. Der Finanzminister hat in erster Linie auf die ordnungspolitische Grundlinie und die fiskalischen Belastungen geachtet, ansonsten die Kontrolle der Treuhand kaum wahrgenommen. Von einer politischen und konzeptionellen Führung der THA, die in eine Aufbaustrategie für die neuen Bundesländer eingebunden sein müßte, durch die Bundesregierung insgesamt kann keine Rede sein. Obwohl die THA strategische Bedeutung für die wirtschaftliche Entwicklung in den neuen Bundesländern hatte und häufig faktisch die Funktion eines Aufbauministeriums innehatte, wurde sie seitens des Finanzministers im Grunde so geführt wie irgendeine andere Bundesbeteiligung.

Weil die Bundesregierung ihre Verantwortung in diesem Sektor so unzulänglich wahrnahm, bekam die Treuhand eine überfrachtete Aufgabenstellung, eine übergroße Verantwortung mit einem sehr großen Handlungsspielraum, den sie bei weitem nicht in dem Maße zur Beschäftigungssicherung genutzt hat, wie es möglich gewesen wäre. So gesehen war die Treuhand stets die treue Hand des Finanzministers und der Bundesregierung, nicht aber immer die treue Hand für die ihr anvertrauten ostdeutschen Unternehmen. So lautet unsere Beurteilung: *Die Treuhandpolitik der Bundesregierung und die Handlungen der Treuhand selbst haben zwar nicht allein, aber doch wesentlich zum industriellen Niedergang Ostdeutschlands beigetragen.*

Im folgenden sollen zunächst die Ergebnisse der Tätigkeit der THA und die voraussehbaren weiteren Aktivitäten und Folgeprobleme dargestellt werden. Zurückblickend werden dann die Aktivitäten in unterschiedliche Phasen eingeordnet. Abschließend werden die wichtigsten Kritikpunkte an der Treuhandpolitik des Bundes und an der Anstalt selbst zusammengefaßt.

Aufgaben und Ergebnisse der Treuhand-Tätigkeit

Als die Treuhandanstalt im März 1990 unter der Regierung Modrow gegründet wurde, sollte sie »das Volksvermögen sichern« und zur Bewältigung der notwendigen Veränderungen in Richtung auf eine marktwirtschaftliche Entwicklung beitragen. Der Auftrag der Anstalt wurde rasch anders interpretiert und im Treuhandgesetz vom 17. Juni 1990 festgelegt. Das Gesetz ist in weiten Teilen äußerst vage gehalten, obwohl es um Kernfragen der zukünftigen Entwicklung geht.

Man darf sich fragen, ob die Volkskammer im Juni 1990 noch ein voll souveränes Parlament war. Klar am Treuhandgesetz war der eindeutige Privatisierungsauftrag. Aber es sollte auch um die »Verwertung« des volkseigenen Vermögens gehen, und zwar nach Grundsätzen der sozialen Marktwirtschaft, ferner sollte auf »die Strukturanpassung an die Erfordernisse des Marktes« sowie »die Entwicklung sanierungsfähiger Unternehmen« und auch auf die Entflechtung Einfluß genommen werden. Man kann diese Formulierungen als Sanierungsauftrag unabhängig von der Privatisierung verstehen. Darüber hinaus wurden der THA zahlreiche Zusatzaufgaben aufgebürdet.

Insgesamt beschreibt das Gesetz ein System verschiedener Ziele, die teilweise im Widerspruch zueinander liegen. So wird der Anstalt, zumal ihr durch den Einigungsvertrag und später durch spezielles Gesetz mit 25 bzw. 30 Mrd. DM jährlicher Kreditaufnahme viel Geld ohne wirksame parlamentarische Kontrolle zugewiesen wurde, Macht eingehaucht. Wohl nie zuvor in der (west-)deutschen Nachkriegsgeschichte hat es je eine staatliche Behörde mit so viel Geld und Macht gegeben.

Kein Zweifel, die THA verstand sich ganz überwiegend als *Privatisierungsagentur*. Für sie ist daher auch das Privatisierungstempo die entscheidende Meßlatte für die Bewertung ihrer Leistung. Aus volkswirtschaftlicher und wirtschaftspolitischer Sicht kommt es dagegen auf die Zahl erhaltener und neugeschaffener Arbeitsplätze

Tab. 1.7: **Die Treuhand-Unternehmen am 31. 10. 1993**

	Anzahl	in vH
Gesamtportfolio	**13331**	
abzüglich		
- durch Fusion/Aufspaltung aufgelöst	309	
- Treuhand-Vermögensteile (inkl. Forstbetriebe)	282	
- Treuhandbeteiligung in Prüfung	83	
- Bergwerkseigentum (Rechte)	412	
- sonstige Gesellschaften außerhalb des Bruttobestandes	49	
Unternehmen insgesamt	**12196**	**100,0**
davon		
- vollständig privatisierte Unternehmen	5714	46,9
davon: Management-Buy-Outs	2425	19,9
an ausländische Investoren verkaufte Unternehmen und Unternehmensteile	806	6,6
- mehrheitlich privatisierte Unternehmen	365	3,0
nachrichtlich: privatisierte Unternehmensteile	6938	
- vollständig reprivatisierte Unternehmen	1536	12,6
- vollständig kommunalisierte Unternehmen	261	2,1
- Besitzeinweisungen	90	0,7
- liquidierte Unternehmen	3125	25,6
davon: Unternehmensliquidation in Bearbeitung	3053	25,0
Unternehmensliquidation abgeschlossen	72	0,6
- noch nicht privatisierte oder liquidierte Treuhand-Unternehmen	1105	9,1

Quelle: Treuhandanstalt, Zentrales Controlling, *Monatsinformationen der THA*, Stand 31. 10. 1993

bzw. die in den neuen Ländern nach der Restrukturierung geleistete Wertschöpfung an.

Mitte 1990, als die THA ihre eigentliche Arbeit mit der Währungsunion begann, waren ihr ca. 8500 Unternehmen und rund 60 vH der Fläche der DDR unterstellt. Durch Entflechtung und Aufspaltung erhöhte sich die Zahl der Unternehmen auf etwa 12500. Bis Ende Oktober 1993 wurden davon knapp 65 vH privatisiert, reprivatisiert oder kommunalisiert, ein Viertel wurde liquidiert, und 9 vH der Unternehmen (1105 an der Zahl), die kurzfristig schwer privatisierbar sind, sind der THA verblieben, fast ausschließlich Industrie- und Bergbaubetriebe mit etwa 200000 Arbeitsplätzen *(Tab. 1.7)*. Für 245 davon suchte die THA Anfang 1994 noch neue Eigentümer. Damit waren etwa 29 vH der Industrie im November 1993 noch unter Treuhand-Verwaltung.

Ferner hat die THA fast 7000 Unternehmensteile privatisiert, teils große, teils kleine, dazu nahezu vollständig den Handel, die Gaststätten, Apotheken, Kinos etc. Die Privatisierung von Grund und Boden hat gerade erst begonnen. Allein die Bodenverwertungs- und Verwaltungsgesellschaft (BVVG) als Tochter der THA besaß Anfang 1994 noch 23000 qkm land- und forstwirtschaftliche Flächen, also rund 21 vH der Fläche der Ex-DDR. Hinzu kommt der Grundbesitz der Treuhand-Liegenschaftsgesellschaft (TLG), dessen Umfang nicht genau bekannt ist (70000 Objekte, davon 40000 Wohnungen), sowie der Grundbesitz der THA selbst. Insofern ist es übertrieben, wenn behauptet wird, die THA sei bereits 1994 am Ende der Privatisierung angelangt.

Weniger als die Hälfte der Unternehmen wurde privatisiert (ohne THA-Beteiligung), bei 365 weiteren Unternehmen hält die THA – eigentlich entgegen ihren Zielen – eine Restbeteiligung. Ein großer Teil der Unternehmensprivatisierungen sind Verkäufe bzw. Vergaben an das Management. Vielfach handelt es sich dabei um Privatisierungen, die nur zustande kamen, weil es keine anderen Investoren gab und die einzige Alternative Liquidation gewesen wäre. Größtenteils sind es Klein- und Kleinstunternehmen, von denen – Schätzungen zufolge – bis zu 70 vH wegen Eigenkapital- oder Liquiditätsmangel existenzgefährdet sind. Rund 10 vH der Unternehmen – gemessen an Beschäftigungs- und Investitionszusagen – wurden an ausländische Investoren verkauft. Trotz intensiver Bemühungen war der Versuch, japanische Unternehmen zu akquirieren, praktisch fehlgeschlagen. Rund 1500 vollständige Unternehmen wurden reprivatisiert, ferner 2677 Betriebsteile. In nur 610 Fällen wurden durch die THA Investitionsvorrangentscheidungen getroffen (bis 31. 10. 1993). Die THA gibt an, daß von gut 3100 Unternehmensliquidationen nur etwa 320000 Arbeitsplätze betroffen wurden, von denen dann sogar noch 90000 gerettet werden konnten – jedoch handelt es sich dabei um Unternehmensreste, die bereits zuvor bis auf die Knochen zusammengeschrumpft waren.

Die THA gibt die Arbeitsplatzzusagen der Investoren mit 1,5 Mio. an *(Tab. 1.8)*. Der überwiegende Teil davon ist vertraglich vereinbart, aber nur 921000 mit Pönalen (Vertragsstrafen) zwischen 5000 und 40000 DM je nicht eingehaltene Arbeitsplatzzusage. Mit den vertraglichen Vereinbarungen wurde erst im Frühjahr 1991 begonnen, und auch dies nicht in allen Fällen. Zum Teil sind die Arbeitsplatzzusagen lediglich Absichtserklärungen der In-

Tab. 1.8: **Die Bilanz der Treuhandanstalt 1990–93 (Stand 31.10.1993)**

Privatisierte Unternehmen[a]	7966
privatisierte Unternehmen und Unternehmensteile	13429
Unternehmen unter Treuhand-Verwaltung	1105
Anzahl der beschäftigten Arbeitnehmer	202606
privatisierte Betriebs- und Nutzflächen, inkl. Land- und Forstwirtschaft in qkm	361,48
verpachtete Flächen in qkm	11444
Privatisierungserlöse[b] in Mrd. DM	44,9
Investitionszusagen der Investoren, mit und ohne vertragliche Absicherung in Mrd. DM	183,1
Arbeitsplatzzusagen der Investoren, mit und ohne vertragliche Absicherung in Mio.	1,5
Arbeitsplätze in privatisierten und THA-Unternehmen in Mio.	1,174[c]
Arbeitsplätze in THA-Unternehmen am 1. 7. 1990 in Mio.	4,1
Arbeitsplatzabbau in vH in THA- und Ex-THA-Unternehmen	−71,4[a]
Arbeitsplatzabbau in der Industrie in vH	ca. −78
von Unternehmensliquiditation betroffene Arbeitsplätze (zum Zeitpunkt des Beginns der Liquidation)	319442
Schuldenstand der THA Ende 1994 in Mrd. DM	275

[a] privatisierte, reprivatisierte und kommunalisierte vollständige Unternehmen
[b] vertragliche Vereinbarungen, nicht Einzahlungen
[c] Schätzung IAB-Söstra nach J. Kühl, Die Rolle der Treuhandanstalt für die Beschäftigungsentwicklung und -perspektiven in Ostdeutschland. In: R. Neubäumer (Hg.), Arbeitsmarktpolitik kontrovers, Darmstadt 1993, S. 132

Quelle: Treuhandanstalt, Zentrales Controlling, *Monatsinformationen*, Stand 31. 10. 1993

vestoren. Häufig ist auch der Zeitraum nicht klar definiert, in dem die Arbeitsplätze zu schaffen sind. Auch muß es sich nicht immer um Arbeitsplätze in dem gekauften Unternehmen handeln, es kann sich um Beschäftigung handeln, die durch Neuansiedelung von Dienstleistungs- oder Industriebetrieben, beispielsweise auf nicht betriebsnotwendigen Grundstücken, entstehen sollen. Vereinzelt wurden auch Arbeitsbeschaffungsmaßnahmen mitgezählt.

Ähnliches gilt für *Investitionszusagen*, bei denen es sich ebenfalls häufig um bloße Absichtserklärungen handelt. Bis Ende November 1993 haben die Investoren – einschließlich Energiewirtschaft – immerhin 184 Mrd. DM an Investitionen, teilweise für einen längeren Zeitraum, der nicht spezifiziert ist, zugesagt. Investitionszusagen im Umfang von 100 Mrd. DM sind mit Pönalen belegt. Auf Nachfrage des Bundesrechnungshofes mußte die THA berichten, daß bis Ende Mai 1993 12 000 Privatisierungsverträge abgeschlossen waren mit Investitionszusagen von 179 Mrd. DM und Arbeitsplatzzusagen von 1,45 Mio., von denen jedoch nur 88 Mrd. DM bzw. 852 000 DM in einklagbarer Form vertraglich gesichert seien[28]. Bis Anfang 1994 forderte die THA nur in 130 Fällen die Vertragsstrafen ein. Zahlungseingänge werden erstmals – in äußerst geringer Höhe – für das Jahr 1994 erwartet.

Die vereinbarten Privatisierungserlöse erreichten Ende 1993 etwa 44 Mrd. DM und bleiben damit in einer sehr niedrigen Größenordnung, jedenfalls gemessen an den früheren Schätzungen des Wertes des DDR-Volksvermögens. Von den vertraglich vereinbarten Erlösen dürften kaum mehr als 27 Mrd. DM faktisch bis Ende 1993 gezahlt worden sein. Im übrigen handelt es sich um Bruttobeträge: Rechnet man davon die Zahlungen ab, die für den Ausgleich von Startverlusten, Altkreditübernahme, die Übernahme von Bürgschaften, Gewährleistungen von ökologischen Altlasten etc. geleistet bzw. vereinbart wurden, dann dürften im Durchschnitt »negative Kaufpreise« gezahlt worden sein. In welchem Umfang dies eintrat, ist schwer zu ermitteln, weil viele Gewährleistungen erst später anfallen werden, so daß die THA Rückstellungen bilden muß.

Bis 1993 (Planansätze) veröffentlichte die THA Zahlen über die Ausgaben für Privatisierung, so daß anhand der offiziellen Angaben die Nettoeinnahmen aus Privatisierung zu ersehen waren *(Tab. 1.9)*. Diese waren 1991 und 1992 leicht positiv, 1993 mit 3 Mrd. DM negativ. Ob alle vereinbarten Gewährleistungen, z. B. auch Rückstellungen für künftige, in diese Rechnung eingehen, ist unwahrscheinlich. Im Durchschnitt hat die THA offenbar nicht durch Verkauf von Unternehmen die Privatisierung bewerkstelligt, sondern durch Vergabe in Verbindung mit finanziellen Zugaben, wobei als Gegenleistungen Arbeitsplatz- und Investitionszusagen akzeptiert wurden.

Die *Beschäftigung* in privatisierten Unternehmen ist nicht genau bekannt. Die THA hat kein System für den laufenden Beschäftigungsnachweis in privatisierten Unternehmen aufgebaut. Fest steht nur, daß die von der THA veröffentlichten Beschäftigungszusagen weit über der tatsächlichen Beschäftigung liegen, denn die meisten Investoren haben die Beschäftigung nach Übernahme des Betriebes um durchschnittlich ein Drittel weiter abgebaut[29]. Eine IAB-Söstra-Untersuchung schätzt die Beschäftigung in THA- und Ex-THA-Unternehmen für Anfang 1994 auf nicht mehr als 1,174 Mio.

Tab. 1.9: **Einnahmen und Ausgaben der THA 1990–94 in Mrd. DM**

	1990	1991	1992	1993[a]	1994[a]	1990–94
Einnahmen insgesamt	k. A.	**7,7**	**12,3**	**8,8**	**11,1**	**39,9**
davon:						
aus Privatisierung	2,6	7,2	8,2	5,3	4,0[b]	27,3
abzgl. Ausg. f. Privatis.	k. A.	1,0	7,1	8,3	k. A.[c]	k. A.
Nettoeinnahmen aus Privatis.	k. A.	6,1	1,1	−3,0	k. A.[c]	k. A.
Ausgaben insgesamt	k. A.	**33,5[d]**	**40,5**	**46,2**	**55,1[e]**	**175,3**
Zinsausgaben	k. A.	14,3[d]	8,3	10,3	13,7	46,6
gesetzl. Aufgaben[j]	k. A.	1,4[d]	8,0	6,8	0,4	16,6
Zinsen für KAF[f]	k. A.	1,1	6,0	6,5	6,0	19,6
Bürgschaftsablösungen	k. A.	3,4	8,4	8,6	13,3	33,7
nachr.: Bürgschaftsstand[g]	28,6	29,2	26,5	18,3[h]	k. A.	k. A.
Ausgaben für ökolog. Altlasten	k. A.	k. A.	0,2	2,2	5,4	k. A.
Übernahme von Altkrediten	k. A.	k. A.	k. A.	k. A.	k. A.	80,0
Kreditaufnahme	k. A.	**24,2**	**29,6**	**38,4**	**44,0[i]**	**136,2**

k. A.: keine Angaben verfügbar
[a] Planansatz
[b] Anteilsveräußerungen
[c] keine Angaben wegen neuer Haushaltsgliederung
[d] einschl. 1990
[e] einschl. Zinserstattung an Kreditabwicklungsfonds
[f] Kreditabwicklungsfonds
[g] zum Jahresende
[h] August
[i] inkl. Kredite für Zinserstattung an KAF in Höhe von 6,0 Mrd. DM
[j] ohne Zinsen an KAF

Quelle: Treuhandanstalt, Jahrespläne 1993 und 1994

Personen. Dies entspricht einem Beschäftigungsabbau von Mitte 1990 bis Ende 1993 im ursprünglichen THA-Sektor – der wie erwähnt Mitte 1990 4,1 Mio. Beschäftigte umfaßte – von gut 71 vH. In der Industrie, in der Ende 1993 in den neuen Bundesländern nur noch etwa 700 000 Personen arbeiteten (ohne Kleinbetriebe unter 20 Beschäftigte), liegt die Rückgangsrate bei ca. 78 vH. Rechnet man die Kurzarbeit heraus, dann wird der Niedergang noch deutlicher.

Der Kollaps der Ost-Wirtschaft erscheint um so dramatischer, wenn man ihm die hohen Kosten gegenüberstellt, die die Treuhand verursacht hat *(Tab. 1.9* und *1.10)*. Während die wirtschaftsgeografische Landkarte Ostdeutschlands immer mehr dem Fell eines Leoparden gleicht, mit wenigen, teils hochmodernen Industrie-

Tab. 1.10: **Gesamteinnahmen und -ausgaben der THA und ihrer Nachfolgeeinrichtungen von 1990 bis zur endgültigen Aufgabenerfüllung**

	Mrd. DM	in vH[a]
Einnahmen	**68**	**19,8**
davon: bis Ende 1994	40	11,7
1995–1998[b]	19	8,2
nach 1998[b]	9	2,6
Ausgaben	**343**	**100,0**
davon: 1990–1994 (ohne Altschulden)	176	74,6
1995–1998[b]	52	25,4
nach 1998[b]	35	10,2
erwartete Gesamtschulden	275	80,2
davon:		
bis Ende 1994	216	63,0
lfd. Defizite der THA	136	39,7
Übernahme der Altschulden	80	23,3
Kreditaufnahme 1995–1998[b]	33	9,6
Kreditaufnahme nach 1998[b]	26	7,6
Ausgaben nach Aufgabenbereichen		
– Zinserstattung an Kreditabwicklungsfonds	21	6,1
– Zinszahlungen	46	13,4
davon: für THA-Neukredite	19	
für Altkredite	27	
– Entschuldung Altkredite	80	23,3
– Beteiligungsbegleitung/Privatisierung	97	28,3
– Reprivatisierung	20	5,8
– Stillegungen	19	5,5
– ökologische Altlasten	44	12,8
– gesetzliche Regelungen	4	1,2
– sonstige Aufgaben	12	3,5

[a] der Ausgaben
[b] Planansätze

Quelle: Treuhandanstalt, Entwurf des Jahresplanes 1994, Berlin, 1. 12. 1993

standorten und riesigen Flächen von Industriebrachen, so türmt sich darum herum ein *Schuldengebirge* auf. Bis 1994 deckt die THA voraussichtlich nur 23 vH ihrer Ausgaben von insgesamt 175 Mrd. DM durch eigene Einnahmen; zur Kreditaufnahme von 136 Mrd. DM kommt die Übernahme von Altschulden in Höhe von 80 Mrd. DM. Weitere 59 Mrd. zusätzlicher Kreditaufnahme ab 1995 werden durch die Nachfolgeorganisation der THA erwartet, so daß die Gesamtschulden bei etwa 275 Mrd. DM liegen könnten. Freilich – sie könnten auch höher ausfallen, wenn etwa das Bundesverfassungsgericht der THA Konzerncharakter zuspricht oder die Kosten ökologischer Altlastensanierung oder anderer Gewährleistungen höher ausfallen. Da sich der Schuldenstand aller staatlichen Institutionen zwischen 1990 und 1995 in Deutschland mehr als verdoppelt (siehe *Kapitel 3.5*), läßt sich feststellen, daß die THA weit mehr als ein Viertel dieses Anstiegs direkt verursacht: der indirekte Anteil, etwa über die Kosten der hohen Arbeitslosigkeit und der erforderlichen West-Ost-Transfers, käme noch hinzu.

Die hohen Kosten der Treuhand sind nicht nur Resultat der geringen bzw. negativen Netto-Erlöse aus Privatisierung, sondern auch Folge der hohen Zinsbelastungen, die sich aus der Verschuldung ergeben. Es müssen also neue Schulden gemacht werden, um den Schuldendienst auf die alten zu bedienen. Rund 20 vH der THA-Ausgaben haben mit der eigentlichen Treuhand-Tätigkeit nichts zu tun: die gesetzlichen Aufgaben sowie die Zahlung der Hälfte des Zinsendienstes an den Kreditabwicklungsfonds. Den größten Kostenblock bildet die Rubrik »Beteiligungsbegleitung/Privatisierung«, welche die THA für Außenstehende nicht weiter untergliedert. Diese beinhaltet auch Investitionszuschüsse und Verlustausgleichshilfen an private Investoren, die THA-Betriebe übernommen haben. Darunter fällt auch die Übernahme und Ablösung von Liquiditätsbürgschaften der Unternehmen, die faktisch einer laufenden Verlustfinanzierung gleichkommen, und die Gewährung von bilanziellen Ausgleichsforderungen an die Unternehmen, um deren Eigenkapitaldecke zu gewährleisten. Schließlich kommen hohe Kosten für ökologische Altlasten hinzu, die überwiegend erst in der Zukunft anfallen werden.

Aus *volkswirtschaftlicher* Sicht ist die Bilanz der schnellen Privatisierung katastrophal. Über 70 vH der Arbeitsplätze wurden verloren, die Noch-Treuhand-Betriebe arbeiten immer noch hoch defizitär. Die fiskalischen Lasten sind extrem. Aussicht auf grundlegende Besserung in absehbarer Zeit besteht kaum. *Die ostdeutsche Wirtschaft wurde transformiert, aber sie ging dabei weitgehend verloren.* Der Blick von den Schuldenbergen und Scherbenhaufen auf die Landschaft ist düster, und der Anblick dieser Berge aus der Perspektive des Tales ist beklemmend.

Die einzige Frage ist, ob es Alternativen zu diesem Leidensweg gab – *was wäre wenn . . .?* Die Treuhand verweist auf die Erblast der DDR-Wirtschaft, die Währungsunion, das Wegbrechen der Ost-Märkte, die Lohnsteigerungen, die Rezession – Faktoren, für die sie nicht schuldig gesprochen werden kann. Gewiß, mit Fakten läßt sich dabei schwer gegenhalten, aber es gibt eine Reihe plausibler Vermutungen, daß eine günstigere Entwicklung mit einer anderen Treuhandpolitik möglich gewesen wäre. Diese Vermutung erhält schon dadurch Plausibilität, daß die THA nicht fortwährend die gleiche Politik betrieb, sondern je nach Entwicklungsstand und politischem Druck unterschiedliche Ziele und Methoden verfolgte.

Die Entwicklungsphasen der Treuhandanstalt

Die Tätigkeit der THA läßt sich in fünf Phasen unterteilen[30]:

- Entstehung der THA März bis September 1990;
- bedingungslose schnelle Privatisierung von Oktober 1990 bis Mitte 1991;
- »aktive Sanierungsbegleitung« von Mitte 1991 bis Herbst 1992;
- Sanierung industrieller Kerne seit Herbst 1992;
- THA-Nachfolgeorganisation ab 1995.

Die *erste Phase* der Treuhand beginnt mit der Gründung der Anstalt unter der Regierung Modrow im März 1990 und dauerte nur bis August/September, als Rohwedder Präsident wurde und damit den ehemaligen Bundesbahn-Chef Gohlke ersetzte. Die ersten fünf Monate Treuhand waren das Vorspiel der Privatisierung. Zunächst war die Anstalt von der Regierung, bei starkem Einfluß der Bürgerbewegungen, als Institution zur Wirtschaftsreform für eine gemischte Wirtschaft gegründet worden. Ein geordneter Übergang zur Marktwirtschaft sollte gesichert werden, zunächst vor allem die Umwandlung der Kombinate und Volkseigenen Betriebe in GmbHen bzw. in Aktiengesellschaften. Es gab Überlegungen, die Bürger über verbriefte Anteilsscheine am »Volkseigentum« zu beteiligen. Die alten Generaldirektoren wurden abgesetzt und durch andere Manager ersetzt. Eine intensive Kooperation mit West-Firmen begann, die in einigen Fällen bereits zu Joint Ventures, in anderen nahezu zur Privatisierung führte. Dies betraf vor allem die lukrativsten Unternehmen der DDR.

In dieser Zeit sicherte sich beispielsweise die Deutsche Bank den größten Teil der ostdeutschen Sparkassen, die Allianz übernahm die staatliche Versicherung, die großen westdeutschen Energieverbundunternehmen teilten sich mit dem Stromvertrag vom August 1990 den ostdeutschen Strommarkt auf. Die Interhotels landeten für einen Niedrigpreis bei der Steigenberger AG, ein Deal, der später nur in letzter Minute von der THA rückgängig gemacht werden konnte. Die Lufthansa liebäugelte mit Interflug. In der ersten Phase hatte die THA kaum die volle Kontrolle über das, was in den Betrieben und zwischen Betrieben und westlichen Interessenten ablief. Von einer systematischen Neuorganisation der Wirtschaft der DDR konnte keine Rede sein.

In der *zweiten Phase* (Oktober 1990 bis Mitte 1991), die mit der Herstellung der staatlichen Einheit im Oktober begann, wurde zum einen die Anstalt zu einer voll funktionsfähigen Organisation in Richtung einer Verkaufsagentur ausgebaut und zum anderen die Strategie der schnellen Privatisierung als bester Form der Sanierung erarbeitet und umgesetzt. Im Oktober 1990 beschloß die THA *»Leitlinien der Geschäftspolitik«*, in denen zwar eine Vielzahl von Privatisierungsformen genannt wurde, jedoch der Zeitfaktor eine große Rolle spielte. Nicht in allen, sondern nur in geeigneten Fällen sollte ein Wettbewerb unter den Kaufinteressenten stattfinden; bei der Verkaufsentscheidung sollte neben dem Kaufpreis der Zeitfaktor, die Möglichkeit der Übernahme von 100 vH der Anteile und das unternehmerische Konzept den Ausschlag geben. Dabei wurden dann die drei Kriterien *Preis, Arbeitsplatz-* und *Investitionszusagen* als verkaufsentscheidend herausgestellt. Management-Buy-Outs spielten in dieser Phase eine untergeordnete Rolle. In den Verkaufsverträgen wurden Auflagen und Pönalen erst seit Frühjahr 1991 vereinbart.

Auf Rohwedders Initiative hin entstanden das *Spaltungsgesetz*, das eine Entflechtung und Filetierung von Großunternehmen ermöglichte, und das *Hemmnisbeseitigungsgesetz*, das die »Vorfahrt für Investoren« anstelle der pauschalen Eigentumsrückgabe regeln sollte. In dieser Phase wurde die massenhafte Privatisierung, die dann vor allem ab dem 2. Halbjahr 1991 in Schwung kam, vorbereitet. Weil die Treuhand sich ganz vorrangig als bloße Verkaufsagentur verstehen wollte, hatte Rohwedder bereits frühzeitig im Alleingang die THA-Organisation nach Branchen, wie im Treuhand-Gesetz vorgesehen, verworfen und eine Gliederung in Zentrale und 15 Niederlassungen durchgesetzt.

Parallel zur Privatisierung gingen Produktion und Beschäftigung sowie Investitionen im Laufe des Jahres 1991 drastisch zurück. Von den 4,1 Mio. Beschäftigten in THA-Unternehmen waren Ende 1990 nur 2,9 Mio., Mitte 1991 nur 2,1 Mio. übriggeblieben. Die THA hatte unmittelbar nach der Währungsunion praktisch alle Unternehmen vor der Zahlungsunfähigkeit bewahrt, indem sie großzügig pauschale Bürgschaften für Liquiditätskredite gewährleistete. Auf die Sanierung der Unternehmen wurde ansonsten jedoch kaum Einfluß genommen, allenfalls auf die Herstellung der notwendigen Voraussetzungen: Umwandlung in neue Rechtsformen, soweit noch nicht geschehen, Bildung von Aufsichtsräten mit West-Managern, Förderung der Erarbeitung von Unternehmenskonzepten und DM-Eröffnungsbilanzen, Entflechtung und Spaltung von Kombinaten bzw. Kombinatsunternehmen.

Die Strategie der bedingungslosen raschen Privatisierung wurde von der politikberatenden Wirtschaftswissenschaft kräftig unterstützt. Das Herbstgutachten 1991 der Wirtschaftsforschungsinstitute hielt es für einen Konstruktionsfehler der THA, daß ihr auch Sanierungsaufgaben zugewiesen worden waren: »Sanierung ist in der politischen Diskussion nur ein anderes Wort für Subventionierung.« Die Treuhand habe nicht das Wissen, Tausende von Unternehmen zu sanieren. Nur der spätere Investor dürfe bestimmen, ob und wie saniert würde. Zudem wurde durch THA-Sanierung ein Einfallstor für ordnungspolitisch unzulässige Strukturpolitik befürchtet. Wo sich kein privater Investor finde, offenbare der Markt, daß das Unternehmen keine Existenzberechtigung habe.

Als sich die katastrophalen Arbeitsmarktfolgen abzeichneten und die neuen Landesregierungen zu erkennen begannen, was sich da auf ihrem Territorium abspielte, formierte sich Außendruck gegen die Treuhandanstalt, der auf eine stärkere strukturpolitische und aktiv gestaltende Treuhandpolitik abzielte. Mitte 1991 begann die *dritte Phase*, die bis Herbst 1992 andauerte. Als die Arbeitslosigkeit auf 0,8 Mio. im Frühjahr 1991 angestiegen war und die Kurzarbeit 2 Mio. betrug, wurde das *»Gemeinschaftswerk Aufschwung Ost«* von der Bundesregierung nachgeschoben. In der öffentlichen Diskussion wurde der Vorrang der Sanierung vor der raschen Privatisierung gefordert. Die Länder wollten mehr Einfluß auf die Treuhand.

So kam es zu den *»Grundsätzen der Zusammenarbeit von Bund, neuen Ländern und Treuhandanstalt für den Aufschwung Ost«* im März 1991. Die Koordination zwischen Bund, Ländern, THA und Bundesanstalt sollte verbessert werden, insbesondere bei Betriebsstillegungen. Es wurden »Treuhand-Wirtschaftskabinette« auf Landesebene eingerichtet. Solange die THA an Unternehmen beteiligt ist, sollte sie die volle unternehmerische Verantwortung übernehmen. In dieser Phase rangen die Gewerkschaften der THA eine

Sozialplanregelung sowie die Unterstützung von Beschäftigungs- und Qualifizierungsgesellschaften ab.

In dieser Phase ging die THA zögernd, durch den politischen Druck gezwungen, dazu über, eine Politik der »Sanierungsbegleitung« zu betreiben. Die »Ansanierung« von Unternehmen, die noch nicht privatisiert werden konnten, aber sanierungsfähig waren, sollte »investorneutral« genehmigt werden. Damit sollten wenigstens die notwendigsten Investitionen durchgeführt werden können. So wurde allenfalls eine passive Sanierung, ein mehr oder minder geordnetes Gesundschrumpfen, ermöglicht. Aktive Sanierung, die auf neue Unternehmensstrategien und »Runderneuerung« von der Forschung/Entwicklung, der Beschaffung, der Produktion und der Absatzmärkte setzt, sollte erst nach der Übernahme durch Aufkäufer möglich sein. Während dieser verordneten Karenzzeit, die die Firmen in den Attentismus trieb und in der sie ausbluteten, wurden lediglich Finanzierungshilfen gewährt, die die Unternehmen über Liquiditätskredite und bilanzielle Ausgleichsforderungen vor dem Konkurs bewahrten. Zudem gewährte die THA den Unternehmen in einzelnen Funktionsbereichen, etwa im Controlling oder im Marketing, in gewissem Umfang Unterstützung. Ferner sollten sanierungserfahrene Manager vermittelt werden. Diese »Sanierungsbegleitung« war das Äußerste, was der THA von außen abgerungen werden konnte. Im Grunde blieb auch in dieser Phase der Einfluß der Landesregierungen auf Privatisierung und Sanierung gering; allenfalls bei akuten Stillegungsentscheidungen und dem zu wählenden Modus von Abwicklungen gab es mehr Mitwirkungsrechte. Indessen baute die THA ihre Verkaufsagentur aus. Sie ging zur aktiven internationalen Akquisition von Kaufinteressenten über, auch durch die Einschaltung von Investmentbanken.

Im zweiten Halbjahr 1992 ließ das Privatisierungstempo deutlich nach. Die Gefahr der weitgehenden Deindustrialisierung war längst real geworden. Es war wohl der Fall des sächsischen Edelstahlwerkes Freital, das die THA aufgeben und stillegen wollte, der die *vierte Phase* einläutete: Unter dem Druck der Länder, der Belegschaften und Gewerkschaften sowie der öffentlichen Meinung ging die THA dazu über, partiell sog. *industrielle Kerne* zu erhalten, wenn die Länder sich an der Sanierung aktiv finanziell beteiligen. Was industrielle Kerne sind, wurde nie genau definiert. Auch hat die THA nie ein Konzept vorgelegt, wie sie industrielle Kerne retten will. Gleichwohl hat sie in einigen wenigen Fällen bereits früher massive finanzielle Hilfe zur Rettung und Restrukturierung industrieller Komplexe gewährt, beispielsweise für die ostdeutschen Werften und für Zeiss Jena, allerdings in Verbindung mit Privatisierungen.

Jetzt aber gerät die THA immer mehr in die Rolle des Unternehmers, also in die Rolle einer Konzernzentrale. Im Herbst 1992 vereinbarte die THA mit 500 Unternehmen bilaterale Investitionsförderungspläne. Investitionsmittel wurden auch vor der Privatisierung teilweise freigegeben; herausragende Beispiele sind EKO-Stahl in Eisenhüttenstadt und die Chemieindustrie in Sachsen-Anhalt. Von der Konzeption der »investorneutralen Investitionsförderung« wird hier abgegangen[31]. Seitens des Vorsitzenden des Sachverständigenrates, Herbert Hax, wird vor dauerhaften Erhaltungssubventionen für marode Betriebe und vor ordnungspolitischem Sündenfall gewarnt[32].

Die Länder bauen Agenturen auf – beispielsweise Sachsen des ATLAS-Modell –, mit denen sie strukturbestimmende größere Unternehmen identifizieren und in Kooperation mit der THA sanieren wollen. Die THA selbst beginnt sich vorsichtig unternehmerisch zu betätigen, indem sie (bis Ende 1993 fünf) *Management-KGen* aufbaut, an denen sie in Kooperation mit erfahrenen Managern mehrheitlich beteiligt ist und die jeweils etwa ein Dutzend mittelgroße Betriebe zur »Ansanierung« und späteren Privatisierung zusammenfassen. Allerdings verwehren die THA und die Bundesregierung die Gründung von Treuhand-Holdings auf Länder-Ebene, wie sie insbesondere von einigen Gewerkschaften und dem Freistaat Sachsen gefordert worden waren. Industriepolitische Aktivitäten im Sinne integrierter Technologiepolitik, Restrukturierung von Unternehmen und Branchen, Vernetzung mit Zulieferer-Unternehmen und Absatzförderung finden auch in dieser Phase nicht statt.

Auch in der vierten Phase treibt die THA die Privatisierung massiv und unbeirrt voran, auch dann, wenn sie mit hohen negativen Netto-Preisen verbunden ist und die Arbeitsplatz- und Investitionszusagen immer kümmerlicher werden. Für die große Masse der kleinen und mittleren Betriebe ändert sich in dieser Phase wenig. In großem Stil werden jetzt auch Management-Buy-Outs praktiziert. Viele kleinere Betriebe werden zu Festpreisen bzw. Mindestpreisen per Katalog verkauft. Einzelne Branchen, insbesondere der Maschinenbau und die elektrotechnische Industrie, erleiden einen kaum abgebremsten Niedergang; für große Teile der chemischen

Industrie und den Braunkohlebergbau stehen Lösungen noch aus.

In der vierten Phase sinkt die Beschäftigung in THA-Betrieben von etwa 0,7 Mio. im Herbst 1992 auf 0,2 Mio. Ende 1993. Jedoch steigt die Investitionssumme je Beschäftigten im Jahre 1993 auf 15 200 DM, während sie 1991 bei nur DM 4640 lag und 1992 bei DM 7104[33]. Immer noch liegen diese Werte weit unter denen der privatisierten Unternehmen.

In den vier Phasen hatte die THA eine doch recht unterschiedliche Politik vertreten – gleichwohl hat sie durchgängig an der Linie der raschen Privatisierung festgehalten. Nur durch politischen Druck von außen machte sie in bezug auf die Sanierung und die Kooperation mit den Ländern gewisse Zugeständnisse.

Die *fünfte* (und letzte) *Phase* der THA beginnt mit dem für Ende 1994 geplanten Ende der bisherigen Treuhandanstalt. Bis dahin soll der allergrößte Teil der Unternehmensprivatisierung erledigt sein. Die noch nicht privatisierten Firmen werden als Management KG organisiert (bis zu 10) bzw. als Aktiengesellschaften direkt dem Bundesfinanzministerium unterstellt. Darüber hinaus verbleiben eine Fülle von Restaufgaben, die dann – so der Stand der Überlegungen zu Beginn des Jahre 1994 – von sechs privatrechtlich organisierten Tochterunternehmen, von denen vier bereits bestehen, abgearbeitet werden sollen[34]:

– Die *Treuhand-Liegenschaftsgesellschaft (TLG)*, bereits 1991 gegründet, verwaltet, bewertet und verwertet Liegenschaften im Namen und für Rechnung der THA und der THA-Unternehmen (nicht betriebsnotwendige Grundstücke).

– Die *Bodenverwertungs- und -verwaltungsgesellschaft (BVVG)*, 1992 gegründet, soll die land- und forstwirtschaftlichen Flächen der THA verpachten und verkaufen.

– Der EDV-Bereich und andere Dienstleistungsbetriebe werden als *Service-Betriebe* abgespalten.

– Die Gesellschaft für *Vertragsmanagement, Abwicklung und Reprivatisierung (VAR)* soll das Vertragscontrolling in bezug auf die ca. 47 000 Verträge übernehmen.

– Die *Portfolio-Management-Gesellschaft (PMG)* soll die verbliebenen noch nicht privatisierten Industrieunternehmen einschließlich der Management-Kommandit-Gesellschaften verwalten.

Der eigentliche Rechtsnachfolger der Treuhandanstalt, der voraussichtlich einen anderen Namen erhalten wird, wird eine dem Finanzministerium des Bundes direkt unterstellte Behörde, die *Bundesanstalt für vereinigungsbedingtes Sondervermögen*.

Alle Nachfolgeeinrichtungen werden wichtige Folgeaufgaben wahrnehmen und dabei hohe öffentliche Mittel absorbieren. Der Ländereinfluß scheint dabei abermals auf der Strecke zu bleiben. Im Grunde sind die Aufgaben der Treuhand bei weitem nicht erledigt: Unklar ist, wie sich die restlichen industriellen Kerne, die noch existieren und nicht kurzfristig privatisiert werden können, entwickeln werden; Tausende von Nachverhandlungen müssen einsetzen, wenn die Privatisierungsverträge unklar sind, nicht eingehalten werden bzw. nachgebessert werden müssen. Im Grunde muß der monetär nicht gezahlte Gegenwert der privatisierten Unternehmen, nämlich die Investitions- und Arbeitsplatzzusagen, eingefordert werden. Möglicherweise müssen auch existenzgefährdete, schlecht privatisierte Unternehmen in THA-Obhut zurückgenommen werden. Die Privatisierung des Grundvermögens steht weitgehend noch aus. Welche Probleme auch immer die Treuhand hinterläßt: Die Privatisierungsagentur löst sich auf und hinterläßt große Erblasten – nicht nur die der untergegangenen DDR, sondern auch ihre eigenen.

Die Defizite der Treuhandpolitik

Unsere Kritik der Treuhandpolitik, die sich sowohl auf die Bundesregierung als auch auf die THA selbst bezieht, läßt sich in sechs Punkten zusammenfassen:

1) Unklarer gesetzlicher Auftrag: Für eine solch gewaltige Jahrhundertaufgabe, wie sie der THA aufgebürdet wurde, die enorme und weitreichende wirtschaftliche, fiskalische und soziale Folgewirkungen auslöst, wäre ein präziserer gesetzlicher Auftrag notwendig gewesen. Aber ganz bewußt bediente sich die Bundesregierung des zu DDR-Zeiten beschlossenen Treuhand-Gesetzes, das ursprünglich ganz anderen Zielen dienen sollte, um mit der Treuhandanstalt eine mächtige, weitgehend autonome Institution zu schaffen, die ohne klare Regelbindung frei entscheiden kann. So fehlt dem Gesetz beispielsweise ein beschäftigungs- und strukturpolitischer Auftrag; mögliche Zielkonflikte zwischen Sanierung und Privatisierung werden nicht thematisiert. Die neuen Länder, eigentlich für regionale Strukturpolitik zuständig, kommen nicht vor, da es sie noch nicht gab, als das Gesetz beschlossen wurde. Die parlamentarische Kontrolle der THA war im Gesetz nicht geregelt, das Budget der THA ein Schattenhaushalt, der vom Bundestag anfänglich überhaupt nicht, später nur mühsam kontrolliert werden konnte. Spätere politische Vereinbarungen konnten diese Mängel nur unzulänglich heilen. Eigentlich stellt das Treuhandgesetz der Volkskammer einen *Fremdkörper* im System einer parlamentarischen und föderalen Demokratie dar[35].

Schillernd und unklar ist das Aufgabenverständnis der Anstalt, das der Gesetzgeber formulierte. Die THA nutzte das Vakuum für ihr eigenes Selbstverständnis, nämlich primär als Verkaufsagentur, erst in der vierten Phase stärker auch als Reparaturbetrieb. Eine solch grundlegende Frage, ob die THA als Konzernunternehmen im Sinne des Aktienrechtes (mit Durchgriffshaftung für die Tochterunternehmen) anzusehen ist oder nicht, blieb ungeklärt[36], ebenso die Frage, ob es sich um eine öffentliche Behörde oder um ein Unternehmen handelt. Das Bundesverfassungsgericht wird darüber im Laufe des Jahres 1994 entscheiden. Im Selbstverständnis der Anstalt war es stets kein Konzernunternehmen, aber auch keine staatliche Behörde wie andere. Hier liegen offensichtliche Konstruktionsfehler. Verschiedene Initiativen der Oppositionsparteien im Bundestag, das Treuhand-Gesetz zu novellieren, blieben unbeachtet[37].

Aufgrund des unklaren Auftrags der THA blieb offen, wer der eigentliche Eigentümer der anfänglichen 8500 Unternehmen ist. Die THA wehrte sich gegen ihre eigene unternehmerische Verantwortung, aber sie verwehrte diese auch ihren Betrieben, solange sie noch nicht privatisiert waren. So schuf und verwaltete die THA weitgehend *herrenloses* Eigentum, das ihr gewissermaßen wie Strandgut zugeschwemmt war und in einem gigantischen Fundbüro aufbewahrt wurde. So litt die Treuhand von Anfang an unter einem diffusen, vagen, vieldimensionalen Auftrag mit impliziten Zielkonflikten. Niemand wollte bzw. konnte oder durfte die unternehmerische Verantwortung voll übernehmen. Dadurch wurden die Unternehmen zusätzlich gelähmt.

Völlig unzulänglich blieb auch die Fach- und Rechtsaufsicht über die THA seitens der Bundesregierung. Notwendig wäre nicht nur eine wirksame Fachaufsicht gewesen, an der es nach Aussage des Bundesrechnungshofes in vielen Fällen in eklatanter Weise gemangelt hat, sondern in erster Linie eine politische Führung, am besten durch das Bundeskanzleramt oder ein eigens zu schaffendes Aufbauministerium. Statt dessen nahm man mit einer Unterabteilung des Finanzministeriums, später zu einer eigenen Abteilung mit 90 Mitarbeitern aufgewertet, vorlieb.

2) Die verfehlte Strategie der schnellen Privatisierung: Da die THA sich – zumindest in der zweiten Phase, als die Weichen für die Privatisierungsstrategie gestellt wurden – primär als Verkaufsagentur verstand, die möglichst rasch privatisieren wollte, mußte sie die Gesetze des Marktes, die für die von ihr verwalteten Unternehmen galten, akzeptieren. Ein großes Angebot an zu verkaufenden Unternehmen stand geringer Nachfrage gegenüber, so daß die Verkaufspreise gedrückt und die Verkaufskonditionen gesenkt werden mußten. So mußten auch notgedrungen schlechte Privatisierungen mit geringen Erlösen bzw. hohen negativen Kaufpreisen, Unternehmenskonzeptionen der Übernehmer, die auf Grundstücksspekulation und Resteverwertung oder passive Sanierung durch Schrumpfen ausgerichtet waren, akzeptiert werden, in vielen Fällen auch halbseidene Investoren.

Vielfach wurden Verkäufe an Investoren getätigt, denen es offensichtlich an Eigenkapital mangelte. Die THA hatte sich selbst zur bedingungslosen schnellen Privatisierung verdammt, weil sie kategorisch staatliche Unternehmen bzw. halbstaatliche ablehnte. Dadurch entledigte sie sich nicht nur eines wichtigen strukturpolitischen Instrumentes, das in allen entwickelten kapitalistischen Ländern, auch in der alten Bundesrepublik, in bestimmten Phasen eine wichtige stabilisierende Funktion innehatte, sondern sie verzichtete auch auf ein Druckmittel gegenüber Kaufinteressenten[38].

Warum hatte sich die THA bzw. die Fachaufsicht für diese Strategie entschieden? Einerseits dürfte es der Druck der westdeutschen Industrie gewesen sein, die keine östliche potentielle Konkurrenz von Staatsunternehmen (oder halbstaatlichen Unternehmen) wollte, weil sich dadurch die Strukturen auf den meist oligopolistisch konzentrierten Märkten verändert hätten. Anderseits war es die ordnungspolitische Grundausrichtung der Wirtschaftspolitik: Aus der Planwirtschaft sollte eine radikale Marktwirtschaft, nicht eine gemischte Wirtschaft hervorgehen.

Die Strategie der schnellen Privatisierung hatte ihre geistigen Wurzeln im *Marktradikalismus* des deutschen Neoliberalismus in der Wirtschaftswissenschaft, in der Angebotspolitik des Thatcherismus und der Reagonomics sowie in den Strukturanpassungsprogrammen der Weltbank gegenüber Ländern der »Dritten Welt«. Demnach könne die Transformation zur Marktwirtschaft nur durch Schocktherapie (eigentlich ein Widerspruch in sich) gelingen. Insofern sind die schnelle Währungsunion, der Glaube an die entfesselten Marktkräfte und die radikale Privatisierung zusammengehörige Bestandteile ein und derselben Strategie. Während in anderen Bereichen bald Ernüchterung einkehrte – in der Privatisierungsfrage blieb man lange, viel zu lange starr und orthodox.

Die Hauptargumente gegen vorübergehende Staatsunternehmen bzw. Joint Ventures sind schlicht und altbekannt: Der Staat sei stets ein schlechterer Unternehmer, nur »der Markt« wisse, was geboten sei, Staatsunternehmen seien prinzipiell ineffizient und subventionsabhängig, Erhaltungssubventionen für die Konservierung einer veralteten Industriestruktur seien die Folge, die THA könne die Sanierungsaufgabe gar nicht bewältigen etc. Alle diese Argumente stimmen in dieser Pauschalität nicht, aber sie waren handlungsleitende Vorurteile. In Westdeutschland wie in vielen anderen Ländern gibt es wohl ebenso viele kostendeckend oder rentabel und effizient arbeitende Staatsunternehmen wie miserabel wirtschaftende private Firmen, die vom Staat mit Subventionen gehätschelt oder von bürokratischen Großkonzernen finanziell durchgehalten werden. Die in der alten Bundesrepublik mit einer entwickelten Wirtschaftsstruktur ausgeteilten Subventionen übertreffen die des Ostens um ein Vielfaches.

Im übrigen steht vielfach nur die Alternative: Staatsunternehmen, Stillegung oder auf fast nichts zusammengeschrumpfte Privatisierung. Auch wird selten berücksichtigt, daß ein kluger und konsequent handelnder Staat Firmen zwecks Strukturanpassung so lange volkswirtschaftlich rational subventionieren kann, bis die volle Markt- und Wettbewerbsreife erreicht ist. *»Infant industries«* sind schutzbedürftig. Häufig genug haben sich in der THA-Praxis Privatisierungen mit finanziellen Zugaben an die Unternehmen als teurer als staatliche Unternehmenskonzepte erwiesen (etwa die Werften-Privatisierung). In der vierten Phase hat die THA gezeigt, daß sie sehr wohl in der Lage ist, ihre Unternehmen auch vor der Privatisierung mit der Sanierung beginnen zu lassen.

Um nicht mißverstanden zu werden: Schnelle Privatisierung kann und sollte dort stattfinden, wo sie zu kalkulierbar günstigen Bedingungen erfolgt. Die »kleine Privatisierung« des Dienstleistungsbereiches, aber auch die vieler leicht sanierungsfähiger Industrieunternehmen ist sicher relativ unproblematisch. Staatsunternehmen betrachten wir nicht als prinzipiell bessere Eigentumsform, aber durchaus als eine mögliche. In den meisten Fällen sollten Staatsunternehmen später bei breiter Eigentumsstreuung privatisiert werden. Hier wird nicht die Privatisierung schlechthin kritisiert, sondern die Strategie der bedingungslosen und raschen Privatisierung.

3) Privatisierung ohne Regelbindung der Entscheidungen: Die THA hat es versäumt, nachvollziehbare Entscheidungsregeln bei der Privatisierung bzw. der Auswahl der Käufer aufzustellen. Seit Anfang 1991 wollte sie das vorgelegte Unternehmenskonzept insgesamt, insbesondere den Kaufpreis, die Arbeitsplatz- und Investitionszusagen als Kriterien bündeln und optimieren. Nie hat sie dargelegt, *wie* sie dies tut. Sie müßte ein Verfahren haben, wie sie die drei Zieldimensionen gewichtet und miteinander verrechnet. Hinzu kommen müßte die Verrechnung mit Pönalen, Altschulden und ökologischen Altlasten. Soweit sich Arbeitsplatz- und Investitionszusagen nicht auf die überlassenen bzw. gekauften Unternehmen, sondern auf neu anzusiedelnde Firmen beziehen, werden in diesem Bereich, der der regionalen Wirtschaftsförderung zuzurechnen ist, geringere Erfolge erzielbar sein. Wenn auch derartige Zusagen einbezogen werden, wird im übrigen der Grundstücksspekulation Tür und Tor geöffnet, die eigentlich durch das Optimierungsverfahren gerade ausgeschlossen werden sollte.

Faktisch hat dieses schwer durchschaubare Verfahren bei einzelnen Käufern regellose bis willkürliche oder gar kriminelle Privatisierung begünstigt, die Öffentlichkeit jedoch mit scheinbar arbeitsplatzbezogenen Argumenten getäuscht. Offenbar hing es in starkem Maße von den einzelnen Direktoraten der THA, ja sogar von den einzelnen Sachbearbeitern ab, wie die Kriterien angewendet wurden. Darüber hinaus hat es eine *verdeckte Doppelförderung* gegeben: Die THA hat Unternehmen bei hohen Investitionszusagen günstig verkauft, und später haben diese Firmen dann staatliche Investitionszuschüsse und -zulagen kassiert.

Der Bundesrechnungshof hat nach eingehenden Recherchen die Befürchtungen vieler Kritiker der THA bestätigt:

»Der Bundesrechnungshof hat darauf hingewiesen, daß die ausgehandelten Investitions- und Arbeitsplatzzusagen häufig vertraglich derart unzulänglich geregelt waren, daß Nachverhandlungen und juristische

... Auseinandersetzungen notwendig sein werden, um der Treuhand zur Durchsetzung ihrer Interessen zu verhelfen. Die vielfach von besonderen, juristisch nicht eindeutigen Bedingungen abhängigen Zusagen und fehlende Regelungen über Nachweispflichten der Käufer werden die Aufgabe der Treuhandanstalt erheblich erschweren, die Einhaltung der Zusagen zu überwachen und die Vertragserfüllung durchzusetzen.« (S. 171) »Nach den Feststellungen des Bundesrechnungshofes entsprachen die von der Treuhandanstalt veröffentlichten Angaben über die bei Privatisierungen von Unternehmen erzielten Investitions- und Arbeitsplatzzusagen in beträchtlichem Umfang nicht den vertraglichen Vereinbarungen.« (S. 173)

Vielfach gibt es Erfassungsfehler bei den Arbeitsplatz- und Investitionszusagen, die im nachhinein nur schwer zu korrigieren sind. Offenbar sind auch die Risiken und Gewährleistungen bei ökologischen Altlasten nach Auffassung des Bundesrechnungshofes völlig unzureichend vertraglich vereinbart.

Diese Privatisierungspraxis hat wettbewerbliche Verkäufe von Unternehmen erschwert. Vielfach hat die THA nach kurzer Zeit die Kaufverhandlungen nur mit einem engen Kreis von Bewerbern fortgeführt, wobei am Schluß noch Zugeständnisse gemacht wurden, die auch für andere Bewerber interessant gewesen wären, die aber schon ausgeschlossen worden waren. Ob es Grenzen für negative Kaufpreise bzw. finanzielle Zugaben gegeben hat, was als vertretbar galt und ob das gleiche Kalkül bei allen Bewerbern bzw. in allen Branchen galt – all dies ist bis heute undurchsichtig. Es gab wohl nur informelle Regeln, die jeder THA-Manager nach eigenem Ermessen anwandte.

Angesichts dieser Taktiken ist die Zuschlagsvergabe bei Unternehmensverkäufen für Außenstehende praktisch nicht nachvollziehbar. Alles was entscheidend ist, gilt als Geschäftsgeheimnis. Dies schafft viel Freiraum für Begünstigung, Vetternwirtschaft, persönliche Willkür und natürlich auch für Wirtschaftskriminalität. Die Fachaufsicht hat diese Regellosigkeit offenbar bedenkenlos hingenommen, obwohl der Erfolg der Privatisierung weitgehend von den vertraglichen Vereinbarungen und damit dem Vertragsmanagement abhängt, wie der Rechnungshof zu Recht feststellt. (Insofern kann der Erfolg der Privatisierung der THA letztlich auch erst beurteilt werden, wenn die Vertragsvereinbarungen erfüllt bzw. endgültig nicht erfüllt sind.)

Dies ist um so erstaunlicher, als die Gegenleistung für die »Überlassung« von Unternehmen an Investoren häufig überwiegend oder ausschließlich aus Investitions- und Arbeitsplatzzusagen besteht. Doch ist diese Gegenleistung vertraglich nicht eindeutig oder nicht einklagbar, dann existiert sie nur auf dem Papier. Dann wurde fahrlässig verschenkt, ja verschleudert. Der Gegenwert hängt also von der Vertragsqualität und den Kontrollmöglichkeiten ab. Man darf befürchten, daß der bislang größte Skandal-Fall, der Verkauf der Geräte- und Regler-Werke Teltow an den Frankfurter Milliardär Wisser für nur eine DM bei einem Substanzwert von – wie die THA später eingestand – 170 bis 270 Mio. DM nur die Spitze des Eisbergs darstellt. Auch hier sollte der Substanzwert, der im wesentlichen in Grundstücken bestand, mit Investitionszusagen, Altlasten etc. verrechnet werden[39]. Von leitenden Managern der THA ist zugegeben worden, daß die Arbeitsplatz- und Investitionszusagen, selbst wenn sie vertraglich vereinbart wurden, im Zweifelsfall wohl nicht eingeklagt werden können. Auch dürfte die Eintreibung der Pönalen im Zweifelsfall kaum durchführbar sein. Bislang hat die THA erst wenige Unternehmen aufgefordert, diese »Strafgebühren« zu zahlen. Presseberichten zufolge müssen 20 vH der Kaufverträge wegen Unstimmigkeiten bzw. Unklarheiten nachverhandelt werden[40].

Wie wenig rational das Bestreben nach möglichst schnellem Privatisierungstempo ist, zeigt auch das Bonus-System der Treuhand. Treuhand-Mitarbeitern wurde ein erheblicher Gehalts-Bonus gewährt, wenn sie in kürzester Zeit möglichst viel privatisierten. Dies sollte ihre Motivation stimulieren. Eine Tonnenideologie der Privatisierung wurde hier durchgesetzt, allen Überlegungen zur betriebs- und volkswirtschaftlichen Maximierung von Arbeitsplätzen und Wertschöpfung wird hohngesprochen. Auch hier ist die Fachaufsicht nicht eingeschritten.

Kluge betriebs- und volkswirtschaftliche Kriterien der Privatisierung hätten nicht nur volkswirtschaftliche Kosten und Erträge ins Kalkül einbezogen, sondern auch regionalökonomische und industriepolitische Überlegungen: Beispielsweise wäre es sinnvoll gewesen, strategisch wichtige Branchen der Industrie mit hohen regionalen Ausstrahlungseffekten auf vor- und nachgelagerte Bereiche vorrangig zu erhalten und zu modernisieren. Damit hätten *regionale Industriekomplexe* erhalten oder ihr Entstehen begünstigt werden können. Niemand in der Treuhandanstalt oder im Finanzministerium hat offenbar über strategische Sektoren nachgedacht. Niemand hat auch nur erwogen, die Investoren zu verpflichten, bestimmte Anteile der von ihnen benötigten Investitionsgüter in Ostdeutschland zu beziehen. Niemand hat in der Treuhand überlegt, bei der Privatisierung des Handels Investoren zu verpflichten, einen Teil der im Handel angebotenen Produkte aus Ostdeutschland zu beziehen.

Die Regellosigkeit und Undurchsichtigkeit der Privatisierungspraxis hat Methode. Weil die THA sich in ihrer Privatisierungspraxis als Verkaufsagentur, als Maklerbüro verstanden hat, gerierte sie sich auch wie ein privates Unternehmen. Das muß sich nicht öffentlich legitimieren und nach einheitlichen, gesamtwirtschaftlich reflektierten Regeln handeln. Die Treuhand muß sich vorwerfen lassen, daß sie hoheitliche Aufgaben des Staates, und zwar solche von höchster Bedeutung, wie ein privates Unternehmen erledigt hat. Sie hat die öffentliche Aufgabe der Privatisierung einer ehemaligen Volkswirtschaft so bearbeitet, wie ein lokales Maklerbüro in einem Provinzstädtchen den Verkauf von Immobilien bearbeitet.

Die Fachaufsicht hat billigend zugeschaut. Von ihr lückenlos Rechenschaft einzufordern, auch wenn es nur retrospektiv erfolgt, ist Aufgabe und Verantwortung des Parlamentes.

4) Die Vernachlässigung der Sanierung vor der Privatisierung: Da die THA die Auffassung vertrat, daß eine Unternehmens- und Sanierungskonzeption im Grunde nur von einem privaten Übernehmer geplant, realisiert und verantwortet werden kann, hat sie faktisch die Sanierung in jenen Unternehmen blockiert oder wenigstens gehemmt, die noch nicht privatisiert werden konnten. So haben die THA-Unternehmen in allen Phasen deutlich weniger als die privatisierten Unternehmen investiert. Die Firmen wurden in den Attentismus gezwungen und bluteten derweil mehr und mehr aus. Eigentlich war es offensichtlich, daß die Probleme der schwer privatisierbaren ostdeutschen Betriebe, insbesondere in der Industrie, umfassende und offensive Sanierungskonzepte erforderten, die mehr oder minder einer Neugründung gleichkommen. Verzögerung läuft dann auf Liquidierung in Raten hinaus.

Indem die THA ihre Firmen gleichwohl durch Liquiditätsbürgschaften zahlungsfähig hielt, hat sie im Grunde *strukturkonservierend* gewirkt. Einerseits forderte sie (verbal) von den Unternehmen Eigeninitiative und Selbstverantwortung für die Ausarbeitung von Sanierungskonzepten, andererseits ließ sie die Firmen gleichsam gegen einen Prellbock fahren, wenn diese aktiv und offensiv sanieren wollten. Was in der dritten Phase als »investorneutrale Investitionen« akzeptiert wurde, hing offenbar wesentlich von der individuellen Einschätzung der Branchendirektorate und der Beteiligungsführer ab. Vielfach hing es auch von der Initiative des Aufsichtsrates (in größeren Firmen) ab, ob Sanierungsinvestitionen durchgesetzt werden konnten.

Sicherlich war die Kritik vieler Treuhand-Manager zutreffend, daß die von Geschäftsführungen der Unternehmen vorgelegten Sanierungskonzepte zu stark produktionstechnisch, zu wenig marktorientiert und innovativ ausgerichtet und in der Markteinschätzung generell zu optimistisch waren. Daraus die Konsequenz zu ziehen, die Firmen hängenzulassen, bis sich ein Investor gefunden hat, muß notwendigerweise zur Auszehrung der Unternehmen führen.

Die Strategie der bedingungslosen Privatisierung führt zwangsläufig dazu, daß die Unternehmen sämtliche internen Informationen den Kaufinteressenten mitteilen müssen, auch die über technisches Know-how, Patente, F&E, Kundenlisten etc. Ein erheblicher Teil des Marktwertes eines Unternehmens besteht in dem akkumulierten Wissen der Mitarbeiter, das der Konkurrenz nicht zugänglich ist. Eine vollständige Preisgabe dieses Wissens kommt einer erheblichen Kapitalentwertung gleich. Die Wettbewerbsposition dieses Unternehmens verschlechtert sich dadurch gegenüber den Konkurrenten. Kommt es dann nicht zur Privatisierung, wird die Sanierung um so schwieriger.

Ebenso wie bei Privatisierungsentscheidungen gab es für die Ermittlung der Sanierungsfähigkeit von Firmen bzw. für die Beteiligungsführung keine klaren und einheitlichen Regeln. Auch hier dominierten Einzelfallentscheidungen. Nach welchen Kriterien der THA-Leitungsausschuß die Unternehmenskonzepte »benotet« und eingestuft hat, ist nicht bekannt. Auf jeden Fall wurden *volkswirtschaftliche* Kriterien nicht verwendet. Vor allem aber fand keine systematische Kommunikation zwischen THA und den Geschäftsführungen der Betriebe statt.

Treffend kritisiert der Bundesrechnungshof:

»Die Treuhandanstalt konkretisierte ihre Sanierungsaufgabe nicht hinreichend und nahm damit Unsicherheit über die angestrebten Ziele in Kauf. Sie gab keine Kriterien für die Bestimmung des im Einzelfall vertretbaren zeitlichen und finanziellen Sanierungsaufwandes bei der Beurteilung der Sanierungsfähigkeit vor. Entscheidungen über Unternehmenskonzepte und Einstufungen der Unternehmen waren vielfach nicht mehr zeitnah, weil sie nicht planmäßig überprüft wurden. Die Unternehmensleitungen erhielten häufig keine Stellungnahme der Treuhandanstalt zu ihren Unternehmenskonzepten und notwendigen Sanierungsmaßnahmen. Die Treuhandanstalt wirkte nicht in dem gebotenen Umfang auf die Umsetzung von Unternehmenskonzepten und Sanierungsmaßnahmen hin. Es fehlten ... Vorgaben der Treuhandanstalt zur Bestimmung des im Einzelfall vertretbaren Sanierungsaufwandes und -zeitraumes. Offen blieb auch, ob und inwieweit neben betriebswirtschaftlichen auch volkswirtschaftliche Aspekte (z. B. Kosten der Arbeitslosigkeit bei Stillegungen) bei der Beurteilung der Sanierungsfähigkeit eine Rolle spielen können oder sollen. ...

So vertraten mit Sanierungsaufgaben beauftragte Mitarbeiter der Treuhandanstalt z. B. die Auffassungen, Sanierungskonzepte seien nur für die Feststellung der DM-Eröffnungsbilanz ... notwendig ...; von Interesse seien nicht Sanierungskonzepte, sondern Privatisierungskonzepte, da nicht sicher sei, welche Art von Sanierung den Betrieb für einen potentiellen Erwerber interessant machen würde. Der Bundesrechnungshof hat festgestellt, daß die Treuhandanstalt entgegen den internen Regelungen ... keine standardisierte laufende Überwachung der Umsetzung von Unternehmenskonzepten installiert hatte ... Vielmehr lagen die Art und Intensität der Überwachung im individuellen Ermessen der zuständigen Bearbeiter und Direktorate ... Die Treuhandanstalt teilte den betroffenen Unternehmen oftmals auch einzelne von ihr als notwendig erkannte Sanierungsmaßnahmen nicht oder nicht schriftlich mit, die der Leitungsausschuß der Treuhand, ein unabhängiges Gutachtergremium, zur Begutachtung von Unternehmenskonzepten empfohlen hatte. Die Treuhandanstalt begründete fehlende oder unzureichende Mitteilungen damit, daß die Durchsetzung von Sanierungsmaßnahmen wegen laufender Privatisierungsbemühungen unterlassen oder zurückgestellt worden sei, [und] für Sanierungsmaßnahmen die Vorstände und Geschäftsführer der Unternehmen in eigener Verantwortung zuständig seien.

Unzureichende Kriterien für die Feststellung der Sanierungsfähigkeit der Unternehmen öffnen nach Auffassung des Bundesrechnungshofes der individuell-subjektiven Einschätzung der zuständigen Bearbeiter einen fast unbegrenzten Gestaltungsspielraum, der in seiner Tragweite für den Vorstand kaum überschaubar sein dürfte. ... Ohne schriftliche Vorgaben der Treuhandanstalt sind Unternehmenskonzepte weder durchzusetzen noch kann deren Erfolg kontrolliert werden, [daher] befindet sich die Unternehmensleitung in einer permanenten Situation der Planungsunsicherheit ...«[41]

Die Forderungen des Bundesrechnungshofes nach einer höheren Intensität der Beteiligungsbetreuung durch die THA betrachtet letztere als Perfektionismus: *»Die Zulässigkeit des unvollkommenen Arbeitens [sei] die Existenz- und Erfolgsgrundlage der Treuhandanstalt schlechthin.«* Regelungsdefizite würden bewußt in Kauf genommen, denn *»das Primat des Handelns«* baue *»maßgeblich auf der Intuition und dem Improvisationsvermögen der Mitarbeiter auf«*. (Treuhandanstalt[42])

Erst im Laufe des Jahres 1993 wurde die Beteiligungsführung bei geringerem Unternehmensbestand intensiviert. Aber es dürfte kein Zweifel bestehen, daß dies auch früher und auch für eine größere Anzahl von Firmen möglich gewesen wäre – wenn es gewollt worden wäre. So wurde zwar die Privatisierung systematisch und mit viel Aufwand ausgebaut, während die Sanierung stiefmütterlich durch individuelles »Durchwursteln«, zur persönlichen Intuition der Treuhand-Mitarbeiter hochstilisiert, bewältigt wurde. Eine solche Organisation der Arbeit ist Nährboden für willkürliches, dilettantisches und auch korruptes, ja kriminelles Handeln. Auch hier schien die Fachaufsicht – sehenden Auges oder wegschauend – manches gebilligt zu haben.

5) Vernachlässigung der Absatz- und Innovationsförderung: Weder die Treuhandanstalt noch das Finanz- oder Wirtschaftsministerium haben das Problem fehlender Absatzmärkte, vor allem überregionaler für die ostdeutsche »Exportbasis«, als entscheidendes Hemmnis für Sanierung und auch Privatisierung begriffen. Man konzentrierte sich ganz auf die Diagnose »Angebotsprobleme« – siehe *Kapitel 1.2* – und vertraute darauf, daß bei schneller Modernisierung durch Stückkostensenkung Wettbewerbsfähigkeit und damit automatisch Absatzchancen erreicht werden können. Völlig unterschätzt wurden die Barrieren für den Eintritt auf den Markt auf oligopolistischen Märkten für selbständige ostdeutsche Unternehmen. Daß eine Niedrigpreisstrategie als Marketingkonzeption für ostdeutsche Unternehmen ebenso fragwürdig, ja naiv ist wie für die meisten westdeutschen, dazu finanziell kaum durchzuhalten, wurde geflissentlich übersehen. Über betriebswirtschaftliche Absatzstrategien wurde wohl kaum ernsthaft nachgedacht, jedenfalls nicht im fernen Bonn, vielleicht noch eher in der THA.

Insgeheim hoffte man darauf, daß westdeutsche Übernehmer auch Marktanteile nach Ostdeutschland mitnehmen – aber wie groß diese sind, daß es sich häufig nur um die lokalen ostdeutschen Märkte handelt, und daß es zu Standortkonkurrenz zwischen Ost- und Westdeutschland in einem Nullsummen-Spiel kommen kann, all dies wurde gar nicht problematisiert. Fast alle Vorschläge zur wirtschaftspolitischen Förderung der Absatzchancen wurden abgetan: »local content«-Klauseln, also Wertschöpfungsquoten bei öffentlichen Aufträgen, Subventionen oder Unternehmensverkäufen wurden kategorisch als interventionistisch abgelehnt; eine Mehrwertsteuerpräferenz für ostdeutsche Unternehmen, wie sie etwa von Tyll Necker, dem Präsidenten des Bundesverbandes der Deutschen Industrie, vorgeschlagen wurden, blieb unbeachtet; Lohnkostensubventionen, die Preisvorteile für Ost-Firmen ermöglicht hätten, wurden brüsk abgelehnt.

Man verständigte sich lediglich darauf, mit öffentlichen Appellen west- und ostdeutsche staatliche Auftraggeber zu motivieren, Aufträge an Ost-Firmen zu vergeben; ferner erklärten die Spitzenverbände von Industrie und Handel, daß sie verstärkt ostdeutsche Produkte beziehen wollten. Mehr als wohlfeile Verlautbarungen kamen nicht zustande. In den Sozialpakt-Verhandlungen im Frühjahr 1993 wurden ebenfalls Maßnahmen zur Absatzförderung angemahnt. Aber es kam nichts dabei heraus. Gewiß, derartige flankierende Maßnahmen zur Förderung der ostdeutschen Wirtschaft wären kompliziert, nicht kostenlos zu haben, sie würden den Absatz westdeutscher Produzenten beeinträchtigen, und vor allem wären sie – gegenüber dem in Westdeutschland tradierten wirtschaftspolitischen Instrumentenkasten – neu. So hat sich niemand für eine Marktsicherungspolitik wirklich stark gemacht, auch nicht die Treuhandanstalt, auch nicht die Wirtschaftsminister der neuen Länder – obwohl ohne eine solche Politik die Deindustrialisierung Ostdeutschlands niemals aufgehalten werden kann.

Während diese Kritik stärker die Treuhandpolitik der Bundesregierung trifft als die Treuhand selbst, so ist letztere wesentlich für den weitgehenden Verlust des F&E-Potentials der ostdeutschen Unternehmen verantwortlich. Die Industrieforschung wurde mit Billigung der Treuhand bis auf 15–20 vH liquidiert. Sie wurde als unproduktiv, als reiner Kostenfaktor angesehen. Kurzfristiges Kostendenken dominierte gegenüber Zukunftsorientierung. Angesichts solch düsterer Perspektiven war es kein Wunder, daß die qualifiziertesten Forscher und Entwickler den Weg zur westdeutschen Konkurrenz oder zu anderen Forschungseinrichtungen suchten. Auch hier vertraute man auf die Entscheidungen der Investoren nach der Privatisierung. Damit förderte die THA geradezu das Entstehen von »verlängerten Werkbänken«. Erst viel zu spät und bis heute unzureichend wurde der technologiepolitischen Erosion entgegengewirkt[43]. Notwendig wäre eine enge Verzahnung von Forschungs- und Technologiepolitik des Bundes und Treuhandpolitik gewesen.

6) Zentralismus und fehlende wirksame Kontrolle: Die Treuhand wurde von vielen ein wenig kontrolliert, aber von niemandem wirksam[44]. Die Rechts- und Fachaufsicht des Finanzministeriums stützte sich im wesentlichen auf Informationen und Berichte der Treuhand und recherchierte nicht selbst. Das Konzept der abgestuften Kontrolle ließ der THA sehr große Spielräume. Hier liegen die größten Versäumnisse, die sowohl beim Finanzminister Waigel als auch beim zuständigen Abteilungsleiter von Freyend liegen. Das Wirtschaftsministerium hat in der Fachaufsicht praktisch keine Rolle gespielt, es hat völlig versagt; das Bundeskanzleramt hat gelegentlich eingegriffen. Der Verwaltungsrat der Treuhand diente eher der Legitimation wichtiger Entscheidungen. Die Mehrzahl der Mitglieder dürfte auch vorrangig an dem »Absegnen« von Treuhand-Entscheidungen interessiert gewesen sein. Er war weder ein wirkungsvolles Kontrollgremium noch ein Organ für Strategiebildung.

Der Bundestag hatte bis Anfang 1993 lediglich einen *Unterausschuß des Haushaltsausschusses* eingesetzt, der erst danach zum vollwertigen *Treuhand-Ausschuß* des Bundestags aufgewertet wurde. Das Finanzministerium und die Treuhand kamen den Informationswünschen des Ausschusses nur begrenzt nach. Vom Ausschuß beschlossene Empfehlungen wurden vom Finanzministerium und dem Treuhand-Verwaltungsrat ignoriert[45]. Dem Ausschuß fehlten auch wirksame Kompetenzen. Die Treuhand-interne Revisionsabteilung wurde zu spät aufgebaut, und sie war in die Hierarchie der Anstalt eingebaut. Noch Ende 1991 bestand sie aus nur 23 Mitarbeitern – für die THA-Zentrale, die 15 Niederlassungen und die 12 500 Unternehmen. Die Stabsstelle Recht der THA unter Leitung des Staatsanwalts H. Richter war mit insgesamt 6 Personen ausgestattet, und auch sie stand in der Hierarchie[46]. Die Staatsanwaltschaft konnte nur ermitteln, wenn bereits Problemfälle offenkundig geworden waren. Aber gerade hier herrschte Personalmangel, was selbst Frau Breuel bitter beklagte. Gleiches gilt auch für den Bundesrechnungshof, der anfangs die THA mit 9 Mitarbeitern »bearbeitete«. Im übrigen sind die Empfehlungen des Bundesrechnungshofes unverbindlich.

Das Ausmaß der durch mangelnde Kontrolle und fehlende Regelbindung entstandenen Wirtschaftskriminalität ist bislang schwer zu beurteilen. Schätzungen zufolge gab es bundesweit bis Ende 1993 etwa 450 staatsanwaltschaftliche Ermittlungsverfahren[47]. Über das Ausmaß der summierten Schäden ist nichts bekannt. Zwar kann man die Zahl der Ermittlungsverfahren im Verhältnis zu mehr als 40 000 abgeschlossenen Kaufverträgen für verschwindend gering halten, aber die Dunkelziffer dürfte um so größer sein, je schwächer das Kontrollsystem ist. Wichtiger als die offene Kriminalität dürfte die Grauzone jener nicht justiziablen Entscheidungen sein, durch die schlechte Verträge entstanden, bessere Alternativen verhindert, persönliche Begünstigungen und der THA hohe Kosten entstanden bzw. hohe Einnahmen entgingen. Beispielsweise wird es nie aufzudecken sein, welche Folgen aus persönlicher Befangenheit von Treuhand-Managern, aus Rollenkonflikten zwischen den Firmen, aus denen sie kamen oder evtl. nur ausgeliehen worden waren, der THA und Kaufinteressenten entstanden (»Doppelagenten«). Wirksame Insider-Regeln gab es nicht.

Der Treuhand-Untersuchungsausschuß des Bundestags könnte möglicherweise ein wirkungsvolles Instrument zur Kontrolle abgeben – freilich kommt er zu spät, so daß er keine Veränderungen mehr bewirken kann.

Insgesamt hat sich die Anstalt wohl weitgehend selbst »kontrolliert«, wobei es eine vollständige Haftungsfreistellung der THA-Mitarbeiter gab. Die verschiedenen Institutionen zur Aufsicht und Kontrolle wollten entweder nicht kontrollieren, oder sie konnten und durften nicht. Die Kontrolle war zersplittert. Die Entscheidungskompetenzen blieben allesamt bei der THA und dem Finanzministerium. Macht ohne Gegenmacht verleitet stets zu Machtmißbrauch, und sie führt in aller Regel zu Fehlentscheidungen, ohne daß Korrekturmechanismen existieren. Vaclav Klaus, heute Ministerpräsident der Tschechischen Republik, kommentierte 1991 die deutsche Treuhand: »Wir sind zutiefst überzeugt, daß ein zentralistisch gesteuerter bürokratischer Ansatz zur Privatisierung, der durch eine hochorganisierte Institution wie die Treuhandanstalt durchgeführt wird, ein Fehler ist. Wir möchten diesen Fehler in unserem Land nicht wiederholen ... Wir haben uns prinzipiell für einen sogenannten dezentralistischen Ansatz entschlossen.«[48]

Wenn die Treuhand und ihre Verteidiger auf die schwierigen

Rahmenbedingungen infolge der Währungsunion hinweisen, dann haben sie natürlich recht. Wer damit aber die Versäumnisse der Anstalt, der Fach- und Rechtsaufsicht wie vor allem der politischen Führung rechtfertigen will, übergeht die enorme Verantwortung, die der Treuhandpolitik zukam und die sie auf katastrophale Weise wahrgenommen hat.

Anmerkungen

1 Ohne Beschäftigte in Kleinbetrieben mit weniger als 20 Mitarbeitern.

2 Vgl. Institut für Wirtschaftsforschung Halle, Deutschland 1993 und 1994: Gegenläufigkeit zwischen Ost und West, Halle/Berlin, Dezember 1993, S. 109 f.

3 Zwar ist die statistische Basis dieser Zahlen unsicher, aber die Größenordnung der Zahlenangaben ist zutreffend. Ähnliche Unsicherheiten existieren auch bei anderen statistischen Angaben für Ost- und Westdeutschland.

4 *Ifo-Schnelldienst* 12/1993, S. 3–4.

5 Berechnet nach DIW/IfW, Gesamtwirtschaftliche und unternehmerische Anpassungsprozesse in Ostdeutschland. 8. Bericht. In: *DIW-Wochenbericht* 13/93, S. 142.

6 Institut für Wirtschaftsforschung Halle, Deutschland 1993 und 1994, a.a.O., S. 50.

7 Nach Angaben des Statistischen Bundesamtes ging die Wohnbevölkerung im »Beitrittsgebiet« von Ende 1988 bis Ende 1991 um 5,3 vH zurück. Besonders drastisch ist dabei der Rückgang der Altersgruppe der 15- bis unter 25jährigen, die um 21,1 vH schrumpfte (unter 15jährige −6,2 vH, 15–24jährige −21,1 vH, 25–49jährige −6,3 vH, 50–64jährige +8,1 vH, älter als 64jährige −1,7 vH). Diese Entwicklung ist sowohl durch die natürliche Bevölkerungsbewegung als auch durch die Abwanderungen bestimmt. Vgl. *Tab. 1.5*, Fußnote 2.

8 IAB (Hg.), Zahlenfibel. BeitrAB 101, Ausgabe 1992, Nürnberg 1992, S. 15 und S. 22.

9 Vgl. auch L. Hoffmann, Warten auf den Aufschwung. Eine ostdeutsche Bilanz, Regensburg 1993, S. 27 ff.

10 Vgl. unsere Position in J. Priewe, R. Hickel, Der Preis der Einheit. Bilanz und Perspektiven der ostdeutschen Vereinigung. Frankfurt/M. 1991, S. 75 ff.

11 Vgl. die Darstellung in J. Priewe, R. Hickel, Der Preis der Einheit, a.a.O., S. 106 ff.

12 Vgl. Helmut Schmidt diagnostizierte – in vielem ähnlich wie wir – sieben Kardinalfehler der Einigungspolitik in: H. Schmidt, Handeln für Deutschland, Berlin 1993, S. 29–36.

13 Dieser mainstream-Sichtweise folgt beispielsweise H. D. Kurz, Deutschland? aber wo liegt es? Anmerkungen zur mittel- und längerfristigen Entwicklung des neuen Deutschland. In: H. Hagemann (Hg.), Produktivitätswachstum, Verteilungskonflikte und Beschäftigungsniveau. Marburg/Lahn 1993, S. 80.

14 Ähnlich argumentiert H. Hagemann, Makroökonomische Konsequenzen der deutschen Vereinigung. In: H. Hagemann (Hg.), Produktivitätswachstum, Verteilungskonflikte und Beschäftigungsniveau, a.a.O., S. 14 und 15. Allerdings halten wir die Nachfrageprobleme längerfristig für gravierender als die Angebotsprobleme.

15 Dies folgt aus DIW, IfW, Gesamtwirtschaftliche und unternehmerische Anpassungsprozesse in Ostdeutschland. 8. Bericht, in: DIW-Wochenbericht 13/93, S. 138.

16 Vgl. R. Bispinck, Der Tarifkonflikt um den Stufenplan in der ostdeutschen Metallindustrie. In: WSI-Mitteilungen, Heft 8/1993, S. 472. – Der Sachverständigenrat schätzt, daß das ostdeutsche Lohnniveau im Durchschnitt aller Sektoren im 1. Halbjahr 1990 um 75 vH über dem westdeutschen Niveau lag, im 2. Halbjahr 1992 um 61 vH. Vgl. Jahresgutachten 1992/93, TZ 397. – Das Statistische Bundesamt errechnete, daß die ostdeutschen Lohnstückkosten 1992 um 55 vH über den westdeutschen lagen, im produzierenden Gewerbe um 46 vH. Allerdings waren die Lohnstückkosten 1992 bereits rückläufig. Vgl. O. Schmalwasser, Gesamtwirtschaftliche Entwicklung in den neuen Bundesländern und Berlin-Ost bis zum 1. Halbjahr 1993, in: *Zur wirtschaftlichen und sozialen Lage in den neuen Bundesländern*, Heft 5/1993, S. 67. – Nach DIW/IfW-Angaben waren die Lohnstückkosten Ende 1992 doppelt so hoch wie in Westdeutschland. DIW, IfW, Gesamtwirtschaftliche und unternehmerische Anpassungsprozesse in Ostdeutschland, 8. Bericht, in: *DIW-Wochenbericht* 13/93, S. 138.

17 Vgl. R. Bispinck, a.a.O., S. 469 ff.

18 ebenda, S. 473.

19 G. und H.-W. Sinn, Kaltstart. Volkswirtschaftliche Aspekte der deutschen Vereinigung, 3. Auflage, Tübingen 1993, S. 252.

20 Vgl. die konzeptionellen Vorstellungen der Deregulierungskommission: Deregulierungskommission, Zweiter Bericht 1991; H. Albeck u. a., Ein neuer Ansatz für die Tarifpolitik, Manuskript vom 14. 4. 1993.

21 Vgl. G. und H.-W. Sinn, a.a.O., S. 184 ff.

22 Autoren des Kieler Institutes für Weltwirtschaft formulieren ihre dualistische These in aller Deutlichkeit: »Tatsache ist nun einmal, daß Ostdeutschland am Ende der Transformationskrise einen Bestand an Arbeitslosigkeit aufweist, den der Westen nicht hat, und es wäre völlig willkürlich, die sich aus Branchenstruktur, Faktoreinsatzrelation und Technologieanwendung ergebende Durchschnittsproduktivität der Arbeit im Westen als Richtschnur für den Osten festzulegen. Dies wird am klarsten, wenn man sich Ostdeutschland als ein selbständiges Land vorstellt, dessen Gleichgewichtslohn bei gegebener Wanderungsbereitschaft der Bevölkerung unter dem Westdeutschlands liegt.« H. Klodt, K.-H. Paqué, Am Tiefpunkt der Transformationskrise: Industrie- und lohnpolitische Weichenstellungen in den jungen Bundesländern. *Kieler Diskussionsbeiträge* Nr. 213, Kiel, Juni 1993.

23 Im übrigen unterliegt der Vorstellung, daß es einen Freiheitsgrad in der

Technologiewahl in Ostdeutschland gäbe, die – zumindest für die kurze Frist – unrealistische Prämisse substitutionaler Produktionsfunktionen. In der Realität ist – tendenziell – jedes Niveau des technischen Fortschritts mit einer bestimmten, von der Technologie vorgegebenen Faktorkombination verbunden. Eine arbeitsintensivere Faktorkombination impliziert in der Regel ein niedrigeres Niveau des technischen Fortschritts. Wettbewerbsfähigkeit entsteht dann nur durch niedrigere Preise auf der Grundlage niedrigerer Löhne.

24 Vgl. die instruktive Problemanalyse bei G. Götz, Lohnhöhe, Arbeitsproduktivität und Übersiedlung. In: W. Sesselmeier (Hg.), Der Arbeitsmarkt. Probleme der Einheit, Bd. 1, Marburg/Lahn 1991, S. 32 ff.

25 Vgl. die interessante und überzeugende arbeitsmarkttheoretische Erklärung des Verhaltens der Gewerkschaften bei Th. Schwedler, Massenarbeitslosigkeit in West- und Ostdeutschland. Folge von Rent-Seeking-Verhalten und überhöhten Lohnabschlüssen? In: H. Hagemann (Hg.), Produktivitätswachstum, Verteilungskonflikte und Beschäftigungsniveau. Probleme der Einheit, Bd. 11, Marburg/Lahn 1993, S. 83 ff.

26 Vgl. R. Bispinck, J. Priewe, Tarifpolitik in Ostdeutschland: Schnelle Lohnanpassung, Lohnzurückhaltung oder Lohnkostensubventionen? In: D. Nolte, H. Tofaute (Hg.), »Kahlschlag verhindern – industrielle Kerne erhalten«. *WSI-Materialien* Nr. 36, Düsseldorf 1993, S. 59 ff.

27 Vgl. die Diskussion der Problematik von Lohnsubventionen bei Th. Lenk, Lohnsubventionen: Pro und Contra. In: D. Ipsen, E. Nickel (Hg.), Probleme der Einheit – ökonomische und rechtliche Konsequenzen, Marburg/Lahn 1992, S. 237 ff. – Nach dem allerersten Vorschlag von Akerlof u. a. aus den USA für flächendeckende Lohnsubventionen folgten eine ganze Reihe von Vorschlägen für selektive Subventionen: siehe H. Flassbeck u. a., Subventionierung und Privatisierung durch die Treuhand: Kurswechsel erforderlich. In: DIW-Wochenbericht 41/91, S. 575 ff.; R. Hickel, J. Priewe, Lohnsubventionen für den Osten, in: die *tageszeitung* vom 17. 1. 1992; G. A. Horn, Lohnentwicklung in Ostdeutschland – ein Schrecken ohne Ende? In: *Konjunkturpolitik*, Heft 3/1992, S. 145 f.; DGB-Bundesvorstand, *Informationen zur Wirtschafts- und Strukturpolitik*, Nr. 2/1993 vom 10. 2. 1993, S. 13 f. – Von Autoren des Kieler Institutes für Weltwirtschaft wurde übrigens der interessante Vorschlag unterbreitet, Nettolohnsubventionen über einen veränderten Steuertarif an ostdeutsche Arbeitnehmer im Rahmen einer Strategie niedriger Bruttolöhne zu zahlen: H. Klodt, K.-H. Paqué, Am Tiefpunkt der Transformationskrise, a.a.O., S. 29.

28 Bundesrechnungshof, Bemerkungen des Bundesrechnungshofes 1993 zur Haushalts- und Wirtschaftsführung, *Bundestagsdrucksache* 12/5650 vom 17. 9. 1993 (im folgenden: Bundesrechnungshof), Bonn 1993, S. 173.

29 Vgl. J. Kühl, Die Rolle der Treuhandanstalt für die Beschäftigungsentwicklung und -perspektiven in Ostdeutschland. In: R. Neubäumer (Hg.), Arbeitsmarktpolitik kontrovers, Darmstadt 1993, S. 120.

30 Vgl. zur ausführlichen Darstellung der THA-Aktivitäten: D. Nolte, Zwischen Privatisierung und Sanierung: Die Arbeit der Treuhandanstalt. WSI-Materialien Nr. 32, Düsseldorf 1993; K. Lichtblau, Privatisierungs- und Sanierungsarbeit der Treuhandanstalt. *Beiträge zur Wirtschafts- und Sozialpolitik* Nr. 209, Köln 1993; F. Stille, Sanierungsstrategien der Treuhandanstalt:

Politische Zwänge versus ökonomische Effizienz. In: H. Siebert (Hg.), Die zweifache Integration: Deutschland und Europa, Tübingen 1993, S. 115 ff.; J. Priewe, Privatisation of the industrial sector: the function and activities of the Treuhandanstalt. In: *Cambridge Journal of Economics*, Vol. 17 (1993), S. 333 ff.

31 Die THA war bis zum 19. 1. 1993 »nur dann bereit, selbst die Sanierung einzuleiten, wenn trotz intensiver Bemühungen kein Käufer gefunden« werden konnte (Treuhand-Richtlinie vom Mai 1991). Zitiert nach: Bundesrechnungshof, a.a.O., S. 183.

32 Vgl. H. Hax, Erhaltung industrieller Kerne in den neuen Bundesländern. In: Wirtschaftsdienst, Heft 8/1993, S. 409 ff.

33 Daten zu den Investitionen der THA-Betriebe siehe Tab. 1.4; die Investitionsangaben wurden auf den Durchschnitt der Beschäftigung zwischen Jahresanfangs- und -endwert bezogen. Die Beschäftigung in den THA-Unternehmen entwickelte sich wie folgt: 1. 7. 1990 4,1 Mio., 1. 1. 1991 2,937 Mio., 1. 1. 1993 0,458 Mio., Ende 1993 ca. 0,2 Mio. (nach J. Kühl, Die Rolle der Treuhandanstalt, a.a.O., und *Treuhand-Informationen*, laufende Nummern).

34 Vgl. *Tagesspiegel* vom 29. 11. 1993, sowie Treuhand-Informationen, Ausgabe 20, Januar 1994, S. 12 f.

35 Vgl. J. Priewe, Die Treuhandanstalt – die größte Staatsholding der Welt. In: *Frankfurter Rundschau* vom 14. 11. 1990, S. 27–28.

36 Vgl. W. Uhlenbruck, Die Treuhandanstalt und die gesellschaftsrechtlichen Haftungsnormen. In: *Betriebs-Berater*, Heft 12/1992, S. 789 ff.

37 Vgl. den Überblick bei R. Sitte, Entwürfe für eine neue Treuhand-Politik – die ordnungspolitische Debatte im Bundestag. In: D. Nolte, H. Tofaute (Hg.), »Kahlschlag verhindern – industrielle Kerne erhalten«. *WSI-Materialien* Nr. 36, Düsseldorf 1993, S. 12 ff.

38 Vgl. auch H. Tofaute, Überlegungen zu einer bundesstaatlichen Unternehmensbeteiligungspolitik in Ostdeutschland nach westdeutschem Muster. In: *WSI-Mitteilungen*, Heft 9/1992, S. 590 ff. – H. Maier, Integrieren statt zerstören. Für eine gemischtwirtschaftliche Strategie in den neuen Bundesländern. In: *Aus Politik und Zeitgeschichte*, B 29 vom 12. 7. 1991, S. 3 ff.

39 Diesen Fall schildert der *SPIEGEL*-Journalist D. Kampe, Wer uns kennenlernt, gewinnt uns lieb. Nachruf auf die Treuhand. Berlin 1993.

40 Vgl. K. Lichtblau, Privatisierungs- und Sanierungsarbeit der Treuhandanstalt, a.a.O., S. 35.

41 Bundesrechnungshof, a.a.O., S. 183 ff.

42 zitiert nach Bundesrechnungshof, a.a.O., S. 186.

43 Vgl. K. Hornschild, Zur Situation der außeruniversitären und industriellen Forschung in den neuen Bundesländern. In: *DIW-Wochenbericht* 44/93, S. 643 ff. – 1992 kamen auf 100 Industriebeschäftigte in Westdeutschland 7, im Osten ein Forscher. Vgl. J. Kühl, Die Rolle der Treuhandanstalt, a.a.O., S. 136.

44 Vgl. die kritische Darstellung des Kontrollsystems bei D. Kampe, Wer uns kennenlernt, a.a.O., S. 158 ff.

45 Vgl. Hans-Böckler-Stiftung, *Wirtschaftsbulletin Ostdeutschland*, Ausgabe 5–6/1993, S. 42.

46 Richter kommentierte seine Lage: »Die Politik des Hauses war, die Verkäu-

fer zu ermutigen und die Kontrolleure als notwendiges Übel zu betrachten. Das Signal der Führung an die Mitarbeiter lautete nicht: Arbeitet sorgfältig und gewissenhaft. Das Signal lautete leider: Wenn was rauskommt, helfen wir euch.« Zitiert nach D. Kampe, Wer uns kennenlernt, a.a.O., S. 166.

47 *Frankfurter Rundschau* vom 8. 12. 1993.

48 Interview mit der Zeitschrift *FORBES* im März 1991.

Kapitel 2
Nach der Einigung: Westdeutschland in der Rezession 1992–94

2.1 Westdeutschland in der Einigungskrise

Westdeutschland geriet im Verlaufe des Jahres 1992 in die *schwerste Rezession* seit der Weltwirtschaftskrise 1929–32[1]. Vor der Vereinigung galt die bundesdeutsche Ökonomie als »kerngesund«, robust und außerordentlich wettbewerbsfähig im internationalen Vergleich. Die Jahre des Einigungsbooms 1991 und 1992, als die höchsten Wachstumsraten seit Ende der 70er Jahre realisiert wurden, schienen das Bild zu bestätigen. Daß gleichzeitig die ostdeutsche Ökonomie einen beispiellosen Niedergang erlebte, weil sie von der westdeutschen Konkurrenz geradezu überrannt wurde, steigerte noch den Glanz und den Siegesrausch der westdeutschen Volkswirtschaft.

Wie konnte es aber zur (für die meisten Ökonomen) überraschenden konjunkturellen Wende kommen? Lag es an den widrigen Auslandseinflüssen, den vermeintlich unverantwortlichen Lohnabschlüssen oder einer rücksichtslosen Geldpolitik der Bundesbank? Oder ist die Schärfe der Krise zugleich Ausdruck einer Strukturkrise, vielleicht sogar einer Krise des »Standortes Deutschland«? Wurden dem wiedervereinigten Deutschland zunächst glänzende Wachstumschancen für die nächsten Jahre in Aussicht gestellt, so hat sich mit der Rezession eine breite Welle der Skepsis hinsichtlich der längerfristigen Wachstumschancen breitgemacht.

Im Kern kann die Rezession als *Einigungskrise* verstanden werden. Sie ist überwiegend direkte und indirekte Folge der schweren Transformationskrise in Ostdeutschland und der fehlgeschlagenen, ja in weiten Teilen dilettantischen Einigungspolitik der Bundesregierung. Zugleich deutet die Krise aber auch auf Erscheinungen nachlassender internationaler Wettbewerbsfähigkeit der deutschen Wirtschaft hin. Diese Strukturprobleme wurden angesichts glänzender Gewinne, sowohl in den Jahren vor der Vereinigung als

Tab. 2.1: **Die konjunkturellen Entwicklung in Westdeutschland 1989–1994**
(Veränderung in vH gegenüber dem Vorjahr, in Preisen von 1991)

	1989	1990	1991	1992	1993	1994[s]
Bruttoinlandsprodukt	3,6	5,4	4,6	1,6	–1,9	1,0
privater Verbrauch	2,8	5,2	4,5	1,7	–1,0	–1,0
Staatsverbrauch	–1,6	2,2	0,3	3,2	–1,0	1,0
Anlageinvestitionen	6,3	8,5	6,1	1,1	–5,5	2,0
– Ausrüstungen	8,8	13,2	9,1	–3,9	–13,5	2,5
– Bauten	4,4	4,9	3,6	5,5	0,5	1,5
Ausfuhr[1]	10,2	10,4	13,7	3,7	–5,5	3,5
Einfuhr[1]	8,3	9,4	12,1	3,9	–7,0	4,0
Deutschland insgesamt:						
Ausfuhr[2]	11,6	11,1	13,6	3,8	–8,5	3,5
Einfuhr[2]	8,3	11,3	13,2	5,9	–7,5	3,5
Leistungsbilanzsaldo in Mrd. DM[4]	108,1	76,4	–33,1	–39,4	–41,5	–41,0
Industrieproduktion	5,2	5,5	3,0	–2,0	–8,0[s]	k. A.
Auslastungsgrad[11]	88,3	89,4	87,3	83,6	78,5	(März)
Bruttoeinkommen[5] aus						
– unselbst. Arbeit	1,7	5,1	4,4	1,9	–3,0[s]	–3,0
– Unternehmertätigkeit und Vermögen	7,9	7,2	–0,1	–2,8	–7,0[s]	2,5
Nettolohn- und Gehaltssumme je Beschäftigten[5]	–0,7	5,0	–0,8	0,1	–1,5	–3,5
Arbeitsproduktivität[6]	3,1	4,0	2,0	0,8	1,0	2,5
Inflationsrate[7]	2,8	2,7	3,5	4,0	4,0	3,0
Lohnstückkosten[8]	0,9	2,6	4,6	4,3	3,1	k. A.
Lohnquote, bereinigt[9]	65,7	65,2	66,0	66,8	k. A.	k. A.
Gewinn-Erlös-Relation[10]	8,32	8,95	7,74	6,31	k. A.	k. A.
Kapitalmarktrendite[12]	7,1	8,9	8,7	8,1	5,7*	k. A.
realer Außenwert der DM[13] (1989 = 100)	100,0	103,0	100,6	104,2	109,1	k. A.
Nettoneuverschuldung des öff. Bereiches in Mrd. DM[14]	26	124	140	265	250	k. A.

[s] Schätzung; *: Nov. 1993
[1] inkl. innerdeutscher Handel
[2] ohne innerdeutschen Handel
[3] früheres Bundesgebiet
[4] Deutschland insgesamt, in laufenden Preisen
[5] deflationiert mit dem Preisindex der Lebenshaltung aller privaten Haushalte
[6] Bruttoinlandsprodukt je Erwerbstätigenstunde
[7] Steigerung der Lebenshaltungskosten aller privaten Haushalte
[8] Einkommen aus unselbständiger Arbeit/reales Bruttoinlandsprodukt
[9] Löhne und Gehälter in vH des Volkseinkommens, bereinigt um Struktureffekte der Erwerbstätigkeit.

auch während des Booms, verdeckt und verdrängt. Bei härter werdendem internationalem Wettbewerb werden sie schonungslos offengelegt. Auf diese Aspekte wird in *Kapitel 2.2* eingegangen. Allerdings führt jede konjunkturelle Krise, in deren Zentrum der gesamtwirtschaftliche Rückgang von Produktion und Beschäftigung steht, auch zu forciertem Strukturwandel, der mit Strukturkrisen einzelner Branchen einhergeht.

1990 herrschte in einigen Handelspartnerländern (insbesondere in Großbritannien, USA, Schweiz, Schweden) eine – teilweise heftige – Rezession. Daß diese über sinkende deutsche Exporte nicht auf Westdeutschland überschwappte, hängt mit den gewaltigen kreditfinanzierten Staatsausgaben der Bundesregierung zusammen, die zu zusätzlicher ostdeutscher Nachfrage führte, welche in hohem Maße westdeutschen Unternehmern zugute kam (vgl. die wichtigsten Daten zur konjunkturellen Entwicklung Westdeutschlands in *Tab. 2.1*). Zwar hat die Bundesregierung längst einer keynesianischen antizyklischen Konjunktursteuerung abgeschworen, jedoch wirkte dieses Programm, zunächst als Anschubfinanzierung für den Osten gedacht, wie ein traditionelles, kurzfristiges keynesianisches Beschäftigungsprogramm; derartige Programme, die von aufgeklärten Keynesianern längst für kurzatmig und kontraproduktiv gehalten werden, schaffen nur kurzfristig mehr Nachfrage und Beschäftigung, aber keine bleibenden positiven längerfristigen Effekte. Allerdings bleiben die Belastungen aus dem gestiegenen Schuldendienst.

---

[10] nach Sachverständigenrat, Jahresgutachten 1992/3, TZ 79

[11] des Produktionspotentials im verarbeitenden Gewerbe (nach Ifo); zum Vergleich: historisches Minimum 1982: 76,8

[12] Umlaufrendite festverzinslicher Wertpapiere

[13] Realer Außenwert der DM gegenüber 18 Industrieländern (gemessen an Verbraucherpreisen)

[14] Deutschland insgesamt. Gebietskörperschaften ohne Sozialversicherungen, ERP, Fonds deutsche Einheit, Kreditabwicklungsfonds, Treuhandanstalt, Bahnen, Wohnungswirtschaft DDR. Nach: L. Müller, Probleme der Staatsverschuldung vor dem Hintergrund der deutschen Vereinigung. In: *Wirtschaftsdienst*, Heft III/1993, S. 122 (ab 1992 Schätzung von L. Müller)

Quellen: SVR, Jahresgutachten 1992/93 und 1993/94; Arbeitsgemeinschaft der wirtschaftswissenschaftlichen Forschungsinstitute, Frühjahrsgutachten 1993; DIW; Ifo; Deutsche Bundesbank, Monatsberichte; eigene Berechnungen

Da die ostdeutschen Unternehmen noch nicht umstrukturiert waren (sowohl hinsichtlich der Herstellungsverfahren als auch hinsichtlich der Produktqualität und der Produktpalette), führte dieser Nachfrageschub zur Verdrängung und Vernichtung ostdeutscher Anbieter, während westliche, vorwiegend westdeutsche Anbieter ihre Marktanteile in kürzester Zeit steigern konnten. Diese sprunghafte Expansion westdeutscher Produktion hielt nur so lange an, wie die kreditfinanzierte Nachfragesteigerung in gleichem Tempo weiter anstieg. Die Beibehaltung der Neuverschuldung des Vorjahres schafft noch kein Wachstum, es kommt vielmehr auf den Zuwachs an. Während im Osten Produktionskapazitäten abgebaut werden mußten, bevor überhaupt eine Chance bestand, sie sinnvoll umzustrukturieren, wurden im Westen hektisch neue Produktionskapazitäten aufgebaut[2]; die alten waren hochgradig ausgelastet, und in Erwartung »blühender Landschaften« im Osten glaubte man an weiter steigende Marktpotentiale in Ostdeutschland. Allein die im Osten im Fall einer Angleichung der Lebensverhältnisse an den Westen benötigten Investitionsgüter wurden (und werden) auf rund 2 Billionen DM geschätzt. Ein großer Teil davon würde sicherlich von westdeutschen Herstellern geliefert werden können.

Während anstelle einer erfolgreichen Restrukturierung in den neuen Bundesländern die Deindustrialisierung einsetzte, entstanden im Westen zusätzliche Produktionskapazitäten. Sobald die Expansion der kreditfinanzierten Staatsausgaben nachließ, obwohl die Neuverschuldung auf hohem Niveau verharrte, mußte es zu einer deutlichen Verschlechterung der Kapazitätsauslastung in den alten Bundesländern kommen. Daß die staatliche Nettoneuverschuldung auch im ersten Rezessionsjahr 1992 weiter kräftig anstieg, hatte *auch* konjunkturelle Ursachen (Mehrausgaben der Bundesanstalt für Arbeit, geringerer Anstieg der Staatseinnahmen).

Der eigentliche Konjunkturmotor für Westdeutschland waren 1990 und 1991 die steigenden Ausfuhrüberschüsse im innerdeutschen Handel mit den neuen Bundesländern: Sie stiegen von etwa 1 Mrd. DM 1989 (im Handel BRD–DDR) auf etwa 179 Mrd. DM 1991 und 220 Mrd. DM 1992 (1993 voraussichtlich 210 Mrd. DM)[3]. Die westdeutschen Lieferungen nach Ostdeutschland machten 1991 nicht weniger als 29 vH der westdeutschen Ausfuhr ins Ausland aus. Die hohen Zuwächse verminderten sich dann. Die gesamte westdeutsche Ausfuhr (einschließlich Lieferungen nach Ostdeutschland) stieg 1991 noch real um 13,7 vH, 1992 jedoch nur noch um 3,7 vH. Schätzungen ergeben, daß allein im ersten Jahr nach der Währungsunion (1. 7. 1990–30. 6. 1991) 2,3 Prozentpunkte des westdeutschen Wirtschaftswachstums auf diese Expansion der Lieferungen nach Ostdeutschland zurückgehen[4].

Eng verbunden mit den Exporterwartungen ist die Investitionstätigkeit. Das Wachstum der Investitionen hatte sich bereits 1991 etwas verlangsamt, 1992 wurde kaum mehr als im Vorjahr investiert, und 1993 sackten die Investitionen, der zentrale Motor der Volkswirtschaft, absolut ab. Da die Investitionen westdeutscher Unternehmen in Ostdeutschland seit 1990 expandierten, ist die Annahme berechtigt, daß die nachlassende Investitionstätigkeit im Westen eine ihrer Ursachen – freilich nicht die zentrale – in den neuen Investitionsschwerpunkten im Osten hat.

Das Grundmuster für das Auslaufen des Einigungsbooms läßt sich keynesianisch erklären. Der kreditfinanzierte Impuls, der positive Multiplikator- und Akzeleratorprozesse[5] im Westen und spiegelbildlich negative im Osten auslöste, war verpufft. Dies war im Kern der Außenhandelsmultiplikator, der aus dem Überschuß im innerdeutschen Handel resultierte. Dieser Überschuß, der 1989 bei nur einer Mrd. DM lag, war auf gut 200 Mrd. 1992 angeschwollen und stieg 1993 kaum noch.

Dieses Grundmuster wurde durch verschiedene Folgewirkungen verstärkt. Der Boom in Westdeutschland führte bei gut ausgelasteten Produktionskapazitäten zu einer mäßig starken *Nachfrageinflation*. Bei kräftig gestiegener Beschäftigung in den alten Bundesländern – plus 1,8 Mio Erwerbstätige in den Jahren 1989–92! – konnten die Gewerkschaften ihre Verteilungsposition leicht verbessern. Immerhin gab es in den alten Bundesländern 1990 einen durchschnittlichen Nettoreallohnzuwachs von etwa 5 vH (in den Folgejahren aber nur Nettoreallohnverluste). Da auch der Staat die Abgabenlast erhöhte, setzten Verteilungskämpfe zwischen Unternehmen, Arbeitnehmern und Staat ein, die leicht inflationssteigernd wirkten.

Diese *verteilungsbedingte Inflation*, bei der es selten einen Gewinner gibt, bekämpfte die Bundesbank mit Geldmengenrestriktion und hohen Zinsen, ohne auf konjunkturpolitische Erfordernisse Rücksicht zu nehmen. Derartige mangelnde Rücksichtnahme begreift sie als ihren stabilitätspolitischen Auftrag. Bereits zuvor (1989/90) waren – wohl weitgehend unabhängig von der Notenbankpolitik – die langfristigen Zinsen am Kapitalmarkt um rund zwei Prozentpunkte gestiegen, weil die Kapitalanleger eine durch die Währungsumstellung und die Verteilungsprobleme ausgelöste Inflationsunsicherheit antizipierten. Damit gerieten die Unternehmen auch unter Zinsdruck. Für die meisten Unternehmen war weniger die Kreditverteuerung bei Investitionen das Hauptproblem – schließlich war die Liquiditätslage mindestens bis 1991 unverändert glänzend und die Selbstfinanzierungskraft der Unternehmen enorm; vielmehr werden bei höheren Zinsen Investitionen mit einem höheren »internen Zinsfuß« kalkuliert, weil sie mehr Gewinne abwerfen müssen, damit sie einer Kapitalanlage vorgezogen werden. Ist das nicht der Fall, wird weniger in Sachkapital und mehr in Finanzanlagen investiert. Mit sinkenden Investitionen sinkt das Sozialprodukt.

Alle Faktoren zusammengenommen – Nachfragerückgang und schlechtere Kapazitätsauslastung, leicht steigende Lohnstückkosten, steigende Zinsen, steigende Abgabenlast – führten bei den Unternehmen zu einer Verschlechterung der Kapitalrentabilität. Die vom *»Sachverständigenrat zur Begutachtung der gesamtwirtschaftlichen Entwicklung« (SVR)* berechnete Gewinn-Erlös-Relation für die Produktionsunternehmen (eigentlich ein äußerst unzulänglicher Rendite-Indikator) sank von 8,95 vH 1990, dem höchsten Stand seit 1970, auf 6,31 vH 1992. Im Vergleich zum historischen Tief im Krisenjahr 1982 mit 2,48 vH war die 92er Umsatzrendite geradezu noch formidabel.

Um Legenden vorzubeugen, ist es notwendig, die Unternehmensrentabilität etwas genauer zu untersuchen. Die Entwicklung der Lohnkosten bei den vom SVR untersuchten Produktionsunternehmen hatte keinerlei Einfluß auf die Verschlechterung der Renditen. Vielmehr weist der SVR einen von 1989 bis 1992 nahezu konstanten Anteil der Bruttolohn- und Gehaltssumme an den Umsätzen aus. Gegenüber den Vorjahren ist dieser Anteil sogar noch gesunken. Daß die Lohnstückkosten, also der Anteil der nominalen Löhne am realen Bruttoinlandsprodukt, leicht gestiegen sind, ist einerseits Folge der Inflation, andererseits Resultat nachlassender Produktivitätszuwächse in der Gesamtwirtschaft. Diese haben ihre entscheidende Ursache in der schlechten Kapazitätsauslastung.

Damit wird auch der zentrale Grund des Renditerückgangs in der Rezession deutlich: Der wesentliche Kern jeder Rezession ist die *Unterauslastung der Produktionskapazitäten* infolge von Nachfragerückgang, namentlich bei der investiven Nachfrage. Unterauslastung bedeutet »Leerkosten«, also steigende Fixkosten. Insofern ist der Kostendruck und damit die Kosten- und Rentabilitätskrise Folge der Rezession, aber nicht deren Ursache[6].

Nicht steigende Löhne haben die Konjunktur gekillt, sondern vor allem die nicht weiter expandierenden Lieferungen nach Ostdeutschland sowie sinkende Investitionen: Angesichts der zwischenzeitlich desillusionierten Nachfrageerwartungen der Investoren infolge des nun nicht mehr übersehbaren Fiaskos der deutschen Einheit ist dies nicht verwunderlich. Nicht nur verließ die – ansonsten eher nüchternen Unternehmen – der Glaube an die versprochenen »blühenden Landschaften« im Osten mit ihren wachstumssteigernden Wirkungen, sondern Erwartungsunsicherheit machte sich breit. Angesichts zu großer Zukunftsunsicherheit ist es für die Unternehmen rational, Vorsicht walten zu lassen und weitere Investitionen vorerst zu unterlassen.

Der zweite »Konjunkturkiller« war die *Politik der Bundesbank*. Die westdeutsche Inflationsrate ist von 2,7 vH 1990 auf gerade einmal etwa 4,0 vH 1992 und 1993 gestiegen – eigentlich kein Anlaß für zinspolitische Panik. Daß die Inflation in Ostdeutschland höher war, resultierte aus dem Abbau von Subventionen und war politisch gewollt, also nicht zu bekämpfen. Für die Bundesbank war wohl auch weniger die aktuelle Inflationsrate maßgebend als die rasche Steigerung der Geldmenge (M 3), die, wie wir finden, fälschlich, als Frühindikator von späterer Inflationsgefahr angesehen wird. Insbesondere die Lohnpolitik der Gewerkschaften und die hohe Staatsverschuldung wurden von der Bundesbank als inflationär interpretiert. Hinzu kamen mehr und mehr währungspolitische Motive (siehe ausführlich *Kapitel 6*).

Was auch immer die Motive waren, die Bundesbank trieb den Diskontsatz, den wichtigsten Leitzins, von 4 vH Anfang 1989 auf 8 3/4 vH hoch, den höchsten Stand in der bundesdeutschen Geschichte, obwohl die Inflationsrate nur mäßig hoch war. Im Schlepptau der Frankfurter Währungshüter folgten die westeuropäischen Notenbanken. Außerhalb des europäischen DM-Blocks waren die Leitzinsen viel niedriger, in Japan lagen sie im Frühjahr 1993 bei 2,5 vH (bei 1 vH Inflation), in den USA bei 3 vH (3,0 vH Inflation). Schon einmal, nämlich 1980, hatte die Bundesbank bei einer Inflationsrate von 5,5 vH (1980) die Leitzinsen von 3 vH auf 7 1/2 vH erhöht und dadurch maßgeblich zur Auslösung der Rezession 1980–82 (wie auch zum Scheitern der Regierung Schmidt/Genscher) beigetragen.

Ein dritter Ursachenkomplex, der nicht leicht zu deuten ist, hat die Rezession mitverursacht: der *Exportrückgang* infolge der Rezession in wichtigen Nachbarländern. Allerdings wird dieser Faktor häufig überinterpretiert. Die wichtigsten westlichen Handelspartnerländer, von denen sich einige bereits in einer handfesten Rezession befanden, hatten zunächst von der deutschen Einigungskonjunktur profitiert. Indem sie ihre Lieferungen nach Deutschland 1990–92 kräftig ausdehnen konnten, wurde ihre schwache Konjunktur gestützt. Deutschland hatte die lange Jahre kritisierten hohen Leistungsbilanzüberschüsse abgebaut und in ein Leistungsbilanzdefizit verkehrt und war nun kurzfristig eine europäische *Konjunkturlokomotive* geworden, wenngleich die gestiegenen deutschen Zinsen die konjunkturellen Aufwärtstendenzen bremsten.

Nachdem diese Konjunkturlokomotive aus binnenwirtschaftlichen Gründen ins Stottern kam, gerieten die meisten Handelspartnerländer ebenfalls in eine Rezession. 1993 sank das Sozialprodukt in fast allen westeuropäischen Ländern (mit Ausnahme von Großbritannien, das die Rezession überwunden hatte, und Norwegen). Auch die japanische Wirtschaft stagnierte, während in den USA die Rezession langsam überwunden wurde. Die westdeutsche Ausfuhr stieg 1992 nur noch ganz schwach und wurde 1993 rückläufig.

Dieser Exportverfall hat verschiedene Ursachen:

a) Die westdeutsche »hausgemachte« Rezession übertrug sich ab etwa Mitte 1992 auch auf die Exportländer. Zwar verläuft die Konjunktur in den westeuropäischen Ländern nicht zeitlich synchron, aber die deutsche Rezession strahlt massiv auf die Handelspartnerländer aus, ebenso wie zuvor der Einigungsboom. Insofern ist der Exportrückgang *auch* Ausdruck der Einigungskrise.

b) Auch in diesen Ländern hinterließen die hohen deutschen Zinsen, die im Europäischen Währungssystem den Charakter von Leitzinsen haben, Bremsspuren.

c) Hinzu kam – besonders 1992 und 1993 – eine reale DM-Aufwertung[7], welche die deutschen Exporte weiter erschwerte.

d) Natürlich kann die konjunkturelle Schwäche der Partnerländer nicht allein durch die deutschen Einflüsse erklärt werden, natürlich gibt es auch dort »hausgemachte« Faktoren.

e) Und schließlich gibt es leichte Anzeichen für gewisse Schwächen der preislichen und technologischen Wettbewerbsfähigkeit der deutschen Industrie, die den traditionellen deutschen Wettbewerbsvorsprung im internationalen Technologiewettlauf vermindern. Auch dieser Faktor hat mit der deutschen Einigungskrise direkt wenig zu tun (siehe hierzu ausführlich *Kapitel 2.2*). Nur ein kleines Gewicht kommt diesem Faktor für die Erklärung der Rezession zu, dagegen ist er wichtiger für die Beurteilung der Zukunftschancen der deutschen Wirtschaft.

Die rückläufigen deutschen Exporte führten zu sinkendem Sozialprodukt, wodurch dann auch die Importnachfrage ähnlich kräftig wie die Exporte sank. Der Saldo der Handelsbilanz (in konstanten Preisen gerechnet) veränderte sich 1992–94 praktisch nicht.

Die Rezession in Westdeutschland ist nicht einfach eine kurzfristig grassierende Infektion, die rasch wieder vergeht und keine tieferen Spuren hinterläßt. Vielmehr hat sie für die Probleme der deutschen Vereinigung schwerwiegende Folgen. Zunächst wird ein dringend benötigter Teil des westdeutschen Produktionspotentials vergeudet; die Volkswirtschaft lebt *unter* den Verhältnissen, die aufgrund der Existenz leistungsfähiger, aber nicht genutzter Produktionsfaktoren möglich wären. Während einer Rezession wird Produktivkapital zerstört, das unter normalen Bedingungen lebensfähig wäre. Je länger die Krise anhält, desto ruinöser wird der Wettbewerb. Ebensowenig wie Krankheiten die Gesundheit der Menschen stählen, sind Rezessionen »Reinigungskrisen«, die bei den Unternehmen Spreu von Weizen trennen und damit Ausdruck »schöpferischer Zerstörung« seien, wie es ebenso zynisch wie apologetisch von neoliberalen Ökonomen behauptet wird.

Vielmehr wirken Rezessionen wie ein zerstörerischer Sprengsatz im Wachstumspotential einer Volkswirtschaft. Sie hinterlassen in aller Regel nachhaltige Spuren, besonders auf dem Arbeitsmarkt. Die Staatsverschuldung schnellt in Rezessionsphasen enorm nach oben[8], der Zinsendienst belastet die öffentlichen Haushalte erheblich. Der Osten Deutschlands wird dreifach durch die westdeutsche Rezession belastet:

— Die Investitionen westdeutscher Unternehmen fallen geringer aus;

— ostdeutsche Unternehmen werden beim Absatz zusätzlich durch die westdeutsche Nachfrageschwäche belastet;

— die galoppierende öffentliche Verschuldung verschärft die Finanzierungsprobleme der öffentlichen Hände. Ein sich selbst tragender Aufschwung in den neuen Ländern während einer Rezession des Westens ist kaum möglich.

Tab. 2.2: **Der Arbeitsmarkt in Westdeutschland 1989–1994**

	1989	1990	1991	1992	1993	1994[s]
Veränderung des Erwerbspersonenpotentials in Mio. Pers.	+0,41	+0,57	+0,29	+0,33	+0,18	
Erwerbstätige, in 1000 Veränderung	+370	+802	+740	+231	−507	405
Arbeitsvolumen in Std., Veränderung in vH	+0,1	+0,7	+1,5	+0,5	−3,5	k. A.
registr. Arbeitslose in Mio.	2,0	1,9	1,7	1,8	2,3	2,6
Entlastung durch Arbeitsmarktpolitik[a] in 1000	322	317	551[b]	586[b]	746[b]	k. A.

[a] Vorruhestand, ABM, Fortbildung und Umschulung, Vollzeitäquivalente von Kurzarbeit, Warteschleife
[b] nach Sachverständigenrat zur Begutachtung der gesamtwirtschaftlichen Entwicklung, Jahresgutachten 1993/94, Wiesbaden 1993, Tab. 30
[s] Schätzung

Quellen: IAB, BeitrAB 101, Ausgabe 1992; B. Hof, Im Blickpunkt: Deutscher Arbeitsmarkt 1993. In: *iw-trends* 2/93, S. 27

Besonders problematisch ist die Verschlechterung der *Arbeitsmarktlage*, vor allem in den alten Bundesländern (*Tab. 2.2*). Die registrierte Arbeitslosigkeit stieg von 1,7 Mio. 1991 auf 2,3 Mio. 1993 und voraussichtlich 2,6 Mio. 1994 (in der Rezession 1980–82 stieg die registrierte Arbeitslosigkeit um rund 1,3 Mio., die zu dem Sockel von 0,9 Mio. 1979 hinzukamen). Rund 750 000 Personen werden durch aktive Arbeitsmarktpolitik vor dem Abrutschen in die offene Arbeitslosigkeit geschützt. Die stille Reserve des Arbeitskräfteangebotes, die neben dieser Personengruppe weitere nicht gemeldete, faktisch erwerbslose und arbeitsuchende Personen einbezieht, wird auf insgesamt 1,1 Mio. 1992 geschätzt[9].

Die Rezession 1992–94 ist, was die Ursachen angeht, keine »normale« Rezession, wohl aber was das Erscheinungsbild und den Verlauf betrifft. Sie ist vor allem Resultat zweier »exogener« Schocks: zunächst des Vereinigungsschocks mit den geschilderten kreditfinanzierten expansiven Triebkräften bei euphorischem Erwartungshorizont, sodann folgte der Schock der Ernüchterung, als die Lieferungen nach Ostdeutschland nicht mehr steigerbar waren und der ökonomische Zusammenbruch in Ostdeutschland offenbar wurde. Die Krise und die daraus folgende Arbeitslosigkeit sowie der Gewinnrückgang sind ganz überwiegend keynesianischer Natur: eine Krise aus Nachfrageschwund mit Unterauslastung des zuvor enorm gewachsenen Produktionspotentials, nicht aber eine Kostenkrise oder eine Krise der Angebotsstruktur, die sich ja – nach übereinstimmender Auffassung – 1989 noch in glänzender Verfassung befand. Die Kostenprobleme sind in erster Linie Folge der Nachfrageschwäche. Das Grundmuster der Krise wird überlagert durch *Strukturschwächen* einzelner Branchen, durch die hohe *Staatsverschuldung* und die im Gefolge der deutschen Vereinigung entstandenen *Währungsturbulenzen*.

Indessen deuteten die Arbeitgeberverbände die Rezession als *Kosten- und Standortkrise*. Klaus Murmann, Präsident der Bundesvereinigung deutscher Arbeitgeberverbände, will die Rezession als Chance nutzen, den angebotspolitischen Wunschkatalog seiner Klientel stärker durchzusetzen: Senkung der Arbeitskosten, Flexibilisierung der Arbeit, Verlängerung der Arbeitszeiten, einfachere Genehmigungsverfahren, Senkung der Staatsquote usw.: »Forderungen keynesianischen Denkmusters, der Staat müsse aktiv werden, um die konjunkturelle Flaute zu überwinden, sind völlig fehl am Platze. Wir befinden uns keineswegs in einer keynesschen Situation der Nachfrageschwäche. Wie die Geldmengenentwicklung beispielsweise zeigt, ist kaufkräftige Nachfrage genug vorhanden. Das Problem liegt in den hohen Kosten auf der Angebotsseite, um den veränderten Präferenzen Rechnung tragen zu können.«[10]

Diese Diagnose ist unhaltbar; auch ist die Gleichsetzung von Geldmengenentwicklung mit gesamtwirtschaftlicher Nachfrage unzulässig. Entscheidend ist, wie hier die Rezession geradezu machiavellistisch als »Reinigungskrise« instrumentalisiert und zur Machtumverteilung zugunsten der Unternehmensinteressen genutzt wird. Rezessionen, die insbesondere die Machtpositionen der schwächeren Anbieter auf den Arbeits- und Gütermärkten weiter schwächen, waren immer auch Phasen der Umverteilung von Macht und Herrschaft in Wirtschaft wie Politik zugunsten der Stärkeren.

2.2 Standort Deutschland: Ist die internationale Wettbewerbsfähigkeit der westdeutschen Industrie in Gefahr?

Die Rezession 1992–94 in den alten Bundesländern ist zwar im Kern konjunkturbedingt, jedoch zeigen sich auch einige längerfristige Strukturprobleme, insbesondere verschiedene Branchenkrisen. Aber dies ist nichts Anormales, denn jede Rezession erzwingt den Strukturwandel innerhalb jedes Unternehmens zu Lasten der weniger profitablen Bereiche, in jeder Branche zu Lasten der schwächsten Unternehmen sowie zwischen den Branchen zu Lasten der schwächeren Sektoren. In der Rezession werden Stimmen laut, die die Krise für eine grundlegende Strukturkrise oder gar den beginnenden Exodus des »Wirtschaftsstandortes Deutschland« halten. Manifeste »Standortprobleme« existieren in Ostdeutschland, aber davon ist in der Standortdebatte nicht die Rede, denn es geht allein um den Westteil der Republik. »Standortpessimismus« vernebelt den Blick, um den Boden für eine vermeintlich notwendige Roßkur zu bereiten, die aus der Krise herausführen soll. Ist eine Volkswirtschaft durch grundlegende und anhaltende Strukturschwächen, etwa durch nachlassende Wettbewerbsfähigkeit, gekennzeichnet, so wird diese zwar die Rezession vertiefen, aber der Aufschwung kommt gleichwohl, allerdings geschwächt durch die Strukturprobleme.

Strukturschwächen der westdeutschen Industrie

Daher muß diagnostiziert werden, ob und, wenn ja, welche Strukturschwächen in Deutschland tatsächlich existieren. In der deutschen sog. Standortdiskussion sind die Proportionen jedoch völlig verkehrt und die Inhalte so diffus und konfus, daß dringend Klärungsbedarf existiert: Seitens der Bundesregierung und der Arbeitgeberverbände, die die Standortdiskussion bereits seit vielen Jahren bei jeder wirtschaftlichen Abschwächung – zuletzt 1987 – immer wieder vom Zaun brechen, dominiert die Diagnose »anhaltende Kostenkrise«, während die Konjunktur nur als kleiner und kurzer Betriebsunfall angesehen wird. Wir halten diese Diagnose für falsch, denn sie lenkt von den wirklichen und in Zukunft in stärkerem Maße als bisher relevanten »Standortproblemen« ab.

In der westdeutschen Industrie schrumpfte die Nettoproduktion

1992 und 1993 enorm (bis August 1993 um 15,4 vH gegenüber dem Jahresdurchschnitt 1991). Die stärksten Rückschläge waren in der Investitionsgüterindustrie, und hier vor allem im Maschinenbau und der Straßenfahrzeugindustrie, festzustellen[11]. Wie konnte es zu derartig heftigen Produktionseinbußen bei diesen beiden Branchen kommen, die bislang »Wachstumsrenner« waren und einen wesentlichen Teil des Rückgrats der bundesdeutschen Volkswirtschaft darstellten?

In der deutschen Wirtschaftsstruktur ist die Investitionsgüterindustrie besonders stark ausgebildet, und wegen ihrer starken Exportorientierung ist sie besonders sensibel in bezug auf konjunkturelle Rückschläge im Ausland. Da die Investitionen im Konjunkturzyklus der empfindlichste und schwankungsintensivste Teil der Gesamtnachfrage sind, ist es kein Wunder, daß diese Branchen in einer heftigen internationalen Rezession wegknicken. Dies wäre selbst bei glänzender internationaler Wettbewerbsfähigkeit unvermeidbar. Bei der Autoindustrie kommt hinzu, daß der Nachfrageboom während und nach der deutschen Einigung ausgelaufen ist. So richtig diese konjunkturelle Erklärung ist, sie greift indes zu kurz[12].

Infolge des Einigungsbooms mit hoher Kapazitätsauslastung dominierten in der westdeutschen Industrie Unternehmensstrategien zur raschen quantitativen Produktionsausweitung, die schnelle Gewinne versprachen. Durchgreifende Modernisierung, Rationalisierung und Produktinnovationen bekamen dadurch einen geringeren Stellenwert. Durch den Standortvorteil gegenüber ausländischen Anbietern in bezug auf die expandierende ostdeutsche Nachfrage – größere geografische Nähe zum Absatzgebiet – konnten die Produktion und auch das Produktionspotential ausgeweitet werden[13]. Vor der Vereinigung kam die günstige Rentabilität in starkem Maße durch Lohnzurückhaltung der Gewerkschaften und durch Steuererleichterungen zustande, ohne daß grundlegende Modernisierungen erforderlich schienen.

Da man sich überdies auf den EG-Binnenmarkt '92 vorbereitete, konzentrierten sich die Unternehmen auf die Marktdurchdringung in Westeuropa, während der *globale* Wettbewerb innerhalb der Triade Japan–USA–Europa nachrangig war. Die deutsche Wettbewerbsstärke ist in der Europäischen Union, gewissermaßen vor der Haustür, viel größer und zudem leichter zu verbessern als in den USA oder in Asien. Daß die westdeutschen Exporte – ohne Lieferungen nach Ostdeutschland – nach der deutschen Vereinigung kaum noch stiegen und real sogar absackten, obwohl das Welthandelsvolumen trotz Rezession in vielen Ländern weiter expandierte, wurde kaum bemerkt – die Exporteure konzentrierten sich ganz auf die Eroberung des ostdeutschen Marktes.

Seit Anfang der 90er Jahre ging der Weltmarktanteil Westdeutschlands leicht zurück, gemessen am Exportvolumen Westdeutschlands im Verhältnis zu den Weltexporten (bewertet in US-Dollar)[14]. Würde man allerdings die Lieferungen nach Ostdeutschland als Exporte rechnen, dann verändert sich das Bild zugunsten der westdeutschen Wettbewerbsfähigkeit. Vor allem 1993 gingen die westdeutschen Exporte kräftig zurück, während das Welthandelsvolumen weiter expandierte. Freilich sind die verschiedenen Indikatoren uneinheitlich, ein starkes Indiz für einen dramatischen Einbruch, der über einen konjunkturellen Rückschlag hinausgeht, läßt sich kaum ausmachen. Zum Rückgang der gesamtdeutschen Exporte – bei Ausklammerung des innerdeutschen Handels – trug der Zusammenbruch der ostdeutschen Exporte nach Osteuropa kräftig bei.

Der westdeutsche *Maschinenbau* hat traditionell eine sehr starke Weltmarktposition[15]. Aber der Vorsprung gegenüber den Japanern schmilzt, insbesondere in der Serienproduktion sowie bei elektronikintensiven Produkten. Auch die USA haben stark aufgeholt. Der japanische Maschinenbau, konzentriert auf bestimmte Sparten und hier auf Großserien, die jedoch bei geschickter Kundenorientierung durchaus Spezialmaschinen in bestimmtem Maße verdrängen können, expandierte vorrangig in die USA und zunehmend auch nach Europa. Dagegen ist die Regionalstruktur des deutschen Maschinenbau-Absatzes zu sehr auf Europa ausgerichtet, zu wenig auf expandierende Überseemärkte. Auch mangelt es – im Vergleich zu Japan – an Direktinvestitionen des Maschinenbaus im Ausland, die als Brückenkopf auf den zukünftigen Absatzmärkten Katalysator-Funktionen für Exporte von deutschen Standorten aus übernehmen könnten. In vielen Segmenten des bundesdeutschen Maschinenbaus ist die Unternehmensgröße viel zu klein und die Produktion viel zu zersplittert, um als »global player« auf den Weltmärkten mitspielen zu können. Im Auslandsvertrieb wird zu wenig kooperiert, und die Kapitalbasis vieler Mittelständler dürfte zu schwach sein, um im internationalen Wettbewerb weiter wie bislang tonangebend sein zu können.

Hinzu kommt, daß die Abhängigkeit des deutschen Maschinenbaus von ausländischer Elektronik stark zugenommen hat, was zu inländischen Beschäftigungsverlusten beiträgt und in einen Wettbewerbsnachteil umgeschlagen ist. Dies betrifft vor allem fehlende Fühlungs- und Kooperationsvorteile bei der Forschung und Entwicklung im Maschinenbau im Verhältnis zur Forschung und Entwicklung in der Elektronik-Industrie. Schließlich gibt es beträchtliche Management- und Organisationsdefizite, die Produktivitätszuwächse, Flexibilität und Innovationskraft beeinträchtigen. Hier existiert eine verdeckte Produktivitätskrise durch unzulängliche Nutzung der Humanressourcen in den Betrieben. Alle diese Schwächen und damit die eher »schumpeterianische« Sichtweise sind zwar statistisch schwer faßbar, aber von der Industriesoziologie und kritischen Managern häufig genug beschrieben und untersucht worden.

Diese Mängel führen zu Kostenstrukturen, mit denen die bisherige Überlegenheit beim Preis-Leistungs-Verhältnis nicht aufrechterhalten werden kann. Wenn der deutsche Qualitätsvorsprung im globalen »Kopf-an-Kopf«-Wettbewerb (Lester Thurow[16]) nicht gehalten werden kann, weil viele ausländische Anbieter nachziehen, dann hat man sich auf den Lorbeeren vergangener Wettkämpfe zu lange ausgeruht. Um das Bild Schumpeters anzuwenden: Aus den dynamischen werden statische »Wirte«.

Sicherlich, die Lage im Maschinenbau ist unübersichtlich und uneinheitlich, und es gibt nirgendwo einfache Patentlösungen, auch keine japanischen, die man einfach überstülpen könnte. Was jetzt nötig wäre, ist Zeit, Problembewußtsein, Experimentierbereitschaft und Innovationsfreude. Daran mangelt es in den Unternehmen mit vorherrschend konservativen Strategien. Statt dessen stürzt man sich in Defensivstrategien zu Lasten der Arbeitsplätze und der Löhne: *Lohnkostensenkung* oder *Produktionsschrumpfung* statt *Innovation*. Auf anderem Niveau wird eine Management-Strategie praktiziert, die bereits in Ostdeutschland mit verheerenden Folgen erprobt wurde.

Ein weiteres Problem kommt hinzu: Niemand weiß, wie groß die ausschließlich konjunkturell bedingten Überkapazitäten sind, die im nächsten Aufschwung wieder auslastbar sind, und wie groß der Anteil »struktureller« Überkapazitäten ist. Letzterer hängt natürlich von den längerfristigen Nachfrageerwartungen ab. Sind diese ungünstig, weil das Wirtschaftswachstum in Deutschland und in Westeuropa geringer als bislang erwartet ausfällt, dann wird ein größerer Teil der Kapazität abgetakelt. So wird die Erwartungsunsicherheit, die zu wesentlichen Teilen aus den unübersehbaren

Folgen des Zusammenbruchs der DDR und des »Ostblocks«, aus der schwer kalkulierbaren neuen »triadischen« globalen Wettbewerbskonstellation sowie aus der Handlungsunfähigkeit der Politik resultiert, zu einem erstrangigen Krisenfaktor und Arbeitsplatz- sowie Investitionskiller.

Ähnlich wie im Maschinenbau dürfte es bereits jetzt oder in Zukunft auch in anderen Industriebranchen zugehen. Im *Straßenfahrzeugbau* kommen besondere Probleme hinzu[17]. In den vergangenen Jahren ist es weltweit angesichts des deutlichen Vorsprungs der japanischen Automobilhersteller zu einem Innovations- und Investitionswettlauf gekommen. Im Kampf um zukünftige Märkte, die vor allem in Südostasien sowie längerfristig in Osteuropa erwartet werden, kam es zum Aufbau gewaltiger Überkapazitäten. Expansion wurde vor Konsolidierung gesetzt, auch in Fehleinschätzung des Konsumentenverhaltens und der ökologischen Probleme.

Experten der IG Metall erwarten im Laufe der 90er Jahre in Westeuropa Überkapazitäten in Höhe von drei Millionen PKW-Fertigungseinheiten (jährlich), das sind knapp 17 vH der Produktionskapazitäten[18]. Westeuropa wird der am härtesten umkämpfte Markt für PKW werden, während in Amerika und Asien eine kräftige Markterweiterung zu erwarten ist. In Europa wird folglich Verdrängungskonkurrenz einsetzen, die nicht nur im Qualitätswettbewerb, sondern im brutalen Kostensenkungswettlauf entschieden wird. Und hier weist die japanische Automobilindustrie deutliche Kostenvorteile vor der deutschen auf. Dank Selbstbeschränkungsabkommen mit Japan und EG-Protektionismus konnte bislang die Konkurrenzintensität gedämpft werden.

Um nicht mißverstanden zu werden: Weder steht der bundesdeutsche Maschinenbau noch die Automobilindustrie oder die Industrie insgesamt vor dem Exodus. Zwar ist Deutschland seit 1992 nicht mehr »Exportweltmeister«, aber doch knapp hinter den USA die zweitgrößte Exportnation, übrigens weit vor Japan. Aber der Vorsprung in vielen Bereichen schwindet, so daß es uns berechtigt erscheint, die Warnlampen zur Kenntnis zu nehmen und die Weichen neu zu stellen. Aber unsere Diagnose und unsere Schlußfolgerungen unterscheiden sich ganz wesentlich von denjenigen, die die Standortdebatte mit der Zielsetzung des Sozialabbaus begonnen hatten. Daher soll im weiteren die internationale Wettbewerbsfähigkeit genauer untersucht werden. Die Diskussion darüber ist hochgradig kontrovers und stark von Ideologien und Interessenstandpunkten geprägt.

Internationale Wettbewerbsfähigkeit und außenwirtschaftliches Gleichgewicht

In der Wirtschaftswissenschaft gibt es die unterschiedlichsten Auffassungen darüber, was internationale Wettbewerbsfähigkeit und außenwirtschaftliches Gleichgewicht eigentlich sind. Wir betrachten eine Volkswirtschaft als international wettbewerbsfähig, wenn sie ohne eigene protektionistische Maßnahmen und ohne protektionistische Abwehrmaßnahmen anderer Länder und ohne (reale) Abwertung mindestens genauso viel Güter und Dienstleistungen exportieren kann wie sie importiert. Beziehen wir den Saldo der Übertragungsbilanz (siehe unten) ein, dann kommt es darauf an, daß kein *Leistungsbilanzdefizit* existiert.

Die Steigerung der internationalen Wettbewerbsfähigkeit ist nicht per se ein Ziel rationaler Wirtschaftspolitik. Im Sinne einer ausgewogenen weltwirtschaftlichen Entwicklung sollten nicht permanente hohe oder gar ständig steigende Leistungsbilanzüberschüsse erwirtschaftet werden, jedenfalls nicht von bereits hochentwickelten Ländern; gewisse Leistungsbilanzüberschüsse können möglicherweise sinnvoll sein, um sie in Form von Geldkapital und Direktinvestitionen in weniger entwickelte Länder zu transferieren, denen es an Kapital mangelt. Andere Konzeptionen halten es für weltwirtschaftlich besser, wenn die hochentwickelten Länder ein stabiles Leistungsbilanzdefizit aufweisen, um Entwicklungs- und Schwellenländern oder auch Transformationsökonomien einen wachstumsfördernden Handelsbilanzüberschuß zu ermöglichen[19].

Wir betrachten, ohne diese Diskussion hier zu führen, eine tendenziell ausgeglichene Leistungsbilanz für ein hochentwickeltes Land wie Deutschland als *außenwirtschaftliches Gleichgewicht*. Dies wäre dann das Ziel – und nicht die Steigerung der Wettbewerbsfähigkeit im Sinne steigender Leistungsbilanzüberschüsse. In diesem neomerkantilistischen Sinne wurde aber in den vergangenen Jahren der Begriff der »internationalen Wettbewerbsfähigkeit« interpretiert. Zu Recht wurde die Bundesrepublik von vielen Handelspartnerländern deshalb kritisiert, zumal sie steigende Leistungsbilanzüberschüsse mit realer Unterbewertung der DM und teilweise wechselkursorientierter Geldpolitik, die zu hohen Realzinsen führte, erwirtschaftete. Internationale Wettbewerbsfähigkeit sollte also nur als Mittel und als Voraussetzung angesehen werden, außenwirtschaftliches Gleichgewicht im Sinne einer stabilen und ausgeglichenen Leistungsbilanz zu erreichen.

Der Begriff der internationalen Wettbewerbsfähigkeit muß noch weiter relativiert werden. Werden in neomerkantilistischer Manier möglichst hohe Warenexportüberschüsse angestrebt, dann werden Produktion, Einkommen und Beschäftigung auf Kosten des Auslands erwirtschaftet. Weltwirtschaftlich gesehen handelt es sich um ein *Nullsummenspiel*: Was ein Land gewinnt, verliert das andere. Daß dies insbesondere in einer enger zusammenwachsenden europäischen Gemeinschaft unsinnig ist, versteht sich von selbst. Im Außenhandel findet gerade dann ein Nullsummenspiel oder gar ein *Negativsummenspiel* statt, wenn der Wettbewerb als Lohnsenkungswettlauf (oder auch als Subventionswettlauf bzw. Steuersenkungswettlauf) ausgetragen wird. Ein Land erzielt dann aufgrund von niedrigeren Löhnen Marktanteilsgewinne auf Kosten eines anderen, ohne daß die Güterversorgung insgesamt steigt. Sobald das zweite Land mit Lohnsenkungen nachzieht, wird der ursprüngliche Status quo für die Unternehmen wieder erreicht, aber beiden Volkswirtschaften zusammen geht es schlechter. Gerade bei globalem Kopf-an-Kopf-Wettbewerb besteht große Gefahr, daß ein Null- oder Negativsummenspiel herauskommt.

Anders ist dagegen Produktivitäts- oder Innovationswettbewerb zu bewerten. Hier entsteht in der Folge von technischem Wandel eine veränderte internationale Arbeitsteilung, die insgesamt ein höheres Niveau der Güterversorgung mit höherer materieller Güterproduktion ermöglicht. Aber auch in diesem Fall sollte außenwirtschaftliches Gleichgewicht erreicht werden, indem das produktivitätsstärkere Land seine Währung aufwertet und das produktivitätsschwächere Land abwertet.

Um nicht mißverstanden zu werden: Gerade für die wirtschaftliche Entwicklung der Bundesrepublik nach dem 2. Weltkrieg war die enorme Intensivierung der Außenhandelsverflechtung die entscheidende Triebkraft für die Steigerung von Produktivität, Volkseinkommen, Wachstum und Beschäftigung. Es war also (wenigstens überwiegend) Produktivitätswettbewerb. Außenhandel war kein Nullsummenspiel.

Unklarheit besteht nicht nur darüber, was internationale Wettbewerbsfähigkeit überhaupt ist und wozu sie dienen soll, sondern auch darüber, wie sie gemessen werden kann. Zuerst konzentrierte man sich auf Kennziffern zur Export- und Importsituation. Jedoch hängen Exporte und Importe von zahlreichen Faktoren ab, etwa neben technologischen auch von preislichen Faktoren (Löhne, Preise, Gewinne, Wechselkurse etc.), von der Konjunkturlage des

Export- und Importlandes, vom Protektionsgrad etc. Daher wurden ganze Sets von Indikatoren konstruiert, um die verschiedenen Aspekte abzubilden.

Insbesondere lassen sich Indikatoren für die *preisliche* und solche für die *technologische* Wettbewerbsfähigkeit unterscheiden. Durch dieses Mehr an Informationen wird das Bild differenzierter und verwirrender, und es bedarf sorgfältiger Interpretation. Beispielsweise ist zu vermuten, daß mangelnde technologische Wettbewerbsfähigkeit – z. B. im Extrem die DDR-Wirtschaft – nur sehr begrenzt durch steigende preisliche kompensiert werden kann, umgekehrt aber sinkende preisliche Wettbewerbsfähigkeit – bis zu einem gewissen Grad – durch steigende technologische. Manche halten die preisliche Wettbewerbsfähigkeit, vor allem anhand der Lohnstückkosten gemessen, für den entscheidenden Punkt[20], andere – denen wir uns anschließen – die technologische Wettbewerbsfähigkeit[21]. Häufig werden einzelne Mosaiksteinchen isoliert gedeutet, so daß völlig entgegengesetzte Wertungen des gleichen Sachverhaltes entstehen.[22]

Das konservative Verdikt über die Standortschwäche Deutschlands lautet: zu teuer, zu wenig innovativ, durch staatliche Reglementierung überreguliert, zu unflexibel und zu starr, zu viel Staat, zu wenig Privatwirtschaft – vor allem aber zu teuer, in erster Linie wegen zu hoher Löhne und Lohnnebenkosten und ungünstiger Rahmenbedingungen[23]. Nach unserer Auffassung sind dies überwiegend die falschen Themen. Wirkliche Probleme gibt es dagegen bei Hochtechnologien, in der Unternehmens- und Arbeitsorganisation sowie beim zu wenig innovationsfreudigen Management. Im folgenden werden die wichtigsten Indikatoren und Argumente diskutiert.

Standort Deutschland – zu teuer?
Die preisliche Wettbewerbsfähigkeit

Die auffälligste außenwirtschaftliche Veränderung seit der deutschen Vereinigung ist das seit 1991 entstandene Defizit der gesamtdeutschen *Leistungsbilanz*. Die Leistungsbilanz erfaßt neben der Handels- und Dienstleistungsbilanz auch die Übertragungsbilanz, in der unentgeltliche Leistungen zwischen In- und Ausland verbucht werden (z. B. Zahlungen ausländischer Arbeitnehmer an ihre Familien in der Heimat, Entwicklungshilfe, Zahlungen der

Bundesregierung an die EG oder die NATO etc.). Die Leistungsbilanz war seit der letzten Ölkrise, als sie ins Minus rutschte (1978–81), stets durch eine Überschußposition gekennzeichnet, im Rekordjahr 1989 mit 108 Mrd. DM. Ein Leistungsbilanzdefizit bedeutet, daß sich ein Land in einer Nettoschuldnerposition gegenüber dem Ausland befindet, also mehr importiert und Transfers ans Ausland leistet, als es durch Exporte oder Transfers selbst erwirtschaftet, so daß es auf Devisenreserven oder ausländisches Kapital zurückgreifen muß. Die USA sind seit langem in einer derartigen Position, und Deutschland wird auf längere Sicht ein Defizitland bleiben, wenn nicht die Exporte zunehmen.

Der entscheidende Grund für das deutsche Leistungsbilanzdefizit liegt in der drastischen Verminderung des Handelsbilanzüberschusses. Dieser Sachverhalt ist relativ schwer zu interpretieren. Ostdeutschland erzielt einen leichten Ausfuhrüberschuß (ohne innerdeutschen Handel), so daß der schmelzende gesamtdeutsche Handelsbilanzüberschuß, statistisch gesehen, ausschließlich in Westdeutschland entstanden ist. Die Schere zwischen sinkenden Exporten und steigenden Importen hat nun mehrere Ursachen:

Um die enormen westdeutschen Warenlieferungen nach Ostdeutschland zu erstellen, werden in erheblichem Umfang Importgüter benötigt. Im Grunde sind dies indirekte ostdeutsche Importe, denen jedoch keine zusätzlichen Exporte gegenüberstehen, weder Ost- noch Westdeutschlands. Natürlich sind die westdeutschen Exporte auch wegen der Konjunkturschwäche in den traditionellen Exportländern zurückgegangen, aber nicht nur. Insgesamt ist der deutsche Weltmarktanteil etwas gesunken, wie bereits dargestellt.

Um es deutlicher zu sagen: Dies ist in erster Linie eine Folge der deutschen Vereinigung und des Niedergangs Ostdeutschlands; die direkt von Ostdeutschland (vermittelt über Westdeutschland) bezogenen Importgüter schwollen gewaltig an, während der ostdeutsche Export zusammenbrach. Was scheinbar wie zusammenkrachende deutsche Wettbewerbsfähigkeit aussieht, nämlich das große Loch in der Leistungsbilanz, ist in Wirklichkeit in erster Linie Folge des wirtschaftlichen Absturzes Ostdeutschlands.

Daraus folgt, daß Deutschland insgesamt – Osten und Westen – zukünftig wesentlich mehr Exportanstrengungen leisten muß, um die Leistungsbilanz wieder ins Lot zu bringen. Zwar wäre ein deutsches Leistungsbilanzdefizit, solange es stabil bliebe, während einer längeren Phase starker inländischer Sachkapitalbildung keineswegs dramatisch. Allerdings könnte daraus eine Abwertungsgefahr entstehen, der sich die Geldpolitik mit hohen Zinsen entgegenstemmt, die das Wachstum hemmen. Weltwirtschaftlich gesehen sollten jedoch die Prioritäten woanders liegen: Ein so wohlhabendes Land wie Deutschland sollte aus eigenen Kräften Kapital für den Aufbau Ostdeutschlands mobilisieren können, während die Entwicklungsländer, Osteuropa und die peripheren EG-Länder viel größeren Kapitalmangel haben, den sie nicht allein durch nationale Kapitalbildung mindern können.

Westdeutschland gehört zusammen mit den USA zu den beiden größten Exportnationen, deutlich vor Japan. 1992 lag der nominale Weltmarktanteil Deutschlands an der Weltausfuhr der OECD-Länder bei 15,6 vH[24]. Die Anteile der großen Exportländer schwanken mit dem Wechselkurs und der Konjunktur. Daher darf das Zurückfallen Westdeutschlands hinter die USA bei den Exporten im Jahre 1992 noch nicht überbewertet werden. Leichte Schwächen zeigen sich bei den deutschen Dienstleistungsexporten[25], der Dienstleistungssaldo ist negativ.

Die Aussagekraft der Weltexportanteile für die internationale Wettbewerbsfähigkeit darf freilich nicht überbewertet werden. So haben die USA bekanntlich seit geraumer Zeit ein großes Außenhandelsdefizit, während Westdeutschland – noch stärker Japan – einen deutlichen Überschuß aufwies, jedenfalls bis 1990. Bei genauerer Betrachtung der deutschen Exporte in den vergangenen Jahren fällt dagegen die ungünstige Regionalstruktur auf: Weil vorwiegend in die konjunkturschwachen westeuropäischen Länder geliefert wird und nur wenig in den expansiven ostasiatischen Raum, kann nicht hinreichend an dem Wachstum des Welthandelsvolumens partizipiert werden.

Was den internationalen Vergleich der Lohnkosten als wichtigen Indikator der preislichen Wettbewerbsfähigkeit angeht, so sind allein Angaben über die Entwicklung der *Lohnstückkosten* maßgebend. Vergleiche von Stundenlöhnen und Lohnnebenkosten kranken daran, daß die international unterschiedliche Produktivität ausgeklammert wird sowie Wechselkursschwankungen berücksichtigt werden müssen. Die Lohnstückkosten dagegen setzen die Bruttoeinkommen aus unselbständiger Arbeit (einschließlich der Lohnnebenkosten) in Relation zur realen Produktion (Bruttoinlandsprodukt in konstanten Preisen). In diesem Indikator sind mithin höhere Lohnkosten aufgrund geringerer Arbeitszeiten bereits enthalten.

Ein internationaler Vergleich der durchschnittlichen Arbeitszeiten ist ohne jegliche Aussagekraft für die Ermittlung internationaler Wettbewerbsfähigkeit. Steigen die Lohnstückkosten in einem Land schneller als in einem anderen, so kann dies auch an der höheren Inflationsrate liegen, die in der Regel zu höheren Nominallöhnen führt. Normalerweise wird dies aber durch eine (nominale) Abwertung wettgemacht. Genaugenommen müßte also ergänzend zu den Lohnstückkosten noch die Veränderung der realen Wechselkurse herangezogen werden, die angibt, ob eine Währung über die Inflationsdifferenz hinaus auf- oder abgewertet hat. Daher unterscheidet man die Lohnstückkosten in nationaler Währung von Lohnstückkosten in ausländischer Währung (etwa in US-$ umgerechnet), in die mithin auch die Währungsrelationen eingehen.

Die westdeutschen Lohnstückkosten (Gesamtwirtschaft, in nationaler Währung) stiegen von 1980 bis 1991 langsamer als in den meisten Handelspartnerländern, nicht jedoch gegenüber Japan und den Niederlanden[26]. Geringfügig ungünstiger ist der Anstieg der Lohnstückkosten in der deutschen Industrie. Diese Entwicklung ist sowohl der *Produktivitätsentwicklung* zu verdanken, die freilich im internationalen Maßstab eher nur mittelmäßig angestiegen ist, insbesondere in der Industrie (dagegen stieg sie im internationalen Vergleich viel kräftiger im Dienstleistungssektor), als auch der zurückhaltenden gewerkschaftlichen Lohnpolitik und der jedenfalls bis 1989 niedrigen Inflationsrate.

Auf gar keinen Fall läßt sich aus der bisherigen Entwicklung der westdeutschen Lohnstückkosten irgendein gravierendes Kostenproblem oder irgendeine dramatische Verschlechterung ableiten. Und selbst wenn dies der Fall wäre, so könnte es ebenso der mittlerweile höheren Inflationsrate oder der krisenbedingt schwächeren Produktivitätsentwicklung geschuldet sein. Dies durch niedrigere Löhne zu kompensieren, hieße die inländische Nachfrage zu schwächen. Der beste Ansatzpunkt wäre die Steigerung der Produktivität.

Mindestens genauso wichtig wie die Entwicklung der Lohnstückkosten für die preisliche Wettbewerbsfähigkeit ist die Entwicklung des *realen Außenwertes* der Währung. Würde beispielsweise die DM gegenüber der italienischen Lira faktisch, also nominal, um 5 vH aufgewertet, obwohl die Inflationsrate in Italien nur um 2 Prozentpunkte höher als in Deutschland ist, dann entstünde eine reale DM-Aufwertung um 3 vH. Sie bedeutet eine reale Verteuerung deutscher Exporte nach Italien. Betrachtet man nun den realen

Abb. 2.1: Lohnstückkosten in Westdeutschland im internationalen Vergleich in Landeswährung

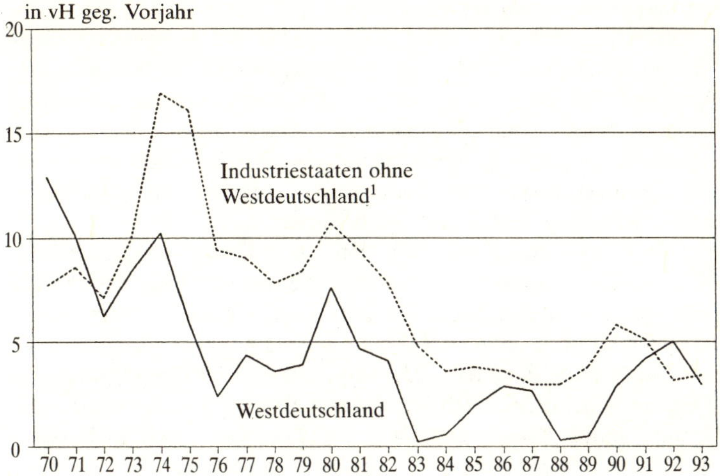

[1] Gewichtet nach Exportanteilen 1991, wie sie – mit Ausnahme der USA – der Berechnung der Sonderziehungsrechte zugrunde liegen.

Quellen: DIW-Wochenbericht 26–27/93.

Außenwert der DM gegenüber 18 Industrieländern – wie er von der Bundesbank berechnet wird –, so läßt sich eine kräftige reale Abwertungstendenz bis 1985 feststellen, seitdem findet – bei erheblichen Schwankungen – der Tendenz nach eine reale Aufwertung statt (insbesondere seit 1991), die exporterschwerend wirkt. So lag der reale DM-Außenwert im Oktober 1993 um 13,9 vH höher als auf dem Tiefpunkt 1985[27].

Der Hauptgrund für diese Entwicklung ist, daß die DM lange Zeit innerhalb des Europäischen Währungssystems real unterbewertet war, weil man trotz niedrigerer deutscher Inflationsraten Wechselkursveränderungen scheute. Hinzu kommen aber weitere Gründe, die in den enormen Schwankungen der frei floatierenden Wechselkurse liegen, die durch Spekulation, unterschiedliche Zinspolitik der Notenbanken oder auch durch Produktivitätsgefälle erklärbar sind. Im Fall Deutschlands dürfte wohl die Korrektur »falscher« Wechselkurse zusammen mit den hohen deutschen Zinsen den größten Teil der realen Aufwertung erklären. Zwar sind die deutschen Exporte relativ robust gegenüber DM-Aufwertungen, aber diese hinterlassen zeitverzögert in der Regel doch Bremsspuren in der exportabhängigen Wirtschaft[28].

Ein weiterer Kostenfaktor für die preisliche Wettbewerbsfähigkeit ist die *Steuer-* und *Abgabenbelastung*. Wegen der Kompliziertheit und der Unterschiedlichkeit der verschiedenen nationalen Steuersysteme sind internationale Belastungsvergleiche sehr schwierig. Gründliche Untersuchungen ergeben, daß die Unternehmensbesteuerung in Deutschland eher zu einer mittleren Steuerbelastung führt[29] (vgl. auch *Kapitel 3.7*).

Häufig wird behauptet, die deutschen *Umweltschutzstandards* seien ein Standortnachteil. Indessen gibt es, wenn überhaupt, nur sehr wenige Unternehmen, die aus Gründen eines vermeintlich zu scharfen Umweltschutzes Investitionen ins Ausland verlagern oder gar bestehende Standorte aufgeben. Vielmehr ist gute Umweltqualität ein zunehmend wichtiger »weicher« Standortfaktor für viele Unternehmen. Gemessen am Produktionswert machen die Umweltschutzaufwendungen im deutschen produzierenden Gewerbe nur 0,7 vH aus (1989), Spitzenreiter sind dabei Energieversorgung und Bergbau mit 2,6 vH und die chemische Industrie mit 1,9 vH[30]. An den gesamten Investitionen des produzierenden Gewerbes machen die Umweltschutzinvestitionen 7,6 vH aus.

Es stimmt zwar, daß die deutsche Umweltschutzgesetzgebung strenger als in den meisten anderen Ländern ist und daß in Deutschland im Verhältnis zum Bruttosozialprodukt weitaus mehr für Umweltschutz ausgegeben wird als woanders. Auch dürfte es zutreffend sein, daß im Falle einer grundlegenden ökologischen Steuerreform mit plötzlichen drastischen Öko-Abgaben, für die keine anderweitige Abgabenentlastung einträte, viele Unternehmen in internationale Wettbewerbsprobleme geraten. Aber dies ist nicht das derzeitige Problem.

Umweltschutz darf nicht nur als Kostenfaktor gesehen werden. Einerseits führt er auch zur Material- und Rohstoffeinsparung, so daß er in diesen Fällen kostensenkend oder kostenneutral ist. Andererseits ist gerade präventiver Umweltschutz häufig mit allgemeinem technischem Fortschritt verbunden und wirkt insoweit produktivitätssteigernd. Entscheidend aber ist, daß ein Land mit hohen Umweltschutzstandards ein sehr guter Standort für die Produktion von Umweltschutzgütern ist. So hat Deutschland den höchsten Weltmarktanteil auf dem hochtechnologischen Umweltgütermarkt (21 vH) und liegt damit weit vor den USA (16 vH) und Japan (13 vH). Gerade diesem Markt wird eine Zuwachsrate in den 90er Jahren von 50 vH vorausgesagt[31]. Insofern dürfte der Umweltschutz per saldo ein großer und ausbaufähiger Pluspunkt für den Standort Deutschland sein.

Dies gilt auch für die häufig zitierten hohen Energie- bzw. Stromkosten in Deutschland. Hier wird die einseitige und rein statische Argumentationsweise der Kostenkritiker besonders deutlich: Hohe Energiekosten bilden einen Anreiz für energiesparende Investitionen und ökologischen Strukturwandel, der unter realistischen Annahmen zumindest in den nächsten Jahren mehr Produktion und Beschäftigung zur Folge hat als an anderer Stelle verlorengeht.

Immer wieder wird als Beleg für die deutsche Standortschwäche angeführt, daß ausländische Firmen viel weniger bei uns investieren (Direktinvestitionen) als deutsche Firmen im Ausland. In der Tat ist der Saldo der Direktinvestitionen stark positiv. In Wirklichkeit ist dies aber Ausdruck von wirtschaftlicher Stärke. Der dominierende Grund für deutsche Auslandsinvestitionen ist die bessere Erschließung ausländischer Märkte von ausländischen Stützpunkten aus[32]. In der Vergangenheit ging dies ganz überwiegend nicht zu Lasten deutscher Warenausfuhr, sondern im Gegenteil, diese wurde durch unternehmerische Kapitalexporte noch begünstigt, indem in starkem Maße an Auslandstöchter von deutschen Produktionsstandorten aus geliefert wurde.

Dagegen ist der deutsche Binnenmarkt nicht sonderlich expansiv, somit kaum interessant für zusätzliche ausländische Direktinvestitionen, zumal der Bestand an Direktinvestitionen ausländischer Firmen in Deutschland bereits seit Jahrzehnten hoch ist. Hinzu kommt, daß die großen anderen Exportnationen, vor allem die USA, Großbritannien und Japan, bereits seit langem viel mehr Auslandsinvestitionen im Verhältnis zu ihren Exporten getätigt haben. Westdeutsche Unternehmen haben Nachholbedarf. Daher ist der Saldo der Direktinvestitionen kein Grund zur Besorgnis. Von Kapitalflucht oder Standortvermeidung kann keine Rede sein. Übrigens existiert auch in Japan ein hoher positiver Saldo der Direktinvestitionen.

Wie sieht es nun mit den neu-marktwirtschaftlichen Billiglohnländern vor der östlichen Haustür Deutschlands aus? Viele befürchten angesichts von *Niedriglohnkonkurrenz* Polens, Tschechiens und der Slowakei sowie Ungarns eine Art »Hongkong« in unmittelbarer Nachbarschaft. 1990 machten die deutschen Direktinvestitionen in den ehemaligen europäischen Staatshandelsländern nicht mehr als 254 Mill. DM aus, 1991 1,4 Mrd. DM und 1992 1,5 Mrd. DM – 1992 waren das nur 6,5 vH der deutschen Direktinvestitionen[33]. Hier konzentriert sich fast alles auf Ungarn und auf Tschechien/Slowakei. Nach wie vor dominieren bei den deutschen Direktinvestitionen *Hochlohnländer*: 1992 gingen 89 vH der deutschen Direktinvestitionen in Industrieländer (vorwiegend in der EG), nur 4,3 vH wurden in Entwicklungsländern plaziert. Bedenkt man, daß 1992 fast 42 Mrd. DM von westdeutschen Unternehmen in den neuen Bundesländern investiert wurden, aber nur 826 Mill. DM in Ungarn und ganze 146 Mill. DM in Polen, dann wird deutlich, daß von einer ernsthaften Standortkonkurrenz bislang nicht die Rede sein kann. Dazu sind die internen wirtschaftlichen Probleme der osteuropäischen Länder viel zu groß, es mangelt an der Infrastruktur, an stabiler Währung, an verläßlichen Rahmenbedingungen und natürlich an großen zahlungskräftigen Absatzmärkten. Bislang sind es erst einzelne Beispiele weniger Firmen, die sich pionierartig in diesen Ländern niedergelassen haben.

Probleme dürfte es allerdings in denjenigen Branchen in Zukunft geben, die homogene, einfache Massenproduktionsgüter herstellen und deren Märkte heftigem Preiswettbewerb unterliegen (z. B. Massenstahl, Steinkohle, landwirtschaftliche Produkte, einfache Textilien). Gerade diese Produktionsbereiche werden in Deutschland und der Europäischen Union häufig protektionistisch durch Zölle, Einfuhrkontingente und Subventionen geschützt. Sobald der Protektionismus entfällt, dürfte sich die Importkonkurrenz durchsetzen. Für die Entwicklung dieser Länder wäre der schrittweise Abbau der Protektion in Deutschland und der Europäischen Union sehr wichtig.

Längerfristig besteht allerdings eigentlich kein Anlaß zur Sorge. Kommt es nämlich tatsächlich zu kräftiger wirtschaftlicher Entwicklung in den osteuropäischen Nachbarländern, dann entstünde zwar Importkonkurrenz, die bestimmte deutsche Branchen empfindlich träfe, und es gäbe verstärkte deutsche Direktinvestitionen an osteuropäischen Standorten – aber es entstünden auch bedeutende neue Absatzgebiete, auf die sich die deutsche Industrie einstellen muß. Freilich müssen auch hier Exporte und Importe gleichgewichtig steigen. So hat auch Japan letztlich von den benachbarten »Schwellenländern« profitiert. Allerdings mußte sich das Land auf einen raschen Strukturwandel einstellen; es durfte sich nicht in die – aussichtslose – Niedriglohnkonkurrenz zu Taiwan und anderen Ländern begeben, sondern es mußte das selbst produzieren, was diese Länder nicht konnten. Ebenso wie in Ostasien besteht zwischen West- und Osteuropa längerfristig eine gute Chance für eine neue und sinnvolle europäische Arbeitsteilung.

Wer ein generelles westdeutsches Standortproblem im Verhältnis zu den jungkapitalistischen osteuropäischen Ländern sieht, der verkehrt die Fronten. Der wirkliche Wettbewerb, in dem die deutsche Wirtschaft insgesamt sich behaupten muß, findet zwischen den entwickeltesten Ländern der globalen Triade statt.

Schwächen im Technologiewettlauf – die technologische Wettbewerbsfähigkeit

Um die technologische Wettbewerbsfähigkeit von Ländern zu testen, hat man die Kategorie »*forschungs-* und *entwicklungsintensive* Waren« geschaffen: Hier liegt der F&E-Aufwand über 3,5 vH des Umsatzes. Bei »höherwertigen Technologien« liegt er zwischen 3,5 und 8,5 vH des Umsatzes, bei »Spitzentechnologien« darüber. 1991 entfielen 48 vH der deutschen Exporte an verarbeiteten Industriewaren auf F&E-intensive Waren, 39 vH der Importe[34]. Von den Exporten F&E-intensiver Waren entfielen 70 vH auf höherwertige Technik und nur 30 vH auf Spitzentechnik. Bei den Importen F&E-intensiver Waren entfielen 40 vH auf Spitzentechnik.

Mit anderen Worten: Bei den deutschen Exporten spielen »nicht-F&E-intensive Waren« eine sehr große Rolle, und bei den F&E-intensiven Waren dominieren die höherwertigen Technologien. Hier wurden die großen Außenhandelsüberschüsse erwirtschaftet, während bei der Spitzentechnik Deutschland Nettoimporteur (leicht negativer Saldo) ist. Durch die Vereinigung ist dieses Spezialisierungsmuster eher noch verstärkt worden (1991 kamen nur 2,5 vH aller deutschen F&E-intensiven Exporte aus den neuen Ländern!). Auf dem Weltmarkt für F&E-intensive Güter hat Deutschland seine Spitzenstellung vor Japan und den USA, die noch Ende der 80er Jahre bestand, eingebüßt. Japan hat sich mit einem Weltmarktanteil von 20 vH (1991) nach vorn geschoben, die USA und Westdeutschland folgen mit jeweils 18 vH. In der Spitzentechnik dominieren die USA vor Japan.

Die traditionell sehr breite deutsche Produktpalette muß wohl in Zukunft stärker einer Schwerpunktsetzung und Spezialisierung weichen. In den letzten Jahren zeigte sich, daß sich ein leicht steigender Anteil deutscher Produkte in der Marktphase der Stagnation oder der Schrumpfung befand, dagegen ein geringerer Anteil in der Markteinführung und im Marktwachstum.

Westdeutsche Unternehmen haben, was Technologiegüter angeht, eine traditionell gute Weltmarktposition bei Maschinen, PKW, chemischen Erzeugnissen, Meß-, Prüf- und Kontrolltechnik sowie, wie erwähnt, bei Umweltschutzgütern; ausgeprägte Schwächen existieren bei Hochtechnologiegütern, die auf der Schlüsseltechnologie Mikroelektronik beruhen, also in den Sektoren Datenverarbeitung und Büromaschinen, Luft- und Raumfahrt sowie bei der Telekommunikation. Dies sind auch die Bereiche, in denen insbesondere die USA dominieren, während Japan überdies im Maschinenbau, im Fahrzeugbau und in der Elektrotechnik global expandiert.

Die deutschen Schwächen beziehen sich ausgerechnet auf Produkte, die in engem Zusammenhang mit Schlüsseltechnologien stehen, deren Märkte überdurchschnittlich wachsen und die wichtigen innovativen Einfluß auf andere Sektoren haben. Auch wenn es starke Verflechtungen zwischen höherwertiger und Spitzentechnik gibt, so besteht doch Unsicherheit, inwieweit das deutsche Hochtechnologie-Defizit Auswirkungen für andere Bereiche hat. Dies könnte zu technologischen und wirtschaftlichen Nachteilen gegenüber ausländischen Konkurrenten führen, die Verbund- und Fühlungsvorteile durch räumliche und unternehmerische Integration von F&E, Produktion, Anwendung und Vermarktung von Hochtechnologiegütern realisieren können.

Patenterteilungen gelten als Frühindikator für wirtschaftliche Aktivitäten in F&E-intensiver Produktion. Japan weist hier eine Spitzenposition mit 200 Patenten je Million Erwerbstätiger (pro Jahr) auf, gefolgt von Deutschland mit 130 und den USA mit 110 (1990). Allerdings konzentrieren sich die deutschen Patente weniger auf Spitzentechnologien.

Gemessen an den privaten und staatlichen F&E-Ausgaben am Bruttoinlandsprodukt liegt Japan mit 3,07 vH 1991 leicht vor der Bundesrepublik mit 2,60 vH und den USA mit 2,78 vH. Gemessen an den absoluten F&E-Ausgaben steht Deutschland an dritter Stelle hinter den USA und Japan. Japan gibt allein wegen seiner Größe etwa doppelt soviel für F&E aus wie Deutschland, wobei der Anteil militärischer Forschung deutlich geringer ist. Der privatwirtschaftlich finanzierte Forschungsanteil ist übrigens in Japan viel höher als hier.

Will man ein Standortprofil für die westdeutsche Wirtschaft im Verhältnis zu den wichtigsten konkurrierenden Ländern darstellen (*Tab. 2.3*), dann läßt sich zusammenfassen, daß Deutschland bei den meisten betriebswirtschaftlichen und technologiebezogenen Indikatoren eine ausgezeichnete Position einnimmt, insbesondere bei den Weltmarktanteilen für Produkte mit »höherwertiger Technik«. Aus der Sicht des internationalen Vergleichs sind auch die Infrastrukturausstattung, das Qualifikationspotential, die Arbeitsbedingungen, sozialpolitische Standards und die »weichen« Standortvorteile relativ günstig. Schwächen existieren eindeutig bei einem Teil der Spitzentechnologien, insbesondere bei der Mikroelektronik, Informationstechnik und Telekommunikation.

Infolge des Zusammenbruchs der ostdeutschen Wirtschaft entstand ein Ungleichgewicht zwischen Exporten und Importen – die Exporte müssen, unabhängig von der konjunkturellen Lage, deutlich gesteigert werden, insbesondere durch Schaffung einer ostdeutschen Exportbasis, um wieder eine ausgeglichene Leistungsbilanz zu erreichen (denkbar wäre auch verstärkte Importsubstitution, jedoch bei relativ kleinem deutschen Markt und Tendenz zur Ausdehnung der internationalen Arbeitsteilung eher unwahrscheinlich). Schwachpunkte sind – zumindest im Vergleich zu Japan – die Organisation der Unternehmen und die Managementqualität. Entscheidend aber ist, daß trotz dieser insgesamt zufriedenstellenden Position Japan und nach und nach auch die USA am Aufholen sind. Auf vielen Märkten wird der deutsche Vorsprung geringer bzw. der Abstand zu den marktführenden ausländischen Unternehmen etwas größer. Diese nicht sehr günstige Dynamik auf einem sehr hohen Niveau ist irritierend und löst teils berechtigte, teils aber auch übertriebene Selbstzweifel aus. Die deutsche Wirtschaft ist weit davon entfernt, infolge der Probleme der deutschen Einheit oder infolge grundlegender allgemeiner Entwicklungsprobleme in die Zweitklassigkeit abzusacken.

Zur Bewertung der Standortindikatoren soll im folgenden auf vier wichtige Problemaspekte hingewiesen werden, die für wirtschaftspolitische Schlußfolgerungen wichtig sind.

1) Was sind die *Maßstäbe* für die Bewertung? Meist wird erwartet, daß die deutsche Wirtschaft auf allen relevanten Sektoren eine Spitzenstellung einnehmen oder zumindest in der Spitzengruppe vertreten sein müsse. Dieser Erwartung läßt sich dreierlei entge-

Tab. 2.3: **Standortprofil: Indikatoren zur internationalen Wettbewerbsfähigkeit westdeutscher Unternehmen**[a]

betriebswirtschaftliche Indikatoren	
Entwicklung der Lohnstückkosten	
– Gesamtwirtschaft	unterdurchschnittlich
– Verarbeitendes Gewerbe	eher durchschnittlich
realer Wechselkurs	kräftiger Anstieg in den letzten Jahren
Unternehmenssteuern	durchschnittlich
Kosten des Umweltschutzes	überdurchschnittlich
Management, Organisation der Unternehmen, Arbeitsorganisation	rückständig
Kapitalrenditen	bis 1989 sehr hoch, danach konjunkturbedingter Rückgang
technologische Indikatoren	
F & E-Intensität der Produktion	insgesamt günstig
Weltmarktanteile bei	
– Spitzentechnologie	deutliche Schwächen
– höherwertiger Technik	sehr hoch, Gefahr des Rückgangs
– nicht F & E-intensiven Produkten	hoch, Gefahr des Rückgangs, u.a. durch Importkonkurrenz aus Schwellenländern und Transformationsökonomien
Patentintensität	hoch, aber viel geringer als in Japan; schwächer bei Spitzentechnik
F & E-Ausgaben in vH des BIP	hoch, aber etwas geringer als in Japan
allgemeine volkswirtschaftliche Indikatoren[1]	
Leistungsbilanzsaldo[2]	leicht negativ seit 1991
Handelsbilanzsaldo[3]	positiv, aber stark geschrumpft
Weltmarktanteil bei Exporten	hoch, aber leicht gesunken
Wachstum der Arbeitsproduktivität	im Trend mittelmäßig
Wirtschaftswachstum	im Trend unterdurchschnittlich
Investitionsquote	hoch, aber geringer als in Japan
Beschäftigungsgrad	ungünstig
Inflationsrate	seit 1990 weniger günstig
Anteil der Staatsausgaben am BSP	hoch
Infrastrukturausstattung	sehr gut
Fühlungs-, Kooperationsvorteile	sehr gut, Ausnahme bei Spitzentechnik
staatliche Regelungsdichte	hoch
Qualifikationspotential	sehr gut
Lebensqualität	vergleichsweise sehr hoch
soziale Sicherheit	vergleichsweise hoch, aber nachlassend
Umweltqualität	vergleichsweise hoch
politische und soziale Stabilität	vergleichsweise hoch

[a] Bewertung im Vergleich zu den wichtigsten Handelspartnerländern nach der deutschen Vereinigung
[1] Westdeutschland [2] Deutschland insgesamt [3] ohne innerdeutschen Handel

genhalten: Erstens ist dies ökonomisch kaum möglich bzw. der Preis dafür wäre sehr hoch. Im globalen Wettbewerb ist das vereinigte Deutschland ein relativ kleines Land, dessen Bruttoinlandsprodukt (BIP) nur 10,7 vH des BIP der 16 größten Industrieländer ausmacht, knapp ein Viertel Westeuropas, die Hälfte Japans und gut 30 vH des BIP der USA. Im globalen Wettbewerb kann und sollte im Interesse einer vernünftigen internationalen Arbeitsteilung nicht jedes Land eine vollständige Produktpalette anbieten. Wollte Deutschland etwa bei allen Spitzentechnologien führend sein, so müßten beispielsweise die Forschungsaufwendungen wesentlich höher sein. Und mit Sicherheit wäre auch das nicht hinreichend.

Traditionell weist die deutsche Branchenstruktur eine große Breite und Vielfalt auf. Im Zeitalter einer neuen internationalen Arbeitsteilung ist diese Position nicht aufrechtzuhalten. Dies ist insofern nicht unproblematisch, als die starke Weltmarktposition Deutschlands in der Vergangenheit – unter anderem – auch auf den mit der Breite und Vielfalt der Industriestruktur verbundenen »Fühlungsvorteilen« beruhte (hohe Kommunikationsdichte, Lerneffekte, Synergieeffekte, kurze und schnelle Transportwege etc.). Aber die volle Breite wird nicht mehr zu halten sein. Vielmehr müssen gewisse Spezialisierungen stattfinden, sowohl innerhalb Europas als auch global. Einerseits müssen die technologiepolitischen Anstrengungen wesentlich intensiviert werden, andererseits ist eine Beschränkung auf Schwerpunkte notwendig. Die deutsche Wirtschaft muß ein *neues Spezialisierungsmuster* finden. Goldmedaillen können und brauchen nicht überall gewonnen zu werden. Wer dies anstrebt, folgt im Grunde unseligen Omnipotenzstrategien. Ein isolierter Vergleich Deutschlands mit Japan oder mit den USA muß unvermeidlich zu »Standortpessimismus« und falschen Schlußfolgerungen führen.

Der Kopf-an-Kopf-Wettbewerb zwischen den drei großen hochentwickelten Blöcken der Weltwirtschaft ist, historisch betrachtet, Resultat der nachholenden Modernisierung Westeuropas, insbesondere Westdeutschlands, und später Japans gegenüber den USA. War das 20. Jahrhundert eine Periode wirtschaftlicher und technologischer Dominanz der USA mit relativ geringem globalen Warenaustausch, so hat sich am Ende des Jahrhunderts eine annähernd gleich entwickelte Dreiergruppe herausgebildet, die viel stärker als zuvor im globalen Wettbewerb stehen wird. Insbesondere innerhalb des immer noch recht zersplitterten westeuropäischen Blocks muß nach neuen Mustern der internationalen Arbeitsteilung Ausschau gehalten werden.

Ferner sollte bedacht werden, daß nicht jede gute Weltmarktposition allein des »Medaillenplatzes« wegen erstrebenswert ist. Es sollte nach dem tieferliegendem Sinn der anzustrebenden Position gefragt werden. Das gilt nicht nur für die fragwürdige internationale Wettbewerbsfähigkeit im Rüstungsexport, sondern auch beispielsweise für Atomkrafttechnik oder ökologisch problematische Produkte der chemischen Industrie. Die brillante Weltmarktposition der chemischen Industrie, auch in der Spitzentechnologie, sollte nicht umstandslos als positiv gewertet werden. Hinzu kommt, daß nicht jede Technologieführerschaft beschäftigungspolitisch von Bedeutung ist. Der Umfang der Arbeitslosigkeit und die Höhe der Beschäftigung hängen nur vermittelt mit der nationalen Produktion von Hochtechnologie zusammen. Ebenso wichtig sind etwa die rasche und qualifizierte Anwendung anderswo produzierter Hochtechnologiegüter (Technologietransfer) und die enge internationale Kooperation mit deren Herstellern. Allein von F&E-intensiver Produktion kann keine Volkswirtschaft leben, erst recht nicht allein von Spitzentechnologie. 1991 waren beispielsweise in Westdeutschland nur 44 vH der Industriebeschäftigten in F&E-intensiven Sektoren tätig.

2) Die Standortdiskussion hat die Janusköpfigkeit der deutschen Weltmarktposition deutlich gemacht: Hohe *Produktivität* und große Exporterfolge haben hohe Lohn- und andere *Kosten* zur Voraussetzung und zur Folge. Effektive Infrastruktur ist teuer und erfordert hohe Steuern. Angenehme Lebensqualität und höhere soziale Sicherheit als anderswo verursachen höhere Kosten. Auch der relativ strenge Umweltschutz hat seinen Preis. Wer nur vermeintlich zu hohe Kosten am »Standort Deutschland« sieht, verkennt meist den Zusammenhang von Kosten und Leistung. Insofern ist eine rein kostenfixierte Betrachtung irreführend.

Was die Kosten in Deutschland angeht, namentlich die Lohnkosten, so gibt es viele Länder, die uns in der Lohnkostenkonkurrenz haushoch überlegen sind – nicht dagegen in der Produktivitäts- und Innovationskonkurrenz (Produkt- und Verfahrensinnovationen, Verbesserungen der Produktqualität etc.). Hier liegen die Stärken der deutschen Wirtschaft, und hier ist Ausbau und Verbesserung notwendig. Freilich ist dies viel schwerer als die defensive Strategie der bloßen Lohn- oder Steuersenkung, denn auf dem erreichten hohen Niveau des technischen Fortschritts ist eine weitere Verbesserung schwieriger und aufwendiger.

Daraus darf aber nicht der Schluß gezogen werden, daß die Lohnhöhe keinerlei Einfluß auf die internationale Wettbewerbsposition habe, da es ausschließlich auf Produktivität und Produktqualität ankomme. Dies ist ein Trugschluß. Generell kommt es beim Absatz auf dem Weltmarkt natürlich immer auf das Preis-Leistungs-Verhältnis an; der Preis ist sowohl von den Kosten als auch von der Gewinnspanne und den Preisgestaltungsmöglichkeiten auf dem jeweiligen Markt abhängig. Wenn der internationale Wettbewerb stärker wird, weil ausländische Anbieter im globalen »Kopf-an-Kopf«-Wettbewerb qualitativ gleichwertige Produkte anbieten, dann gewinnt die Preiskomponente – selbst bei Hochtechnologiegütern – eine zunehmende, nicht eine abnehmende Rolle. Beispielsweise spielen im internationalen Wettbewerb um Hochgeschwindigkeitszüge (ICE, TGV u. a.) bei ähnlicher Angebotsqualität der Preis und die Finanzierungskonditionen manchmal die ausschlaggebende Rolle.

Nur wenn deutsche Unternehmen die Marktführerschaft innehaben, wenn eine eindeutig überlegene Produktqualität geboten wird oder wenn es sich um hochspezialisierte Marktsegmente (Marktnischen) handelt, sinkt die Bedeutung des Preisparameters. Der Anteil derartiger quasi-monopolistischer Nischen-Märkte dürfte aber eher sinken, da der Wettbewerb auch zunehmend die Nischen erfaßt. Bei »nicht-F&E-intensiven Gütern«, die in der deutschen Exportpalette wie erwähnt traditionell eine große Bedeutung haben, sowie erst recht bei Massenproduktionsgütern, die ja nach wie vor auch in Deutschland hergestellt werden, spielt der Preiswettbewerb eine noch größere Rolle. Hinzu kommt das Kalkül der Unternehmen, auf Senkungen der Gewinnspanne infolge von Kostensteigerungen, Preiszugeständnissen oder Aufwertung mit einer gewissen Verzögerung durch Senkung der Investitionen oder der Produktion zu reagieren, wenn es günstigere Chancen der Kapitalverwertung in anderen Bereichen gibt.

Natürlich ist dies eine unerfreuliche Botschaft für die Gewerkschaften, die durch die Tarifpolitik eine Umverteilung zu ihren Gunsten anstreben. Bei zunehmendem internationalen Wettbewerbsdruck nehmen jedoch die Verteilungsspielräume für die nationale Tariflohnpolitik ab, wenn nicht Beschäftigungseinbußen riskiert werden sollen. Lohnsteigerungen sind stärker an Produktivitätssteigerungen gekoppelt als in früheren Perioden mit geringerem internationalen Handelstaustausch. Unter dem Druck der Auslandskonkurrenz wird der Zusammenhang von Löhnen, die über die Produktivität hinausgehen, und sinkender Beschäftigung in den Exportsektoren enger. Dies ist eine Folge verstärkter Außenhandelsintegration bei fortbestehender nationaler Lohnpolitik.

Daher müssen die Gewerkschaften auf Produktivitätssteigerung und Produktinnovation setzen, wenn sie ihren Verteilungsspielraum (nicht nur für höhere Löhne) ohne Beschäftigungsrisiken vergrößern wollen. Scheuen die Unternehmen und der Staat indessen die Anstrengungen zur internationalen Innovationsführerschaft und setzen stärker auf Kostensenkung bei Löhnen, Lohnnebenkosten und Steuern, dann mag dies zwar kurzfristig in bestimmtem Umfang mehr Exporte und mehr Beschäftigung im Exportsektor bringen. Weltwirtschaftlich gesehen brächte es ebensowenig an zusätzlicher Beschäftigung wie ein internationaler Subventionswettlauf, es wäre, wie erwähnt, ein internationales Null- oder Negativsummenspiel.

Wenn ausländische Wettbewerber währenddessen auf eine Innovationsstrategie setzen, wären jene deutschen Unternehmen, die lediglich auf Lohn- und Steuersenkung gepocht haben, die Verlierer, und mit ihnen die Beschäftigung. Es führt also in der Standortdiskussion längerfristig kein Weg an einer offensiven Innovationsstrategie vorbei. Hier stehen die neuen Aufgaben an, nicht bei defensiver Lohn- und Steuersenkung. Wer dies ins Zentrum rückt, setzt auf die falschen Themen. Genau dies tun die Bundesregierung und die Arbeitgeberverbände[35]. Allerdings sind die wirklich anstehenden Aufgaben schwieriger. Die Lohn- und Steuerpolitik kann den Mangel an Innovationsvermögen nicht ersetzen.

3) Warum gibt es *Innovationsrückstände* in Westdeutschland? Hier spielen eine ganze Reihe von Faktoren, nicht nur die verfolgte Forschungs-, Technologie- und Wirtschaftspolitik, eine Rolle:

a) Innerhalb der EG hatte die deutsche Industrie als Marktführer in vielen Bereichen ein vergleichsweise leichtes Spiel. Aber in diesem Wettbewerb in Europa haben einige Länder aufgeholt. Der globale Wettbewerb war weniger bedeutungsvoll, Japan hatte sich strategisch stark auf die USA konzentriert und wurde – wie auch etliche Schwellenländer – durch Protektionismus ferngehalten (umgekehrt praktizierte Japan das gleiche Spiel). Was für die Japaner der ostasiatische Raum und die USA waren, war für Deutschland die EG. Inzwischen hat aber aus verschiedenen Gründen der globale Wettbewerb zugenommen. Japan und einige ostasiatische Schwellenländer haben ihre Positionen wesentlich verbessert, und die USA sind wieder stark im Kommen. Der Protektionismus zwischen den drei Blöcken gerät mehr als früher ins Kreuzfeuer der Kritik. In der Summe wird der Wettbewerb für die deutsche Industrie heftiger, ohne daß die Anstrengungen zugenommen haben.

b) Wie schon erwähnt, konnten in der alten Bundesrepublik bis 1989 und danach aus Gründen des Einigungsbooms hohe Gewinne eingefahren werden, weil die Löhne nur mäßig expandierten (die Lohnquote sackte enorm ab) und Steuererleichterung dank Angebotspolitik wirksam waren. Während des Einigungsbooms wurden alle Anstrengungen auf den deutschen Osten gerichtet, der Blick auf die ungleich schwerer zu erobernden Auslandsmärkte in Übersee wurde getrübt. Die Löhne konnten nicht hinreichend als Produktivitätspeitsche fungieren, so daß die Produktivität lahmte. In Ostdeutschland waren keine Produktinnovationen gefragt, sondern Nachholbedarf an altbekannten Produkten. Quantitatives Wachstum statt Innovation – auch eine Folge der deutschen Einigung.

c) Die in den alten Bundesländern von den Unternehmen angewandten *Produktionskonzepte* orientierten sich mehr oder minder an alten tayloristischen Prinzipien der Massenproduktion. Ein Übermaß an innerbetrieblicher Arbeitsteilung und Hierarchiebildung schuf eine konservative Starrheit mit innovationshemmenden Organisations- und Managementstrukturen. Die Folge waren zuviel Unternehmensbürokratie, zu langsames Reagieren und Agieren am Markt, zu hohe Fertigungstiefe bei zu geringer zwischenbetrieblicher Arbeitsteilung, zuviel Verdrängung kreativer Humanressourcen durch automatisierte Technik, zuwenig Kundenorientierung, zuwenig Produktinnovationen. Während in den ersten Nachkriegsjahrzehnten bei stark mittelständischen Unternehmensstrukturen dynamische Unternehmerpersönlichkeiten und ein starker Leistungswille der Beschäftigten, getrieben vom Wunsch nach materiellem Konsum, personell und mental den Aufstieg ermöglichten, versiegten diese Antriebskräfte für wirtschaftliche Dynamik zusehends.

Im Manager-Kapitalismus der Großunternehmen dagegen ist es viel schwieriger, Dynamik zu organisieren, zumal es immer mehr auch auf die Kreativität und die eigenständige Leistungsbereitschaft großer Gruppen der Beschäftigten ankommt, nicht allein auf das Management. Zudem setzten sich viel stärker als früher plurale Wertorientierungen und unterschiedliche Lebensstile durch, so daß vielfach die Arbeitsmotivation und die Identifikation mit der eigenen Arbeit nachließen. Bei den Stammbelegschaften mit hohen betriebsspezifischen Qualifikationen und relativ sicheren Arbeitsplätzen war der durch potentielle Arbeitslosigkeit erzeugte Leistungsdruck geringer geworden, die »Reservearmee der Arbeitslosen« hatte für sie kaum leistungsstimulierende Relevanz. Die Wirksamkeit monetärer Anreize zur Problemlösung läßt nach, außerdem ist die Methode teuer.

All diese Probleme müssen durch neue innovations- und leistungsfördernde Organisations- und Managementstrukturen aufgefangen werden, ein langwieriger, schwieriger und viel zu lange aufgeschobener Lernprozeß, der auch durch schlichte Transplantation japanischen »lean managements« und »lean production« nicht so einfach gelingen wird. Wo eigentlich Reformen, Experimente und Innovation nötig ist, dominieren die betrieblichen Herrschaftsinteressen des arrivierten Managements, das den Arbeitnehmern nicht hinreichend Autonomie- und Dispositionsspielräume abtreten will. Für dieses Management ist es eben einfacher, die alten Organisationsstrukturen unverändert zu lassen, bei Absatzproblemen auf niedrigere Löhne, Rationalisierung und Personalabbau zu setzen, also defensiv zu reagieren.

4) Bundesregierung, Arbeitgeberverbände und die neoklassisch orientierte Wirtschaftswissenschaft rücken bei der Bewertung der Standortqualität Deutschlands die hohe *Staatsquote* (Anteil der Staatsausgaben am Sozialprodukt) und die vermeintlich zu hohe staatliche *Regelungsdichte* ins Zentrum ihrer standortkritischen Betrachtung.

Die Staatsquote, konjunkturbereinigt gemessen als Staatsausgaben im Verhältnis zum Produktionspotential, ist von 1982 bis 1989 von 46,9 vH auf 44,2 vH gesunken und danach infolge der Kosten der deutschen Einheit wieder angestiegen. Von 1982 bis 1989 ist auch die Abgabenquote um einen Prozentpunkt gesunken, die Quote der Sozialbeiträge sogar um zwei Prozentpunkte, während die Steuerquote um einen Punkt anstieg (siehe auch *Kapitel 3.1*). Nach der deutschen Einheit wurden die Sozialabgaben drastisch angehoben, so daß der Steueranteil an der Finanzierung der Sozialausgaben sank. Von einer ungebremsten und dauerhaften Tendenz zur Steigerung der Abgaben- und Staatsquote kann indes in Deutschland zumindest seit den 80er Jahren nicht die Rede sein, jedenfalls wenn man die Einigungsfolgelasten ausklammert.

Daß die Lohnnebenkosten dennoch als hoch empfunden werden, hat folgende Gründe: Im internationalen Vergleich sind die deutschen Sozialstandards relativ hoch – Folge des Sozialstaates, Folge der sozialen Komponente der Marktwirtschaft. Zweitens sind sie infolge der Massenarbeitslosigkeit gestiegen, zuletzt wegen der ostdeutschen Beschäftigungskrise, so daß höhere Arbeitslosenversicherungsbeiträge notwendig wurden und die Renten von weniger Beschäftigten finanziert werden müssen. Drittens sind sie wegen der Kostenexplosion im Gesundheitswesen hoch, derer die meisten Regierungen der westlichen Welt nur mühsam Herr werden. Insgesamt sind die hohen Sozialversicherungsbeiträge Folge vielfältiger sozialer Probleme. Vieles spricht dafür, mit den sozialen Folgekosten unseres Wirtschaftssystems anders umzugehen als bisher, über neue Finanzierungsformen und Kostensenkung nachzudenken. Was die Lohnnebenkosten als Kostenfaktor der Unternehmen angeht, so gehen sie wie die Lohnkosten in die Berechnung der Lohnstückkosten ein. Hier liegt, wie oben dargestellt, kein ernsthaftes Standortproblem, ebensowenig bei der Belastung durch Unternehmenssteuern.

Die Höhe der Staatsquote sagt darüber hinaus überhaupt nichts über die Wettbewerbsfähigkeit einer Volkswirtschaft aus. Unter dem Deckmantel der Standortdiskussion wird indessen der Wunsch nach Sozialstaatsabbau versteckt. Auch die weitverbreitete These, daß der Staat sich mit steigendem Einkommensniveau ohne Schaden aus der allgemeinen Sozialpolitik zurückziehen könne, um sich den wirklichen, eng begrenzten Sozialproblemen zu widmen, verkennt zweierlei: Erstens produziert ein modernes marktwirtschaftliches Hochleistungssystem eine Fülle sozialer Risiken; in einem Wettbewerbssystem gibt es eben nicht nur Gewinner, sondern auch viele Verlierer, ja viele Opfer. Zweitens nimmt mit steigender materieller Bedürfnisbefriedigung der Wunsch nach sozialer Sicherheit zu. Vergessen wird auch, daß selbst im jetzigen Sozialsystem viele elementare Aufgaben der Sozialpolitik völlig unzulänglich erledigt werden (Armut, Obdachlosigkeit, sozialer Wohnungsbau, Kleinrenten, Kindertagesstätten etc.).

Was die vermeintliche Überregulierung durch die staatliche Bürokratie angeht, so ist in den meisten Fällen der behauptete Zusammenhang von Deregulierung und wirtschaftlicher Expansion strittig. Vielfach geht es in Wirklichkeit um den Abbau von Bürgerbeteiligung, um die Senkung von Schutzstandards oder um die Suche nach besserer Regulierung, also um *Re-Regulierung*. Hier besteht in der Tat ein großes Aufgabenfeld. Viele Staatsaufgaben könnten und müßten nach unserer Auffassung anders geregelt werden, weniger bürokratisch, dezentraler und demokratischer. Vielfach existieren auch große Kostensenkungsmöglichkeiten. Die wirklich drängenden Re-Regulierungsprobleme werden allzu häufig aus Gründen der Besitzstandswahrung einflußreicher Gruppen oder aus schierem konservativen Beharrungsvermögen gar nicht erst thematisiert. Erwähnt werden soll nur beispielhaft der EG-Agrarmarkt, das obsolete öffentliche Dienstrecht, die Beamtenbesoldung, Organisationsreformen in der öffentlichen Verwaltung, die zentralistisch-bürokratische Verwaltung der Bundesanstalt für Arbeit u. v. m. Indessen geht es den Deregulierern vorrangig um ganz andere Themen, die eng mit den Interessen von politischen Klientelen zusammenhängen.

In ihrem Bericht zur »*Zukunftssicherung des Standortes Deutschland*« fordert die Bundesregierung zu Recht und mit besonderem Nachdruck neue Wertorientierungen der Menschen[36]. Langjährige Gewohnheiten müßten überprüft werden, Verkrustungen aufgebrochen, neue Prioritäten gesetzt und ein neues gesellschaftliches Klima für Veränderungen geschaffen werden. Die Menschen seien zu wenig innovativ, Strukturwandel würde eher als Bedrohung denn als Chance gesehen, Anspruchsmentalität hätte sich breitgemacht, und vom Staat würde eine Allzuständigkeit für alle Probleme erwartet. Zu Recht wird befürchtet, daß eine alternde Gesellschaft zu wenig Dynamik und Kreativität entfalten könnte. Der geforderte Wertewandel soll durch Rückbesinnung auf bewährte Tugenden wie Eigenverantwortung, Wettbewerb, Pflichtgefühl, Hilfsbereitschaft, Mitmenschlichkeit, Leistungswille, Zuverlässigkeit und neuen Bürgersinn zustande kommen.

Derartige pharisäerhafte Appelle überzeugen nicht. Sie sind abstrakt und inhaltsleer. Sie müssen mit zentralen gesellschaftlichen Zielen und damit mit *Sinnfragen* verbunden werden. Leistungswille wofür? Hilfsbereitschaft – von wem mit wem? Pflichtgefühl – welche Pflichten? Hinzu kommt, zentrale Wertorientierungen alter und neuer sozialer Bewegungen werden verschwiegen: Solidarität, soziale Gerechtigkeit, Naturschutz, Gleichberechtigung der Geschlechter, Demokratie, Zivilcourage und Bürgerrechte, individuelle Selbstverwirklichung für alle, Mitverantwortung für die dritte Welt. Den Standortkritikern geht es im Grunde um die Beschwörung kapitalistischer Primärtugenden für eine konservative Renaissance des Standortes Deutschland, um mehr Dynamik für Gewinn und Wirtschaftswachstum zu erlangen. Aber damit lassen sich weder die nationalen noch die globalen Zukunftsprobleme lösen.

Anmerkungen

1 Vgl. zur Analyse der Krisenursachen und des Verlaufes: DIW, HWWA u. a., Die Lage der Weltwirtschaft und der deutschen Wirtschaft im Herbst 1993 (Herbstgutachten), in: *DIW-Wochenbericht* 43/93, S. 607 ff.; A. Boneß, 1993: Die westdeutsche Industrie auf einer tiefen Talsohle, in: *DIW-Wochenbericht* 49/93, S. 713 ff.; Sachverständigenrat zur Begutachtung der gesamtwirtschaftlichen Entwicklung, Jahresgutachten 1993/94, Wiesbaden 1993.

2 Vgl. B. Görzig, Künftig nur geringes Investitionswachstum in Westdeutschland, in: *DIW-Wochenbericht* 45/92, S. 601 ff.

3 Die statistische Basis dieser innerdeutschen Handelsströme ist problematisch, da es große Erfassungsprobleme gibt. Gleichwohl dürfte die Dimension dieser Größen völlig unstrittig sein. Vgl. auch Institut für Wirtschaftsforschung Halle, Deutschland 1993 und 1994: Gegenläufigkeiten zwischen Ost und West, Herbstgutachten 1993, Halle/Berlin, Dezember 1993, S. 28 ff. und 58 ff.

4 *DIW-Wochenbericht* 12/1991, S. 447 ff.

5 Dabei handelt es sich um Verstärkungsmechanismen in bezug auf den ursprünglichen Impuls.

6 Vgl. dazu J. Priewe, Krisenzyklen und Stagnationstendenzen in der Bundesrepublik Deutschland. Die krisentheoretische Debatte, Köln 1988, S. 141 ff.

7 Eine reale Aufwertung liegt dann vor, wenn der Aufwertungssatz einer Währung gegenüber einer anderen größer als die Inflationsdifferenz zwischen den beiden Ländern ist.

8 Wären die Staatseinnahmen (Steuern und Abgaben) in Deutschland 1993 genauso stark wie im Vorjahr gestiegen, dann hätte es Mehreinnahmen von etwa 100 Mrd. DM gegeben.

9 Institut für Arbeitsmarkt- und Berufsforschung (Hg.), Zahlen-Fibel, *Beiträge zur Arbeitsmarkt- und Berufsforschung* 101, Ausgabe 1992, Nürnberg 1992, S. 51.

10 K. Murmann, Die Kostenkrise der deutschen Unternehmen muß bewältigt werden. In: *Wirtschaftsdienst*, Heft VII/1993, S. 344.

11 Siehe Deutsche Bundesbank, *Monatsberichte*, Dezember 1993, S. 79.

12 Zu einseitig und kurzsichtig konjunkturell urteilt nach unserer Auffassung das Deutsche Institut für Wirtschaftsforschung. Vgl. DIW, Arbeitskreis Kon-

junktur, Bundesrepublik Deutschland: Strukturkrise oder konjunktureller Einbruch? In: *DIW-Wochenbericht* 26–27/93, S. 360 ff. Dort werden nur die einseitigen Alternativen »reine Konjunkturkrise« und »reine Strukturkrise« erörtert.

13 Vgl. B. Görzig, Künftig nur geringes Investitionswachstum in Westdeutschland. In: *DIW-Wochenbericht* 45/92 vom 5. November 1992, S. 601 ff.

14 Vgl. Sachverständigenrat zur Begutachtung der gesamtwirtschaftlichen Entwicklung, Jahresgutachten 1993/94, Wiesbaden 1993, Ziffer 184 ff.

15 H.-G. Vieweg, Maschinenbau: Vorübergehende Schwäche oder existenzielle Krise? In: *Ifo-Schnelldienst* 10/93, S. 11 ff.

16 L. Thurow, Head to Head. The Coming Economic Battle Among Japan, Europe, and America, New York 1992.

17 Vgl. die Beiträge von A. Diekmann, P.-R. Ruf und H. Berg zum Thema »Deutschlands Zukunft als Standort der Automobilindustrie« in: *Wirtschaftsdienst*, Heft 10/1993, S. 507 ff.

18 H. Neumann, D. Nolte, Protektionismus in der Autoindustrie. In: *WSI-Mitteilungen*, Heft 5/1993, S. 299.

19 Vgl. H. Herr, Geld, Währungswettbewerb und Währungssysteme, Frankfurt/Main 1992, S. 153 ff.

20 Vgl. H. Flassbeck, Theoretische Aspekte der Messung von Wettbewerbsfähigkeit. In: *Vierteljahreshefte zur Wirtschaftsforschung*, Nr. 1–2/1992, S. 5 ff.

21 Vgl. J. Fagerberg, International Competitiveness, in: *The Economic Journal*. Vol. 98 (June 1988), S. 355 ff.

22 Zur Übersicht vgl. die prononciert standortpessimistische Position, die die Arbeitgeber-Position widerspiegelt, bei M. Dierkes, K. Zimmermann, Wirtschaftsstandort Bundesrepublik: Eine zusammenfassende und kommentierende Einleitung, in: dies. (Hg.), Wirtschaftsstandort Bundesrepublik, Frankfurt/M. 1990, S. 7 ff., und H.-K. Schneider, Die Bundesrepublik im internationalen Wettbewerb: Thesen und Erkenntnisse der Wirtschaftswissenschaft, in: M. Dierkes, K. Zimmermann, a.a.O., S. 69 ff. – Der DIW-Strukturbericht 1992 dagegen verneint jegliche »Standortschwächen«. Siehe DIW, Analyse der strukturellen Entwicklung der deutschen Wirtschaft, Strukturberichterstattung 1992 (bearbeitet von F. Stille u. a.), Berlin 1992, S. 89 ff. Auch die DGB-Position sieht kaum Probleme, siehe DGB-Bundesvorstand, Standort Deutschland: Nach wie vor auf Medaillen-Rang, in: *Informationen zur Wirtschafts- und Strukturpolitik*, vom 3. 5. 1993. Auf Versäumnisse und Schwächen weist dagegen der DGB-Mitarbeiter J. Welsch hin: Akute »Standort-Schwäche« oder Strategiedefizite? in: *WSI-Mitteilungen*, Heft 5/1992, S. 283 ff.; ders., Forschung und Technologie an der Schwelle zum 21. Jahrhundert. In: *WSI-Mitteilungen*, Heft 5/1993, S. 282 ff.

23 Vgl. Bericht der Bundesregierung zur Zukunftssicherung des Standortes Deutschland, *Bundestagsdrucksache* 12/5620 vom 3. 9. 1993; Bundesverband der Deutschen Industrie, Produktionsstandort Deutschland: Wettbewerbsfähigkeit der Gesellschaft stärken, neue rentable Arbeitsplätze schaffen und Wachstumsdynamik zurückgewinnen. Köln, August 1993.

24 Siehe M. Heise, Die deutsche Wirtschaft im internationalen Standortwettbewerb, in: *Wirtschaftsdienst*, Heft VII/1993, S. 349.

25 Siehe Sachverständigenrat zur Begutachtung der gesamtwirtschaftlichen Entwicklung, Jahresgutachten 1993/1994, Wiesbaden 1993, Ziffer 203 ff. – Mittlerweile entfallen 20 vH des Welthandels auf Dienstleistungen.

26 Vgl. DIW, Analyse der strukturellen Entwicklung der deutschen Wirtschaft, a.a.O., S. 90 ff. – Siehe auch: D. Schumacher, Lohnerhöhungen, internationale Wettbewerbsfähigkeit und Aufholprozeß in Ostdeutschland. In: *Konjunkturpolitik*, Heft 3/1993, S. 121 ff.

27 Berechnet nach Deutsche Bundesbank, *Monatsbericht* Dezember 1993, S. 93.

28 Das Rheinisch-Westfälische Institut für Wirtschaftsforschung ermittelte, daß die deutschen Exporteure etwa die Hälfte einer realen Aufwertung durch Preissenkung auffangen. Die Ausfuhrmenge reagierte dagegen kaum. Jedenfalls galt dies für die Vergangenheit. Es deutet auf beträchtliche Preisgestaltungsspielräume der Exportwirtschaft hin und nicht auf Schwächen der Wettbewerbsfähigkeit (siehe R. Döhrn, Zur Wechselkursempfindlichkeit bedeutender Exportsektoren der deutschen Wirtschaft, in: *RWI-Mitteilungen*, Jg. 44 (1993), S. 103 ff.). Allerdings kann man vermuten, daß die Unternehmen bei Preissenkungen für Exportgüter keinen großen Anreiz zur Ausdehnung des Exportgeschäftes haben werden. Hinzu kommt, daß bei einer kräftigen und länger anhaltenden realen Aufwertungstendenz sicherlich nicht ständig mit Preiszugeständnissen reagiert werden kann.

29 Vgl. B. Seidel, F. Franzmeyer u. a., Die Besteuerung der Unternehmensgewinne – sieben Industrieländer im Vergleich. Beiträge zur Strukturforschung, Heft 111, Berlin 1989.

30 Vgl. J. Blazejczak u. a., Umweltschutz und Industriestandort. Berichte des *Umweltbundesamtes* 1/93, Berlin 1993. Siehe auch J. Blazejczak u. a., Umweltschutz und Standortqualität in der Bundesrepublik Deutschland. In: *DIW-Wochenbericht* 16/93, S. 199 ff.

31 Vgl. H. Legler u. a., Innovationspotential und Hochtechnologie, Heidelberg 1992.

32 An einem Beispiel läßt sich diese These verdeutlichen. Es ist sicherlich nicht Ausdruck der Stärke des Standortes Ostdeutschland, wenn dort wesentlich mehr Direktinvestitionen »gebietsfremder« (nämlich vorwiegend westdeutscher) Firmen getätigt wurden im Verhältnis zu den Direktinvestitionen ostdeutscher Unternehmen in Westdeutschland oder im Ausland.

33 A. J. Halbach, Strukturwandel der deutschen Direktinvestitionen. In: *Ifo-Schnelldienst*, Heft 23/93, S. 19. – Siehe auch: R. Jungnickel, Neue Trends der internationalen Direktinvestitionen. In: *Wirtschaftsdienst*, Heft VI/1993, S. 317 ff.

34 Die Angaben in diesem Abschnitt beruhen auf den folgenden Quellen: Bundesministerium für Forschung und Technologie, Zur technologischen Wettbewerbsfähigkeit der deutschen Industrie, Bonn, April und November 1993; dass., Bundesbericht Forschung 1993, Bonn 1993. – Zur allgemeinen Bewertung siehe auch R. Clement, Wo steht die Bundesrepublik im internationalen Technologiewettlauf? In: *Wirtschaftsdienst*, Heft III/1991, S. 144 ff.; J. Welsch, Akute »Standortschwäche« oder Strategiedefizite? A.a.O.; H.-D. Feser (Hg.), Technologische Entwicklung und internationale Wettbewerbsfähigkeit, Regensburg 1990.

35 Siehe Bericht der Bundesregierung zur Zukunftssicherung des Standortes

Deutschland, a.a.O.; Bundesverband der Deutschen Industrie, Produktionsstandort Deutschland, a.a.O.

36 Bericht der Bundesregierung zur Zukunftssicherung des Standortes Deutschland, a.a.O., S. 22 ff.

Kapitel 3
Krise des Steuerstaats: Verlust des sozialen Ausgleichs?

3.1 Wieviel Staat ist nötig und finanzierbar?

Nicht erst seit den verschärften Finanzierungsproblemen durch die deutsche Einigung wird auf die Frage, wieviel Staat ist nötig und finanzierbar, vorschnell geantwortet:[1] Durch den Abbau vor allem sozialstaatlicher Aufgaben und die Reduktion des Staates auf marktkonforme »Kernfunktionen« ließe sich die derzeit erlahmte wirtschaftliche Dynamik durchbrechen. So bildet die Forderung nach einer ›Verschlankung‹ des öffentlichen Sektors – allerdings zum wiederholten Mal – einen der Fixpunkte des »Berichts der Bundesregierung zur Zukunftssicherung des Standorts Deutschland« vom September 1993. Eine auch nur annähernd überzeugende Beweisführung für die versprochenen ökonomischen Vorteile einer Abschmelzung des Staats innerhalb der Gesamtwirtschaft sucht man selbst bei den Protagonisten in der Wirtschaftswissenschaft vergeblich. Es gibt keine einigermaßen praxisrelevante Theorie, die uns über die wirtschaftsoptimale Größe und Struktur des Staates Auskunft gibt.

Größe und Funktionen des Staates haben sich in den einzelnen Nationen historisch unter völlig unterschiedlichen Bedingungen entwickelt. Daher gibt es erfolgreiche Volkswirtschaften mit einem geringen, aber auch andere mit einem hohen Staatsanteil. Die in den USA unter dem Etikett *Reaganomics* (Reagan + Economics) vollzogenen Versuche der Reduktion des Staates sind mittlerweile gescheitert. Die sozialen Spannungen nahmen zu, industriepolitische Versäumnisse waren die Folge, und die Staatsverschuldung, die abgebaut werden sollte, wuchs munter weiter. Die Clinton-Administration steht schließlich für den Wechsel zum Interventionsstaat. Katastrophale Konsequenzen vor allem für den industriellen Sektor sowie die sozialen Strukturen hatte die durch Margaret Thatcher in Großbritannien durchgepeitschte staatliche Schrumpftherapie. Genauer besehen wird deutlich, daß mit der Parole »allgemeine Reduktion der Staatstätigkeit« in Deutschland letztlich nur eine spezifische Politik der Umverteilung abgesichert werden soll.

Während auf der einen Seite sozialstaatliche Regulierungen abgebaut werden sollen, nehmen staatliche Maßnahmen zur Stützung von Unternehmen durch Subventionen und andere Wohltaten zu. Schumpeter hat eine zutreffende Leseanleitung zu derart allgemein gehaltenen Entstaatlichungsprogrammen, die letztlich nur die Ansprüche gegenüber dem Staat neu sortieren, hinterlassen: »Niemals sollte man eigentlich sagen: Der Staat tut das oder jenes. Immer kommt es darauf an zu erkennen, wer oder wessen Interesse es ist, der oder das die Staatsmaschine in Bewegung setzt und aus ihr spricht.«[2]

Es darf allerdings keinen Zweifel geben, Staatsaufgaben und die damit verbundenen Ausgaben müssen immer wieder einer zielorientierten und ideologiefreien Überprüfung unterzogen werden.[3] Daran mangelt es bedauerlicherweise bei den Beschwörungen des Phönix ›Marktkräfte‹, der aus der Asche verbrannter Staatsteile auferstehen soll. Bis in die beratende Wirtschaftswissenschaft hinein wird beispielsweise der Abbau sozialstaatlicher Regulierungen vorgeschlagen, ohne die damit ausgelösten Belastungen der wirtschaftlichen Entwicklung zu beachten.

Dazu ein Beispiel: Gefordert wird die Auflösung des Flächentarifvertrags zugunsten unternehmensbezogener Tarifabschlüsse. Dadurch könnten die jeweils unterschiedlichen betrieblichen Bedingungen besser berücksichtigt werden.[4] Die Folge dieser Deregulierung wäre allerdings, daß die entscheidende Funktion des Tarifsystems, für die Entlohnung und Arbeitsbedingungen einen Mindestschutz für *alle* Arbeitnehmer in den Betrieben zu bieten, ausgehebelt würde. Dies hätte nicht nur für die abhängig Beschäftigten negative Folgen. Auch die Unternehmen selbst müßten zeitlich verzögert mit Nachteilen rechnen. Die Kalkulier- und Planbarkeit der Lohnkosten in den Unternehmen ginge verloren. Vor allem aber würden die »industriellen Beziehungen« und damit die Effizienz der Arbeit Einbußen erleiden. Der Kauf von Arbeitskräften auf den Arbeitsmärkten, nicht vergleichbar mit dem von Bananen oder Fahrkarten, sichert noch lange nicht deren Motivation. Lohn- und Arbeitsbedingungen entscheiden maßgeblich – wie die Effizienzlohntheorien zeigen – über die Effektivität und Motivation der Arbeitskräfte.[5]

Dieses Beispiel läßt sich verallgemeinern: Bei allen Staatsfunktionen sind die Vor- und Nachteile nicht nur auf einzelwirtschaftliche Kostenbelastungen hin, sondern auch auf die gesamtwirtschaftliche und soziale Bedeutung hin zu bewerten. Die spiegelbildlichen Vorschläge zum radikalen Abbau der Steuern zeichnen sich durch eine gefährliche Reduktion gesamtwirtschaftlicher Wirkungszusammenhänge aus. Nicht nur die Steuern allein, sondern die damit getätigten Ausgaben entscheiden über deren Einfluß auf die wirtschaftliche Entwicklung (Gesamtinzidenz von Staatsausgaben und -einnahmen). Werden durch die Kürzung von Steuereinnahmen etwa Ausgaben für Bildung, Forschung und Technologiepolitik reduziert, dann hat das längerfristig negative Folgen für die Zukunft des Standorts Deutschland.

Gegenüber hitzigen Forderungen nach Teil-Entstaatlichung gilt es die ökonomische Vernunft zu setzen. Nicht nur unter ökologischen und sozialen, sondern auch ökonomischen Kriterien wird der reformierte Interventionsstaat eher an Bedeutung gewinnen als verlieren. Allerdings ist ein grundlegender Umbau des traditionell-bürokratischen Ordnungsstaats dringend geboten. Dabei verschwinden auch Staatsaufgaben, neue kommen hinzu, und bisherige Tätigkeiten müssen effizienter organisiert werden. Die Reform muß einerseits dem radikalen Abbau bürokratischer Strukturen dienen. Viele Staatsaufgaben lassen sich durch Beteiligung der Klientel effektiver und unbürokratischer wahrnehmen. Andererseits geht es um die Verwirklichung seiner sozial akzeptablen Finanzierung.

Der Kern der Krise des verschuldeten Steuerstaats reduziert sich letztlich auf die bisher ungerecht gelöste Frage der *Verteilung der Finanzierungslasten* durch die deutsche Einigung. Viele wichtige Aufgaben scheitern am Widerstand einkommens- und vermögensstarker Minderheiten, sich ihren Verhältnissen entsprechend in die Finanzierung einbeziehen zu lassen. Wird die Politik des Sozialabbaus bei Senkung der Unternehmensteuern ohne absehbare Arbeitsplatzeffekte fortgesetzt, dann verliert das System auf Dauer die breite Akzeptanz. Von hier droht dem verschuldeten Steuerstaat die größte Gefahr. Krise heißt dann, vergleichbar dem Ende der Weimarer Republik, daß die politischen und ökonomischen Basisinstitutionen nicht mehr anerkannt, ja verachtet werden.

3.2 Dimensionen staatlicher Haushaltspolitik

Eckwerte: Schuldenexpansion und »Marsch in den Lohnsteuerstaat«

Eine stark vereinfachte Beschreibung der Verflechtung öffentlicher Haushalte mit der Gesamtwirtschaft zeigt: Der Staat entzieht der Gesamtwirtschaft einerseits finanzielle Ressourcen, um damit andererseits die für seine Aufgabenwahrnehmung erforderlichen Ausgaben, die wieder der Wirtschaft zufließen, zu finanzieren. Vor dem Hintergrund der im vorangegangenen Abschnitt gestellten Frage nach der (optimalen) Größe des Staates und seiner Finanzierbarkeit geht es jetzt darum, einen Überblick über die Entwicklung der quantitativen Dimension des Staats innerhalb der Gesamtwirtschaft zu vermitteln. Dazu wird von der staatlichen Budgetgleichung ausgegangen, die den Zusammenhang zwischen Staatsausgaben und deren Finanzierung zeigt (siehe Kasten).

Die Entwicklung der *Staatsquote* steht in der finanzpolitischen Debatte im Vordergrund, denn sie gilt als Kennziffer für das Ausmaß der Beanspruchung der Gesamtwirtschaft durch öffentliche Aktivitäten. Üblicherweise werden in der Öffentlichkeit beim Ausweis des Staatsanteils an der Gesamtwirtschaft die Ausgaben der Gebietskörperschaften und der gesetzlichen Sozialversicherungssysteme zum Staat zusammengefaßt. Der Bundesfinanzminister bezieht sich mit seiner Forderung, die derzeitige Staatsquote – nach seiner Rechnung 52 vH – zu reduzieren, auf diese weite Definition. Mit dieser Quote wird alptraumhaft die Sorge suggeriert, über die Hälfte der Produktion würden durch den Staat beansprucht. Diese Deutung trifft jedoch nicht zu. Es handelt sich hier um eine »unechte« Quote (Staatsquote i.w.S.). Denn sie mißt nicht nur die Beanspruchung volkswirtschaftlicher Ressourcen durch den Staat gegenüber der Gesamtwirtschaft, sondern darüber hinaus durch die Einbeziehung der Ausgaben der gesetzlichen Sozialversicherung die staatlich organisierte Umverteilung.

Aus diesem Grund ist auch vor einem internationalen Vergleich dieser Staatsquote i.w.S. zu warnen. Es darf nicht überraschen, daß beispielsweise die Staatsquote i.w.S. in den USA 1992 lediglich 35,4 vH betrug, während sie sich in Deutschland auf der Basis der Finanzstatistik auf 50,5 vH belief.[6] Eine entscheidende Ursache für diese Differenz liegt in der Tatsache begründet, daß in der Bundesrepublik die Sozialversicherungen im Unterschied zu den USA

ZUSAMMENSETZUNG
DER STAATSAUSGABEN

(1) $St = A + K + sE$

Sie besagt: Bezogen auf ein Jahr werden die Staatsausgaben *(ST)* durch Abgaben *(A)*, die sich aus Steuern und Sozialversicherungsbeiträgen zusammensetzen, durch die öffentliche Kreditaufnahme *(K)* sowie durch sonstige Einnahmen *(sE)*, wie beispielsweise Gebühren und Einnahmen aus wirtschaftlicher Tätigkeit des Staats, finanziert. Da die sonstigen Einnahmen im weiteren nicht mehr berücksichtigt werden, ist zu betonen, daß vor allem die Kommunen in den letzten Jahren gegen den Druck der fiskalischen Krise ihre Gebührenhaushalte drastisch angehoben haben und in den kommenden Jahren wohl auch noch weiter anheben werden.
Um die Rolle öffentlicher Haushalte innerhalb der Gesamtwirtschaft abschätzen zu können, kommt es darauf an, diese Eckwerte der staatlichen Budgetgleichung auf die gesamtwirtschaftliche Produktion von Gütern und Dienstleistungen bzw. das damit entstandene gesamtwirtschaftliche Einkommen zu beziehen. Wird das Bruttoinlandsprodukt *(Y)* zugrundegelegt, dann ergeben sich die folgenden Strukturquoten öffentlicher Haushaltspolitik:

(2) $St / Y = A / Y + K / Y + sE / Y$

Die Staatsquote *(St / Y)* zeigt im Prinzip an, in welchem Ausmaß die öffentlichen Haushalte reale und monetäre Ressourcen der Gesamtwirtschaft in Anspruch nehmen. Die öffentliche Abgabenquote *(A / Y)*, die sich aus der Steuer- und Sozialversicherungsbeitragsquote zusammensetzt, gibt Auskunft über das Ausmaß hoheitlicher Abschöpfung der Wertschöpfung. Mit der Kreditfinanzierungsquote *(K / Y)* wird der Anteil der öffentlichen Neuverschuldung am Bruttoinlandsprodukt beschrieben. Der Anteil der sonstigen Einnahmen am Bruttoinlandsprodukt *(sE / Y)* wird im weiteren nicht mehr berücksichtigt.

vorrangig über staatliche Einrichtungen abgewickelt werden. Soll die Beanspruchung volkswirtschaftlicher Ressourcen durch den Staat gegenüber der Gesamtwirtschaft zum Ausdruck gebracht werden, dann sind die Ausgaben der Gebietskörperschaften (Bund, Länder, Gemeinden und Gemeindeverbände) zu berücksichtigen. Wenn die Umverteilungsvorgänge im Rahmen der Sozialversicherungen herausgerechnet werden, handelt es sich um eine aussagefähige Quote.

Die Entwicklung des Anteils der Staatsausgaben der Gebietskörperschaften sowie unter Einschluß der gesetzlichen Sozialversicherungen gegenüber dem Bruttoinlandsprodukt durchläuft seit Jahren ein ähnliches Muster: Seit Anfang 1980 bis zur deutschen Einigung ist der Anteil ökonomischer Aktivitäten in Form von Produktion und Umverteilung am Bruttoinlandsprodukt von ca. 50 vH in 1982 auf 46,7 vH in 1989 abgeschmolzen. Dieser Rückgang der Staatsquote i.w.S. ist durch ein geringeres Wachstum der Staatsausgaben gegenüber dem des Bruttoinlandsprodukts erreicht worden. Seit der deutschen Einigung sind allerdings die beiden unterschiedlich definierten Staatsquoten wieder deutlich angestiegen (*Tab. 3.1*).

Die Gebietskörperschaften beanspruchten 1993 über 35 vH des Bruttoinlandsprodukts vorwiegend für allokative Staatsausgaben – gegenüber ca. 31 vH im letzten Jahr vor der deutschen Einigung. Nach der Abgrenzung des Staats (Gebietskörperschaften + Sozialversicherungen) und den Daten der Deutschen Bundesbank lag die Staatsquote mit 54 vH 1993 über den auf der Basis der Finanzstatistik ausgewiesenen 52 vH. Diese Eckwerte belegen, daß der Staat im Prozeß der Transformation der ostdeutschen Wirtschaft die Führungsrolle übernommen hat. Für den Um- bzw. Aufbau in den neuen Bundesländern mußten gegenüber der vorangegangenen Entwicklung vermehrt volkswirtschaftliche Ressourcen in Anspruch genommen werden.

Dieser einigungsbedingte Anstieg der Staatsquote hat sich entsprechend der Budgetgleichung in einer wachsenden Beanspruchung der Wirtschaft durch staatliche Einnahmen niedergeschlagen. Im ersten Jahr der deutschen Einigung konzentrierte sich deren Finanzierung, nachdem die Bundesregierung unter dem Einfluß der Bundestagswahl Ende 1990 Steuererhöhungen erst einmal ausschloß, auf die Nutzung der Kapitalmärkte durch Kreditaufnahme. Unmittelbar nach der Bundestagswahl setzte sich ein Finanzierungsmuster durch, das auch die nächsten Jahre noch

Tab. 3.1: **Strukturquoten zum Verhältnis Gebietskörperschaften und wirtschaftliche Entwicklung von 1988–1993**

	Staatsquote i. e. S.[1]	Steuerquote[2]	Finanz. saldoquote[3]	Staatsquote i. w. S.[4]
		in vH		
1988	32,1	23,2	−2,5	48,7
1989	31,5	24,0	−1,0	47,3
1990	32,8	22,7	−1,4	46,4
1991[5]	34,4	23,5	−4,3	51,4
1992[p]	35,0	24,2	−3,6	53,2
1993[s]	35,6	24,0	−4,9	54,0

1 Ausgaben der Gebietskörperschaften zu Bruttosozialprodukt (nominal)
2 Steuereinnahmen der Gebietskörperschaften zu Bruttosozialprodukt (nominal)
3 Finanzierungssaldo der Gebietskörperschaften zu Bruttosozialprodukt (nominal)
4 Staatsausgaben der Gebietskörperschaften und Sozialversicherungen (Öffentliche Haushalte) nach Ausschaltung von Zahlungen der Gebietskörperschaften an die Sozialversicherungen zu Bruttosozialprodukt (nominal)
5 Ab 1991 Bruttoinlandsprodukt für Gesamtdeutschland
p Vorläufige Daten
s geschätzt

Quellen: Deutsche Bundesbank, *Monatsbericht* 12/1993 sowie das Jahresgutachten 1993/94 des »Sachverständigenrates zur Begutachtung der gesamtwirtschaftlichen Entwicklung«. (Die hier verwendete haushaltsspezifische Abgrenzung folgt der der Deutschen Bundesbank; sie weicht von der Systematisierung des Staatskontos in der Volkswirtschaftlichen Gesamtrechnung und in einigen Punkten von der Finanzstatistik ab.)

bestimmen wird: Sukzessive Erhöhung von Steuern und Abgaben sowie Ausweitung der öffentlichen Kreditfinanzierung im Verbund mit Einsparungen vor allem im Sozialbereich.

Die Steuern und Beiträge zur gesetzlichen Sozialversicherung im Verhältnis zum Bruttoinlandsprodukt sind seit der deutschen Einigung deutlich gestiegen. Während im Durchschnitt der achtziger Jahre die gesamte Abgabenquote in den alten Bundesländern bei 39¾ vH (in den siebziger Jahren bei 38 vH und in den sechziger Jahren noch bei 33 vH) lag, erhöhte sich diese unter dem Finanzierungsdruck der deutschen Einigung bis 1992 auf 41½ vH für Gesamtdeutschland (*Abb. 3.1*).

Triebkraft beim Anstieg der Sozialabgabenquote war der Anstieg der Beiträge zur Arbeitslosenversicherung sowie zur Krankenversicherung; sie erreichte schließlich den Rekordstand von

Abb. 3.1: Entwicklung der Steuerquote und der Abgabenquote

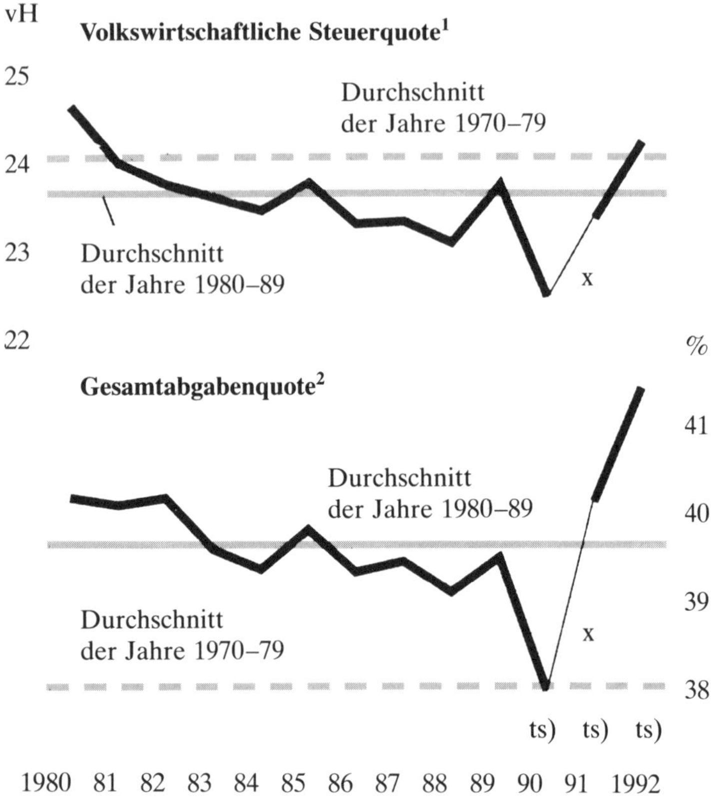

[1] Steueraufkommen in vH des nominalen Bruttosozialprodukts.
[2] Aufkommen an Steuern und Sozialversicherungsabgaben in vH des nominalen Bruttosozialprodukts.
[x] Angaben bis einschl. 1990 für das alte Bundesgebiet, ab 1991 für Gesamtdeutschland.

Quelle: Deutsche Bundesbank, Monatsbericht, 3/1993.

17 vH 1992.[7] Die Steuerquote, die 1990 durch die dritte Stufe der Reform der Einkommensteuer auf 22,7 vH zurückgefallen war, wuchs durch diskretionäre Anhebungen einzelner Steuersätze auf 24,2 vH 1992 (*Tab. 3.1*).

1993 war erstmals wieder ein leichter Rückgang der Steuerquote zu verzeichnen. Der Grund ist darin zu sehen, daß die Maßnahmen zur Steuerentlastung für Unternehmen und Geringerverdienende sowie der Wegfall des Solidaritätszuschlags stärker als die Erhöhung des Normalsatzes der Mehrwertsteuer um einen Prozentpunkt auf 15 vH sowie die Neuregelung der Zinsbesteuerung ab 1993 wogen.

Langfristig zeigt sich, daß die Steuerquote immer wieder dazu tendiert zuzunehmen (*Abb. 3.1*). Die entscheidende Ursache liegt in der *Progressionswirkung* der Einkommen- und Lohnsteuer. Progression heißt, daß für eine zusätzlich zu versteuernde Mark die zusätzliche Besteuerung wächst (steigende Grenzbesteuerung). Um die »heimlichen« Steuererhöhungen durch die progressionsbedingte Gestaltung des Einkommen- und Lohnsteuertarifs und damit den Anstieg der gesamtwirtschaftlichen Steuerquote zu bremsen, wurden mehrmals seit 1970 größere Pakete zur Steuersenkung geschnürt. In drei Stufen (1986/1988/1990) der »Jahrhundertreform« – so der Bundeskanzler – ist neben dem Abbau von einigen Steuervorteilen der Einkommen- und Lohnsteuertarif gesenkt worden.

Der Tiefpunkt der Belastung mit Steuern wurde nach der ersten Stufe mit einer Quote von 22½ vH 1986 erreicht. Mit der dritten Stufe der Einkommen- und Lohnsteuerreform von 1990, die vor allem gegenüber der davor verzögert ansteigenden Progression eine Linearisierung gebracht hat – die Grenzsteuersätze steigen im Progressionsbereich konstant –, konnte nochmals die gesamtwirtschaftliche Steuerquote deutlich gesenkt werden. Seit der deutschen Einigung sind die Maßnahmen zur Senkung der Steuerquote infolge der »Jahrhundertreform« nicht nur rückgängig gemacht, sondern überkompensiert worden. Die Steuerschraube wurde wieder deutlich angezogen. In den kommenden Jahren ist unter dem Finanzierungsdruck der deutschen Einigung mit weiteren Drehungen an der Steuerschraube zu rechnen.

Jedoch ist nicht nur die Entwicklung der allgemeinen Steuerquote von Interesse, sondern vor allem die steuerliche Lastverteilung. Während die gesamtwirtschaftliche Steuerquote unter dem Druck der Finanzierung der deutschen Einheit erhöht wurde, ist zugleich die seit vielen Jahren beobachtbare Umverteilung der Steuerlast vertieft worden. Die Lohnsteuer steht bei der Aufkommenserzielung des Staates einsam an der Spitze. Schließlich ist es erklärte und schrittweise verwirklichte Politik der Bundesregierung, die Unternehmensteuern deutlich zu senken. Auf die verschiedenen Maßnahmen zur Senkung der Steuerbelastung von

Unternehmen, wie etwa das sog. Standortsicherungsgesetz, wird in *Abschnitt 3.7* und *3.8* einzugehen sein.

Bei reduzierter Besteuerung der Unternehmen trifft die Hauptlast der Finanzierung die Arbeitnehmer, nicht nur über die Lohnsteuern, sondern auch über die Sozialversicherungsbeiträge und Mehrwertsteuererhöhung. Darüber hinaus sind spezielle Verbrauchsteuern – vor allem auf Mineralöl – sowie die Mehrwertsteuer durch die Heraufsetzung des Normalsatzes auf 15 vH zum 1. 1. 1993 angehoben worden. Der Anteil der Lohnsteuer am gesamten Steueraufkommen, der 1960 noch knapp 12 vH betrug, hat sich bis zu den neunziger Jahren nahezu verdreifacht (*Tab. 3.2*).

1993 haben die Lohnsteuerzahler knapp 35 vH des gesamten Steueraufkommens – also mehr als ein Drittel – aufgebracht. Dagegen ist der Anteil der Gewinnsteuern am gesamten Steueraufkommen zurückgegangen. Dies gilt für die veranlagte Einkommen-, die Körperschaft-, Gewerbe- und vor allem Vermögensteuer. Bezogen auf die Lohnsteuerentwicklung läßt sich sagen: Die steuerliche Finanzierung der deutschen Einigung bei gleichzeitiger Entlastung der Unternehmen konnte nur so vollzogen werden, weil nach der letzten Senkung der Einkommen- und Lohnsteuer 1990 die Aufkommensdynamik der Steuern auf Arbeitseinkommen sich wieder

Tab. 3.2: **Die Steuerlastverteilung: Entwicklung der Anteile wichtiger Steuern am Gesamtaufkommen**

	in vH							
	1960	1970	1980	1985	1990	1991[v]	1992[p]	1993[p]
Lohnsteuer	11,8	22,8	30,6	33,8	31,9	32,4	33,4	34,7
Veranlagte Einkommensteuer	13,1	10,4	10,1	6,5	6,4	6,3	5,5	4,4
Körperschaftsteuer	9,5	5,7	5,8	7,3	5,3	4,8	4,6	3,5
Umsatzsteuer[1]	23,5	24,7	25,6	25,1	27,2	27,1	27,1	29,1
Mineralölsteuer	3,8	7,4	5,8	5,6	6,5	7,1	7,7	7,5
Vermögensteuer	1,6	1,9	1,3	1,0	1,1	1,0	0,9	0,9
Gewerbesteuer	10,9	6,9	7,4	7,0	6,8	6,2	6,1	5,5
Grundsteuer A + B (+ C)	2,4	1,7	1,5	1,6	1,5	1,5	1,4	1,5

[1] Inlandaufkommen und Einfuhrumsatzsteuer

[v] vorläufiger Wert

[p] Prognose durch den »Sachverständigenrat zur Begutachtung der gesamtwirtschaftlichen Entwicklung« (Jahresgutachten 1993/94, S. 154)

Quelle: Finanzbericht 1994 des Bundesministeriums für Finanzen

explosiv entwickelt hat. 1993 erreichte die durchschnittliche Belastung der Bruttolöhne und -gehälter mit Lohnsteuer (einschließlich Kirchensteuer und Sonderabgaben) mit 18,26 vH den absoluten Spitzenwert in der Geschichte der Bundesrepublik Deutschland. Zusammen mit den Sozialversicherungsbeiträgen erklomm die durchschnittliche Belastung mit öffentlichen Abgaben den Gipfel mit 33,42 vH (*Tab. 3.3*). Im Durchschnitt mußte ein abhängig Beschäftigter auf eine DM zusätzlich zu versteuerndes Einkommen 1992 37,76 Pfennige an Steuern bezahlen.

Durch die Aufhebung des ersten Solidaritätszuschlags ging die Grenzbelastung 1993 stark zurück; sie wird jedoch im Folgejahr wieder stark ansteigen. Entlastungen des »Jahrhundert«-Steuersenkungsprogramms sind schnell verpufft. Im Zusammenspiel von Inflation und seit 1990 (linearer) Progression bei der Einkommen-

Tab. 3.3: **Durchschnittsbelastung und durchschnittliche Grenzbelastung von Bruttolöhnen und -gehältern mit öffentlichen Abgaben Alte Bundesländer (in vH)**

Jahre	Durchschnittsbelastung[1]		Durchschnittl. Grenzbelastung[2] Pro-Kopf-Ansatz	
	Lohnsteuer Kirchensteuer + Sonderabgaben[3]	Öffentl. Abgaben	Lohnsteuer Kirchensteuer + Sonderabgaben[3]	Öffentl. Abgaben
1970	11,31	22,02	11,35	22,29
1975	13,80	25,79	–5,68	15,66
1980	15,13	28,02	29,30	42,73
1985	16,81	30,96	36,54	58,74
1988	16,75	31,11	2,10	20,55
1990	15,59	29,91	–23,16	–10,17
1991	17,61	32,33	52,66	74,39
1992	18,63	33,50	37,76	55,41
1993[a]	18,26	33,42	6,93	30,94

[1] Lohnsteuer kassenmäßig ohne Lohnsteuer auf Pensionen einschließlich Januar t + 1 minus Januar t bezogen auf die Bruttolohn- und -gehaltssumme (Inlandskonzept) in t

[2] Die durchschnittliche Grenzbelastung gegenüber dem Vorjahr beantwortet die Frage: Wieviel muß zusätzlich an Lohnsteuer im Durchschnitt ein Beschäftigter auf eine DM zusätzlicher Bruttolohn- und -gehaltssumme (im Durchschnitt je Beschäftigter) gegenüber dem Vorjahr aufbringen?

[3] Investitionshilfeabgabe und Solidaritätszuschlag

[a] geschätzt

Quelle: Ifo-Schnelldienst 3/1993, S. 5

steuer konnte der Staat »heimliche« Steuererhöhungen einheimsen: Steigt das Arbeitseinkommen innerhalb der Progressionszone nur wegen der beim Tarifabschluß berücksichtigten Inflationsrate, dann nimmt die Besteuerung zu, ohne daß sich real die Löhne und Gehälter erhöhen. Durch die erneute Explosion der Aufkommensdynamik der Lohnsteuer seit der letzten Steuersenkung von 1990 sieht das Ifo-Institut (München) dringenden Bedarf an Belastungssenkung durch eine erneute Reform der Einkommensteuer.[8]

Eine Verschärfung der staatlichen Finanzierungsprobleme wäre allerdings die Folge. Daher wird an dieser Stelle lediglich eine Erhöhung des (steuerfreien) Grundfreibetrags, jedoch darüber hinaus eine stärkere Einbeziehung der Einkommens- und Vermögensstarken gefordert. Die abgabenpolitischen Pläne der Bundesregierung laufen in eine andere Richtung. Während die Einnahmen aus der wachsenden steuerlichen Belastung der Arbeitseinkommen genommen werden, werden erneute Senkungen der Unternehmensteuern geplant.

Durch die Finanzierung der Unternehmen wird die Lohnsteuerschraube weitergedreht. Der »Marsch in den Lohnsteuerstaat« beschleunigt sich. Dringlicher Korrekturbedarf gegenüber dieser einseitigen Lastenkonzentration auf die Arbeitseinkommen – ergänzt durch steigende Verbrauchsteuern, die die unteren Einkommensbezieher stärker belasten – ist unübersehbar. Das Zusammenwachsen der beiden Teile Deutschlands ist zutiefst eine Gemeinschaftsaufgabe. Nach den Grundprinzipien staatlicher Finanzierung sind die gesellschaftlichen Gruppen entsprechend ihrer Leistungsfähigkeit zu beteiligen. Dieser verteilungspolitische Grundsatz ist in den ersten vier Jahren der deutschen Einigung schlichtweg auf den Kopf gestellt worden.

3.3 Finanzpolitische Optionen zwischen Wunsch und Wirklichkeit

Unter dem Druck der fiskalischen Krise, die den Staat angesichts wachsender Staatsausgaben dazu zwingt, die Abgabenschraube weiter anzuziehen und auf die Kapitalmärkte durch wachsende Staatsverschuldung zurückzugreifen, zerbröseln die Grundlagen einer soliden Finanzpolitik. Dazu trägt auch die Tatsache bei, daß sich die praktizierte gegenüber der propagierten Finanzpolitik in der Bundesrepublik fundamental unterscheidet. *Abb. 3.2* strukturiert modellhaft mögliche Optionen der Finanzpolitik in dieser Situation:

1. Wird die Erhöhung der Staatsquote für unvermeidbar gehalten, dann kann nach der staatlichen Budgetgleichung (vgl. *3.2*) der erweiterte Korridor staatlicher Tätigkeit in der Gesamtwirtschaft gesichert werden, wenn nur die Steuerquote (1a) oder nur die Defizitfinanzierungsquote (1b) oder beide Finanzierungsquoten gesteigert werden (2c; vgl. *Tab. 3.1*). Die seit Jahren praktizierte Finanzpolitik beschreibt die Option 1c. Auf die Ausweitung des Staatsanteils gegenüber der Gesamtwirtschaft wird mit der Erhöhung der Steuerquote, allerdings bei Entlastung der Gewinnsteuern, sowie der Kreditfinanzierungsquote (1993 auf knapp 5 vH gegenüber 1 vH 1989, vgl. *Tab. 3.1*) geantwortet. Bei dieser Option steht die Verschuldung im Vordergrund.

Abb. 3.2: Finanzpolitische Optionen im Überblick

	Staatsquote	Einnahmequote (Steuerquote)	Defizitquote
1992[1] in vH	35,6	24,0	−4,9
Option 1a	+	+ +	konst.
Option 1b	+	konst.	+ +
Option 1c	+	+	+
Option 2a	−	konst.	− −
Option 2b	−	− −	konst.
Option 2c	−	−	−

[1] Vgl. Tabelle »Strukturquoten« Nr. *Tab. 3.1*

−: Minus; − −: nur eine Finanzierungsquote wird im Ausmaß der Reduzierung der Staatsquote gesenkt; −: beide Finanzierungsquoten werden reduziert.

+: Plus; + +: nur eine Finanzierungsquote wird im Ausmaß der Anhebung der Staatsquote erhöht; +: beide Finanzierungsquoten werden angehoben.

Optionen der Bundesregierung:

Option 1 c) Praktizierte Option

Option 2 c) Wunschoption der Bundesregierung

2. Durch eine Senkung der Staatsquote können entweder nur die Steuerquote (2a) oder nur die Defizitquote (2b) oder beide (2c) reduziert werden. 2 c ist die Wunschoption der Bundesregierung. Sie steht im Vordergrund jener neoklassischen Theorien, die behaupten, daß durch eine Verkleinerung des staatlichen Korridors in der Gesamtwirtschaft privatwirtschaftliche Kräfte freisetzbar seien. Volkswirtschaftliche Ressourcen – so die Hoffnung – würden disponibel, die Abschöpfung der Wertschöpfung durch Steuern ließe sich reduzieren, und schließlich könne auch die Beanspruchung der Kapitalmärkte durch den Staat eingeschränkt werden. Im weiteren Gang dieser Untersuchung wird die Frage, ob sich durch das Abschmelzen des Staats auf vermeintliche »Kernaufgaben« die aktuellen Herausforderungen lösen lassen und die ökonomischen Entwicklungsbedingungen sich wirklich verbessern, von unterschiedlichen Seiten zu beantworten versucht.

Fest steht jedoch: Diese Option hat unter den aktuellen Herausforderungen der Finanzierung der deutschen Einigung keine ernsthafte Chance, praktiziert zu werden. Dies belegt nachhaltig die faktische Entwicklung der Finanzpolitik in den letzten Jahren. Als sinnvoll und machbar läßt sich die später nochmals aufgegriffene *Alternativoption* spezifizieren: Gerade bei einer im Durchschnitt historisch unvermeidbar steigenden Staatsquote müssen die Staatsaufgaben einer kritischen Reform unterzogen werden. Begründete Staatsfunktionen sind dann aber auch abzusichern. Die Defizitfinanzierung sollte nur für investiv-zukunftsorientierte Staatsaufgaben und im Rahmen der gesamtwirtschaftlichen Erfordernisse zugelassen werden (vgl. *Kapitel 4*).

Soweit in dieser überschaubaren Phase der deutschen Einigung die Abgabenquote erhöht werden muß, ist allerdings eine Lastumverteilung zugunsten der Steuern auf Arbeitseinkommen, also unter stärkerem Einbezug der Leistungskräftigen zu verwirklichen.

3.4 Die öffentliche Einigungsfinanzierung: Zwischen Irrtum und Korrektur

Seit Beginn der neunziger Jahre ist die Finanzierung der deutschen Einheit die längerfristige Kernaufgabe der öffentlichen Haushaltspolitik im neuen Deutschland. Im Umfeld der epochalen Entscheidung, den Geltungsbereich der D-Mark auf die unter DDR-Bedingungen gewachsene Wirtschafts- und Gesellschaftsstruktur auszudehnen, hätte klar sein müssen, daß damit eine gewaltige ökonomische Schockwirkung ausgelöst würde.[9] Mit der Schaffung eines einheitlichen D-Mark-Währungsraums zum 1. Juli 1990 wurden über Nacht die fundamental unterschiedlichen Wirtschaftsstrukturen sichtbar. Die ostdeutsche Wirtschaft geriet einem Urknall vergleichbar unter den Druck der Weltmarktkonkurrenz, unter deren Bedingungen sie sich bisher nicht profilieren konnte. Der einheitliche Währungsraum auf der Basis der international gehärteten D-Mark prägte unerbittlich der Entwicklung den Stempel auf.

Der dadurch unausweichlich gewordene Prozeß der Angleichung an die westdeutschen Wirtschafts- und Lebensverhältnisse führte erst einmal zum Zusammenbruch vor allem der ostdeutschen Industrie, da ihr viel zu wenig Schutz und Zeit zur Sanierung, um wettbewerbsfähig zu werden, gegeben wurde. Der Wirtschaftsraum war und wird auf lange Sicht nicht in der Lage sein, aus eigener Kraft die Aufbauarbeit sowie die sozialen Sicherungsleistungen insbesondere infolge der massiv angestiegenen Arbeitslosigkeit zu finanzieren. Sanierung und Aufbau neuer Wirtschaftsstrukturen, umfangreiche Maßnahmen im Bereich der Infrastruktur, arbeitsmarktpolitische Überbrückungskonzepte sowie die Sicherung sozialer Leistungen bilden spätestens seit dem D-Mark-Import die Schwerpunkte zukünftiger Finanzpolitik.

Heute ist es eine Binsenwahrheit, daß die politisch Verantwortlichen die für diesen Typ der Integration erforderlichen finanzpolitischen Konsequenzen katastrophal unterschätzt haben. Die Motive für diese fiskalische Fehlleistung, die im Klima irreführender Versprechen auf die Herstellung schnell »blühender Landschaften« wucherte, waren unterschiedlich. Sicherlich, das Ausmaß der öffentlichen Transformationskosten war und ist immer noch schwer einigermaßen exakt quantifizierbar. Die *fiskalische Bagatellisierung* dieser Jahrhundertaufgabe hatte mehrere Ursachen:

Es vermischten sich systematische Fehleinschätzungen mit der fehlenden Bereitschaft, die Angleichung der Lebensverhältnisse herzustellen und die Einigung sozial zu gestalten. Auf Erfolg bei der Bundestagswahl im Dezember 1990 spekulierend hatten die Regierungsparteien in unverantwortlich-kurzsichtiger Weise auf die Thematisierung eines tragfähigen Finanzierungskonzepts verzichtet und unvermeidbare Abgabenerhöhungen verdrängt. Jedoch, die bittere Realität sollte schnell die wahltaktischen Verdrängungen über den Haufen werfen. Unmittelbar nach der Bundestagswahl mußten schrittweise Abgabenerhöhungen zur Finanzierung der deutschen Einigung durchgesetzt werden. Darüber hinaus wurde die Beanspruchung der Kapitalmärkte durch öffentliche Kredite, die im ersten Jahr nahezu ausschließlich wegen des Verzichts auf ein solides Finanzierungsprogramm genutzt wurde, explosionsartig ausgeweitet.

Der durch den Druck der tiefgreifenden Krisenentwicklung in den neuen Bundesländern ausgelöste Lernprozeß der Finanzpolitik offenbarte sich in einer mehrfachen Ausweitung der von West- nach Ostdeutschland fließenden Finanzmittel. Diese konzeptionslose, allerdings durch politischen Druck erzeugte Ausweitung der Finanzmittel vollzog sich innerhalb des durch den Einigungsvertrag fixierten Rahmens. Der Einigungsvertrag vom September 1990 sah vor, daß bis Ende 1994 die öffentliche Finanzierung Ostdeutschlands nicht im Rahmen der durch das Grundgesetz geltenden föderalen Finanzverfassung vollzogen werden sollte.

Deshalb trat an die Stelle dieser Regelungen der Finanzverfassung der *Fonds Deutsche Einheit (FDE)* bis Ende 1994. Im ersten Staatsvertrag vom Mai 1990 wurde der Fonds von 1990 bis 1994 mit insgesamt 115 Mrd. DM ausgestattet. Typisch für diese Phase der finanzpolitischen Problemverdrängung war, den Löwenanteil von 95 Mrd. DM ausschließlich per Kreditaufnahme zu finanzieren; die restlichen 20 Mrd. DM steuerte der Bund über seinen Haushalt bei. Im Gesamtumfang und in den vorgesehenen Jahrestranchen reproduziert sich die naive Hoffnung auf eine bis Ende 1994 einigermaßen abgeschlossene Angleichung der beiden Ökonomien, nach der sich der Staat wieder zurückziehen kann. Die jeweilige Jahreszuweisung aus den insgesamt 115 Mrd. DM sollte ab 1992 abnehmen und 1994 schließlich nur noch 10 Mrd. DM betragen. Massiver Finanzierungsdruck erzwang jedoch eine zweimalige Aufstockung dieses Fonds Deutsche Einheit (*Tab. 3.4*).

Im Endeffekt ist der FDE gegenüber ursprünglich 115 Mrd. auf 160,9 Mrd. DM ausgeweitet worden. Der Anteil der Finanzierung per Kreditaufnahme ist damit zugunsten von Steuereinnahmen und Zuschüssen der Länder und des Bundes zurückgegangen. Weitere Maßnahmen zur Ausweitung der öffentlichen Finanztransfers von West- nach Ostdeutschland wurden ergriffen. Eine begrüßenswerte Kurskorrektur gegenüber der ursprünglichen Planung erfolgte beispielsweise auch durch die Auflage des »Gemeinschaftswerks Auf-

Tab. 3.4: **Fonds Deutsche Einheit** (Mrd. DM)

	1990	1991	1992	1993	1994	Insgesamt
Volumen						
– ursprüngliche Ansätze	22,00	35,00	28,00	20,00	10,00	115
– nach der 1. Aufstockung[1]	–	–	33,90	31,50	23,90	146,3
– nach der 2. Aufstockung[2]	–	–	–	35,20	34,60	160,7
Art der Finanzierung						
– Kreditaufnahme	20,00	31,00	24,00	15,00	5,00	
– Zuschuß des Bundes	2,00	4,00	9,90	14,23	19,45	
– Zuschuß der alten Länder	–	–	–	5,97	10,15	

[1] Gemäß Gesetz zur Aufhebung des Strukturhilfegesetzes und zur Aufstockung des Fonds Deutsche Einheit vom 16. März 1992: Mittel aus dem Strukturhilfefonds, der ursprünglich für die westdeutschen Länder eingerichtet wurde, (1992: 0,95 Mrd. DM, 1993 und 1994 je 2,45 Mrd. DM) + Mittel aus der Mehrwertsteuererhöhung ab 1993 um 1 Prozentpunkt auf 15 vH sowie der Veränderung der Mehrwertsteueraufteilung zwischen Bund und alten Ländern + Zuschuß aus dem Bundeshaushalt + Einnahmen aus dem Zinsabschlag

[2] Gemäß »Gesetz zur Umsetzung des Föderalen Konsolidierungsprogramms« vom 26. Juni 1993

schwung Ost« mit jeweils 12 Mrd. DM für 1991 und 1992 in den Bereichen wie etwa Verkehr, Städtebau, Arbeitsbeschaffungsmaßnahmen, Hochschulen und Förderung privater Unternehmensinvestitionen.[10]

Das Ausmaß der bisher von West- nach Ostdeutschland geflossenen öffentlichen Transfers ist empirisch nicht einfach zu quantifizieren. Die Berechnung wirtschaftswissenschaftlicher Institute, des »Rats der Fünf Weisen«, der Deutschen Bundesbank sowie des Bundesfinanzministeriums weichen beispielsweise für das Jahr 1992 stark voneinander ab (*Tab. 3.5*). Die Posten, die es bei der Abschätzung der öffentlichen Transfers zu berücksichtigen gilt, werden zum Teil unterschiedlich erfaßt.

Ein Vergleich der einzelnen Schätzungen zeigt, daß im Durchschnitt der Jahre seit 1992 von brutto über 200 Mrd. DM und netto ca. 150 Mrd. DM an öffentlichen Transfers ausgegangen werden kann. Die entscheidende Frage der Finanzpolitik lautet, wie sich in Zukunft diese öffentlichen Transfers entwickeln werden. Die Beantwortung hängt entscheidend von der Abschätzung ab, wie lange der Angleichungsprozeß dauern wird, also wann etwa der Anteil des Bruttosozialprodukts je Einwohner in Ostdeutschland dem in

Tab. 3.5: **Vergleich der Berechnungen öffentlicher Finanztransfers in die neuen Bundesländer für 1992**

	in Mrd. DM			
	Bundesbank[1]	SVR[2]	WI-Institute[3]	Bundes-Fimi[4]
Bruttoleistungen	218	234	150,3	152
Einnahmen aus Abgaben Ostdeutschlands an den Bund etc.[5]	31	84	k. A.	37
Nettoleistungen i. w. S.[6]	180	150	k. A.	115
– einigungsbedingte Einnahmen i. e. S.[7]		12,5		
Nettoleistungen i. w. S.		137,5		

[1] Deutsche Bundesbank, Monatsbericht 3/1992

[2] Sachverständigenrat zur Begutachtung der gesamtwirtschaftlichen Entwicklung, Jahresgutachten 1992/93, S. 146

[3] Arbeitsgemeinschaft der Wirschaftsforschungsinstitute; in: DIW-Wochenbericht 43/1993

[4] Bundesfinanzministerium; in: BT-Drucksache 12/5857

[5] Zum Teil einschließlich Einnahmen aus Ostdeutschland für die Sozialversicherungen und die EG

[6] Nach Abzug des Steueraufkommens/Beitragsaufkommens aus den neuen Bundesländern

[7] Vor allem Steuereinnahmen aufgrund eines im Westen unterstellten, einigungsbedingten Wachstumsimpulses sowie Abbau teilungsbedingter Ausgaben

Westdeutschland entsprechen wird. Realistische Modellrechnungen zeigen, daß diese Angleichung selbst bis zum Jahr 2010 voraussichtlich nicht abgeschlossen sein wird (*siehe Kapitel 7*). Die Finanzpolitik ist gut beraten, sich für die nächsten Jahre auf die Mobilisierung öffentlicher Transfers in die neuen Bundesländer von netto nochmals ca. 150 Mrd. DM pro Jahr einzustellen.

3.5 Ostdeutschland im »föderalen Konsolidierungsprogramm«

Der Einigungsvertrag hatte die gesonderte Behandlung der neuen Länder durch die Herausnahme aus den durch das Grundgesetz vorgesehenen Systemen des Finanzausgleichs auf Ende 1994 begrenzt. Da die Politik auf Einhaltung dieser zeitlichen Vorgabe bestand, also ab 1995 die bisherige Sonderfinanzierung der neuen Bundesländer durch neue für Gesamtdeutschland geltende Regeln der Finanzverfassung ablösen wollte, stellte sich die komplizierte Lösung einer dreifachen Aufgabe:

Zum einen mußte die Höhe der öffentlichen Finanztransfers, die aufgrund der spezifischen Transformation Ostdeutschlands künftig erforderlich sein werden, definiert werden. Zum anderen galt es dann die Regeln des Finanzausgleichs so festzulegen, daß unter dem Strich die für Ostdeutschland gewollten Finanztransfers auch herauskommen.[11] Schließlich mußten zur Finanzierung zusätzlicher Aufgaben, etwa der »Investitionsförderung Aufbau Ost«, der Aufbringung des Kapitaldienstes für die Schulden aus der Abwicklung der DDR und der Arbeit der Treuhandanstalt (»Erblastentilgungsfonds«) sowie zur Aufstockung des Fonds Deutsche Einheit für 1993 und 1994 weitere Mittel mobilisiert werden.

Diese Aufgabentriade ist im Rahmen des *Föderalen Konsolidierungsprogramms (FKP)*, das am 26. Juni 1993 in Kraft trat, geregelt worden. Die schnelle Ergebnisfindung über diese komplizierte Materie im föderalen Bundesstaat verdient Respekt. Denn die Interessendivergenzen im Streit um die Neuverteilung der Finanzmassen zwischen dem Bund und den Ländern und innerhalb der Länder waren bis kurz vor der Entscheidung spürbar.[12]

Nach einer kurzen Phase lautstarker Auseinandersetzungen wurde vergleichsweise zügig auf einer Klausurtagung des »Bundeskanzlers mit den Regierungschefs der Länder sowie den Partei- und Fraktionsvorsitzenden« vom 11. bis 13. März 1993 in Bonn überraschend eine einvernehmliche Lösung gefunden.[13] Der Runde war erstmals die Aufgabe zugesprochen, den vielfach angesichts der gigantischen Herausforderungen geforderten »Solidarpakt« zu definieren. Wie sich noch zeigen wird, diese Etikettierung war viel zu hoch gegriffen. Recht erfolgreich wurden aber die Finanzbeziehungen zwischen dem Bund und den Ländern sowie innerhalb der Länder neu geregelt.

Dabei sind grundlegende Fragen der Finanzierung des neuen Deutschlands aber offengeblieben. Die Bundesregierung lief mit ihren Kürzungsvorschlägen im Sozialbereich Gefahr, die Lasten des »Solidarpakts« einseitig den Einkommensschwächsten aufzuladen, während die Beteiligung der Einkommens- und Vermögensstarken tabuisiert wurde. Mit einem faulen Formelkompromiß wurden die geplanten Sozialeinschnitte erst einmal so weggedrückt, daß sie später wieder aufgegriffen werden konnten.

Tab. 3.6: **Finanzielle Auswirkungen des Föderalen Konsolidierungsprogramms auf die Bundesländer**

	Umsatzsteuerverteilung	Umsatzsteuervorwegausgleich[1]	Länderfinanzausgleich i. e. S.[1]	Ergänzungs-	
				Fehlbetrag	Teilungs-kosten
Nordrhein-Westfalen	3,54	–4,17	–3,43	0	0
Bayern	2,35	-2,77	-2,07	0	0
Baden-Württemberg	2,03	-2,39	–4,04	0	0
Niedersachsen	1,51	−1,78	0,36	0,55	0
Hessen	1,18	−1,39	-3,02	0	0
Rheinland-Pfalz	0,77	–0,91	0,35	0,52	0
Schleswig-Holstein	0,53	–0,63	0,07	0,11	0
Saarland	0,22	–0,01	0,28	0,21	0
Hamburg	0,34	–0,40	–0,35	0	0
Bremen	0,14	–0,16	0,53	0,14	0
Westdeutschland insgesamt	12,60	−14,61	−11,32	1,52	0
Berlin	0,69	–0,82	3,46	0,86	2,66
Sachsen	0,94	5,02	2,63	0,90	3,66
Sachsen-Anhalt	0,57	3,01	1,56	0,54	2,21
Thüringen	0,51	2,72	1,41	0,49	2,01
Brandenburg	0,51	2,66	1,35	0,49	1,99
Mecklenbg.-Vorpommern	0,38	2,04	1,09	0,36	1,48
Ostdeutschland insgesamt	2,90	15,45	8,04	2,79	11,34

[1] Beiträge (–), Zuweisungen (+).
[2] Saldiert mit den Beträgen, die finanzschwache westdeutsche Bundesländer zur Kompensation ihrer überproportionalen Belastungen infolge der Einbeziehung Ostdeutschlands in den Länderfinanzausgleich erhalten.

Quelle: DIW-Wochenbericht 45/1993, S. 655

Das Gesamtwerk »Föderales Konsolidierungsprogramm« setzt sich aus folgenden Schwerpunkten zusammen (*Tab. 3.6*):

Die neuen Länder werden ab 1995 in das System des Länderfinanzausgleichs und der Bundesergänzungszuweisungen integriert. Für die Jahre 1993 und 1994 werden die Mittel des Fonds Deutsche Einheit nochmals aufgestockt (*Tab. 3.4*). Um die Stoßrichtung dieser Neuordnung verständlich zu machen, sollen die folgenden Hinweise zu den Prinzipien des Finanzausgleichs ausreichen. Der horizontale Finanzausgleich zwischen den Bundesländern, dessen

zuweisungen des Bundes				Investitionsförderung Aufbau Ost	Beiträge zum Fonds Deutsche Einheit[2]		Summe	DM je Einwohner
Übergangshilfe	Politische Führung	Haushaltsnotlage	Insgesamt		Länder	Gemeinden		
Mrd. DM								
0	0	0	0	0	–1,74	–0,44	–6,25	–355
0	0	0	0	0	–1,15	–0,29	–3,93	–337
0	0	0	0	0	–1,00	–0,25	–5,65	–561
0,51	0	0	1,06	0	–,020	–0,05	0,90	120
0	0	0	0	0	–0,59	–0,15	–3,95	–672
0,45	0,22	0	1,19	0	–0,27	–0,07	1,06	275
0,23	0,16	0	0,50	0	–0,12	–0,03	0,33	125
0,08	0,15	1,60	2,04	0	–0,03	–0,01	2,50	2320
0	0	0	0	0	–0,24	0	–0,65	–388
0,08	0,13	1,80	2,14	0	–0,03	0	2,62	3830
1,35	0,66	3,40	6,93	0	–5,35	–1,27	–13,01	–208
0	0,22	0	3,74	1,25	–0,23	0	8,10	2345
0	0	0	4,56	1,72	0	0	14,87	3189
0	0,16	0	2,92	1,04	0	0	9,10	3238
0	0,16	0	2,66	0,95	0	0	8,26	3238
0	0,16	0	2,64	0,94	0	0	8,09	3202
0	0,16	0	2,01	0,70	0	0	6,21	3299
0	0,66	0	14,79	5,35	0	0	46,54	3224

Grundlagen die Verfassung vorschreibt, hat die Aufgabe, auf der Basis der gesetzlich definierten Verrechnung der Länder- und Gemeindeeinnahmen die Finanzkraft (nach der Definition des Ausgleichsgesetzes im Verhältnis zur Bevölkerung) »angemessen« auszutarieren. Länder mit einer über dem Bundesdurchschnitt liegenden Finanzkraft leisten Zuweisungen an die finanzschwachen Länder; die verfügbaren Finanzen dieser Geberländer werden dadurch reduziert.[14]

Das »Föderale Konsolidierungsprogramm« schreibt fest, daß öffentliche Finanztransfers auf der Grundlage der Steuerschätzung und unter Anwendung des neuen Systems der Umverteilung der Finanzen zwischen dem Bund und den Ländern 1995 knapp 60 Mrd. DM betragen werden (*Tab. 3.6*). Die fiskalischen Ausgleichssysteme wurden in folgender Weise gestaltet, um diesen Finanzfluß von West nach Ost sicherzustellen:

— In einem ersten wichtigen Schritt wurde die Umsatzsteuerverteilung zwischen dem Bund und den Ländern deutlich geändert. Der Anteil der Länder an der gesamten Umsatzsteuer (Inlandsaufkommen + Einfuhrumsatzsteuer) wird ab 1995 von 37 vH auf 44 vH erhöht. Es bleibt bei der alten Regel, derzufolge die den Ländern zufließende Umsatzsteuer zu 75 vH nach dem jeweiligen Anteil der Einwohner an der Gesamtbevölkerung verteilt wird. Die verbleibenden 25 vH wiederum werden nach einem gegenüber der bisher geltenden Regelung vereinfachten Verfahren zu einer ersten Angleichung der Finanzkraftunterschiede zwischen den Ländern genutzt. Damit wird sichergestellt, daß die Finanzkraft jedes Landes (Landessteuern im Verhältnis zu den Einwohnern) nach dieser Verteilung auf maximal 92 vH des entsprechenden Bundesdurchschnitts angehoben wird.

Da die Landessteuerkraft der ostdeutschen Länder auch ab 1995 noch weit unter dem Bundesdurchschnitt und die der westdeutschen Länder darüber liegen wird, wird praktisch die aus dem erhöhten Anteil der Länder zugeflossene Umsatzsteuer gegenüber dem Bund wieder den westdeutschen Ländern zugunsten Ostdeutschlands entzogen. Dieser *»Umsatzsteuervorwegausgleich«* bewegt schätzungsweise 15,45 Mrd. DM 1995 von Westdeutschland einschließlich Berlin nach den neuen Bundesländern.

— Auf der Verteilung der Finanzmassen nach dem Vorwegausgleich der Umsatzsteuer baut dann der *Länderfinanzausgleich (LFA)* auf. 1995 werden von den westdeutschen Ländern schätzungsweise 14,6 Mrd. dem Stadtstaat Berlin (Wertung seiner Einwohner bei Feststellung des Finanzkraftausgleichs gegenüber dem Bundesdurchschnitt mit 135 vH) sowie den ostdeutschen Ländern zugeführt. Die Regeln des Länderfinanzausgleichs wurden nur unwesentlich verändert (lediglich die Abschöpfung bei Ländern, deren Steuerkraft über 100 vH hinausgeht, wurde zugunsten dieser Länder modifiziert).[15] Der Kompromiß in Sachen LFA konnte nur gefunden werden, da auf eine tiefgreifende Reform, die immer wieder reklamiert wurde, verzichtet wurde.[16] Ein Vergleich des bisherigen LFA-Topfes – ca. 3,5 Mrd. DM 1992 – mit dem für 1995 geschätzten Volumen von 11,32 Mrd. DM zeigt, daß erheblich stärker als in der Vergangenheit vom Prinzip des Spitzenausgleichs abgerückt worden ist.

Der LFA läuft künftig auf eine Garantie des Ausgleichs der Finanzkraftunterschiede zwischen den einzelnen Ländern hinaus. Ordnungspolitisch ist das nicht unproblematisch. Länder mit einer unterdurchschnittlichen Finanzkraft, etwa auch infolge wirtschaftlicher Entwicklungsprobleme, dürfen mit einem angemessenen Ausgleich im ›solidarischen Bundesstaat‹ kalkulieren. Anreize zur Änderung der Wirtschafts- und Haushaltspolitik könnten durch diese Ausgleichsgarantie zumindest geschwächt werden. Hätte der Bund nicht dem Anteilsgewinn der Länder an der Umsatzsteuer zugestimmt, wäre die Ausgleichsleistung des LFA noch höher ausgefallen.

Hierin ist die Kompromißbildung entscheidend begründet. Die Differenz zwischen den durch den LFA 1995 bewegten Finanzmitteln, die alle nach Ostdeutschland fließen, und dem bisherigen Topf (3,5 Mrd. DM in 1992) bildet den wesentlichen Beitrag der westdeutschen Länder für Ostdeutschland. Die Finanzierung dieses Teils der öffentlichen Transfers in die neuen Bundesländer führt zu einem großen Vorteil für die alten Bundesländer. Im Ausmaß der Angleichung der Finanzkraft zwischen Ost und West geht – bei unveränderten Verhältnissen in den alten Bundesländern – das Umverteilungsvolumen zurück.

— Da es vor allem die Aufgabe des Bundes ist, den Angleichungsprozeß Ostdeutschlands finanz- und wirtschaftspolitisch abzusichern, wurden auch die Bundesleistungen kräftig ausgeweitet. Darüber hinaus hat der Bund weitere Zahlungsverpflichtungen an die westdeutschen Länder übernommen. Im Mittelpunkt stehen die Finanzhilfen des Bundes für Investitionen nach dem Investitionsförderungsgesetz für den Aufbau Ost auf der Grundlage von Art. 104a, Abs. 4 GG. Der Bund vergibt ab 1995 an die neuen Länder und ihre Gemeinden über zehn Jahre jährlich 6,6 Mrd. DM für Maßnahmen zur Verbesserung der wirtschaftsnahen Infrastruktur, des Wohnungs- und Städtebaus, der Förderung von Wissenschaft und beruflicher Bildung sowie der Erneuerung sozialer Einrichtungen. Mindestens 10 vH der Kosten sollen die jeweiligen Länder/Gemeinden übernehmen. Die Bonner Runde plante ursprünglich dafür 10 Mrd. DM. Die Differenz wurde schließlich den Ländern als freie Ergänzungszuweisung zugeschlagen, d. h. sie entscheiden über deren Verwendung im Rahmen ihrer Landeshaushalte selbst.

– Der Bund hat seine Ergänzungszuweisungen an die Länder (vertikaler Finanzausgleich) über den bisherigen Rahmen hinaus auf weitere Ziele erheblich ausgeweitet:

–– Länder, die nach dem LFA noch einen Fehlbetrag aufweisen, da die Finanzkraft fiskalisch schwacher Länder über den LFA maximal nur bis 95 vH des Bundesdurchschnitts angehoben wird, erhalten davon 90 vH erstattet (»Fehlbetrags-Bundesergänzungszuweisungen«).

–– Zum Abbau teilungsbedingter Sonderlasten und zum Ausgleich schwacher Finanzkraft der Kommunen fließen den ostdeutschen Ländern und Berlin bis zum Jahr 2005 »Sonderbedarfs-Bundesergänzungszuweisungen« in der Gesamthöhe von 11,34 Mrd. DM zu.

–– Kleine Bundesländer, insbesondere jedoch die Stadtstaaten, erhalten wegen der überdurchschnittlich hohen Kosten der politischen Führung (bezogen auf die Einwohner) im Vergleich zu großen Flächenstaaten »Sonderbedarfs-Bundesergänzungszuweisungen«.

–– Übergangs-Bundesergänzungszuweisungen beziehen zeitlich befristet diejenigen westdeutschen Länder, die durch die Einbeziehung Ostdeutschlands in den LFA Verschlechterungen gegenüber ihrem bisherigen Status hinnehmen mußten.

–– Schließlich wird auf der Grundlage eines Urteils des Bundesverfassungsgerichts vom Mai 1993 durch den Bund eine Teilentschuldung zum Abbau der Haushaltsnotlage für Bremen (1,8 Mrd. DM über fünf Jahre) und das Saarland (1,6 Mrd. DM über fünf Jahre) vorgenommen.

Über diese konsequenzenreiche Neuordnung der Verteilung der Finanzmassen zwischen dem Bund und den Ländern sowie innerhalb der Länder hatte das »Föderale Konsolidierungsprogramm« einen weiteren dicken Brocken zu verarbeiten. Zu klären war die Frage, wer nach 1994 das Management des Kapitaldienstes der Schulden, die durch die Abwicklung der DDR entstanden sind, übernehmen soll. Die »Solidarpakt«-Runde von Bonn legte im März 1993 fest, die Schulden des Kreditabwicklungsfonds, der Treuhandanstalt sowie die durch die Kappung der Altschulden der Wohnungswirtschaft verbleibenden Verpflichtungen in den neuen Bundesländern in Form eines *»Erblastentilgungsfonds«* dem Bund zu übertragen. Die Etikettierung dieser Schulden als Erblast der DDR ist allerdings nicht frei von ideologischer Verbrämung ihrer Verursachung.

Schulden durch die Art der Währungsumstellung sowie die Treuhandanstalt resultieren großteils aus den Aktionen derjenigen, die die deutsche Einigung durchgeführt haben. Nachfolgender Informationskasten spezifiziert die Schwerpunkte dieses Schuldenfonds, den der Bund künftig per Schuldendienst (37,5 Mrd. DM 1995) bedienen muß.

Bisher wurden lediglich die Aufgabenschwerpunkte und die damit verbundenen Finanzierungserfordernisse im »Föderalen Konsolidierungsprogramm« beschrieben. In diesem Zusammenhang stellt sich die Frage, wie die zusätzlichen Finanzmittel, die etwa für Ostdeutschland mit knapp 60 Mrd. DM für 1995 und den »Erblastentilgungsfonds« aufgebracht werden müssen, mobilisiert werden sollen. Dabei interessiert an dieser Stelle nur der Finanzbetrag, der in den nächsten Jahren zusätzlich durch den Bund unter Berücksichtigung seines von 63 vH auf 56 vH geschrumpften Anteils an der Umsatzsteuer finanziert werden soll. Das Ausmaß und die Struktur der Gesamtbelastung der westdeutschen Länder durch die Neuregelung ihres Ausgleichs gegenüber dem Status quo wird nicht weiter betrachtet. Allerdings müssen die westdeutschen Länder, die durch die Einbeziehung Ostdeutschlands in den LFA ab 1995 ca. 11,32 Mrd. DM abzuführen haben, diese Zusatzbelastung haushaltspolitisch verkraften. Das »Föderale Konsolidierungsprogramm« sieht vorrangig für den zusätzlichen Finanzbedarf des Bundes drei Quellen der Finanzierung vor:

1. Zum 1. 1. 1995 wird erneut ein *Solidaritätszuschlag* von 7,5 vH auf die Einkommen- und Lohnsteuerschuld eingeführt. Eine Sozialkomponente ist eingebaut. Danach wird der Zuschlag bis zur Bemessungsgrenze von 2664/1332 DM (Verheiratet/Alleinstehend) nicht erhoben. Darüber hinaus beträgt er nicht mehr als 20 vH des Unterschiedsbetrags zwischen der Bemessungsgrundlage und dem allerdings recht niedrigen Freibetrag. Diese Sozialkomponente ist somit nur schwach ausgeprägt. Das erhöht allerdings die Ergiebigkeit dieses Zuschlags, dessen Aufkommenswirkung für 1995 auf insgesamt 28 Mrd. DM geschätzt wird. Das Gesetz sieht übrigens keine zeitliche Befristung dieses Solidaritätszuschlags vor, der ausschließlich dem Bund zufließt. Darüber hinaus wurde die Erhöhung der Steuer auf Versicherungsbeiträge (ohne Feuerversicherung) in zwei Schritten – ab dem 1. 7. 1993 um 2 Prozentpunkte auf 12 vH und ab 1. 1. 1995 um weitere drei Prozentpunkte – fixiert. Zugleich ist in diesem Paket die Vermögensbesteuerung gesenkt worden (Erhöhung der Freibeträge für natürliche Personen von bis-

DER »ERBLASTENTILGUNGSFONDS«

Der Bund übernimmt die Tilgung und Zinslasten folgender Defizite:

1. Das Defizit der *Treuhandanstalt:* Ende 1994 wird die Treuhandanstalt ihre Arbeit mit einem Schuldenberg in Höhe von ca. 275 Mrd. DM abschließen. Die Schuldenlast wird sich vor allem aus 136 Mrd. DM Kreditaufnahme bis Ende 1994 und 80 Mrd. DM Altschulden der Betriebe zusammensetzen. Die Hoffnung des Einigungsvertrags, durch die Privatisierung von Unternehmen und Unternehmensteilen würden nach Abzug der Ausgaben Gewinne schlußendlich verbleiben, die sich der Bund und die ostdeutschen Länder aufteilen, erwies sich als trügerisch. Dieses Defizit belastet künftig den Bund mit dem jährlichen Kapitaldienst.

2. Übernahme des *Kreditabwicklungsfonds:* Bis Ende 1994 werden dessen Schulden auf 140 Mrd. DM geschätzt. Den größten Schuldenbrocken bilden die ca. 90 Mrd. DM »Ausgleichsforderungen«, die der Fonds an insgesamt 550 ostdeutsche Banken und Sparkassen sowie 50 ehemalige DDR-Außenhandelsbetriebe zahlen muß. Die Bilanzen der Banken sind durch die Umstellung von DDR-Mark auf D-Mark wegen der unterschiedlichen Umtauschkurse aus dem Gleichgewicht geraten. DDR-Sparer konnten je nach Alter bis zu 6000 Mark ihrer Einlagen – auf der Passivseite der DDR-Schlußbilanz verbucht – zum Kurs 1 : 1 und den Rest des Geldvermögens zum Kurs 2 : 1 wechseln, im Durchschnitt mit 1,65 Ost- zu einer Westmark. Die Schulden der DDR-Wirtschaft auf der Aktivseite der DDR-Schlußbilanz hingegen wurden mit 2 : 1 umgestellt. Die Bilanzlücke der Banken und Sparkassen mußte durch Ausgleichsforderungen, deren Gesamtsumme derzeit noch schwer zu schätzen ist, geschlossen werden. Getilgt werden die Ansprüche ab Mitte 1995, und zwar mit 2,5 vH jährlich durch den Erblastentilgungsfonds. Über diese Schulden aus der Währungsumstellung mit ca. 90 Mrd. DM hinaus müssen die Altschulden der DDR, die sich zum Schluß auf 30 Mrd. DM beliefen, übernommen werden (Schulden des Republikhaushalts 28 Mrd. DM und Schulden aus der Abwicklung der Außenhandelsbetriebe 2 Mrd. DM). Die restliche Summe gegenüber dem Gesamtvolumen von 140 Mrd. DM – ca. 20 Mrd. DM – entfällt auf die Risikovorsorge für eventuelle Zahlungsausfälle aus den mit Bundesgarantien abgesicherten Transferrubelgeschäften von DDR-Betrieben mit Osteuropa bis Ende 1990.

3. Teilentlastung der Wohnungsunternehmen in Ostdeutschland von ihren Altschulden, die auf insgesamt 51 Mrd. DM geschätzt werden. Nach Ablauf eines Moratoriums bis Ende 1994 gilt die folgende Regelung: Auf Antrag des Wohnungsunternehmens übernimmt der »Erblastentilgungsfonds« ab dem 1. Juli 1995 die zum 1. 1. 1993 bestehenden Altschulden, soweit sie 150 DM je qm übersteigen. Die durch diese Kappung errechneten Altschulden mit schätzungsweise 31 Mrd. DM müssen künftig aus dem »Erblastentilgungsfonds« bedient werden. Erlöse, die durch Wohnungsprivatisierung entstehen, sind jedoch zur Deckung entsprechender Belastungen dieses Fonds einzusetzen. Für 1994 und 1995 übernehmen der Bund und die neuen Länder die Zinszahlungen für einen Teil der Wohnungsbauschulden.
Für das Gesamtvolumen von schätzungsweise 440 Mrd. DM muß der Bund künftig die Tilgung und Zinszahlungen aufbringen.

her 70000 auf 120000 DM für jede der Veranlagungsgemeinschaft angehörende Person).

2. Ausgabenkürzungen und den *Abbau von Steuervergünstigungen* enthält das FKP ebenfalls. Dabei wurden die ursprünglich durch die Bundesregierung geplanten Kürzungen der Personalkosten im öffentlichen Dienst, Einsparungen beim Kindergeld und dem Bundesausbildungsförderungsgesetz sowie Einschränkungen der Lohnersatzleistungen nur in geringfügigem Ausmaß umgesetzt. Übersehen werden sollte jedoch nicht, daß gerade bei der Sozialhilfe deutlich spürbare Belastungen für die Betroffenen durch den »Solidarpakt« eingeführt worden sind. So wurde die Erhöhung der Regelsätze deutlich gedeckelt, also der Anstieg vom 1. 7. 1993 bis 30. 6. 1994 halbjährlich auf insgesamt höchstens 2 vH und anschließend bis zum 30. 6. 1996 auf höchstens 3 vH begrenzt.

3. Vorgesehen wurde nach heftigem Streit eine *Mißbrauchsbekämpfung von Leistungen der Arbeitsverwaltung*. Die Arbeitsgruppe zum »Solidarpakt« erwartet dazu eine Ausgabenreduktion von über 1,77 Mrd. DM für 1994 und für 1995 1,84 Mrd. DM. Kenner dieser Materie wiesen frühzeitig darauf hin, daß durch noch so scharfe Mißbrauchskontrolle derart hohe Einnahmen nicht zu erwarten seien und massive datenrechtliche Probleme entstünden. Die »Solidarpakt«-Runde vom März 1993 hat dennoch einen Mechanismus zur Erhöhung des Drucks in Richtung Durchsetzung der Mißbrauchskontrolle eingebaut:

In einer Fußnote des Ergebnisprotokolls wurde festgehalten, daß die durch die Bundesregierung vorgeschlagenen Kürzungen im Bereich der Lohnersatzleistungen dann wieder aufgegriffen würden, wenn die Bekämpfung des Mißbrauchs bei Sozialleistungen nicht das angestrebte Einsparvolumen erbringen sollte.[17] Diese Verknüpfung von Mißbrauch mit Einschränkung des Gebrauchs von Sozialleistungen kennzeichnet die Politik, die vorrangig im Sozialsystem Einsparpotentiale sieht. Da die Einnahmenhoffnungen durch Mißbrauchskontrolle nicht in Erfüllung gehen konnten, war der Zwang zu einer erneuten Runde über gesetzliche Einschränkungen des Gebrauchs von Sozialleistungen vorprogrammiert.

Mit dem »Föderalen Konsolidierungsprogramm« ist es überraschend schnell gelungen, Ostdeutschland in die nur geringfügig geänderten Systeme des Finanzausgleichs zu integrieren.[18] Der Preis dieser schnellen Lösung ist im Verzicht auf eine nachhaltige Reform des föderalen Finanzausgleichs, der immer wieder eingefordert wird, zu sehen. Der Länderfinanzausgleich hat damit endgültig seine Funktion als System des Spitzenausgleichs verloren. Spitzenausgleich heißt in diesem Zusammenhang, daß bei Abweichung der Finanzkraft eines Landes gegenüber dem Bundesdurchschnitt nur ein geringer Teil durch die anderen Länder kompensiert wird. Die bundesstaatliche Garantie des Finanzkraftausgleichs ist zementiert worden.[18] Die Ländervertreter konnten sich letztlich mit ihren Interessen gegenüber dem Bund durchsetzen, mußten dafür allerdings den Preis einer deutlichen Ausweitung des LFA-Topfes, die die westdeutschen Länder trifft, hinnehmen.

Die vergleichsweise schnelle Ergebnisfindung in der Bonner Runde basierte letztlich auf der Ausklammerung strittiger Fragen: Die für die ostdeutschen Länder vorgesehenen Finanztransfers können sich bald als zu gering dimensioniert erweisen. Dann entsteht schnell wieder Korrekturbedarf. Verzichtete diese Runde explizit auf den Einsatz der Staatsverschuldung zur Finanzierung des Solidarpakts, so wird die Nettokreditaufnahme angesichts unzureichender Deckung der Ausgaben doch eingesetzt werden müssen. Vor allem aber ist die Diskussion einer ausreichenden Finanzierung sowie der Verteilung ihrer Lasten in dieser »Großkoalition« verdrängt worden.

Allerdings wurden die durch die Bundesregierung vorgeschlagenen Maßnahmen zur massiven Kürzung im Sozialbereich nur verdrängt. In diesem entscheidenden Punkt hielt der Kompromiß nicht lange. Wenige Monate später, als sich erneut Finanzierungsprobleme des Bundeshaushalts stellten, lag der Kürzungskatalog wieder in Form von Gesetzesentwürfen zur »Umsetzung des Spar-, Konsolidierungs- und Wachstumsprogramms« auf dem Tisch. Dieser erste Anlauf zu einem »Solidarpakt« ist letztlich gescheitert, weil die nur auf kurze Zeit verschiebbaren Probleme der öffentlichen Haushalte nicht behandelt wurden. Die politische Klasse offenbarte in dieser ersten Runde ihre Unfähigkeit, Zukunftsprobleme zu thematisieren, geschweige sie dann konsistent zu lösen. Allerdings ist positiv die Beibehaltung des Länderfinanzausgleichs nach seinen bisherigen Grundlagen und damit des Prinzips »Einheitlichkeit der Lebensverhältnisse« im föderalen Bundesstaat hervorzuheben.

3.6 »Sanierung« durch weiteren Sozialabbau?

Das die Finanzpolitik seit der deutschen Einigung bestimmende Muster ist mit dem »Gesetz zur Umsetzung des Föderalen Konsolidierungsprogramms« grundsätzlich nicht durchbrochen worden. Eine mittelfristig ausreichende Absicherung der Finanzpolitik wurde wieder einmal aufgeschoben. Verzicht auf Kassensturz und Konzipierung eines realistischen Finanzierungskonzepts kennzeichnen den viel zu kurzsichtigen Kompromiß im »Solidarpakt« vom März 1993. Wenige Monate später gerieten die aufgeschobenen Finanzierungsprobleme bei der Diskussion über den Bundeshaushalt 1994 erneut ins Visier. Hinzu traten neue Belastungen der öffentlichen Haushalte durch die konjunkturelle Krise in Westdeutschland. Gegenüber der ursprünglichen Finanzplanung mußten auch für 1994 in erheblich stärkerem Ausmaß konjunkturbedingte Einnahmeverluste sowie steigende Krisenkosten, vor allem infolge ansteigender Arbeitslosigkeit, einkalkuliert werden. Die zusätzlichen Aufwendungen für die Übernahme der Altschulden der Eisenbahnen eingerechnet, hätte ohne gezielte Maßnahmen zur Senkung der Ausgaben und/oder Erhöhung von öffentlichen Abgaben die Neuverschuldung des Bundes 1994 um mehr als 120 Mrd. DM zugenommen.

Mit einer sukzessiven Ausweitung der Nettokreditaufnahme des Bundes mußte für die Folgejahre gerechnet werden. In der Abwägung finanzpolitischer Optionen entschloß sich die Bundesregierung mit der Vorlage ihres Haushaltsentwurfs, die Nettokreditaufnahme 1994 auf 67,5 Mrd. DM zu beschränken. Zur Durchsetzung dieses Eckwerts, allerdings makroökonomisch nicht begründet, wurde das Ziel verfolgt, die Staatsausgaben (einschließlich der Kosten für die Übernahme der Altschulden der Eisenbahnen) in 1994 lediglich um 2,6 vH auszuweiten. Da dieser geplante Ausgabenzuwachs erwartungsgemäß unterhalb des prognostizierten (nominalen) Wachstums des Bruttoinlandsprodukts (zwischen 3 vH und 4 vH) liegt, zielt er auf eine Senkung des Anteils des Bundes an der Staatsquote. Um diese Senkung zu erreichen, wurde ein *Spar-, Konsolidierungs- und Wachstumsprogramm* mit einem Haushaltsentlastungsvolumen bei den Ausgaben und Einnahmen von rund 21 Mrd. DM für den Bund im Jahre 1994 geplant, das auf über 28 Mrd. DM in den Folgejahren ansteigt. Die Beschlüsse besagen im einzelnen:

— Einsparungen beim *Staatsverbrauch* durch Einfrieren des Personalanstiegs (»Nullrunde« für 1994 bei den Beamten) und durch Subventionsabbau bei Landwirtschaft, Kohle und Wirtschaftsförderung;

— *Bundesanstalt für Arbeit*: Absenkung bei den Lohnersatzleistungen, Arbeitsbeschaffungsmaßnahmen (ABM) und Unterhaltsgeld, Kürzung der Maßnahmen der aktiven Arbeitsmarktpolitik;

— Kürzungen bei *Sozialleistungen*: Kindergeld und Erziehungsgeld werden stärker einkommensabhängig, beim BAföG und der Sozialhilfe werden die Anpassungen zeitweilig ausgesetzt;

— *zusätzliche Steuereinnahmen* durch die Abschaffung eines allerdings kleineren Teils bisheriger Steuervorteile (bei voller Wirksamkeit der Maßnahmen 5 bis 6 Mrd. DM, 1994 ca. 1,4 Mrd. DM).

Diese Pläne der Bundesregierung wurden in drei Gesetzen konkretisiert: Im *1. Gesetzentwurf zur Umsetzung des Spar-, Konsolidierungs- und Wachstumsprogramms (1. SKWPG)* wurden die durch den Bundesrat nicht zustimmungspflichtigen Maßnahmen untergebracht: Einsparungen bei den Leistungen der Bundesanstalt für Arbeit (Einsparungen 1994: 13,7 Mrd. DM) sowie Einschränkung von Leistungen nach dem Kindergeld/Erziehungsgesetz (1,2 Mrd. DM in 1994). Dieser Gesetzentwurf enthält auch die Anhebung der Mineralölsteuer zur Finanzierung der Bahnreform (ab 1. 1. 1994 für Benzin um 16 Pf/l und für Diesel um 7 Pf/l). Das *2. SKPWG* erfaßte die Maßnahmen, die der Zustimmung des Bundesrats bedürfen; dies betrifft insbesondere Kürzungen bei der Sozialhilfe und der Mutterschaftspauschale sowie Änderungen beim Unterhaltsvorschuß und Zivildienst.

Der Entwurf eines *Gesetzes zur Bekämpfung des Mißbrauchs und zur Bereinigung des Steuerrechts (StMBG)* wurde diesem Paket hinzugefügt. Dazu gehörten nicht nur Maßnahmen der Verbesserung des Steuereinzugs und der Bekämpfung der Steuerhinterziehung, sondern auch Entlastungen bei einigen Steuern. Beispielsweise wurde vorgesehen: die steuermindernde Gestaltung durch Finanzinnovationen; Einschränkung des Mißbrauchs der Übergangsregelungen zur Steuerfreiheit von Zuschlägen für Sonntags-, Feiertags- und Nachtarbeit; Abschaffung der Arbeitnehmer-Sparzulage in den alten Ländern; Ausdehnung des Schuldzinsenabzugs für selbstgenutztes Wohneigentum auf den Baujahrgang 1995; Senkung der Kraftfahrzeugsteuer für Lastkraftwagen zur Milderung der Nachteile gegenüber ausländischen Wettbewerbern.

Dieses »Konsolidierungsprogramm«, das im Kern auf den massiven Abbau von Sozialleistungen abzielte, erfuhr nicht nur wegen seiner sozialpolitischen Ausrichtung, sondern auch wegen der befürchteten negativen Rückwirkungen auf die Gesamtwirtschaft harte Kritik. Nach der Zustimmung der Regierungsfraktionen des Bundestags hat der Bundesrat für die Bereiche, denen er zustimmen muß, den Vermittlungsausschuß angerufen.

Die durch den Bundesrat nicht zustimmungspflichtigen Kürzungen bei den Lohnersatzleistungen der Bundesanstalt für Arbeit sowie beim Kindergeld sind dennoch zum 1. 1. 1994 in Kraft getreten. Das bedeutet für das Arbeitslosen-, Kurzarbeiter- und Schlechtwettergeld sowie das Unterhaltsgeld (Teilnahme an beruflichen Weiterbildungsmaßnahmen) eine Absenkung der Leistungssätze von 63 auf 60 vH und bei Beziehern mit Kindern von 68 vH auf 67 vH. Arbeitslosen- und Eingliederungsgeld werden von 56 auf 53 vH verringert. Beim Schlechtwettergeld gelten neben der Kürzung der Sätze Verkürzungen der Zahlperiode um zwei Monate auf Dezember bis Ende Februar. Das Kindergeld reduziert sich ab dem dritten Kind auf einen Sockelbetrag von 70 DM je Kind bei höheren Einkommen.

Durch massiven Druck des Bundesrats wurden einige Beschlüsse des Bundestags nicht nur im Bereich der zustimmungspflichtigen Maßnahmen geändert, sondern auch Einfluß auf die nicht zustimmungspflichtigen Bereiche genommen: Die Arbeitslosenhilfe bleibt unbefristet, wird also nicht auf zwei Jahre begrenzt. Die Zahlung originärer Arbeitslosenhilfe an diejenigen, die noch keine bzw. nicht ausreichend Versicherungsbeiträge bezahlt haben, wird nicht gestrichen, allerdings auf ein Jahr beschränkt. Die durch die Regierungsparteien vorgesehene Nullrunde bei der Sozialhilfe ist verhindert worden. Auch bei den geplanten Steuerrechtsänderungen zur Mißbrauchsverhütung und Verwaltungsvereinfachung konnte in verschiedenen Positionen ein Kompromiß gefunden werden.

Die durch den Bundesrat zumindest in einigen wichtigen Bereichen modifizierten Maßnahmen der Regierungsparteien lassen sich unter drei Kriterien bewerten:

Erstens wird mit der Kürzung und zeitlichen Befristung von Lohnersatzleistungen faktisch versucht, Sozialkosten auf die Kommunen abzuladen. Hätte die Befristung der Arbeitslosenhilfe auf zwei Jahre die parlamentarischen Hürden genommen, dann wären über steigende Aufwendungen für die Sozialhilfe die Kommunen mit jährlich ca. 4 Mrd. DM belastet worden. Dieser Tendenz zur Kommunalisierung der Krisenkosten konnte über den Druck des Bundesrats ein Riegel vorgeschoben werden. Wieder einmal zeigt sich, daß endlich das Gesamtsystem der Finanzierung von Krisenkosten volkswirtschaftlich rational auszurichten ist. Der Verschiebepolitik von Belastungen zwischen den Gebietskörperschaften sollte ein Ende gesetzt werden.

Zweitens führt die gezielte Einschränkung von Lohnersatzleistungen und anderen sozialen Transfers zu einer Vertiefung der Kluft zwischen Armut und Reichtum. Letztlich basiert diese Politik sozialer Demontage auf der (neoklassischen) Vorstellung, die Arbeitslosigkeit sei für die Betroffenen wegen ihrer hohen sozialen Absicherung attraktiver als Arbeit. Diese These läuft auf eine ärgerliche Verkehrung von Ursache und Wirkung hinaus. Die Opfer der Krise, die Arbeitslosen, werden dadurch schlichtweg zu Tätern deklariert. Die meisten Arbeitslosen haben den Arbeitsplatz gegen ihren Willen, etwa im Rahmen von Massenentlassungen, verloren. Die weitaus meisten Arbeitslosen können nicht »freiwillig« auf Beschäftigung verzichten, weil sie auf die Erwerbseinkünfte angewiesen sind. Arbeitslosigkeit erfahren die Betroffenen als die Zuspitzung einer im Lohnarbeitsverhältnis steckenden Abhängigkeit.

Drittens gleicht diese Politik der Konsolidierung durch Sozialabbau gesamtwirtschaftlich einem Rennen zwischen Hase und Igel. Die bisher versuchten und künftig erneut geplanten Maßnahmen zur empfindlichen Einschränkung des Gebrauchs sozialer Sicherung führen in dieser Größenordnung zu einem Kaufkraftentzug, der die konjunkturelle Krise vertieft. Am Ende dieser Einsparpolitik sinken vermittelt über die per Nachfrageausfall verschlechterten Absatz- und damit Produktionsbedingungen die staatlichen Einnahmen. Dagegen nehmen die Kosten des Staats infolge steigender Arbeitslosigkeit zu. Finanzpolitik, die im scheinbaren Dienst der Haushaltskonsolidierung auf Sparkurs ausgerichtet wird, gerät in eine Falle: Am Ende der Wirkungskette wird die Neuverschuldung kriseninduziert zunehmen.[19]

Durch den Verzicht auf eine radikale Kehrtwende aus dieser Finanzpolitik, die letztlich ihren Handlungsspielraum auf den Abbau von Sozialausgaben oder aber die Anhebung von Massensteuern und Sozialabgaben reduziert, wird ein *»Haushaltssicherungsgesetz«* – das ist der vornehme Ausdruck für einen Nothaushalt – das andere jagen. Dieses Muster gleicht, wenn es sich auch langsamer und bei mäßiger Inflation vollzieht, auf fatale Weise der Politik der Notverordnungen während der Weltwirtschaftskrise durch den Reichskanzler Heinrich Brüning in Deutschland. Sie hat bei steigender Arbeitslosigkeit soziale Konflikte verstärkt, Staatsverdrossenheit provoziert und schließlich zum Ende der Weimarer Republik beigetragen.[20]

3.7 Unzureichender Ansatz der Steuerpolitik: Das »Standortsicherungsgesetz«

Trotz der enormen Belastung der öffentlichen Haushalte durch die deutsche Einigung und trotz der überraschend tiefen Konjunkturkrise in Westdeutschland hat die Bundesregierung das Ziel, das Steuersystem insgesamt aufkommensneutral umzubauen, nicht aus dem Auge verloren. Diese Absicht verdient im Prinzip Anerkennung. Denn das bundesdeutsche Steuersystem ist vor allem in bezug auf die endgültige Lastverteilung selbst für die Experten auf diesem Gebiet nicht mehr zu durchschauen. Es gibt Steuern, wie etwa auf das Gewerbekapital und den Gewerbeertrag, die im Rahmen der Schaffung eines rationalen und einfacheren Steuersystems dringend geändert werden müssen. Allerdings sind zur Verwirklichung dieses Ziels untaugliche Konzepte angewendet worden. Hier geht es um die Bewertung der ursprünglich beabsichtigten und stark modifiziert realisierten Senkung wichtiger Steuersätze der

Unternehmen im Rahmen des »Standortsicherungsgesetzes«, die durch die Verbreiterung der Bemessungsgrundlage kostenneutral finanziert werden sollten.

Um dieses Modell einer sich selbst finanzierenden Reform der Unternehmensbesteuerung verorten zu können, ist folgende Differenzierung zu betrachten. Die aufzubringende Steuersumme im Rahmen der Einkommen- und Körperschaftsteuer hängt zum einen von der *Bemessungsgrundlage* ab. Das deutsche Steuerrecht definiert dazu eine Vielzahl von Tatbeständen, die bei der Ermittlung der zu versteuernden Bemessungsgrundlage in Abzug gebracht werden können. Typisches Beispiel dafür sind steuerliche Abschreibungen, um die der zu versteuernde gegenüber dem tatsächlichen Gewinn reduziert werden darf. Abschreibungen bewirken eine zeitliche Verschiebung der Steuerschuld. Dadurch entsteht ein Liquiditätsvorteil und wegen des Zinsgewinns ein dauerhafter Vorteil. Auch die gesetzlich festgelegten Rückstellungen wirken in dieselbe Richtung, denn nach ihrer Auflösung erfolgt erst die Besteuerung.

Zum anderen wird der *Steuertarif* erst auf der Grundlage der ermittelten Bemessungsgrundlage angewendet. Diese für das deutsche Steuerrecht typische Unterscheidung zwischen gesetzlich gezielt beeinflußter Bemessungsgrundlage einerseits und dem anzuwendenden Tarif andererseits wird bei internationalen Vergleichen der Belastung der Unternehmen mit Steuern oft übersehen. Das Bild würde verfälscht, wenn bei derartigen internationalen Steuervergleichen lediglich die auf den zu versteuernden Unternehmensgewinn konzentrierten Steuersätze addiert und verglichen werden. Auf dieser unzureichenden Ebene des Vergleichs liegt die Besteuerung der deutschen Unternehmen im internationalen Vergleich tatsächlich an der Spitze. Werden jedoch die unterschiedlichen Möglichkeiten, die Bemessungsgrundlage zu reduzieren, ebenfalls berücksichtigt, dann sieht das Ergebnis ganz anders aus.

Ein adäquater Vergleich der Belastung von Unternehmen verschiedener Branchen und Unternehmensformen mit Steuern zwischen den USA, Schweden, Italien, Japan, Großbritannien, Frankreich und der Bundesrepublik Deutschland zeigt: Die bundesdeutschen Kapitalgesellschaften – ein bestimmtes Verhalten der Dividendenausschüttung unterstellt – lagen in den Jahren 1989/90 (Rechtsstand) mit ihrer Steuerbelastung eher im Mittelfeld[21]. Der entscheidende Grund ist in der steuerrechtlichen Behandlung der Abschreibungen zu sehen, die es in diesem Ausmaß weder in den

USA noch in Japan gibt. Die Behauptung von der im internationalen Vergleich zu hohen und damit investitionshemmenden Steuerlast in Deutschland gehört eher zur unternehmerischen Rhetorik zur Abwehr von gewerkschaftlichen Tarifforderungen sowie des Ziels einer stärkeren Beteiligung der Unternehmen an den staatlichen Finanzlasten.

Im Dezember 1992 hat die Bundesregierung einen Entwurf zu einem *»Standortsicherungsgesetz«* verabschiedet, das 1994 in Kraft treten sollte. Kernstück dieses Gesetzentwurfs ist die ausschließliche Senkung des Spitzensteuersatzes bei der Einkommensteuer für gewerbliche Einkünfte von bisher 53 vH auf 44 vH. Bei den anderen Einkunftsarten, die der Einkommensteuer unterliegen, blieb es beim bisherigen Spitzensteuersatz von 53 vH. Für die Körperschaftsteuer – die ›Einkommensteuer‹ der Kapitalgesellschaften – ist eine Senkung der Sätze für einbehaltene Gewinne von 50 vH auf 44 vH und für ausgeschüttete Gewinne von 36 vH auf 30 vH vorgesehen gewesen.

Da diese Steuersenkung aufkommensneutral geplant war, wurden zur Gegenfinanzierung die Möglichkeiten zur degressiven Abschreibung von beweglichen Wirtschaftsgütern des Anlagevermögens und von Betriebsgebäuden beschränkt. Auf der Basis einer zum Zeitpunkt der vorgenommenen Schätzung noch günstigeren Entwicklung der Wirtschaft hat das Deutsche Institut für Wirtschaftsforschung (DIW) der Senkung der Steuersätze eine Entlastungswirkung von 8,1 Mrd. DM im Entstehungsjahr 1995 zugerechnet.[22] Die Mehrbelastungen durch die Reduzierung der Abschreibungsmöglichkeiten dagegen belaufen sich nach diesem Schätzmodell für 1995 auf 10,1 Mrd. DM, ein Wert, der nach dem Anstieg auf 13,9 Mrd. DM im Jahr 1997 bis zum Ende des Jahrzehnts in etwa wieder erreicht wird.

Im einzelnen läßt sich kritisch anführen:[23]

— Erfahrungen in Ländern – etwa in den USA –, in denen die Spitzensteuersätze gesenkt und zur Gegenfinanzierung Abschreibungsmöglichkeiten verschlechtert wurden, zeigen, daß dadurch nicht ohne weiteres attraktivere Rahmenbedingungen für Investitionen geschaffen worden sind. Die positiven Wirkungen durch die Senkung von Spitzensteuersätzen verpuffen infolge der erheblich stärkeren Belastungen durch die Einschränkung von Abschreibungsmöglichkeiten. Günstige Abschreibungsbedingungen sind im Unterschied zur Senkung von Grenzsteuersätzen für eine expansive Investitionsentwicklung eine wichtigere Voraussetzung.

— Die Senkung der Spitzensteuersätze einerseits und ihre Gegenfinanzierung über die Verschlechterung der Abschreibungsmöglichkeiten andererseits wirken sich auf die Wirtschaftsbereiche unterschiedlich aus. Kapitalintensive Unternehmen werden gegenüber arbeitsintensiven Unternehmen benachteiligt. Schließlich werden allein schon durch die Senkung der Spitzensteuersätze die steuerlichen Wirkungen der Abschreibung abgeschwächt. Das Ziel des Gesetzgebers, die Kapitalbildung zu stärken, verpaßt dieser Entwurf.

— Durch die erstmals in der Bundesrepublik durchgesetzten zwei Spitzensteuersätze (Spreizung) bei der Einkommensteuer nach gewerblichen und den anderen Einkünften werden die Grundlagen rationaler Steuerpolitik verlassen. Das deutsche Einkommensteuerrecht basiert auf einer Besteuerung aller Einkunftsarten auf einem einheitlichen Tarifsystem. Die Spreizung des Spitzensteuersatzes rechtfertigt die Bundesregierung mit dem Hinweis, in der gegenwärtigen Lage wäre eine einheitliche Senkung des Spitzensteuersatzes (leider) nicht durchsetzbar. Daher sollten wenigstens die Gewerbeeinkünfte aus Gewerbebetrieben, die auch der Gewerbesteuer unterliegen, für eine Übergangszeit lediglich mit einem Spitzensteuersatz von 44 vH belastet werden. Die Senkung dieses Steuersatzes für alle Einkunftsarten gehört trotz wachsenden öffentlichen Finanzierungsbedarfs weiterhin zum Programm der Regierungsparteien. Wettbewerbspolitisch problematisch ist die Tatsache, daß diese Spreizung zur Veränderung der unternehmerischen Rechtsformen und Verschiebung von Einkunftsarten in Richtung Gewerbeeinkommen führen kann.

Aufgrund der massiven Kritik an diesem Entwurf zum *Standortsicherungsgesetz* sind durch den Einfluß des Bundesrats einige, allerdings zu schwache Änderungen am schließlich zu Beginn 1994 in Kraft getretenen »Gesetz zur Verbesserung der steuerlichen Bedingungen zur Sicherung des Wirtschaftsstandorts Deutschland im Europäischen Binnenmarkt« vorgenommen worden: Bei Gewerbeeinkünften von Personenunternehmen wird der Einkommenspitzensteuersatz von 53 vH nicht auf 44 vH, sondern lediglich auf 47 vH gesenkt, für einbehaltene Gewinne der Körperschaftsteuersatz nicht von 50 vH auf 44 vH, sondern nur auf 45 vH gesenkt. Der neue Satz auf ausgeschüttete Dividenden hingegen wird wie von der Regierung vorgeschlagen von 36 vH auf 30 vH reduziert. Damit bleibt es bei einer allerdings verkleinerten Spreizung der Spitzensteuersätze innerhalb der Einkommen- sowie gegenüber der Körperschaftsteuer.

Wegen der Kritik an den ursprünglich vorgesehenen Maßnahmen zur Gegenfinanzierung bleibt lediglich die Abschaffung der degressiven Abschreibungen auf Betriebsgebäude übrig. Darüber hinaus wird die Ansparabschreibung für kleinere und mittlere Betriebe erst zum 1. 1. 1995 eingeführt. Nach der Neuregelung kann diese Gruppe von Steuerpflichtigen für die künftige Anschaffung oder Herstellung von neuen beweglichen Wirtschaftsgütern eine den zu versteuernden Gewinn mindernde Rücklage bilden (Ansparabschreibung). Die Rücklage darf die Höhe von 45 vH der Anschaffungs- oder Herstellungskosten nicht überschreiten. Sobald die Abschreibungen vorgenommen werden, ist die Rücklage gewinnerhöhend aufzulösen. Schließlich sind weitere Maßnahmen, wie die Erhöhung des Freibetrags der Erbschaftsteuer auf 500 000 DM, festgelegt worden. Insgesamt wirkt diese beschlossene Reform aber nicht mehr *aufkommensneutral*, wie ursprünglich geplant, sondern sie *entlastet* effektiv die Unternehmen.

Am »Standortsicherungsgesetz« zeigt sich die Grundlinie der Finanzpolitik: Letztlich werden die Unternehmensteuern gesenkt, während auf ein sozial ausgeglichenes Konzept der Finanzierung der deutschen Einigung verzichtet wird. Die Option, auf die Senkung der Steuersätze zu verzichten, nachdem sich die geplante Beschränkung von Abschreibungsvorteilen zur Gegenfinanzierung wegen der damit verbundenen Belastung der Investitionen als nicht sinnvoll erwies, wurde nicht durchgesetzt. Übrig blieb ein Steuergeschenk für die Unternehmen. Der erneute Verzicht auf eine stimmige Finanzpolitik hat die Risiken für die öffentlichen Haushalte erhöht und die Grundsätze einer rationalen Besteuerung weiter ausgehöhlt.

3.8 Wer hat bisher die deutsche Einigung bezahlt? Unsolidarischer Sozialpakt

Das Ausmaß der aus den öffentlichen Kassen Westdeutschlands in die neuen Bundesländer geflossenen Finanzmittel betrug, den Zufluß aus öffentlichen Abgaben in die alten Bundesländer gegengerechnet, für die Jahre 1991–93 über 400 Mrd. DM. Die verteilungspolitisch spannende Frage lautet, wer die Mittel bisher vorrangig aufgebracht hat. Die Verteilung der Finanzierungslasten hat unbestreitbar zu einer (zusätzlichen) »sozialen Schieflage« geführt bzw. eine *»Gerechtigkeitslücke«* aufgerissen. Der »Sachverständigenrat zur Begutachtung der gesamtwirtschaftlichen Entwicklung«, der seinem Jahresgutachten 1992/93 einen Exkurs »Zu den Verteilungswirkungen der ›Finanzierung der Einheit‹« beifügte, sieht beispielsweise in der Erhöhung der Beiträge zur Arbeitslosenversicherung der Arbeitnehmer zur Finanzierung des ostdeutschen Versicherungssystems die Anforderungen an eine »systematisch saubere Lösung« nicht erfüllt.[24] Stark verklausuliert wird so der Vorwurf einer sozial unausgewogenen Finanzierung der deutschen Einheit bestätigt.

Bedauerlicherweise ist bisher eine gründliche, alle Effekte einschließende Untersuchung der durch die Aufbringung öffentlicher Transfers für Ostdeutschland ausgelösten Verteilungseffekte nicht vorgelegt worden. Auf die erheblichen methodischen Probleme weist der »Rat der Fünf Weisen« in dem angesprochenen Exkurs hin. Wegen dieser methodisch-statistischen Defizite läßt sich lediglich eine erste Abschätzung abgeben, die mit Vorsicht zu nutzen ist. Das grundlegende Problem ist die Spezifikation der durch die Art der Einigungsfinanzierung ausgelösten Einflüsse auf die Einkommensverteilung. Die zusätzlich und ausschließlich durch die deutsche Einigung ausgelöste Entwicklung der öffentlichen Haushalte gegenüber den Gesamtveränderungen zu separieren, ist sehr kompliziert. Schließlich sind die einigungsbedingten Finanzierungsaufgaben dazu benutzt worden, ohnehin geplante Maßnahmen – etwa die Senkung der Unternehmensteuern – durchzusetzen. Trotz dieser Schwierigkeiten läßt sich eine Trendaussage zur Lastverteilung der Einheitsfinanzierung entwickeln.

Die Finanzierung der deutschen Einigung ist in zwei Etappen zu unterscheiden: Bis Ende 1990 wurde vorrangig die Aufnahme öffentlicher Kredite genutzt, da die Bundesregierung mit Blick auf die Bundestagswahl den Eindruck suggerierte, Abgabenerhöhungen seien nicht erforderlich. Unmittelbar nach der Bundestagswahl Ende 1990 setzte eine geänderte Finanzierungspolitik mit den folgenden Instrumenten ein: schrittweise Anhebung von Abgaben, Senkung von Staatsausgaben insbesondere im Bereich der Sozialsysteme, und vor allem die Staatsverschuldung.

Bei der Analyse der Auswirkungen der eingesetzten Finanzierungsinstrumente auf die personelle – sowie die nach sozio-ökonomischen Gruppen unterschiedene – Einkommensverteilung sind folgende Ebenen zu unterscheiden:

— Die *Verteilungswirkungen* der Kreditfinanzierung sind umstritten. Die gängige Umverteilungsthese lautet: Die Gläubiger des Staats und damit die Bezieher der Zinszahlungen gehören einkommens- bzw. vermögensstarken Gruppen an. Dagegen werden die Zinszahlungen wegen des hohen Anteils der Lohnsteuer an den Gesamteinnahmen des Staats vorrangig durch die Gruppe abhängig Beschäftigter aufgebracht. Demnach steht der relativ starken Belastung der Lohnsteuerzahler zur Aufbringung der Zinsausgaben die einkommensstärkere Gruppe derjenigen, die die Zinsen auf die Staatsschuldtitel beziehen, gegenüber.

Empirische Untersuchungen zeigen jedoch, daß durch die starke Gläubigerrolle der Banken gegenüber dem Staat und die damit verbundenen komplizierten Auswirkungen auf die übrigen Kreditnehmer und Einleger diese Umverteilungsthese nicht belegt werden kann[25]. Schließlich werden nicht speziell Staatsschuldtitel zur Zinserzielung übernommen. Würden sie nicht angeboten, würde sich die Geldvermögensbildung auf andere Titel konzentrieren. Sollten allerdings durch die Staatsverschuldung die Kapitalmarktzinssätze steigen, dann ergäben sich ganz andere Umverteilungswirkungen. Will man die Verteilungswirkungen der Kreditfinanzierung mit denen der Steuerfinanzierung vergleichen, käme es auch auf die Art der Abgabenerhebung an. Wegen der theoretisch wie empirisch ungeklärten Wirkung der Staatsverschuldung auf die Einkommensverteilung lassen sich diese Zusammenhänge hier nicht weiter berücksichtigen.

— Seit Anfang 1991 wurde die *Abgabenpolitik* als wichtiges Instrument zur Finanzierung der deutschen Einigung eingesetzt. Die einzelnen Maßnahmen seit 1990 faßt der Kasten zusammen. Bei der Abschätzung der Verteilungswirkungen dieser Abgabenpolitik zur Aufbringung der Finanztransfers ist allerdings Vorsicht geboten. Es mangelt an Kenntnissen über die Reaktionen der durch diese Maßnahmen Betroffenen. Unternehmen haben beispielsweise je nach Marktstellung die Möglichkeit, Abgabenerhöhungen zu überwälzen. Derartige Überwälzungen, die darüber Auskunft geben, wer die Abgabenlast letztlich trägt, können hier nicht berücksichtigt werden. Beschränkt man sich auf die Primäreffekte, so lassen sich allerdings Trendaussagen über die Verteilungswirkung der einzelnen Abgabeninstrumente machen.

— — Am relativ stärksten wurden die *Beitragszahler* der Arbeitslosenversicherung vor allem in Westdeutschland belastet. 1991 bzw. 1992 betrug infolge der Anhebung des Beitragssatzes um 2,5 vH auf

STEUER- BZW. ABGABESÄTZE SEIT DER DEUTSCHEN EINIGUNG AB 1990

A) Erhöhung von Steuer- bzw. Abgabensätzen

— Anhebung des Beitragssatzes zur Arbeitslosenversicherung um 2,5 Prozentpunkte auf 6,8 vH bei kompensatorischer Senkung des Beitragssatzes zur Gesetzlichen Rentenversicherung um 1 Prozentpunkt auf 17,7 vH zum 1. 4. 1991 und auf 17,5 vH ab 1993 sowie auf 19,2 vH ab 1. 1. 1994
— Nach der Senkung des Beitragssatzes zur Arbeitslosenversicherung von 6,8 vH auf 6,3 vH ab 1. 1. 1992 erneute Anhebung auf 6,5 vH ab 1. 1. 1993

— Befristete Einführung des Solidaritätszuschlags auf die Einkommen- und Körperschaftsteuer in Höhe von 7,5 vH der Steuerschuld (vom 1. 7. 1991 – 30. 6. 1992)
— Erneute Erhebung eines Solidaritätszuschlags ab 1. 1. 1995, jedoch (bisher) ohne Befristung

— Erhöhung der Mineralölsteuer für bleifreies Benzin um 22 Pf/l auf 82 Pf/l, verbleites Benzin um 25 Pf/l auf 92 Pf/l, Dieselkraftstoff um 10 Pf/l auf 54,15 Pf/l, leichtes Heizöl um 2,34 Pf/l auf 8 Pf/l sowie der Erdgassteuer um 1 Pf/10 kWh auf 3,6 Pf/10 kWh zum 1. 7. 1991
— Erneute Erhöhung der Mineralölsteuer für Benzin um 16 Pf/l und für Diesel um 7 Pf/l ab 1. 1. 1994

— Anhebung der Versicherungsteuer um 3 Prozentpunkte auf 10 vH (zum 1. 7. 1991)

— Erneute Erhöhung der Versicherungsteuer – mit Ausnahme der Feuerversicherungen – um 2 Prozentpunkte ab 1. 7. 1993 und um weitere 3 vH-Punkte ab 1. 1. 1995

— Anhebung der Tabaksteuer um durchschnittlich 1 Pf je Zigarette (zum 1. 3. 1992)

— Erhöhung des Normalsatzes der Mehrwertsteuer von 14 auf 15 vH (zum 1. 1. 1993)

B) Senkung von Steuersätzen (nach dem »Standortsicherungsgesetz«) seit 1994

— Senkung des Einkommensteuerhöchstsatzes von 53 vH auf 47 vH (ursprünglich geplant 44 vH) auf gewerbliche Einkünfte
— Senkung des Körperschaftsteuersatzes für einbehaltene Ge-

winne von 50 vH auf 44 vH (ursprünglich 41 vH); bei ausgeschütteten Gewinnen von 36 auf 30 vH

– Einführung der Ansparabschreibung für kleinere und mittlere Betriebe zum 1. 1. 1995

Die ursprünglich geplante Gegenfinanzierung durch die Senkung degressiver Abschreibungssätze für bewegliche Güter des Anlagevermögens von 50 auf 30 vH sowie für Betriebsgebäude von 10 auf 7 vH sowie Verlängerung der Abschreibungsdauer für betrieblich genutzte PKW ist zugunsten geringerer Steuersatzerhöhungen im Vermittlungsausschuß zwischen Bundestag und Bundesrat nicht durchgesetzt worden.

6,8 vH (bei Senkung des Beitragssatzes zur gesetzlichen Rentenversicherung um 1 Prozentpunkt; dann Rückgang der Beiträge zur Arbeitslosenversicherung auf 6,3 vH und schließlich wieder ab 1993 auf 6,5 vH) deren Anteil an den gesamten Finanzierungsmaßnahmen 57 vH bzw. 42 vH. In der Öffentlichkeit wurde kaum bemerkt, daß 1992 auch Mittel der Rentenversicherung nach Ostdeutschland flossen (1992 waren es 14 vH der gesamten Finanzierungsmaßnahmen). Zwar wurden diese Transfers aus der Schwankungsreserve der Rentenversicherung entnommen. Dadurch könnte jedoch eine spätere Beitragserhöhung nötig werden. Bei der Abschätzung der Belastungen dieser Gruppe ist auch die Auslagerung von Leistungen der gesetzlichen Krankenversicherung auf die privaten Haushalte zu berücksichtigen. Dieser staatliche Rückzug aus der Leistungspflicht belastet die unteren Einkommen stärker.

Die Erhöhung der Sozialversicherungsabgaben wirkt innerhalb der Versichertengruppe wegen der Beitragsbemessungsgrenze *regressiv*. Höherverdienende wurden relativ schwächer belastet als Bezieher niedrigerer und mittlerer Einkommen. Die Selbständigen und Beamten dagegen wurden zur Finanzierung der ostdeutschen Sozialsicherungssysteme überhaupt nicht herangezogen. Die sozialversicherungspflichtigen Arbeitnehmer haben damit im Vergleich das höchste Opfer gebracht.

— — Mehrfach sind spezielle Verbrauchsteuern angehoben worden (*vgl. Kasten*). Durch die Erhöhung der *Tabaksteuer*, die zu leichten Veränderungen bei den Gebrauchsgewohnheiten führt, ist eher eine regressive Wirkung ausgelöst worden. Aufgrund der bekannten Verbrauchsstrukturen in Abhängigkeit vom verfügbaren Einkommen dürfte die Erhöhung der *Mineralölsteuer* wegen des mit steigendem Einkommen zunächst zunehmenden und dann rückläufigen Anteils der Ausgaben für Kraftstoffe am privaten Verbrauch regressive Effekte ausgelöst haben, d. h. die unteren Einkommensbezieher sind stärker belastet worden. Der Anhebung der *Versicherungsteuer* ist eher eine progressive Wirkung zuzurechnen, denn mit steigendem Einkommen wächst die relative Bedeutung der Ausgaben für Prämien und Beiträge an private Versicherungen. Insgesamt haben somit die verschiedenen Anhebungen dieser speziellen Verbrauchsteuern die unteren und mittleren Einkommensbezieher stärker belastet.

—— Die Verteilungswirkungen der *Mehrwertsteuer*, also die Belastung des Endverbrauchs, sind in der finanzwissenschaftlichen Literatur umstritten.[26] Eine plausible Untersuchung zeigt auf der Basis der Einkommens- und Verbrauchsstichprobe von 1969, 1973 und 1978, daß die relative Belastung, gemessen an dem Steueraufkommen gegenüber dem verfügbaren Nettoeinkommen der privaten Haushalte, bis zu einer monatlichen Einkommenshöhe von ca. 3000 DM proportional verläuft. Bis ca. 5000 DM monatlich verfügbares Einkommen erst schwach, danach allerdings deutlich, schlägt die Regression durch, d. h. mit wachsendem Einkommen nimmt der Anteil der Mehrwertsteuer ab. In der Zone des proportionalen Verlaufs wirkt sich die Tatsache aus, daß die mit dem niedrigen Steuersatz (7 vH) bzw. überhaupt nicht versteuerten Güter und Dienstleistungen im Verbrauchsbudget stärkeren Einfluß haben.[27] Daher ist davon auszugehen, daß die Mehrwertsteuererhöhung um einen Prozentpunkt auf 15 vH zum 1. 1. 1993, die explizit zur Finanzierung der deutschen Einigung eingesetzt wurde, die oberen Einkommensbezieher deutlich relativ schwächer belastet hat.

—— Der *Solidaritätszuschlag* von 7,5 vH auf die direkten Steuern, der für ein Jahr erhoben wurde und ab dem 1. 1. 1995 wieder eingeführt wird, trifft alle Einkommensteuerpflichtigen proportional zur Steuerschuld. Durch den Zuschlag wird die Progressionswirkung des Einkommensteuertarifs, die die Steuerschuld als Bemessungsgrundlage bestimmt, nicht verändert. Insoweit nahm für das eine Jahr und nimmt ab 1995 die Steuerbelastung des einzelnen durch den Solidaritätszuschlag mit steigendem Einkommen auch überproportional zu.

Die Nutzung der Möglichkeit der Unternehmen mit starker Marktstellung, den Solidaritätszuschlag auf die Einkommen- bzw. Körperschaftsteuerschuld über die Preise weiterzuwälzen, also der Grad der Inzidenz, läßt sich empirisch nicht abschätzen. Der Tendenz nach reproduziert sich mit diesem Zuschlag die mit der Einkommensteuer bezweckte Lastverteilung. Entgegen wirkt allerdings die Tatsache, daß bei hohen Einkommen die Möglichkeiten der Reduktion der Bemessungsgrundlage zunehmen. Insgesamt ist dieser Zuschlag jedoch verteilungspolitisch akzeptabel und auf jeden Fall – legt man verteilungspolitische Kriterien zugrunde – der Erhöhung der Mehrwertsteuer vorzuziehen. Zu überprüfen wäre, ob die ab 1995 eingebaute, allerdings schwache soziale Komponente nicht durch höhere Freigrenzen – etwa ab 60 000/120 000 DM (Alleinstehend/Verheiratet) – verstärkt werden sollte.

– Bei der Abschätzung der *Verteilungswirkungen* sind auch die Maßnahmen zum Abbau von Steuervergünstigungen und Finanzhilfen sowie Ausgabeneinsparungen zu berücksichtigen. Ausgabeneinsparungen, vor allem durch die Gesetze zur »Umsetzung des Spar- und Konsolidierungs- und Wachstumsprogramms«, konzentrieren sich auf den Abbau sozialer Leistungen. Den Einkommensschwachen wird damit ein vergleichsweise großes Opfer auferlegt. Der Abbau von Steuervergünstigungen hat ebenfalls die abhängig Beschäftigten stärker als die Unternehmen belastet. Dagegen wurden die Finanzhilfen für Unternehmen kaum gekürzt, allen Ankündigungen zum Trotz.

– Neben den direkten sind die *indirekten* Auswirkungen der Einheitsfinanzierung nicht zu übersehen. Allerdings lassen sich die Effekte empirisch derzeit kaum präzise benennen. Indirekt negativ betroffen von der Erhöhung der Sozialversicherungsbeiträge sind Bezieher von Sozialtransfers, deren Einkommen an die Entwicklung der Nettoarbeitsentgelte gekoppelt sind. So ist beispielsweise die Erhöhung der Renten – mit einem Jahr Verzögerung – von der Entwicklung der Nettolöhne und -gehälter abhängig, die durch den Anstieg dieser Beiträge mangels Überwälzung auf die Tariflöhne reduziert werden.

Indirekte Effekte werden auch im Rahmen der Entscheidung über die Tariflöhne spürbar. Bei der Ergebnisfindung im Rahmen der Tarifverhandlungen werden diese Beitragserhöhungen berücksichtigt. Während die Gewerkschaften versuchen werden, den Anstieg der Abgaben über höhere Lohnforderungen auszugleichen, gilt das Interesse der Unternehmen dem Abzug dieses gewichtigen Teils der Lohnnebenkosten bei der Festlegung des Tariflohns bzw. der Kostenüberwälzung. Den Gewerkschaften gelang jedoch unter dem Druck der Arbeitslosigkeit die Kompensation der einigungsbedingten Zunahme der Sozialversicherungsbeiträge durch entsprechende Zuschläge bei den Tariflöhnen nicht. Dies wird durch den Rückgang der Nettoreallöhne seit 1992 belegt.

Wenn auch alle Auswirkungen der Einheitsfinanzierung auf die Einkommensverteilung nicht quantitativ zuverlässig ermittelt werden können, so wird doch die »Gerechtigkeitslücke« bestätigt. Eine Studie des Rheinisch-Westfälischen Instituts für Wirtschaftsforschung (RWI) unterstreicht diese Charakterisierung der Belastung zur Finanzierung der deutschen Einheit für die Jahre 1991 und 1992 (vgl. zu den Maßnahmen *Tab. 3.7*).[28] Das in der Öffentlichkeit kaum wahrgenommene Opfer der Beamten wird bei dieser Modellrechnung ebenfalls berücksichtigt (Besoldungsabschlag für Beamte gegenüber den öffentlichen Angestellten sowie die Verschiebung der Anhebung der Besoldung um zwei Monate im Jahre 1991).

Tab. 3.7: **Die Belastungen westdeutscher Haushalte durch öffentliche Transfers nach Ostdeutschland** (1991 und 1992)

Art der Abgabe bzw. Belastung	1991		1992	
	in Mrd. DM	Anteil in vH	in Mrd. DM	Anteil in vH
Solidaritätszuschlag	10,5	24	12,0	19
Anhebung der Mineralölsteuer[1]	5,2	12	12,2	19
Versicherungsteuer	0,6	1	1,8	3
Kfz-Steuer	0,4	1	0,9	2
West-Ost-Transfer der Sozialversicherung				
Arbeitslosenversicherung	25,5	57	27,0	42
Rentenversicherung	0,0	0	9,0	14
Aufschub der Besoldungserhöhung für Beamte	1,5	3	0,0	0
Besoldungsabschlag	1,1	2	0,8	1
Insgesamt	44,8	100	63,7	100

Eigene Berechnungen nach Angaben des Bundesministers der Finanzen, der Deutschen Bundesbank und des Verbandes Deutscher Rentenversicherungsträger.

[1] Einschließlich der zusätzlichen Mehrwertsteuer und abzüglich der Steuerermäßigung aufgrund der erhöhten Kilometer-Pauschale.

Quelle: RWI, Wer finanziert die deutsche Einheit? Zur Diskussion um die Gerechtigkeitslücke; in: *RWI-Konjunkturbrief* 3/1992

Unterstellt wird, daß die Unternehmen die Erhöhung ihrer Kostensteuern (etwa Mineralölsteuer) voll in die Preise überwälzen können.

Die unterschiedliche Belastung der sozio-ökonomischen Gruppe infolge der Finanzierungsmaßnahmen 1991/92 fiel wie folgt aus: Gering belastet (mit 1,5–2 vH ihres verfügbaren Einkommens) wurden die Landwirte, Selbständigen und Beamten. Eine immer noch durchschnittliche Belastung erfuhren die Nichterwerbstätigen. Über dem Durchschnitt (fast 3 vH) lag die Belastung der Angestellten (3,5 vH) und Arbeiter (4 vH). Gegenüber der absoluten Belastung mit monatlich 260–280 DM der Angestellten-/Arbeitnehmerhaushalte ergab sich bei den Selbständigen der höchste Betrag mit 320 DM, der jedoch im Verhältnis zur Einkommenshöhe relativ niedrig ausfiel. Wird das Gesamteinkommen der priva-

Tab. 3.8: **Belastungen nach Einkommensschichten** (1992; in DM pro Monat)

Haushalte nach der Stellung in der Einkommensschichtung[1]	Durchschnittliches Einkommen[2]	Belastung durch				nachrichtlich:		
		Solidaritätszuschlag	West-Ost-Transfer der Sozialversicherung	Erhöhung von Verbrauchsteuern	Insgesamt	Anteil an Einkommen	Mehrwertsteuer-Variante[3]	
						in vH	in DM	in vH
1. Viertel	2300	0	40	20	60	2,7	80	3,3
2. Viertel	4300	10	90	40	140	3,2	150	3,6
3. Viertel	6800	30	140	50	220	3,1	230	3,3
4. Viertel	13400	100	160	80	340	2,5	300	2,2
davon								
75 vH bis 95 vH	10600	60	160	70	290	2,7	290	2,7
95 vH bis 100 vH	24500	280	150	100	530	2,1	320	1,3
alle Haushalte	6700	40	110	40	190	2,8	190	2,8

Eigene Berechnungen: Quellen wie in *Tabelle 3.7*, Angaben gerundet.

[1] Die durchschnittlichen Einkommen und Belastungen werden für Einkommensschichten ausgewiesen, die jeweils ein Viertel bzw. im obersten Viertel zusätzlich ein Fünftel und das oberste Zwanzigstel der Haushalte umfassen.

[2] Haushaltsbruttoeinkommen im Sinne der Einkommens- und Verbrauchsstichprobe.

[3] Solidarabgabe wird durch Mehrwertsteuer ersetzt.

Quelle: RWI, Wer finanziert die deutsche Einheit? Zur Diskussion um die Gerechtigkeitslücke, in: *RWI-Konjunkturbrief 3/1992*

ten Haushalte in vier gleich große Einkommensschichten (Quartile) eingeteilt und diesen die Belastungen durch die Finanzierung der deutschen Einigung zugerechnet, dann bestätigt sich auch hier die »Gerechtigkeitslücke« (*Tab. 3.8*): Die stärkste Belastung erfährt das zweitunterste Einkommensviertel. Beim obersten Einkommensviertel fällt die Belastung unter die des untersten Einkommensviertels zurück, wobei die stärksten Verdiener (die letzten 5 vH des obersten Einkommensviertels) nur mit 2,1 vH gegenüber knapp 3 vH im Durchschnitt aller Haushalte belastet werden.

Seit 1993 hat die Spreizung der relativen Belastungen eindeutig zugenommen. Weitere Anhebungen spezieller Verbrauchsteuern, vor allem die Erhöhung des Normalsatzes der Mehrwertsteuer und die ab 1994 eingetretenen Kürzungen im Sozialbereich, verstärken die für 1990/91 nachgewiesene »soziale Schieflage« bei der Finanzierung der deutschen Einheit.

Diese »Gerechtigkeitslücke« wieder abzubauen, ist nicht nur unter sozialen, sondern auch unter ökonomischen Kriterien dringend geboten. Die »sauberste« Lösung zur Finanzierung der transformationsbedingten Defizite der Sozialversicherungen in Ostdeutschland wäre die Erhöhung der Einkommen- und Körperschaftsteuern auf der Grundlage der damit verbundenen Belastung im Verhältnis zur Leistungsfähigkeit. Dieser Forderung des »Sachverständigenrates zur Begutachtung der gesamtwirtschaftlichen Lage« kann nur zugestimmt werden.[29] Im Unterschied zu dessen Ablehnung einer Arbeitsmarktabgabe wäre es jedoch wichtig, künftig die allgemeine Finanzierung der Arbeitslosenversicherung auf ein breiteres Fundament in Form einer Abgabe für Selbständige, besserverdienende und beamtete Erwerbstätige einzuführen. Im Kapitel 4 werden die Instrumente zur alternativen Finanzierung der deutschen Einigung vorgestellt.

Anmerkungen

1 Zur aufgaben- und einnahmenspezifischen Abhängigkeit des Steuerstaats vgl. die klassischen Untersuchungen von J. Schumpeter, Die Krise des Steuerstaats, Graz/Leipzig 1918, neu ediert: R. Hickel (Hrg.), Rudolf Goldscheid/Joseph Schumpeter, Die Finanzkrise des Steuerstaats – Beiträge zur politischen Ökonomie der Staatsfinanzen, Frankfurt a. M. 1976. – Zum Versuch, diese Finanztheorie neu zu interpretieren und anzuwenden: R. R. Grauhan/R. Hickel (Hrg.), Krise des Steuerstaats? Widersprüche, Perspektiven, Ausweichstrategien; in: *Leviathan* (Sonderheft) 1/1978

2 Nach R. Hickel (Hrg.), Rudolf Goldscheid/Joseph Schumpeter a.a.O., S. 377, Fußnote 19.

3 Vgl. die grundlegenden Ausführungen zum modernen Interventionsstaat bei E. Matzner, Der Wohlfahrtsstaat von morgen – Entwurf eines zeitgemäßen Musters staatlicher Interventionen, Wien 1982.

4 Ausführlich im Jahresgutachten 1984/85 des »Sachverständigenrates zur Begutachtung der gesamtwirtschaftlichen Entwicklung«.
Zur Kontroverse über die Deregulierung des Arbeitsmarkts: W. Dichmann/R. Hickel, Zur Deregulierung des Arbeitsmarkts – Pro und Contra; in: *Beiträge zur Gesellschafts- und Bildungspolitik* Nr. 148, Institut der deutschen Wirtschaft, Köln 1989.

5 Überblick durch M. Scherer, Die Effizienzlohntheorien – Ein Beitrag zur mikroökonomischen Fundierung der Erklärung unfreiwilliger Arbeitslosigkeit; in: *RWI-Mitteilungen* Jg. 37/18, 1987/1988.

6 Zum internationalen Vergleich der Staatsquote: Bundesministerium der Finanzen, Finanzbericht 1994, S. 332.

7 Vgl. Deutsche Bundesbank, Die Entwicklung des Steueraufkommens seit dem Jahre 1990; *Monatsbericht* 3/1993.

8 J. Körner, Fiskus profitiert von heimlichen Steuererhöhungen – Einkommensteuerreform 1996 fällig?; in: *Ifo-Schnelldienst* 3/1993.

9 Ausführlich bei J. Priewe/R. Hickel, Der Preis der Einheit – Bilanz und Perspektiven der deutschen Vereinigung, Frankfurt a. M. 1991, S. 56 ff.

10 Ausführlich bei J. Priewe/R. Hickel, Der Preis der Einheit, a.a.O., S. 152 f.

11 Zu den grundlegenden Problemen vgl. M. Burchardt, Die Praxis des aktuellen Länderfinanzausgleichs und das Problem der Integration der neuen Bundesländer, sowie R. Hickel, Föderaler Finanzausgleich im vereinten Deutschland nach 1995; in: *WSI-Mitteilungen* 9/1992.

12 Der Bundesminister der Finanzen, Föderales Konsolidierungsprogramm; in: Aktuelle Beiträge zur Wirtschafts- und Finanzpolitik Nr. 7/1993 vom 21. 1. 1993; vorausgegangen war die Vorlage eines »Thesenpapiers des Bundes zur Neuordnung der Bund/Länder-Finanzbeziehungen« vom 8. 9. 1992.

13 Vgl. Ergebnisprotokoll der Konferenz der Regierungschefs der Länder in Potsdam am 26. und 27. 2. 1993; abgedruckt in: Der Senator für Finanzen der Freien Hansestadt Bremen (Hrg.), Neuordnung des Finanzausgleichs zwischen Bund und Ländern und ihre Auswirkungen auf das Land Bremen, Bremen 1993, S. 145 ff.

14 Vgl. zu den Grundlagen den Forschungsbericht: R. Hickel/B. Roth/A. Troost, Stadtstaat Bremen im föderalen Finanzausgleich, Bremen 1988.

15 Vgl. »Gesetz zur Umsetzung des Föderalen Konsolidierungsprogramms«; im *Bundesgesetzblatt* Teil I Nr. 30/1993 (ausgegeben zu Bonn am 26. Juni 1993).

16 Zur Reform vgl. »Sachverständigenrat zur Begutachtung der gesamtwirtschaftlichen Entwicklung« in seinem Jahresgutachten 1990/91 (Ziff. 432–459) und 1991/92 (Ziff. 324–327).

17 Ergebnisse der Klausurtagung des Bundeskanzlers mit den Regierungschefs der Länder sowie der Partei- und Fraktionsvorsitzenden vom 11. bis 13. März 1993 in Bonn; in: Der Senator für Finanzen der Freien Hansestadt Bremen (Hrg.), Neuordnung ..., a.a.O., S. 149 ff.

18 Vgl. dazu D. Vesper, Föderales Konsolidierungsprogramm: Trägt die Neuordnung der staatlichen Finanzen zur Lösung der Finanzprobleme bei?; in: *DIW-Wochenbericht* 45/1993.
19 Arbeitsgruppe Öffentlicher Sektor, Sparhaushalt nicht konjunkturgerecht; in: *DIW-Wochenbericht* 26-27/1993, S. 375.
20 R. D. Schwartz, Bonn ist nicht Weimar oder: Ähnlichkeiten sind rein zufällig; in: Frankfurter Rundschau, 23. 6. 1993.
21 B. Seidel/F. Franzmeyer/J. Volz/D. Teichmann, Die Besteuerung der Unternehmensgewinne – Sieben Industrieländer im Vergleich; in: *Beiträge zur Strukturforschung*, Heft 111/1989.
22 St. Bach u. a., Standortsicherungsgesetz 1994: Einstieg in die Unternehmenssteuerreform?; in: *DIW-Wochenbericht* 8–9/1993.
23 Sachverständigenrat zur Begutachtung der gesamtwirtschaftlichen Entwicklung, Jahresgutachten 1993/94, Ziff. 304 ff.
24 Sachverständigenrat zur Begutachtung der gesamtwirtschaftlichen Entwicklung, Jahresgutachten 1992/93, Ziff. 208 ff. und 358.
25 Vgl. die grundlegende Studie von A. Troost, Staatsverschuldung und Kreditinstitute, Frankfurt a. M./Bern/New York 1984.
26 Vgl. den Überblick bei E. Nowotny, Der öffentliche Sektor – Einführung in die Finanzwissenschaft, Berlin/Heidelberg/New York 1987, S. 443 ff.
27 H. Kaiser, Die Mehrwertsteuerbelastung privater Haushalte in der Bundesrepublik Deutschland – Ein Vergleich empirischer Inzidenzanalysen auf Basis der Einkommens- und Verbrauchsstichproben 1969, 1973 und 1978; in: *Vierteljahresheft zur Wirtschaftsforschung*, Heft 1/1989.
28 RWI, Wer finanziert die deutsche Einheit? Zur Diskussion um die »Gerechtigkeitslücke«; in: *RWI-Konjunkturbrief* Nr. 3, 10/1992.
Auf der Basis einer jüngeren Befragung von 6000 Privathaushalten im Rahmen des »Sozioökonomischen Panels« (SOEP) wird ab 1993 eine sich ausweitende Verschiebung der Einkommensverteilung durch die Einheitsfinanzierung zu Lasten der unteren und mittleren Einkommensbezieher erwartet; vgl. dazu: J. Schwarze, Einkommensungleichheit im vereinten Deutschland; in: *DIW-Wochenbericht* 49/1993.
29 Sachverständigenrat zur Begutachtung der gesamtwirtschaftlichen Entwicklung, Jahresgutachten 1992/93, Ziff. 358.

Kapitel 4
Die Republik auf der Flucht in die Staatsverschuldung

4.1 Dimensionen und Ursachen der öffentlichen Kreditaufnahme

Seit der deutschen Einigung hat die staatliche Finanzpolitik zu einer Explosion der *Staatsverschuldung* geführt. Allein im Jahr 1993 haben sich die Haushaltslücken der Gebietskörperschaften um ca. 40 Mrd. DM auf 150 Mrd. DM ausgedehnt. Da die Sozialversicherungen infolge der verbesserten Finanzlage der gesetzlichen Krankenversicherung in etwa ausgeglichen abschließen konnten, betrug das Finanzierungsdefizit der öffentlichen Gesamthaushalte gegenüber dem Bruttoinlandsprodukt 5 vH. Damit ist der Gesamtumfang der unter staatlicher Verantwortung entstandenen Haushaltslücken im Jahre 1993 noch nicht einmal in vollem Umfang erfaßt. Für den gesamten öffentlichen Sektor – das heißt einschließlich der Treuhandanstalt, Eisenbahnen und Post, Sondervermögen etc. (vgl. Kasten S. 176) – wurde für 1993 der Finanzierungsbedarf mit einer Größenordnung von ca. 220 Mrd. DM, also 7 vH des Bruttoinlandsprodukts, durch die Deutsche Bundesbank geschätzt.[1]

Der Schuldenstand des öffentlichen Sektors erklomm Ende 1993 nach einer noch umfassenderen Schätzung der »Arbeitsgruppe Haushalt« der SPD-Bundestagsfraktion die Höhe von 1923 Mrd. DM.[2] Hierbei wurden alle durch die öffentlichen Haushalte zu verantwortenden Schulden erfaßt. Das Bundesfinanzministerium geht auf der Basis der Finanzstatistik nach einem Zuwachs der Schulden um mehr als 40 Mrd. DM im Jahre 1993 von einer Gesamtverschuldung Ende 1993 von über ca. 1,5 Mrd. DM aus (ohne Berücksichtigung der Treuhandanstalt, der Eisenbahnen und der Post; *Tab. 4.1*).

Tab. 4.1: **Nettokreditaufnahme, Schuldenstände und Zinsausgaben des Öffentlichen Gesamthaushalts**

	1982	1983	1984 Mrd. DM	1985	1986
Öffentlicher Gesamthaushalt					
Nettokreditaufnahme	68,2	56,2	49,8	40,5	41,
Schuldenstand[1]	608,0	667,0	711,9	756,6	794,
dgl. in vH des BSP	38,2	39,8	40,4	41,2	41,
dgl. in DM je Einwohner	9864	10859	11637	12398	13007
Zinsausgaben	44,7	51,0	53,1	55,6	57,
dgl. in DM je Einwohner	725	830	868	911	942
dgl. in vH der Ausgaben	8,0	8,9	9,1	9,2	9,
dgl. in vH der Steuereinnahmen	11,8	12,9	12,8	12,7	12,

Hinweise:
Stand: Bund und Sonderrechnungen: Finanzplan vom Sept. 1993
Länder und Gemeinden: Finanzplanungsrat v. 27. Mai 1993, korrigiert um Steuerrechtsänderungen (StandOG, SKWPG)
Anmerkung: Die »Nettokreditaufnahme« bezeichnet den Betrag, der zur Defizitfinanzierung in einem Haushaltsjahr aufgenommen werden muß. Sie ist nicht notwendig mit einer Schuldenstandsänderung identisch. Diese ergibt sich vielmehr im wesentlichen aus der tatsächlichen Kreditaufnahme am Kapitalmarkt in einem Kalenderjahr (Nettoneuverschuldung) und evtl. Schuldenübernahmen.
[1] Alle Ebenen: Schuldenstand definiert als »Kreditmarktschulden im weiteren Sinne« (einschl. Ausgleichsforderungen, aber ohne Schulden bei öffentlichen Haushalten).
Öffentlicher Gesamthaushalt: einschl. Zweckverbände; bis 1994 wegen ungeklärter Rechtslage ohne kommunale Wohnungswirtschaft-Ost; ohne Bundeseisenbahnvermögen.
Ab 1991: Länder West einschl. Berlin, Länder Ost ohne Berlin; entsprechend der Darstellung der Schuldenstatisik;

Während sich in der zweiten Hälfte der achtziger Jahre die Nettokreditaufnahme der öffentlichen Haushalte zurückbildete, vollzog sich 1990 eine massive Trendwende. In großen Sprüngen wächst seitdem der öffentliche Schuldenstand. Alle Prognosen zur öffentlichen Haushaltsentwicklung zeigen dasselbe Bild: Die Beanspruchung der Kapitalmärkte durch den Staat wird auch in den kommenden Jahren rapide zunehmen. Werden alle staatlich zu verantwortenden Haushaltslücken berücksichtigt, dann droht der Schuldenberg gegenüber knapp 2000 Mrd. DM 1993 auf 2317 Mrd. DM 1995 und schließlich 2528 Mrd. DM 1997 anzuwachsen.[3] Gegenüber 1990 hätte sich dann innerhalb von sieben Jahren der

1987	1988	1989	1990 Mrd. DM	1991	1992	1993s
48,7	55,6	33,6	90,1	132,0	110,8	154,5
844,1	899,0	924,8	1048,8	1166,0	1331,5	1499
42,1	42,6	41,1	43,0	41,3	44,1	48,5
13820	14630	14901	16581	14578	16521	18500
58,2	60,1	60,8	64,3	76,7	100,2	105
953	978	980	1017	959	1243	1300
8,9	9,0	8,7	7,9	7,9	9,4	9,5
12,4	12,3	11,4	11,4	11,6	13,7	14

ohne kommunale Wohnungswirtschaft-Ost und Schulden der »gesellschaftlichen Einrichtungen«.

Der Kreditabwicklungsfonds geht ab 1995 im Erblastentilgungsfonds auf. Auch danach werden noch Ausgleichsforderungen zugeteilt: Erst 1996 wird die Gesamtschuld des KAF von 140 Mrd. DM erreicht. Daneben übernimmt der Erblastentilgungsfonds die bis Ende 1994 aufgelaufenen finanziellen Verbindlichkeiten der Treuhandanstalt (rd. 230 Mrd. DM) und die den Betrag von 150 DM/qm übersteigenden Altschulden der ehemaligen staatlichen Wohnungswirtschaft der DDR (rd. 31 Mrd. DM). Die nach Auslaufen des bis Ende 1993 befristeten Moratoriums zwischen Wohnungs- und Kreditwirtschaft vom 1. Januar 1994 bis zum 30. Juni 1995 anfallenden Zinsen für die Altschulden der ostdeutschen Wohnungswirtschaft in Höhe von etwa 7 Mrd. DM werden vom Bund und von den neuen Ländern je zur Hälfte übernommen.

[s] Schätzung.

Quelle: BT-Drucksache 12/5857, S. 12 f.

öffentliche Schuldenstand um das 2,5fache erhöht. Betrugen die Gesamtschulden 1982 noch 42,6 vH des Bruttoinlandsprodukts, so erreichen sie 1997 voraussichtlich einen Anteil von 65,4 vH. Diese Extrapolation ist realistisch, denn mit einer grundlegenden Kehrtwende der Finanzpolitik ist kaum zu rechnen, ja sie scheint angesichts der Zwänge nur schwer möglich.

Im Trend wird diese Entwicklung der Staatsschulden mittlerweile auch durch das Bundesfinanzministerium bestätigt. Allerdings liegen die Absolutwerte wegen der engeren Abgrenzung des Staates niedriger (vgl. Kasten, S. 176): Von 1982 bis 1990 wuchs nach den Daten des »Kassenwarts der Nation« der Schuldenstand von

STAATSVERSCHULDUNG: PROBLEME DER DEFINITION UND ABGRENZUNG

Abgrenzung des Staats: Die Angaben zur staatlichen Schuldenentwicklung weichen zum Teil stark voneinander ab. Eine wesentliche Ursache ergibt sich aufgrund der unterschiedlichen Breite bei der Abgrenzung des öffentlichen Sektors. Entscheidend ist, welche öffentlichen Institutionen berücksichtigt werden: Gebietskörperschaften, Sozialversicherungen, Nebenhaushalte (Fonds Deutsche Einheit, Kreditabwicklungsfonds, ERP-Sondervermögen, Lastenausgleichsfonds, Altschulden der ostdeutschen Wohnungswirtschaft), die Haushalte der Unternehmen Eisenbahnen, Post und die Treuhandanstalt sowie der Ausgleichsfonds Steinkohle (Schattenhaushalte). Auf der Basis der Finanzstatistik berücksichtigt das Bundesfinanzministerium beispielsweise lediglich die Gebietskörperschaften sowie die Nebenhaushalte (vgl. Tab. 4.1). Die hier zitierten Zahlen zur Entwicklung der Staatsverschuldung der »Arbeitsgruppe Haushalt« der SPD-Bundestagsfraktion umfassen neben den Gebietskörperschaften, den Sozialversicherungen sowie den Neben- und Schattenhaushalten auch den Ausgleichsfonds Steinkohle. Je weiter der Radius staatlich verantworteter Kreditaufnahme gezogen wird, um so höher fällt die Staatsverschuldung aus.

Abgrenzung Staatsverschuldung: Zwischen dem Finanzierungssaldo (Haushaltslücke), der Nettokreditaufnahme (= Nettoneuverschuldung) und der Schuldenstandsänderung muß bei der Interpretation der Daten unterschieden werden:

Der *Finanzierungssaldo* ergibt sich aus der Differenz der Ausgaben (ohne Schuldentilgung am Kreditmarkt, Zuführungen von Rücklagen und Ausgaben zur Deckung eines kassenmäßigen Fehlbetrags) mit den Einnahmen (ohne Einnahmen aus Krediten vom Kreditmarkt, Einnahmen aus kassenmäßigen Überschüssen und Münzeinnahmen).

Die *Nettokreditaufnahme,* die sich vom Finanzierungssaldo unterscheidet, resultiert aus den Einnahmen über die Beanspruchung der Kapitalmärkte, die über die Anschlußfinanzierung im Rahmen der Tilgung hinausgehen. Damit wird auch der Unterschied zur Bruttoverschuldung deutlich. Sie umfaßt die Kredite, die zwecks Tilgung ausgelaufener Staatsschulden – im Sinne der Anschlußfinanzierung – aufgenommen werden sowie die darüber hinaus eingegangene Nettoneuverschuldung.

Die *Schuldenstandsänderung* ergibt sich gegenüber der Nettokreditaufnahme aus der tatsächlichen Kreditaufnahme in einem Kalenderjahr und eventuellen Schuldenübernahmen.

Tab. 4.2: **Entwicklung der öffentlichen Haushalte bis 1994**

Ausgaben/Einnahmen/Saldo	1992	1993	1994	1992	1993	1994
	Mrd. DM			vH gegenüber Vorjahr		
I. Ausgaben						
Bund	427,2	461	480	6,3	8	4
Länder (West)[2]	322,8	337	344,5	5,9	4,5	2,5
Gemeinden (West)	250,9	263,5	272,5	10,0	5	3,5
Fonds Deutsche Einheit	37,8	41,5	42	–	–	–
Länder (Ost)[2]	97,9	107	115,5	13,0	9,5	8
Gemeinden (Ost)	63,0	70,5	76	30,7	12	8
Öffentl. Gesamthaushalte[1, 2]	1064,0	1128	1202	9,5	6	6,5
II. Einnahmen						
Bund	387,8	388,5	410,5	11,3	0	5,5
Länder (West)[2]	306,6	312,5	316	6,4	2	1,5
Gemeinden (West)	241,2	252,5	261	8,6	4,5	3,5
Fonds Deutsche Einheit	15,4	28	38,5	–	–	–
Länder (Ost)[2]	82,6	85	87,5	11,9	3	2,5
Gemeinden (Ost)	55,6	60,5	65,5	10,9	9	8,5
Öffentl. Gesamthaushalte[1, 2]	947,8	972	1035,5	11,8	2,5	6,5
III. Finanzierungssaldo				in vH des BIP		
Bund	−39,3	−72	−69,5	−1,3	−2,3	−2,1
Länder (West)[2]	−16,2	−24,5	−28,5	−0,5	−0,8	−0,9
Gemeinden (West)	−9,7	−11	−11,5	−0,3	−0,4	−0,4
Fonds Deutsche Einheit	−22,4	−13,5	−3	−0,7	−0,4	−0,1
Länder (Ost)[2]	−15,3	−22	−28	−0,5	−0,7	−0,9
Gemeinden (Ost)	−7,4	−10	−10,5	−0,2	−0,3	−0,3
Öffentl. Gesamthaushalte[1, 2]	−116,1	−156,5	−166,5	−3,8	−5	−5
IV. Zinslastquoten der öffentlichen Gesamthaushalte[1, 2]	in vH					
Zinssteuerquote[3]	13,7	13,7	15,8			
Zins-Ausgabenquote[4]	9,4	9,0	10,3			

Abweichungen in den Summen durch Runden der Zahlen.

[1] Einschließlich LAF, ERP-Sondervermögen, EG-Anteile, Kreditabwicklungsfonds und Bundeseisenbahnvermögen

[2] Haushalte Länder (West) einschl. Berlin (West), Länder (Ost) einschl. Berlin (Ost); öffentlicher Gesamthaushalt einschl. Krankenhäuser und Sonderrechnungen der Länder

[3] Zinsausgaben zu Steuern in vH

[4] Zinsausgaben zu Gesamtausgaben in vH

Quelle: Bundesfinanzministerium vom 16. 11. 1993 (Vorlage für den Finanzplanungsrat)

608 Mrd. DM auf 1050 Mrd. DM. Der von 1990 bis 1993 erfolgte Anstieg des öffentlichen Schuldenpegels lag mit 452 Mrd. DM über dem Zuwachs in der achtjährigen Zeitspanne von 1982 bis 1989. Auch die regierungsoffizielle Projektion der künftigen Entwicklung geht von einer steigenden Expansion des öffentlichen Finanzierungssaldos aus: Nach den Daten der ›Mittelfristigen Finanzplanung‹ (Ende November 1993) wird die Haushaltslücke 1994 116,5 Mrd. DM (1993: 156,5 Mrd. DM) betragen (*Tab. 4.2*).

Angesichts dieser rasant voranschreitenden Verschuldung des Staates im In- und Ausland ist es kaum noch möglich, rational deren Notwendigkeit, Risiken und Grenzen abzuwägen. Irrationale Ängste über drohende katastrophale Wirkungen dieser fiskalischen Lasten gewinnen an Einfluß. Sie gipfeln mittlerweile in der Beschwörung eines Staatsbankrotts mit anschließender Währungsreform. Dabei muß sich die herrschende Finanzpolitik den Vorwurf gefallen lassen, zu diesen tiefen Zweifeln an der Solidität staatlichen Handelns und damit den Grundlagen des Währungssystems selbst beigetragen zu haben. Schließlich wird vorgegeben, zur Stärkung der privatwirtschaftlichen Wachstumsdynamik die Staatsverschuldung massiv zurückfahren zu wollen, während ein Rekordergebnis am Ende eines jeweiligen Haushaltsjahrs durch ein anderes abgelöst wird. Angesichts dieser sich vertiefenden Diskrepanz zwischen Zielen und Wirklichkeit darf es nicht verwundern, wenn diese widersprüchliche Finanzpolitik ihre Akzeptanz in der Bevölkerung untergräbt.

4.2 Zwänge zur Staatsverschuldung in der Gesamtwirtschaft

Was heute dringend gebraucht wird, ist eine rationale Klärung der Rolle der Staatsverschuldung im neuen Deutschland. Dazu gehört eben nicht nur die Erörterung der Risiken und Grenzen dieses Finanzierungsinstruments, sondern auch die Verortung der Möglichkeiten, ja Notwendigkeiten, die öffentliche Kreditaufnahme sinnvoll zu nutzen. Allerdings, die Schwierigkeiten eines rationalen Diskurses über dieses so strittige, zum Teil historisch besetzte Gebiet sind in Politik und Wirtschaftswissenschaft altbekannt. Die Theoriegeschichte verzeichnet diese Kontroverse, seit die Funktionsweise von Wirtschaftssystemen auf der Basis von Märkten untersucht worden ist.

Aus der Vielfalt von Pro und Contra zwei Belege: Adam Smith, zweifellos genialer Pionier einer Theorie der Marktwirtschaft bei Einbeziehung des Staates, warnt vor diesem Finanzierungsinstrument: »Die Politik der öffentlichen Verschuldung hat nach und nach jeden Staat geschwächt, der sich ihrer bedient hat.«[4] Dagegen steht das Diktum des deutschen Finanzklassikers Lorenz von Stein: »Ein Staat ohne Staatsschuld tut entweder zuwenig für seine Zukunft, oder er fordert zuviel von seiner Gegenwart.«[5]

Zweifellos, der Staatsverschuldung sind innerhalb der Volkswirtschaften Grenzen gesetzt. Dies ist eine Binsenwahrheit. Diese Grenzen jedoch zu operationalisieren, fällt wegen der Komplexität der Wirkungszusammenhänge einer international verflochtenen Gesamtwirtschaft äußerst schwer. Die Sehnsucht vieler Wissenschaftler und Politiker, eine optimale Staatsverschuldungsquote als Norm finanzpolitischen Handelns spezifizieren zu können, kann nicht in Erfüllung gehen. Diejenigen in der Wirtschaftswissenschaft, die ständig auf die zu hohe Staatsverschuldung hinweisen, sind nicht in der Lage, das ökonomieverträgliche Ausmaß des Abbaus des Staatsschuldenbergs zu benennen. Außer der Warnung vor den Gefahren liegt (derzeit) eine gesamtwirtschaftlich haltbare Strategie zur Lösung der Staatsschuldenprobleme nicht vor. Dies gilt auch für die jüngste, zwar wichtige theoretische Details aufzeigende und empirische Grundlagen liefernde Monografie über die »Staatsverschuldung – ohne Ende?«, an der der ehemalige Bundesbankpräsident Helmut Schlesinger mitgearbeitet hat.[6]

Anstatt auf eine im Zweifelsfall doch wieder nur partiell argumentierende große Theorie zu warten, bietet sich in angemessener Bescheidenheit heute nur die Möglichkeit an, die wichtigsten Teilaspekte zu den wirtschaftlichen Wirkungen der Staatsverschuldung zusammenzutragen, um diese zu einer Trendaussage zu verdichten. Nichts ist hinderlicher als das Hervorheben einer monokausalen und dann noch immanent und empirisch strittigen Behauptung von den – je nach Position – schädlichen bzw. nützlichen Effekten der öffentlichen Nettokreditaufnahme. Am Beispiel der weitverbreiteten monokausalen These von der Verdrängung privatwirtschaftlicher Investitionen durch die öffentliche Beanspruchung der Kapitalmärkte (»Crowding-out«) werden die Mängel derartiger Argumentationsmuster zu zeigen sein. Zur Entdämonisierung des Staates als Kreditnehmer, jedoch nicht zur Bagatellisierung, sollen folgende, innerhalb der Fachwelt kaum umstrittenen Hinweise beitragen:

Tab. 4.3: **Defizit-Überschußquote im internationalen Vergleich (in vH des BIP)**

	1982	1983	1984	1985	1986
Deutschland a) c)	−3,3	−2,6	−1,9	−1,2	−1,3
b)	−3,3	−2,6	−1,9	−1,2	−1,3
USA	−3,4	−4,1	−2,9	−3,1	−3,4
Japan	−3,6	−3,6	−2,1	−0,8	−0,9
Belgien	−11,2	−11,6	−9,4	−8,8	−9,1
Dänemark	−9,1	−7,2	−4,1	−2,0	+3,4
Frankreich	−2,8	−3,2	−2,8	−2,9	−2,7
Griechenland	−7,6	−8,6	−10,2	−14,5	−12,6
Irland	−13,1	−11,0	−9,1	−10,5	−10,3
Italien	−11,3	−10,7	−11,6	−12,6	−11,6
Luxemburg	−1,6	+1,5	+2,8	+6,0	+4,4
Niederlande	−6,8	−6,2	−6,1	−4,6	−4,4
Portugal	−7,6	−10,1	−7,1	−7,4	−6,4
Spanien	−5,4	−4,6	−5,3	−6,9	−6,0
Vereinigtes Königreich	−2,5	−3,3	−3,9	−2,9	−2,4

(−) Defizitquote; (+) Überschußquote

Quelle: Für 1982 bis 1986: OECD, Economic Outlook Nr. 50, Dezember 1991;
für 1987 bis 1994: OECD, Economic Outlook Nr. 53, Juni 1993;
für Deutschland: a) nationale Unterlagen,
b) OECD,
c) ab 1991 Gebietsstand nach dem 3. Oktober 1990;
für Luxemburg: EG-Kommission, The Economic and Financial Situation in Luxembourg, September 1992.

Nach Bundesministerium der Finanzen, Finanzbericht 1994

Erstens: Für die Bewertung der gesamtwirtschaftlichen Wirkungen ist nicht die Entwicklung der absoluten Höhe der Staatsverschuldung entscheidend, sondern ihr Anteil am (nominalen) Bruttoinlandsprodukt. Seit der deutschen Einigung hat der Anteil der öffentlichen Nettokreditaufnahme (in enger Abgrenzung) an der gesamtwirtschaftlichen Produktion von 1,4 vH auf knapp 5 vH in 1993 zugenommen (*Tab. 4.1*). In weiterer Abgrenzung ist der Anteil auf etwa 7 vH angestiegen. Dahinter verbirgt sich zweierlei: Zum einen beanspruchen die öffentlichen Haushalte einen größeren Teil der gesamtwirtschaftlichen Ersparnisbildung im In- und Ausland. Zum anderen werden damit vermehrt staatliche Aktivitäten (öffentlich veranlaßte Produktion und Umverteilung von Einkommen) gegenüber der gesamtwirtschaftlichen Produktion finanzierbar (vgl. Entwicklung der Staatsquote i.w.S., *Kapitel 3.2*). Diese

1987	1988	1989	1990	1991	1992	1993	1994
−1,9	−2,2	+0,1	−2,0	−3,2	−2,8	−4	−3,5
−1,9	−2,2	+0,1	−2,0	−3,2	−2,8	−4,1	−4,1
−2,5	−2,0	−1,5	−2,5	−3,4	−4,7	−3,8	−2,9
+0,5	+1,5	+2,5	+2,9	+3,0	+1,8	+0,1	−0,1
−7,3	−6,5	−6,4	−5,7	−6,5	−6,8	−6,6	−5,5
+2,4	+0,6	−0,5	−1,5	−2,2	−2,5	−3,8	−4,2
−1,9	−1,7	−1,3	−1,5	−2,1	−3,9	−5,7	−5,8
−12,3	−13,8	−17,7	−18,6	−15,2	−10,6	−10,4	−10,1
−8,2	−4,0	−1,1	−1,8	−1,8	−2,8	−3,7	−3,9
−11,0	−10,7	−9,9	−10,9	−10,2	−9,5	−9,5	−8,3
+2,5	+3,3	+5,5	+5,6	+2,6	+2,6	+2,4	
−6,0	−4,6	−4,8	−4,9	−2,5	−3,3	−3,6	−3,1
−7,3	−5,4	−3,2	−5,0	−6,1	−5,1	−4,6	−4,3
−3,1	−3,2	−2,8	−3,9	−5,0	−4,8	−5,4	−5,7
−1,3	+1,0	+0,9	−1,3	−2,9	−6,7	−8,3	−7,4

Veränderung der gesamtwirtschaftlichen Struktur der Finanzierung durch die relative Zunahme staatlicher Aktivitäten kann, wenn sie schockartig erfolgt, durchaus zu Anpassungsbelastungen der Privatwirtschaft führen. Allerdings müssen die Staatsausgaben, die der Wirtschaft zufließen, in ihrer Funktion als Absatzpotential einbezogen werden.

Der Anstieg der Defizitquote infolge der Finanzierung der deutschen Einigung hat bisher zu einem Niveau geführt, das im internationalen Vergleich nicht unüblich ist. Im Vergleich wichtiger Industrieländer auf der Basis der OECD-Daten und der jeweiligen Länderangaben zeigt sich, daß diese Finanzierungsquote 1993/94 beispielsweise nicht stark von der in den USA abweicht (*Tab. 4.3*). Wenig höher liegt sie in Frankreich und deutlich darüber im Vereinigten Königreich. Lediglich Japan weist für die beiden Jahre eine Defizitquote von nahezu Null aus. Während sich die Anpassung an die veränderten gesamtwirtschaftlichen Finanzierungsverhältnisse in Deutschland einigermaßen spannungsfrei vollzog, wurde ein im internationalen Vergleich durchaus normales Defizitquotenniveau erreicht.

Allerdings wird damit die Zielmarke im Rahmen der Konvergenzkriterien, die der Maastrichter Vertrag für die Haushaltsdefizitquote mit drei Prozent festschreibt, verfehlt. Dieses Konvergenzkriterium ist, wie die anderen, jedoch ziemlich willkürlich gegriffen. Alle fixierten Kriterien, die die Länder beim Einstieg in die Endstufe der Währungsintegration erfüllen müssen, richten sich ohnehin nur am Ziel der Preisstabilisierung in der Europäischen Union aus. Welche Quote öffentlicher Neuverschuldung ökonomisch erforderlich bzw. tragfähig ist, hängt von der Frage ab, *was* mit den staatlichen Krediten finanziert wird und wie sich diese in die Geldvermögensbildung und gesamtwirtschaftlichen Finanzierungsströme einfügen. Die Vorgabe einer Defizitquote von 3 vH als eines der Konvergenzkriterien gesteht den beteiligten Ländern immerhin eine – nach oben begrenzte – Neuverschuldung im Verhältnis zum Bruttoinlandsprodukt zu.

Zur Beschreibung der Dimensionen der Staatsverschuldung werden jedoch auch ökonomisch sinnlose Quoten verwendet. Dazu gehört etwa die Gegenüberstellung des Gesamtschuldenstands zum Bruttoinlandsprodukt. Die Feststellung, daß in Deutschland nach der Definition der Finanzstatistik 1993 der Schuldenbestand fast der Hälfte des Bruttoinlandsprodukts entsprach, hat für die gesamtwirtschaftliche Entwicklung keine Aussagekraft. Den gesamten Staatsschulden stehen schließlich auch Vermögenswerte gegenüber. Allein den Wert von Hochbauten und Ausrüstungen schätzten die Statistiker für 1993 auf über 640 Mrd. DM. Hinzu kommen Tiefbauten, Grundstücke und Firmenbeteiligungen. Niemand kam bisher auf die Idee, eine staatliche Vermögensquote gegenzurechnen.

Gleichermaßen aussagelos ist die Kennziffer »Staatsschulden pro Einwohner«. Die Feststellung, 1993 sei jeder Einwohner auf der Basis der Daten des Bundesfinanzministeriums mit 18 500 DM »belastet« gewesen, ist für den einzelnen völlig irrelevant. Suggeriert wird lediglich die Angst, irgendwann würden diese Staatsschulden dem einzelnen Bürger aufgebürdet. Das einzige, was an Lasten zählt, sind die auf die Staatsschuld entfallenden *Zinsen*. Wenn schon diese Pro-Kopf-Schuldenquoten genutzt werden, warum werden auch hier nicht wenigstens die staatlichen Vermögenswerte je Einwohner gegengerechnet? Einflüsse auf die gesamtwirtschaftliche Entwicklung i.w.S. gehen nicht von den Schuldenbeständen, sondern von den Veränderungen der Verschuldung im Verhältnis zur Entwicklung der Wirtschaft aus. Der durchschnittliche Schuldenstand innerhalb eines Jahres entscheidet allerdings zusammen mit den Zinssätzen über die durch die öffentlichen Haushalte zu tragende Zinslast. Das ist das Kernproblem explodierender Staatsschulden.

Zweitens: In Fachkreisen der Wirtschaftswissenschaft und der Politik gibt es wohl niemanden, der ernsthaft einen absoluten Abbau des Staatsschuldenbergs fordert. Der Streit konzentriert sich lediglich auf das *Tempo der Neuverschuldung* gegenüber der gesamtwirtschaftlichen Entwicklung. Beispielsweise ist zwischen 1981 und 1988 das Tempo der Neuverschuldung verlangsamt worden. Der Gesamtschuldenstand hat logischerweise in dieser Phase, wenn auch langsamer, weiter zugenommen. Eine Reduzierung der Nettoneuverschuldung auf Null, die den Bestand an Gesamtschulden nur einfrieren würde, wird trotz scharfer Kritik an der hohen Staatsverschuldung ernsthaft von niemandem gefordert. Finanztechnisch bedeutet das, daß im Ausmaß der innerhalb einer Haushaltsperiode getilgten Schulden immer wieder neue Kredite aufgenommen worden sind (vgl. den Kasten S. 176). Der Schuldenstand des Vorjahres wird also bis zum Ende des laufenden Haushaltsjahrs durch neue Kredite im Rahmen der Tilgung fällig gewordener Kredite aufrechterhalten. Nur die Kreditaufnahme, die über diese Bestandserhaltung hinausgeht, verschafft dem Staat zusätzlichen Finanzierungsspielraum.

Im weiteren wird zu zeigen sein, daß ein gesamtwirtschaftlich allerdings schwer zu definierendes Maß der Neuverschuldung notwendig ist. Die Grenzen der Kreditaufnahme – andauernde Reproduktion des Schuldenstandes durch die Ablösung getilgter durch neue Kredite plus der gesamtwirtschaftlich »erforderlichen« Nettoneuverschuldung – liegen in erster Linie in der wachsenden Zinslast für die öffentlichen Haushalte, deren Auswirkung auf die öffentlichen Haushalte entscheidend vom Wirtschaftswachstum abhängt. Mit der durch Neuverschuldung induzierten Ausweitung des Schuldenstands – bei gegebenen Zinssätzen – steigt die Zinsbelastung. Je stärker finanzpolitische Handlungsspielräume eingegrenzt werden, um so spürbarer werden die Grenzen einer Ausweitung des Schuldenstands. Bei starkem wirtschaftlichen Wachstum, das zu hohen Steuereinnahmen führt, kann dann allerdings der Belastungsanstieg problemlos verkraftet werden. Die Zinsausgaben werden in diesem Fall über sprudelnde Steuern aus der staatlichen *›Wachstumsdividende‹* finanziert. Bei rückläufigem Wirtschaftswachstum begrenzen verschuldungsbedingte Zinslasten die finanzpolitische Souveränität, da sie einen steigenden Teil des Budgets absorbieren.

Drittens: Warum, so mögen sich viele unter dem Eindruck des bedrohlich hohen Schuldenbergs fragen, wird nicht wenigstens für die kommenden Jahre ein Stopp der Nettokreditaufnahme gefordert? Die Antwort ist schlicht: Die Folgen für die Gesamtwirtschaft wären katastrophal. Was aus der Sicht des soliden Privathaushalts rational erscheint, trifft für den Staat aufgrund seiner Rolle in der Gesamtwirtschaft eben nicht zu. Mit den Staatsschulden werden einerseits Ausgaben finanziert, die in der Wirtschaft zu Nachfrage und Produktion führen und schließlich wieder Einkommen schaffen.

Andererseits schöpft der öffentliche Sektor im Rahmen der Kreditaufnahme mit den privaten Kreditnehmern zusammen – vorrangig über das Bankensystem – die seit Jahren enorme Geldvermögensbildung der privaten Haushalte und Unternehmen ab. Da bis heute die anderen Wirtschaftssektoren mit ihrer Kreditnachfrage diese riesige Geldvermögensbildung zur Finanzierung ihrer Ausgaben nicht voll nutzen, muß der Staat – oder das Ausland – diese Lücke füllen. Verzichtete der Staat in dieser Situation auf Neuverschuldung, würde es zum Nachfrageausfall gegenüber der Produktion kommen, weil die damit entstandenen Einkommen nicht in vollem Umfang ihren Weg zum Angebot von Gütern und Dienstleistungen finden können, es sei denn, andere Schuldner (im In- oder Ausland) treten plötzlich hinzu oder die Ersparnisse werden zugunsten von Konsumtion und Investitionen vermindert. Alle am Wirtschaftsprozeß Beteiligten sind also auf ein noch zu bestimmendes Maß der *»Normalverschuldung«* eingestellt, ohne die der volkswirtschaftliche Kreislauf ins Stocken geraten müßte.

Auch der »Sachverständigenrat zur Begutachtung der gesamtwirtschaftlichen Entwicklung« hat diese Notwendigkeit der »Normalverschuldung« betont. Er sieht diese Normalität als »Ausdruck der Gewöhnung« der Privaten an kredit- statt steuerfinanzierte Ausgaben sowie an die staatliche Beanspruchung der Kapitalmärkte.[7] Diese durch die Privatwirtschaft tolerierte Kreditfinanzierung empirisch zu bestimmen, ist jedoch nicht einfach. Der »Rat der fünf Weisen« hält derzeit ein jährliches Defizit von 1,5 vH bis höchstens 2 vH des Produktionspotentials für tolerabel, ja für erforderlich. Die Ableitung derartiger Quoten ist methodisch äußerst strittig, denn sie beziehen sich auf eine frühere Situation eines »gesamtwirtschaftlichen Gleichgewichts«, obwohl sie sich im weiteren Verlauf der Entwicklung durchaus verändert haben können.

In Zahlen umgesetzt heißt das: Um einen tiefgreifenden Einbruch der Wirtschaft mit Selbstverstärkungseffekten nach unten zu verhindern, mußte 1993 eine Normal-Neuverschuldung von über 46

Mrd. DM – bei einer unterstellten Quote von 1,5 vH – zugelassen werden. Der Schuldenstand wächst dann allerdings im Ausmaß dieser Normal-Neuverschuldung weiter. Der Preis, der für diese gesamtwirtschaftliche Verschuldungsvernunft gezahlt werden muß, sind steigende Zinszahlungen. Hingegen wären die gesamtwirtschaftlichen Schäden eines Verzichts auf die von den Privaten erwartete, also »normale« Nettokreditaufnahme erheblich größer als die steigende Zinsbelastung infolge einer wirtschaftsstabilisierenden Normalverschuldung.

Hier zeigt sich ein Grunddilemma: Volkswirtschaftlich erforderliche Schulden schaffen wachsende Zinsbelastungen. Dieses Konzept der Normalverschuldung bewegt sich in der Wachstumslogik. Es beruht auf der Erwartung, durch die Sicherung der wirtschaftlichen Entwicklung über den Einsatz dieser Normalverschuldung ließen sich öffentliche Einnahmen erzielen, aus denen die dafür aufzubringenden Zinsen aufgebracht würden. Was aber, wenn dieser Mechanismus wachstumsstiftender Normalverschuldung nicht aufgeht? Dann erst, soweit an dieser Stelle die Antwort, schlägt die »Zinskeule« der Staatsverschuldung zu. Durch wachsende Zinsbelastungen bei stagnierenden oder gar rückläufigen Staatseinnahmen müßte dann die finanzpolitische Souveränität schrumpfen.

Über diese Normalverschuldung hinaus müssen öffentliche Defizite, die durch eine Rezession zustande kommen, hingenommen werden. Defizite, die durch den rezessionsbedingten Rückgang der Staatseinnahmen sowie wachsende Krisenkosten – etwa durch Arbeitslosigkeit – entstehen, müssen finanziert werden. Würden sie nicht hingenommen, sondern durch Senkung der Staatsausgaben und/oder Abgabenerhöhungen abzubauen versucht, würde sich die gesamtwirtschaftliche Lage verschlechtern. Am Ende entstünden durch erneute Einnahmeausfälle und wachsende Krisenkosten des Staats neue Finanzierungsdefizite.

In seinem jüngsten Jahresgutachten 1993/94 hat der »Sachverständigenrat« das aufgrund der wirtschaftlichen Rezession 1994 hinzunehmende, zusätzliche konjunkturelle Defizit auf 31,5 Mrd. DM – gegenüber einer Situation gesamtwirtschaftlichen Gleichgewichts – geschätzt. Wiederum zeigt sich der Widerspruch: Der gesamtwirtschaftlich gut begründeten Neuverschuldung stehen wachsende Zinsausgaben gegenüber. Die volkswirtschaftlichen Kosten einer Politik des Abbaus des konjunkturbedingten Defizits wären allerdings erheblich höher.

Viertens: Bei der Suche nach einem brauchbaren Indikator für das zulässige Ausmaß der Staatsverschuldung hilft das Grundgesetz der Bundesrepublik Deutschland auf der Grundlage einer anderen theoretischen Begründung weiter. Artikel 115 sieht die Nutzung der staatlichen Kreditaufnahme maximal im Ausmaß der Ausgaben für *öffentliche Investitionen* vor. Darüber hinaus wird ausnahmsweise die Aufnahme von staatlichen Krediten zur »Abwehr der Störung des gesamtwirtschaftlichen Gleichgewichts« zugelassen. Die Einzelheiten regelt das »Stabilitäts- und Wachstumsgesetz« aus dem Jahre 1967. Diese Instrumentalisierung der Defizitfinanzierung zur Überwindung konjunktureller Krisen wird heute von der herrschenden wirtschaftswissenschaftlichen Beratung und Politik allerdings nicht mehr ernst genommen und das »Stabilitäts- und Wachstumsgesetz« nicht mehr angewendet.

Darin manifestiert sich die Ablösung des Paradigmas einer nachfrageorientierten Wirtschaftspolitik, die auf den englischen Ökonomen J. M. Keynes zurückgeht. Sie schlug sich in der entsprechenden Änderung des Grundgesetzes 1969 nieder. In den 80er Jahren setzte sich das Angebotsparadigma durch, das der Verbesserung der einzelwirtschaftlichen Gewinnsituation Vorrang einräumt. Trotz hoher Staatsverschuldung ist nach unserer Auffassung eine antizyklische Finanzpolitik in Kooperation mit der Geldpolitik geboten (vgl. *Kapitel 8.2*).

Der Grundsatz der *aufgabenorientierten Begrenzung* der staatlichen Kreditaufnahme auf die Finanzierung von öffentlichen Investitionen ist Ende des letzten Jahrhunderts durch die Vertreter der deutschen »Finanzklassik« – vor allem von Adolph Wagner und Lorenz von Stein – entwickelt worden. Zwei Begründungszusammenhänge stehen im Vordergrund:

Öffentliche Investitionen dienen – im Unterschied zu konsumtiven Aufgaben – der Verbesserung der wirtschaftlichen Produktivität. Unter den heutigen Entwicklungsanforderungen zeigen sich allerdings Schwierigkeiten bei einer operablen Abgrenzung zwischen investiv-produktiven und konsumtiv-unproduktiven Staatsausgaben. Ausgaben zugunsten des Bildungs- und Wissenschaftssystems, die immer wieder als konsumtiv (ab-)qualifiziert werden, haben eben auch entscheidenden Einfluß auf die künftige Produktivitätsentwicklung. Sie zählen gegenüber dem Sachkapital zur Bildung des gesamtwirtschaftlich bedeutsamen Humankapitals. Schließlich werden am Beispiel der Arbeitsbeschaffungs-Maßnahmen (ABM) die Zweifel an der Unterscheidung zwischen konsumtiv und investiv sichtbar. Während diese Zahlungen unter (konsumtive) Sozialtransfers rubriziert werden, kann ihr Einsatz durchaus der Verbesserung der ökonomischen Entwicklungsbedingungen dienen, wenn beispielsweise die Beschäftigten im Bereich der ökologischen Altlastensanierung tätig werden.

Angesichts des Ziels der Sicherung einer nachhaltigen Entwicklung (»sustainable development«), bei der ökologische Standards im Vordergrund stehen, muß die Unterscheidung zwischen investiv/konsumtiv bzw. produktiv/unproduktiv an Trennschärfe verlieren.[8] Die Rechtfertigung zum Einsatz der Staatsverschuldung im Ausmaß öffentlicher Investitionen steht und fällt mit der Erwartung, die heute finanzierten Aufgaben würden zur Verbesserung der zukünftigen Wirtschaftsentwicklung beitragen. Was aber, wenn auf Dauer das Wirtschaftswachstum dennoch erlahmt bzw. künftige Generationen einen anderen Entwicklungstyp präferieren und aus aggressiver Wachstumspolitik aussteigen wollen? Fällt das durch defizitfinanzierte Staatsausgaben erhoffte Wachstum aus, dann fehlen die zusätzlichen Steuereinnahmen zur Finanzierung des Kapitaldienstes. Der finanzpolitische Handlungsspielraum künftiger Generationen würde durch diese Lasten eingeschränkt.

4.3 Die erdrückende Zinslast

Die Auswirkungen der seit dem Blitzstart in die deutsche Einigung schubweise gestiegenen Staatsverschuldung auf die öffentlichen Haushalte sind im Gegensatz zur Kontroverse über Notwendigkeiten und Risiken öffentlicher Kreditaufnahme eindeutig: Die Belastungen durch die Zinsen, die auf die stark gestiegene Gesamtschuld zu entrichten sind, haben deutlich zugenommen. Dabei sind die folgenden Einflußfaktoren auf die Entwicklung der Zinsausgaben innerhalb eines Haushaltsjahrs zu berücksichtigen: Die Zinssätze werden normalerweise durch den Markt vorgegeben. Da jedoch der Löwenanteil der öffentlichen Kredite bei den Banken – per Schuldverschreibungen – aufgenommen wird, gibt es einen, wenn auch geringen Verhandlungsspielraum über die in diesem Bereich zu zahlenden Zinssätze. Die Gesamtschuld wiederum setzt sich aus Krediten mit unterschiedlichen Laufzeiten zusammen, für die die je nach den bei der Kreditaufnahme geltenden Zinsen zu berücksichtigen sind. Die Manager der öffentlichen Schuld (»Debt-

Management«) haben in beschränktem Rahmen die Möglichkeit, durch Umschichtung von Krediten die Zinsbelastung zu beeinflussen. Selbst bei konstantem Schuldenstand kann die Zinsbelastung zunehmen. Dies gilt dann, wenn die Anschlußkredite zum Ausgleich der Tilgungen höher als die zurückbezahlten Kredite verzinst werden müssen. Die Fristenstruktur der Gesamtverschuldung und die damit unterschiedlich fixierten Zinssätze dürfen bei der Untersuchung der Zinsausgaben nicht übersehen werden.

Der Einfluß der staatlichen Zinsausgaben auf die Entwicklung der Spielräume öffentlicher Finanzpolitik läßt sich an mehreren Kennziffern verdeutlichen. Eine wichtige Relation bildet die *Zins-Steuerquote*, die Auskunft über den Anteil der Zinsausgaben an den Steuereinnahmen gibt. Die Zins-Steuerquote des öffentlichen Gesamthaushalts ist trotz des schubweisen Anstiegs der Staatsverschuldung erst einmal in den Jahren 1989 bis 1991 auf jahresdurchschnittlich knapp 11,5 vH gegenüber dem Zeitraum 1985 bis 1988 (12,5 vH) zurückgegangen (*Tab. 4.1*).

Die Ursache dieser scheinbar überraschenden Entwicklung liegt in der konjunkturellen Abhängigkeit der Zins-Steuerquote. Durch den Einigungsboom von 1990 bis Mitte 1992 sind wachstumsinduziert die Steuereinnahmen stärker als die Zinsausgaben gestiegen. Seit 1992 (im Jahresdurchschnitt) steigt die Zins-Steuerquote von 13,7 vH auf erwartete 15,8 vH in 1994 an (*Tab. 4.2*). Dieser Trend wird sich erst umkehren, wenn es wieder zu einem konjunkturellen Aufschwung kommt. Verursacht wird der Anstieg durch schneller als die Steuereinnahmen wachsende Zinsausgaben. In der Entwicklung der Zins-Steuerquote schlägt sich die konjunkturelle Krise Westdeutschlands seit Mitte 1992 und der dadurch bedingte Rückgang der Steuerzuwächse nieder. Das Wirtschaftswachstum entscheidet also maßgeblich darüber, ob trotz der hohen Zinsausgaben genügend Steuermittel zur Finanzierung anderer Aufgaben verbleiben.

Eine weitere Kennziffer zur Abschätzung des finanzpolitischen Handlungsspielraums ist die *Zins-Ausgabenquote* (Zinsen im Verhältnis zu den Staatsausgaben). Diese Quote bewegt sich gegenüber der Zins-Steuerquote praktisch konjunkturabhängig, selbst im Trend viel zäher (*Tab. 4.1* und *4.2*). Erst seit 1992 ist sie wieder auf 9,4 vH angestiegen und soll nach einem leichten Rückgang (1993 auf 9 vH) 1994 allerdings auf 10,3 vH ansteigen. Die relative Unbeweglichkeit dieser Quote ist letztlich auf den großen Teil der Ausgabenblöcke, die sich trotz wachsender Zinsausgaben nicht schnell reduzieren lassen, zurückzuführen. 1994 zeichnete sich gegenüber dem Zuwachs der Zinsausgaben, wohl infolge des Sozialabbaus, eine Verringerung der Ausweitung der Staatsausgaben ab. Scheinbar paradox steigt infolge des »Konsolidierungsprogramms« die Zins-Ausgabenquote.

Die Betrachtung dieser Quotenentwicklung läßt sich durch einen Vergleich der Zinsausgaben mit anderen Ausgabenposten sinnvoll ergänzen. Beispielsweise entsprachen 1992 die Zinsausgaben (100,2 Mrd. DM) in etwa den öffentlichen Sachinvestitionen (101,4 Mrd. DM). Für 1994 rechnete das Bundesfinanzministerium mit einer deutlichen Spreizung zwischen diesen beiden Ausgabenposten: Während die Zinsausgaben auf 123,5 Mrd. DM prognostiziert werden, gehen die Sachinvestitionen auf insgesamt 97 Mrd. DM zurück.

Die *Schuldendienstquote* wiederum gibt Auskunft über die Entwicklung der Tilgungen und Zinsausgaben im Verhältnis zur haushaltsmäßigen Bruttokreditaufnahme. Beträgt diese Quote 100 vH, dann wird die Bruttokreditaufnahme voll für Tilgungen und Zinsausgaben genutzt und damit keine Mark für neue Ausgaben hinzugewonnen (unterstellt ist, daß die gesamten Zinsausgaben aus Krediten finanziert werden). Die Bewegung dieser Quote bestätigt die schon deutlich gewordene Einschränkung finanzpolitischer Handlungsspielräume. Alle vorgelegten Daten weisen darauf hin: Der öffentliche Gesamthaushalt – und dabei insbesondere der Bundeshaushalt – laufen seit dem enormen Anstieg der Staatsverschuldung Gefahr, sich in eine *Zinsfalle* zu bewegen. Der Anteil der zur Finanzierung der Zinsausgaben blockierten Steuereinnahmen wächst. Selbst Ausgaben zur Stärkung der wirtschaftlichen Entwicklung geraten unter akuten Finanzierungsdruck. Wie realistisch diese Situation ist, zeigt sich 1994, wenn – wie erwähnt – die Ausgaben für Sachinvestitionen der öffentlichen Haushalte deutlich unter die Zinszahlungen fallen.

Wird die Frage nach der Verausgabung der durch die Gläubiger bezogenen Zinszahlungen zunächst ausgeklammert, dann ist zu erwarten, daß dieser Rückzug aus staatlichen Sachinvestitionen zur Schwächung der wirtschaftlichen Nachfrage führt. Rückläufige Steuereinnahmen und steigende Kosten der Arbeitslosigkeit wären die Folge. Einen allerdings nur scheinbaren Ausweg aus dieser fiskalischen Krise bietet die Flucht in die weitere Staatsverschuldung. Die Zinsausgaben stiegen dann erneut, und dadurch verdrängte öffentliche Sachinvestitionen müßten die fiskalische Krise vertiefen. Werden anstelle der Kreditaufnahme die Steuern erhöht, fällt das Wachstum geringer aus.

Der Zeitpunkt, zu dem durch die voranschreitende Ausweitung der Staatsverschuldung infolge dieses Reaktionsmusters die Zinsfalle zuschnappen müßte, ist vorhersehbar. Dann hätte der Staat die Souveränität über seinen Haushalt verloren. Zugegeben, die Nachzeichnung dieser Entwicklung zum handlungsunfähigen, überschuldeten Steuerstaat ist modellhaft ausgerichtet. Es lassen sich zwei Möglichkeiten der Entschärfung der strangulierenden Zinsentwicklung trotz wachsender Staatsverschuldung diskutieren:

Zinsentlastende Instrumente der Kreditfinanzierung: Einerseits ist die öffentliche Kreditaufnahme – etwa im Rahmen der beschriebenen normalen und konjunkturbedingten Verschuldung – gesamtwirtschaftlich dringend geboten. Überschüssige Geldvermögen werden beansprucht und die Staatsausgaben finanziert, die die gesamtwirtschaftliche Nachfrage stärken. Andererseits nehmen damit die Zinsausgaben zu. Unter diesen Bedingungen gibt es nur eine Grenze der volkswirtschaftlich begründeten Staatsverschuldung, nämlich die Belastbarkeit der öffentlichen Haushalte mit Zinsausgaben.

Um die Vorteile der Staatsverschuldung zu nutzen, jedoch die zinsbedingten Nachteile zu vermeiden, wird bereits seit vielen Jahren immer wieder vorgeschlagen, *zinslose Kredite durch die Deutsche Bundesbank* zur Verfügung zu stellen.[9] Vor einer vorschnellen Ablehnung dieser Vorschläge mit dem Hinweis, damit würde eine inflationäre Geldmengenausweitung gegenüber dem Produktionspotential ausgelöst, ist zu warnen. Die Berücksichtigung eines verträglichen Anteils der staatlichen Finanzierung über zinslose Kredite durch die Notenbank im Rahmen kontrollierter Geldmengenpolitik ist durchaus vorstellbar. Freilich muß die Vermeidung von Inflation durch den Einsatz dieser Notenbankkredite an den Staat strikt garantiert werden. Allerdings steht dieser staatlichen Finanzierungsalternative (derzeit) der Maastrichter Vertrag entgegen, denn dieser verbietet allen Staaten der Europäischen Union jegliche Art der Kreditfinanzierung durch das Europäische System der Zentralbanken. Dieses stark aus Ängsten vor inflationärem Mißbrauch geborene Verbot könnte sich jedoch bald als zu eng erweisen.

Ein weiteres Instrument der Staatsverschuldung bei Reduzierung der Zinsbelastung bildet der Vorschlag einer *Anleihe mit Zeich-*

nungspflicht (»Zwangsanleihe«). Per Gesetz müßte man die (vermögenden) Gruppen bzw. Institutionen definieren, die zu einer Minimalverzinsung, etwa in Höhe der Inflationsrate, Anleihen zur Staatsfinanzierung zeichnen müssen[10]. Das Opfer der Vermögenden würde sich auf den Verlust der Spanne zwischen dem Kapitalmarktzins und der Inflationsrate reduzieren (vgl. *Kapitel 6.1*).

Zinslasten und Wirtschaftswachstum: Die Probleme wachsender Belastung der öffentlichen Haushalte durch steigende Zinsausgaben entschärfen sich, wenn von einem stabilen, dauerhaft starken Wirtschaftswachstum ausgegangen werden kann. Tragen – wie schon erwähnt – die schuldenfinanzierten Staatsausgaben zu einer Stärkung der wirtschaftlichen Entwicklung bei, so lassen sich Zinsausgaben über sprudelnde Steuerquellen finanzieren, ohne die Staatsausgaben senken und/oder die Abgaben erhöhen zu müssen. Unter den Bedingungen immerwährenden Wirtschaftswachstums verliert die beschriebene Zinsfalle auf lange Zeit ihre Bedeutung. Wo liegen allerdings langfristig die Grenzen ständig steigender Staatsverschuldung, und welche Steuerquoten sind erforderlich, um den laufenden Zinsendienst finanzieren zu können? Diesen Fragen ist Evsey D. Domar in seinem epochalen Beitrag schon 1944 nachgegangen.[11]

Anhand schuldenarithmetischer Grundzusammenhänge zeigt er, daß chronische Staatsverschuldung unproblematisch ist, wenn von einem stetigen wirtschaftlichen Wachstum ausgegangen werden kann. Die Ergebnisse lauten in Kurzform: Eine ständig absolut steigende öffentliche Verschuldung muß nicht zum Anstieg der Haushalts-»Last« führen. Diese »Last« wird definiert als Steuerquote, die zur Bedienung des Zinsendienstes erforderlich ist.

Nur in dem langfristig nicht realistischen Fall, daß der Zinssatz über der Wachstumsrate des Sozialprodukts liegt, muß zur Aufbringung des Zinsendienstes auf den übrigen Haushalt zurückgegriffen werden. Fazit dieser Modelluntersuchung ist, daß die Grenzen der öffentlichen Verschuldung neben der Höhe des Zinssatzes vor allem vom Ausmaß des Wirtschaftswachstums abhängen (angesichts der in vielen Ländern ständig steigenden Staatsschulden mußte das Modell Domars jedoch modifiziert werden).[12]

Welche Bedeutung kommt dieser Argumentation mit Blick auf die deutsche Verschuldung zu? Die Antwort ist einfach und zugleich ernüchternd: Finanzielle Belastungen der öffentlichen Haushalte durch absolut wachsende Staatsverschuldung entschärfen sich bei stabilem stetigen (realem) Wirtschaftswachstum, dessen Rate über dem langfristigen (realen) Kapitalmarktzinssatz liegt. Diese Voraussetzungen sind allerdings derzeit nicht gegeben. Wirtschaftliche Wachstumsschwäche begleitet nicht nur die zunehmende Staatsverschuldung, sondern führt zu deren Ausweitung. Die Einschnürung öffentlicher Haushalte durch den Zinsendienst ist die Folge.

Evsey Domar hat innerhalb der Logik seiner Ableitung unbedenklicher Grenzen der Verschuldung unter der Bedingung stabilen Wirtschaftswachstums mit seinem Ratschlag recht: »Wenn alle Leute, die sich um die Entwicklung der Staatsschuld sorgen, diese eine Zeitlang vergessen könnten und nur die Hälfte dieser Gedanken-Arbeit auf Möglichkeiten gerichtet wäre, ein Wachstum des Sozialprodukts zu erreichen, wäre der Beitrag dieser Leute zum Wohle der Menschheit – und zur Lösung des Verteilungsproblems – ein wesentlich größerer.«[13]

Was aber, wenn aus ökonomischen und vor allem ökologischen Gründen stetiges Wirtschaftswachstum auf hohem Niveau nicht machbar und nicht wünschenswert ist? Diese Frage sollte dringend Gegenstand künftiger Forschung werden. Dabei gilt es das dargestellte Dilemma zu berücksichtigen: Gesamtwirtschaftlich erforderliche Kreditaufnahme durch den Staat führt zu wachsenden Zinsbelastungen. In diesem Sinne liegt die Grenze öffentlicher Schuldenpolitik im Verlust des finanzpolitischen Spielraums öffentlicher Haushalte. Bei anhaltender Wachstumsschwäche wird die Grenze enger. Der Stellenwert der Finanzierung von Staatsausgaben über Steuern wächst infolge der öffentlichen Kreditaufnahme.

4.4 Verdrängt die Staatsverschuldung privatwirtschaftliche Aktivitäten?

Die wissenschaftliche und öffentliche Bewertung der Auswirkungen der Staatsverschuldung auf die gesamtwirtschaftliche Entwicklung wird nicht erst seit den enorm angestiegenen Finanzierungslasten durch die deutsche Einigung von der Sorge erdrückt, durch die öffentliche Beanspruchung der Kreditmärkte könnten privatwirtschaftliche Aktivitäten verdrängt werden. Dieses Muster eines Verursachungszusammenhangs zwischen dem kreditfressenden Moloch Staat einerseits und der dadurch drohenden Erstickung privatwirtschaftlicher Dynamik andererseits prägt in fataler Weise die öffentliche Diskussion.

So paradox es erscheint, die Bundesregierung weist in ihren Grundsatzdokumenten zur Finanzpolitik immer wieder auf derart schädliche Wirkungen hin, während sie selbst die Kreditaufnahme nach oben getrieben hat. Die Ideologie schert sich offensichtlich nicht um die Praxis. Diese einäugige Sichtweise belastet einen rationalen Diskurs über die Notwendigkeiten, Risiken und Grenzen staatlicher Finanzierung durch Kreditaufnahme. Gegen diese argumentative Schieflage wenden sich selbst die Verfasser der jüngsten, umfangreichen Untersuchung zum Thema »Staatsverschuldung – ohne Ende?«[14] Obwohl Helmut Schlesinger, der als Vorgänger des jetzigen Präsidenten der Deutschen Bundesbank wohl auch deren Position wiedergibt, zusammen mit seinen Koautoren die These von der Verdrängung privatwirtschaftlicher Aktivitäten durch ausufernde Staatsverschuldung über ansteigende Zinsen (»Crowding-out«) präferieren, sprechen sie die Warnung aus: »Die Crowding-out-Problematik zu betonen heißt nicht, die öffentliche Verschuldung in den Rang der alleinigen oder stets dominanten Bestimmungsgröße des Zinsniveaus zu erheben«[15].

Folgende Wirkungskette zeigt die behaupteten Zusammenhänge:

Der Staat tritt im Rahmen seiner Nettoneuverschuldung als Nachfrager auf den Kapitalmärkten auf. Die Folge ist der Anstieg des Kapitalmarktzinssatzes. Insoweit die Bereitschaft der Privatwirtschaft, bei steigendem langfristigem Zinssatz zu investieren, abnimmt, sei der Rückgang der Sachkapitalbildung die Folge (zinsabhängige Investitionen). Über den Zinsmechanismus wird die Bereitschaft, Sachinvestitionen vorzunehmen, frustriert. Eine genauere Betrachtung dieser Wirkungskette zeigt jedoch, daß sie komplexe Zusammenhänge zu sehr vereinfacht und zum Teil irreale Annahmen unterstellt:

— Die Zunahme des langfristigen *Kapitalmarktzinses* durch die öffentliche Kreditaufnahme unter ansonsten unveränderten Bedingungen ist nur dann zu erwarten, wenn das Kreditangebot begrenzt ist und somit die staatliche mit der privatwirtschaftlichen Nachfrage um eine Schuldenquelle konkurrieren (»Quellentheorie«). Selbst bei Vollauslastung der Produktionskapazitäten erweist sich diese Annahme allerdings als strittig. Wenn beispielsweise die staatliche Vorfinanzierung von Infrastrukturprojekten durch Kreditaufnahme das wirtschaftliche Wachstum stärkt, dann nimmt mit der

Einkommensausweitung die Geldvermögensbildung und damit das potentielle Kreditangebot zu. In einer Situation unterausgelasteter Produktionskapazitäten und konjunktureller Arbeitslosigkeit ist der Zinsanstieg wegen der Ausweitung des Kapitalangebots unrealistisch.

Soweit kreditfinanzierte Staatsausgaben die gesamtwirtschaftliche Produktion stimulieren, nimmt das gesamtwirtschaftliche Einkommen und damit die Ersparnisbildung zu. Einer Fontäne vergleichbar werden die Becken des Kapitalangebots aufgefüllt. Daher ist es sinnvoll, unter diesen Bedingungen defizitfinanzierte Staatsausgaben zu tätigen. Die Fontänewirkung ist jedoch an die gesamtwirtschaftliche Situation nachfragebedingter Unterauslastung der Produktionskapazitäten gebunden. Bei Vollauslastung gilt sie nicht. Im Gegenteil, dann ist die Verdrängung privatwirtschaftlicher Investitionen eher wahrscheinlich.

— Die Entwicklung der Kapitalmarktzinsen auf den Einfluß der *Staatsverschuldung* reduzieren wollen, ist theoretisch wie empirisch nicht zulässig. Wie die Entwicklung seit 1990 zeigt, ist es der Deutschen Bundesbank durch die Anhebung der Refinanzierungskosten der Geschäftsbanken gelungen, die Kapitalmarktzinsen abzuschmelzen. Die Geldpolitik hat also, wie die jüngste Entwicklung lehrt, Einfluß auf die Entwicklung der langfristigen Zinssätze gehabt. Allerdings werden die Kapitalmarktzinsen auch stark durch die internationalen Kapitalmärkte im Kontext der weltweiten Wirtschaftsentwicklung beeinflußt. Soweit es der Finanzpolitik gelingen sollte, die Konjunktur zu stärken, werden die Kapitalmarktzinssätze beeinflußt. Schließlich wird die Bewegung der Preise auf den Kapitalmärkten wegen ihrer weltweiten Verflechtung auch international geprägt. Durch massiven Kapitalzufluß aus dem Ausland erhöhte sich das Angebot auf dem Kapitalmarkt, wodurch eine zinsdämpfende Wirkung entstand.

— Auch die unterstellte Zinsabhängigkeit der *Sachinvestitionen* trifft nicht für alle Unternehmen gleichermaßen zu. Bei Unternehmen mit einem hohen Anteil an Fremdfinanzierung – wie der Bauwirtschaft – wird eine Anhebung der Kreditzinsen auf die Investitionsbereitschaft stärker durchschlagen als bei Unternehmen mit einer hohen Eigenfinanzierung.

Beispielsweise sind große Konzerne in der Lage, relativ unabhängig von den Kapitalmärkten ihre Investitionsvorhaben aus eigenen Mitteln zu finanzieren. Hohe (reale) Kapitalmarktzinsen verschaffen sich allerdings über einen anderen Zusammenhang

Einfluß auf die Investitionsbereitschaft. Der Einsatz von Finanzmitteln für Sachinvestitionen hängt maßgeblich vom Vergleich mit Renditen ab, die durch eine alternative Anlage auf den Kapitalmärkten erzielt werden können. Auf Sachinvestitionen wird verzichtet, wenn – verstärkt durch pessimistische Absatzerwartungen – die Opportunitätskosten, d.h. die entgangene Rendite durch den Verzicht auf eine Kapitalanlage, vergleichsweise hoch sind. Gelten dann noch hohe Geldmarktzinsen, so wird ein Teil der für Sachinvestitionen geplanten Finanzmittel erst einmal lukrativ geparkt. Über den Vergleich von Renditen verschaffen sich Kapital- und Geldmarktzinsen Einfluß auf die sachinvestiven Aktivitäten.

Theoretisch und empirisch ist die These von der Verdrängung strittig. Sie basiert letztlich auf einer unangemessenen Reduktion der Wirkungszusammenhänge zwischen Staatsverschuldung und wirtschaftlicher Entwicklung. Simulationsrechnungen der Deutschen Bundesbank zeigen verschiedene Abläufe der Verdrängung privatwirtschaftlicher Aktivitäten durch Staatsverschuldung. Allerdings variieren die Ergebnisse stark in Abhängigkeit des Zeitfaktors sowie des unterstellten Verhaltens der geldpolitischen Instanz sowie der Tarifparteien.[16] Die neuere Wirtschaftswissenschaft ist im Erfinden von Hypothesen zum bösen Fluch staatlicher Taten überaus aktiv. Vieles von dem, was in dieser Angelegenheit die akademische Diskussion beschäftigt, ist allerdings für eine praxisorientierte Debatte über Notwendigkeit und Grenzen der Staatsverschuldung unbrauchbar.

Die Verdrängung privatwirtschaftlicher Investitionen durch die enorme Ausweitung der staatlichen Kredite läßt sich, wie die Entwicklung der Kapitalmarktzinsen zeigt, empirisch seit der Finanzierung der deutschen Einigung nicht eindeutig belegen. Im Gegenteil, die langfristigen Zinssätze sind in den ersten Monaten, als der erste Schub der Nettokreditaufnahme noch nicht einmal stattfand, gestiegen. Zweifellos brachte diese Entwicklung – einem »Vorschatteneffekt« (Deutsche Bundesbank) vergleichbar – die *Erwartung* ökonomischer und finanzpolitischer Probleme infolge des »Crashkurses« bei der deutschen Einigung zum Ausdruck. Als sich jedoch die mehrfachen Schuldenschübe auf den Kapitalmärkten niederschlugen, da sanken die Zinssätze (Umlaufrendite für festverzinsliche Wertpapiere). Von 9 vH im Jahresdurchschnitt 1990 schmolzen die Zinssätze erst langsam ab (1991 8,9 vH und 1992 8,3 vH), bis sie schließlich Ende 1993 kontinuierlich auf unter 6 vH gefallen waren. Wie läßt sich diese überraschende gegenläufige Bewegung zwischen Staatsschuldenexpansion und Zinssatzsenkung erklären?

Trotz der nahezu unabsehbaren Belastungen durch die deutsche Einigung sowie dem Mitte 1992 in Westdeutschland einsetzenden tiefen Einbruch der gesamtwirtschaftlichen Produktion, trotz einer konzeptionslosen Finanzpolitik war das Vertrauen, die Probleme würden dennoch ohne Abwertung der DM bewältigt, vor allem im Ausland groß. Dazu hat die Deutsche Bundesbank mit ihrem beinharten Stabilitätskurs beigetragen. Ohne die Erhöhung der Zinssätze auf den Geldmärkten durch die Verteuerung ihrer Refinanzierungskosten gegenüber den Geschäftsbanken wären die Kapitalmarktzinsen weniger zurückgegangen, denn durch diese Stabilitätspolitik wurde ausländisches Kapital angezogen. Allerdings, diese Hochzinspolitik hatte einen hohen Preis: Die konjunkturelle Krise in Westdeutschland wurde beschleunigt, der ökonomische Aufbau Ostdeutschlands belastet und das Europäische Währungssystem gesprengt (vgl. *Kapitel 2.1* und *6*). Hier lag ein schwerwiegender Zielkonflikt vor. Die Bundesbank hat ihn – ohne abzuwägen – einseitig zugunsten einer übertriebenen restriktiven Geldpolitik aufgelöst.

Das unerschütterte Vertrauen in die ökonomische Stabilität des neuen Deutschlands durch das Ausland zeigte sich zum einen an der Aufwertung der DM gegenüber den Währungen der Länder des Europäischen Währungssystems (EWS) sowie den Währungen der wichtigsten Industrieländer für den deutschen Außenhandel. Zum anderen floß in den letzten Jahren trotz sinkender Kapitalmarktzinsen in überraschendem Ausmaß nicht nur im kurzfristigen Bereich Kapital in die Bundesrepublik. Allein 1991 kauften Ausländer (netto) Wertpapieranlagen in Höhe von knapp 64 Mrd. DM (1990 17,3 Mrd. DM). 1992 sprang dieser Kapitalzufluß auf 130 Mrd. DM, und 1993 konnte eine erneute Rekordmarke verzeichnet werden. Allerdings befinden sich unter diesen Kapitalanlagen auch Rückflüsse der Investitionsfonds ins Inland, die die Banken Deutschen zur Umgehung der 1993 in Kraft getretenen Zinsabschlagszahlung über Luxemburg angeboten hatten.

Der Zufluß an Kapitalanlagen aus dem Ausland nach Deutschland hat letztlich keine dramatischen Spannungen auf den Kapitalmärkten infolge der wachsenden Beanspruchung der inländischen Geldvermögensbildung durch Kredite der Unternehmen und der öffentlichen Haushalte aufkommen lassen. Die Folge war, daß seit

1991 das neue Deutschland ein Nettoschuldnerland gegenüber dem Ausland ist. Darin spiegeln sich die Leistungsbilanzdefizite seit 1991 wider. Die Lücke zwischen dem Finanzierungsüberschuß der privaten Haushalte und den Finanzierungsdefiziten der inländischen Unternehmen und öffentlichen Hände sind durch die Nettokreditgewährung des Auslands (1992: 41,4 Mrd. DM und 1992: 45,6 Mrd. DM) geschlossen worden (*Tab. 6.1*). Für das bei der Crowding-out-These unterstellte Konkurrenzverhältnis zwischen staatlicher und unternehmerischer Beanspruchung der Kapitalmärkte gibt es empirisch also keine Hinweise. Die praktisch störungsfreie Verarbeitung der Staatsschuldenexplosion auf den Kapitalmärkten steht im Widerspruch zu den Befürchtungen der vorherrschenden Wirtschaftswissenschaft und Finanzpolitik. Sollte freilich der Kapitalzufluß aus dem Ausland zurückgehen, dann könnten sich schnell Spannungen auf den Kapitalmärkten aufbauen. Dieser Zusammenhang zwingt vor allem die Geldpolitik zur Vertrauenssicherung durch einen stabilen Geldwert und zur Vermeidung von Abwertungserwartungen. Deutlich wird damit, daß aus dem Konfliktverhältnis Geld- versus Finanzpolitik durchaus *indirekte* Verdrängungseffekte entstehen können, etwa über den Rückzug der Investitionstätigkeit im Zuge der Rezession, die u. a. durch die hohen Geldmarktzinsen ausgelöst wurde.

4.5 Sieben Grundsätze zur Staatsverschuldung

Die Staatsverschuldung droht zum Alptraum der Gesellschaft zu werden. Sie gilt als Super-Verursachungszentrum nicht mehr nur der ökonomischen, sondern vieler anderer Fehlentwicklungen. Die Kritik am vampirhaft ausufernden Interventionsstaat bündelt sich einem Brennglas vergleichbar in der scheinbar endlosen Ausweitung der Staatsschulden. Die Kommunikation über einen rationalen Umgang mit diesem öffentlichen Finanzierungsinstrument ist kaum noch möglich. Die Grenzen der Aufklärung über Notwendigkeiten, Zwänge und Risiken scheinen fast schon erreicht. Dagegen wuchern auch in der Fachöffentlichkeit zum Teil abenteuerliche Szenarien zum Einsturz dieses Schuldenbaus. Befürchtungen, die nach einer Prognose für 1995 auf 2528 Mrd. DM anwachsenden Staatsschulden ließen sich nur noch über eine Währungsreform bewältigen, machten die Runde. Selbst der Präsident des Bundesrechnungshofs hat im Frühjahr 1993 die Gefahr eines Währungsschnitts menetekelt. Droht dem neuen Deutschland ernsthaft ein Befreiungsschlag aus der Schuldenfalle durch eine Währungsreform? Die Frage kann eindeutig dann mit Nein beantwortet werden, wenn künftig mit dem öffentlichen Finanzierungsinstrument Neuverschuldung rational und verantwortungsvoll umgegangen wird.

1. Gesamtwirtschaftlich wäre es unsinnig, den *Bestand* der Staatsschulden abzubauen. Die Folgen für die wirtschaftliche Entwicklung wären katastrophal. Definiert werden müssen vielmehr strenge Kriterien zur Begrenzung des Zuwachses der Staatsschulden durch die Nettokreditaufnahme.

2. Unstrittig ist, daß im Ausmaß der *»Normal«-Verschuldung* der öffentliche Sektor Kreditmittel beanspruchen kann und muß. Wie der »Sachverständigenrat« zu Recht sagt, erwarten die Privaten diese Beanspruchung der Kapitalmärkte durch den Staat. Denn dadurch wird Geldvermögen absorbiert und privatwirtschaftliche Nachfrage gesichert.

3. Defizite, die das Resultat sinkender Staatseinnahmen und wachsender Krisenkosten infolge wirtschaftlicher Rezession sind, müssen hingenommen werden. Der Versuch, diesen Teil der Staatsverschuldung durch Einsparung staatlicher Ausgaben und/oder Abgabenerhöhungen abzubauen, würde das Gegenteil bewirken. Am Ende wären die neuen Defizite wegen sinkender Nachfrage, Produktion und Beschäftigung höher.

4. Die Nettokreditaufnahme sollte darüber hinaus – trotz des hohen Schuldenstands – mit dem Ziel der Überwindung konjunktureller Krisen zur Finanzierung öffentlicher Wachstums- und Beschäftigungsprogramme eingesetzt werden. Wenn die durch die Rezession bedingte Staatsverschuldung zwar hinzunehmen sei, jedoch ansonsten Einsparungen vor allem im Sozialbereich gefordert werden, dann entstünden im Endeffekt neue Defizite. Aktive Konjunkturpolitik durchbricht die Entstehung passiver Defizite. Zu finanzieren sind damit wichtige Felder des öffentlichen Bedarfs, insbesondere ökologische Maßnahmen. Eine koordinierte Politik innerhalb der Europäischen Union ist wegen der Binnenmarktverflechtung zu empfehlen (vgl. *Kap. 6.7*). Dieser Teil der Nettokreditfinanzierung muß jedoch auf der Grundlage einer gesetzlichen Vorgabe nach Überwindung der Rezession abgebaut werden.

5. Während die ›normale‹, konjunkturbedingte und antizyklisch ausgerichtete Staatsverschuldung gesamtwirtschaftlich notwendig

ist, entstehen dem öffentlichen Sektor Zinslasten. Die entscheidende Grenze öffentlicher Schulden wird durch das Ausmaß des Verlustes finanzpolitischer Souveränität definiert. Die gesamtwirtschaftlichen Vorteile der Staatsverschuldung zu nutzen, jedoch die Zinsausgaben zu minimieren, verlangt die Suche nach alternativen Finanzierungsinstrumenten. Deshalb geht es zum einen um die Überprüfung des Vorschlags, *zinslose Notenbankkredite* zur Wahrnehmung gesamtwirtschaftlicher Staatsfunktionen innerhalb der Geldmengensteuerung unterzubringen. Zum anderen sollte eine *Anleihe mit Zeichnungspflicht* mit einer Minimalverzinsung gegenüber den Kapitalmarktzinsen für Vermögensstarke aufgelegt werden (vgl. *Kapitel 5.3*).

6. Um die Zinsbelastung langsam und vorsichtig zu senken, muß das *Tempo* der Nettoneuverschuldung in den kommenden Jahren, insbesondere im nächsten konjunkturellen Aufschwung, verlangsamt werden.

7. Die Nutzung der Staatsverschuldung über die gesamtwirtschaftlichen Anforderungen hinaus als »Lückenbüßer« für den Verzicht auf sozialverträgliche Abgabenerhöhungen und Ausgabenkürzungen muß überwunden werden: Durchforstung und Umschichtung von Staatsausgaben und Subventionshaushalten, Abbau von Steuerprivilegien (etwa Ehegattensplitting), energische Bekämpfung der Steuerhinterziehung, Angleichung der Einheits- an die Verkehrswerte bei der Besteuerung von Grund und Boden sowie der Einsatz einer Investitionshilfeabgabe von West- nach Ostdeutschland und einer zeitlich befristeten Abgabe auf die Geldvermögen (vgl. *Kap. 5.3*). Wenn die privaten und öffentlichen Investitionen in wichtigen umweltverträglichen Bereichen steigen sollen, dann muß sich die Besteuerung stärker auf den Teil der privaten Einkommen konzentrieren, der für konsumtive Zwecke mittlerer und höherer Einkommensschichten ausgegeben wird. Ferner lassen sich gegenwartsbezogene unproduktive Ausgaben einsparen, wenn die Ursachen von belastenden Schäden – beispielsweise durch Umwelt- und Beschäftigungspolitik – bekämpft werden.

Anmerkungen

1 *Monatsbericht* der Deutschen Bundesbank 12/1993, S. 11.
2 Arbeitsgruppe Haushalt der SPD-Bundestagsfraktion auf der Basis der Steuerschätzung vom November 1993; zitiert in dem Beitrag von R. Uhlmann, Finanzpolitik – Auf den öffentlichen Haushalten lastet immenser Konsolidierungsdruck; in: *Handelsblatt* vom 31. 12. 1993, S. 17.
3 Ebenda.
4 A. Smith, Der Wohlstand der Nationen – Eine Untersuchung über Natur und Wesen des Volkswohlstandes (»Wealth of Nations«), Erste deutsche Gesamtausgabe Jena 1923, 5. Buch, S. 336.
5 L. von Stein, Lehrbuch der Finanzwissenschaft, 3. Aufl., Leipzig 1875, S. 716.
6 H. Schlesinger/M. Weber/G. Ziebarth, Staatsverschuldung – ohne Ende? – Zur Rationalität und Problematik des öffentlichen Kredits, Darmstadt 1993.
Eine ausführliche Darlegung der Rolle der Staatsverschuldung in der Gesamtwirtschaft findet sich bei: R. Hickel/J. Priewe, Finanzpolitik für Arbeit und Umwelt, Köln 1989.
7 Vgl. zur jüngsten Begründung durch den »Sachverständigenrat zur Begutachtung der gesamtwirtschaftlichen Entwicklung« das Jahresgutachten 1993/94, Ziff. 177.
8 Da die Diskussion um die Frage, inwieweit mit der Staatsverschuldung eine Lastverteilung auf künftige Generationen möglich sein könnte, hier nicht aufgenommen werden kann, wird als Überblick empfohlen E. Nowotny, Der öffentliche Sektor – Eine Einführung in die Finanzwissenschaft, Berlin/Heidelberg/New York 1987, S. 259 ff.
9 K. v. Dohnanyi (Hrg.), Notenbankkredit an den Staat?, Baden-Baden 1986.
10 Das Instrument ist erstmals ausführlich begründet worden von R. Hickel, Instrumente zur Finanzierung eines »Zukunftsprogramms deutsche Integration«; in: *Die Neue Gesellschaft/Frankfurter Hefte* 11/1991.
11 E. D. Domar, The »Burden of Debt« and the National Income; in: *The American Economic Review*, 34/1994. Wiederabgedruckt in: E. Nowotny (Hrg.), Öffentliche Verschuldung, Stuttgart 1979.
12 Insbesondere J. Tobin, Budget Deficits, Federal Debt, and Inflation; in: A. T. Sommers (Hrg.), Reconstructing the Federal Budget – A Trillion Dollar Quandary, New York u. a. 1984.
13 E. D. Domar, a.a.O., 1944 (1979), S. 106.
14 H. Schlesinger u. a., Staatsverschuldung ohne Ende?, a.a.O.
15 Ebenda, S. 154.
16 Ebenda, S. 154.

Kapitel 5
Stichworte zu einem Alternativprogramm öffentlicher Finanzierung

5.1 Finanzpolitische Umkehr durch Abbau der »Gerechtigkeitslücke«

Die historische Aufgabe im neuen Deutschland ist und bleibt auf lange Zeit die Überwindung der sozial-ökonomischen Spaltung zwischen Ost- und Westdeutschland. Die deutsche Einigung ist im wahrsten Sinne des Wortes eine Gemeinschaftsaufgabe. Die strategische Führungsrolle zu deren Lösung kann nur durch den Staat wahrgenommen werden. Moderne, ökologisch ausgerichtete Infrastrukturpolitik, Hilfe beim Auf- und Umbau der Wirtschaft durch ein Bündel von unterschiedlichen Fördermaßnahmen, innovatorische Maßnahmen der Arbeitsmarktpolitik zur Überbrückung der über viele Jahre des ökonomischen Zusammenwachsens anhaltend hohen Arbeitslosigkeit vor allem in der Industrie sind zentrale Stichworte staatlicher Politik in dieser Transformationsphase.

Erst wenn die Finanzierung dieser öffentlichen Einigungsaufgaben auf der Grundlage eines gesamtwirtschaftlich tragfähigen und sozial ausgeglichenen Konzepts realisiert wird, reduziert sich der Druck auf die Finanzpolitik. Ein angemessenes, auf mehrere Jahre angelegtes Konzept der Einheitsfinanzierung ist jedoch bisher nicht einmal in Ansätzen entwickelt worden. Die bisherige Finanzpolitik unter dem Regime der deutschen Einigung entpuppt sich als perspektivloses ›Durchwursteln‹.

Eine Zwischenbilanz zu den durch diese Art der Einigungsfinanzierung ausgelösten Auswirkungen der Finanzierungslasten auf die Einkommensverteilung zeigt trotz der methodischen Schwierigkeiten: Im Resultat hat sich eine »Gerechtigkeitslücke« herausgebildet. Die ohnehin starke Ungleichverteilung der Einkommen wurde durch eine »soziale Schieflage« infolge der Aufbringung der öffentlichen Finanztransfers vertieft (vgl. *Kapitel 3.8*).

Die bereits zitierte Untersuchung des »Rheinisch-Westfälischen Instituts« (RWI) belegt diese Wirkung der zur Einigungsfinanzierung eingesetzten Abgabenerhöhungen für die Jahre 1991 und 1992.[1] Auf der Basis einer Befragung von 6000 Privathaushalten im Rahmen des »Sozio-ökonomischen Panels« (SOEP) wurde ergänzend festgestellt, daß seit 1993 die Ungleichheit der verfügbaren Einkommen spürbar zugenommen hat.[2] Die wesentliche Ursache liegt in der Erhöhung der Sozialversicherungsbeiträge zur Einheitsfinanzierung. Allerdings wird bei der Auswertung dieser Untersuchung zu Recht darauf hingewiesen, daß die bisher vorrangige Finanzierung über öffentliche Kreditaufnahme, deren Verteilungswirkungen umstritten sind, den Einfluß der Einigungslast auf die Einkommensverteilung abgebremst hat. Wäre die Staatsverschuldung zumindest zum Teil durch Abgabenerhöhungen substituiert worden, wäre bei Fortschreibung des bisherigen Musters der praktizierten Finanzpolitik die »Gerechtigkeitslücke« noch stärker ausgefallen. Fest steht, daß die ab 1994 wirksamen Kürzungen auf Sozialtransfers vor allem für Arbeitslose (vgl. *Kapitel 3.6*) das Belastungsgewicht bei den unteren Einkommensbeziehern erhöhen werden. In diese Richtung wirkt auf der Ebene der Verteilung der Nettoeinkommen die Tatsache, daß parallel zur sozial schiefen Erhöhung von Abgaben und der Senkung von Sozialtransfers nicht nur über das Standortsicherungsgesetz Unternehmensteuern gesenkt worden sind.

Eine verteilungspolitische Umkehr der Finanzpolitik unter den Herausforderungen durch die deutsche Einigung ist dringend geboten. Dabei geht es im Kern nicht einmal um die nachhaltige Ausweitung der Finanzen über die bisherigen Planungen hinaus. Vielmehr müssen die geplanten Finanzmittel künftig nach dem Prinzip der Leistungsfähigkeit mobilisiert und bisher ungerechte Lastzuweisungen korrigiert werden. Wohl auch unter dem Druck wachsender Akzeptanzprobleme einer relativ einseitigen Belastung unterer und mittlerer Einkommen wird in letzter Zeit viel von der Verwirklichung einer *›Ethik des Teilens‹* gesprochen. Gemessen an diesem Anspruch hält die konkrete Politik einer Überprüfung nicht stand. Sie folgt eher dem Muster, Forderungen nach Verteilungsgerechtigkeit als »sozialen Neid« abzutun. Der vor allem durch die politische Klasse viel beschworene Solidarpakt erwies sich trotz ehrenwerter Versuche im Ergebnis bisher lediglich als dilatorische Floskel.

Ein echter Solidarpakt, der die Lasten der Finanzierung nach der

Position in der Vermögens- und Einkommenshierarchie aufteilt, ist bisher nicht einmal ansatzweise zu verwirklichen versucht worden. Die nachfolgend kurz skizzierten Instrumente dienen daher dem Ziel, mehr Gerechtigkeit bei der Verteilung der Finanzierungslasten durchzusetzen.

Vergleichbar ist dieser hier vorgeschlagene *echte* Solidarpakt mit der Verwirklichung eines langfristig angelegten Lastenausgleichs. Zu einem Lastenausgleich über eine Generation – 30 Jahre – war die Bundesrepublik Deutschland in ihrer Geburtsstunde (noch) fähig, als es darum ging, die Lasten der Folgeschäden durch Krieg und Vertreibung nach den Grundsätzen der Leistungsfähigkeit zu verteilen.[3] Dabei konzentrieren sich die hier unterbreiteten Vorschläge lediglich auf die Instrumente der Finanzpolitik. Zu einem umfassenden Solidarpakt gehören jedoch auch die Geldpolitik und die Politik der Tarifparteien. Freilich, am Gelingen des viel beschworenen »sozialen Konsenses« aller gesellschaftlichen Gruppen sind angesichts der für das Wirtschaftssystem konstitutiven Interessengegensätze ordnungspolitisch tiefgreifende Zweifel anzumelden. Unternehmen folgen letztlich den unerbittlichen Regeln der Konkurrenz. Selbst wenn die Entscheidungsträger dies wollten, Unternehmen sind unter den Regeln harter Konkurrenz systembedingt keine verläßlichen Erfüllungsgehilfen gesamtgesellschaftlich vereinbarter Regeln der Einkommensverteilung.

Um so mehr ist der Staat gefordert, durch den Einsatz der ihm zur Verfügung stehenden Instrumente kraft des Gesetzes für einen Lastenausgleich zu sorgen. Bei der Verwirklichung des Prinzips sozialer Gerechtigkeit im Rahmen der Einigungsfinanzierung kann und darf es jedoch nicht um einen Test der Belastbarkeit der Unternehmen gehen. Die zur Verwirklichung eines Lastenausgleichs nachfolgend vorgeschlagenen Instrumente sind darauf ausgerichtet, Einkommens- und Vermögensstarke über die Minimalbelastung durch den Solidaritätszuschlag ab 1995 hinaus an der Mobilisierung öffentlicher Finanzen überhaupt erst einmal adäquat zu beteiligen.

Spielräume dazu sind, ohne belastende Folgen für die wirtschaftliche Entwicklung, durchaus vorhanden. Die Nutzung dieser Spielräume dient vorrangig nicht dem Ziel, zusätzliche Finanzressourcen zu mobilisieren. Vielmehr sollen bisher verordnete Belastungen der Einkommensschwachen, vor allem der Bezieher von Arbeitslosengeld und -hilfe sowie Sozialhilfe, rückgängig gemacht werden. Es geht um eine Umverteilung der Lasten bei gegebenem

Niveau der öffentlichen Finanztransfers für die neuen Bundesländer. Gesamtwirtschaftlich ist diese nachhaltige Korrektur der bisherigen Umverteilung auch von Vorteil, denn die konsumtive Nachfrage nimmt zu, während die Teilhabe der oberen Einkommensbezieher und Vermögensbesitzer an der Finanzierung nicht zum Rückgang der Konsumtion, nicht einmal des Luxuskonsums führen wird, sondern zum Rückgang der Geldvermögensbildung. Die Verwirklichung dieses Lastenausgleichs trägt letztlich dazu bei, die Akzeptanz der Politik der deutschen Einigung herzustellen.

5.2 Anforderungen an eine Reform der Abgabenpolitik

Der deutschen Finanzpolitik stellt sich maßgeblich, jedoch nicht nur, die Aufgabe, eine sozial ausgewogene, den Einkommens- und Vermögensverhältnissen entsprechende Verteilung der Einigungslasten sicherzustellen. So gehört zu den Zukunftsaufgaben der öffentlichen Haushaltspolitik im neuen Deutschland eine grundlegende *Neugestaltung des Steuersystems*. Die Steuern müssen dringend vereinfacht, ihre Ziele wieder erkennbar werden. Dabei ist auch eine aufkommensneutrale Umstrukturierung des Steuersystems unter Effizienz- und Verteilungsgesichtspunkten erforderlich. Dazu ein Beispiel:

Die Steuer auf den Gewerbeertrag und das Gewerbekapital, deren Aufkommen überwiegend den Kommunen zufließt, ist durch vielfache Änderungen durchlöchert worden; sie konzentriert sich vor allem auf Großbetriebe. Ihr ursprüngliches Ziel, den Gemeinden ein Äquivalent für Aufwendungen zur Sicherung günstiger Rahmenbedingungen der gewerblichen Wirtschaft zu gewährleisten, bestimmt schon lange nicht mehr die Praxis. Daher bietet es sich an, die Gewerbesteuer zugunsten einer kommunalen Wertschöpfungsteuer abzuschaffen.[4] Diese hätten dann alle Güter- und Dienstleistungsproduzenten, die zur Wertschöpfung in einer Gemeinde (neben Unternehmen auch Rechtsanwälte, Ärzte etc.) beitragen, aufzubringen.

Zur Steuerreform gehört aber auch die Überprüfung der faktischen Lastenverteilung. Dabei steht die Frage im Vordergrund, wer letztendlich die Steuern nach allen Überwälzungen trägt. Schließlich verfügen vor allem Großunternehmen je nach Marktlage über die Möglichkeit, Steuern auf Dritte, etwa die Käufer oder Zulieferer zu überwälzen. Schließlich sollte im Gegensatz zur derzeit dominierenden Strategie, Unternehmensteuern zu senken, die Besteuerung wieder stärker am Prinzip der Leistungsfähigkeit ausgerichtet werden.

Durch eine zukunftsorientierte Abgabenreform zum ökologischen Umbau der Wirtschaft beizutragen, ist eine weitere zentrale Aufgabe der Finanzpolitik.[5] Bisher der Gesellschaft angelastete Umweltkosten, die bei individuellen Entscheidungen – etwa der Nutzung des Automobils – nicht oder unter Wert berücksichtigt, also externalisiert werden, lassen sich durch spezifische öffentliche Abgaben und damit eine politisch gewollte Erhöhung der durch die Wirtschaftssubjekte aufzubringenden Preise berücksichtigen. Hervorzuheben ist allerdings die Lenkungsfunktion ökologischer Abgaben. Da sie dem Ziel dienen, die Verursachung ökologischer Schäden durch preislich ausgelöste Verhaltensänderungen einzudämmen, steht nicht deren fiskalische Ergiebigkeit im Vordergrund. Eine ökologische Abgabe beispielsweise auf die Nutzung von Alufolien erfüllt dann ihren Zweck, wenn diese künftig überhaupt nicht mehr genutzt werden, somit die Ergiebigkeit dieser staatlichen Finanzierungsquelle auf Null zurückgeht.

Der Erfolg einer ökologischen Abgabenreform ist jedoch an weiterreichende Bedingungen geknüpft. Im Rahmen einer konsistenten Strategie ist es rational, solange aus diesen Abgaben Staatseinnahmen fließen, diese für ökologische Umbaumaßnahmen zu nutzen. Dazu ein Beispiel: Werden die Einnahmen aus einer ökologisch ausgerichteten Mineralölsteuer zum Ausbau des öffentlichen Nah- und Fernverkehrssystems eingesetzt, so wird der Ausstieg aus der individuellen PKW-Nutzung erleichtert. Damit entschärfen sich auch die Verteilungsprobleme einer konsequent ökologischen Umbaupolitik für diejenigen Arbeitnehmer, die aufgrund der Zersiedlung weite Wege zwischen dem Wohn- und Arbeitsplatz zu bewältigen haben.

Vorschläge, die Einnahmen aus Ökoabgaben zur Reduktion der Beiträge zu den gesetzlichen Sozialversicherungen zu nutzen, widersprechen einem konsistenten Konzept, denn sie verknüpfen Umweltziele mit der Aufgabe, die Lohnnebenkosten zu senken. Schließlich greifen dort ökologische Abgaben, die per Preissignal Verhaltensänderungen auslösen sollen, viel zu langsam und unzureichend, wo ökologische Teilsysteme akut zu kollabieren drohen. Beispielsweise wäre eine Abgabe auf die Verklappung von Chemikalien in der Nordsee sinnlos, weil es vielmehr darauf ankommt, sofort jede weitere Belastung dieses Ökosystems zu verhindern. Ökologische Ge- und Verbote sind in diesen Bereichen unverzichtbar.

Die Aufgaben eines rationalen Umbaus des Steuersystems und seiner Instrumentalisierung für ökologische Ziele werden hier nicht weiterverfolgt. Vielmehr konzentriert sich die nachfolgende Skizze auf alternative Instrumente, die der Finanzierung der deutschen Einigung unter dem verteilungspolitischen Ziel eines an der Einkommens- und Vermögenshierarchie ausgerichteten Lastenausgleichs dienen sollen.

5.3 Instrumente zu einem Ausgleich der Lasten bei der Einigungsfinanzierung

Beim Lastenausgleich im Rahmen der Einigungsfinanzierung steht das Ziel, Umverteilungsspielräume bei den Einkommens- und Vermögensstarken zu nutzen, ohne die gesamtwirtschaftliche Entwicklung zu gefährden, im Vordergrund. Grundlage des im folgenden vorgeschlagenen Programms einer anderen Finanzpolitik ist schließlich die Übereinkunft, daß die Staatsverschuldung über die gesamtwirtschaftlich erforderliche und mögliche Ausweitung hinaus nicht mehr als »Lückenbüßer« für den Verzicht auf ein tragfähiges Finanzierungskonzept der deutschen Einigung genutzt werden sollte.

Das zentrale Problem der im deutschen Einigungsprozeß schubweise angestiegenen Schulden des öffentlichen Sektors liegt vor allem in den wachsenden Zinsbelastungen, mit denen die Spielräume einer souveränen Ausgaben- und Einnahmenpolitik bedrohlich zu schrumpfen drohen. Allerdings, der Einsatz staatlicher Neuverschuldung ist trotz der massiv angestiegenen öffentlichen Beanspruchung der Kapital- und Geldmärkte aus gesamtwirtschaftlichen Gründen in folgenden Zusammenhängen unverzichtbar: ›Normal‹-Verschuldung, auf die die wirtschaftlichen Akteure eingestellt sind, rezessionsbedingte Defizite, die durch gesamtwirtschaftlich ausgelöste sinkende Staatseinnahmen und wachsende Krisenkosten vor allem infolge der Arbeitslosigkeit entstehen, Neuverschuldung zur Finanzierung eines antizyklischen Beschäftigungsprogramms mit der Vorgabe, die damit verbundene Kreditaufnahme nach Überwindung der Rezession wieder abzubauen, und schließlich die Beanspruchung der Kapitalmärkte im Rahmen der Finanzierung öffentlicher Investitionen in West- und Ostdeutschland, um eine Lastverteilung zwischen den Generationen anzustreben.

Eine Ausweitung der staatlichen Neuverschuldung über diese Einsatzfelder hinaus ist gesamtwirtschaftlich gefährlich und führt zur weiteren Belastung mit Zinsen. Die bisherige Praxis der Einheitsfinanzierung, im Zweifelsfall dann immer die Staatsverschuldung als »Lückenbüßer« zu nutzen, wenn Abgabenerhöhungen unter Tabuisierung der Einkommens- und Vermögensstarken nicht opportun schienen, gilt es zu durchbrechen. Die folgenden Vorschläge zur Lastverteilung der deutschen Einigung richten sich damit auch gegen eine weitere unkontrollierte Ausdehnung der Staatsverschuldung.

Ab- und Umbau der Staatsausgaben und Subventionen: Die Legitimation von Staatsfunktionen und damit von öffentlichen Ausgaben muß immer wieder tabulos überprüft werden. Dazu gehört auch die Beantwortung der Frage, ob bisherige Staatsaufgaben nicht privatwirtschaftlich und/oder in alternativen, klientelbezogenen Formen effizienter und nutzerfreundlicher wahrgenommen werden können. Allerdings, die derzeit vorherrschende Forderung nach einer Reduktion staatlicher Tätigkeit droht ökonomisch wie sozial und ökologisch wichtige Grundfunktionen des modernen Interventionsstaats auszuhebeln. So sind die Sicherung sozialer Systeme angesichts wachsender Risiken der internationalisierten Konkurrenzwirtschaft, der ökologische Umbau und die Überwindung der sozio-ökonomischen Spaltung zwischen Ost- und Westdeutschland als Gemeinschaftsaufgaben zweifellos auch künftig Kernaufgaben staatlicher Politik.

Zum Konzept des sozialen Lastenausgleichs gehört auch die Überprüfung der Möglichkeiten zur Umschichtung von Staatsausgaben. Die Reduktion der Staatsausgaben im Bereich des Rüstungsetats sowie für gesellschaftlich umstrittene Megaprojekte (Weltraum, Genetik usw.) zugunsten sozial-kultureller Zwecke deutet die Richtung eines sozialverträglichen Umbaus der Staatsausgaben an. Schwerpunkt einer alternativen Finanzpolitik ist darüber hinaus die Durchforstung der Subventionen. Für 1991 wurden alle Subventionen in Form von Finanzhilfen und Steuervergünstigungen in Gesamtdeutschland auf knapp 136 Mrd. DM geschätzt.[6] Die Verteilungswirkungen dieser Subventionen sind mittlerweile nicht mehr zu präzisieren.

Dabei ist zu berücksichtigen, daß viele Subventionen zum Teil auf völlig überholte Tatbestände zurückzuführen sind. Würden beispielsweise alle Steuervergünstigungen, die vor 1950 eingeführt wurden und heute noch in Anspruch genommen werden, gestrichen, so ließen sich 1990 6,5 Mrd. DM gewinnen. Wirtschaftsstrukturell wäre es allerdings sinnlos, die Subventionskürzungen nach dem Rasenmäher-Prinzip vorzunehmen. Vielmehr muß deren Ausmaß anhand der wirtschafts- und beschäftigungspolitischen Ziele streng überprüft werden. Als ein erster Schritt zu einem integrierten Konzept wird für alle neuen Subventionen eine zeitliche Befristung sowie ihre schrittweise Reduktion (degressive Gestaltung) vorgeschlagen.

Im Rahmen der Neuverteilung der Staatsausgaben müssen unter Nutzung alternativer Einnahmequellen, die die Einkommens- und Vermögensstarken stärker belasten, die Einschnitte in die monetären Transfers an Arbeitslose und Sozialhilfeempfänger durch das 1994 in Kraft getretene »Gesetz zur Umsetzung des Spar-, Konsolidierungs- und Wachstumsprogramms« zurückgenommen werden.

Erweiterter Solidaritätszuschlag: Vorrangig zur Aufbringung der Finanztransfers des Bundes für Ostdeutschland (einschließlich des Kapitaldienstes für den »Erblastentilgungsfonds« mit über 400 Mrd. DM) im Rahmen des neugeordneten Finanzausgleichs ist ab 1995 die erst einmal unbefristete Wiederauflage eines Solidaritätszuschlags von 7,5 vH auf die Einkommen- und Körperschaftsteuerschuld fixiert worden. Verteilungspolitisch weist dieser Solidaritätszuschlag in die richtige Richtung. Durch die Anknüpfung an die Steuerschuld schlägt die tendenziell progressive Lastenverteilung entsprechend dem Tarifverlauf der Einkommensteuer durch. Die Tatsache, daß jedoch im Unterschied zu den Beziehern von Arbeitseinkommen einkommensteuerpflichtige Selbständige und Unternehmen eine Vielzahl von gesetzlich gewollten Abzugstatbeständen zur Reduzierung der Bemessungsgrundlage nutzen können, wirkt der Progressionstendenz des Tarifs entgegen.

Vorgeschlagen wird daher die Erweiterung dieses Solidaritätszuschlags. Der Abgabesatz sollte 10 vH betragen. Die Freistellung bei der Einkommensteuer wird gegenüber der ab 1995 beim Solidaritätsvorschlag vorgesehenen, geringer dimensionierten sozialen Komponente auf das zu versteuernde Jahreseinkommen von 50 000/100 000 DM (Ledig/Verheiratet) ausgedehnt. Die höhere Freigrenze soll durch den höheren Abgabesatz kompensiert und die Lastverteilung zugunsten der unteren Einkommensbezieher verschoben werden.

Einführung einer allgemeinen Arbeitsmarktabgabe: Die transformationsbedingten Defizite insbesondere der Arbeitslosen, aber auch der Rentenversicherung in Ostdeutschland sind bisher überproportional durch die Erhöhung der Sozialversicherungsbeiträge um netto 1,5 Prozentpunkte von der Versichertengemeinschaft in Westdeutschland aufgebracht worden. Auch der »Rat der Fünf Weisen« forderte, die Finanzierung dieser Gemeinschaftsaufgabe umgehend auf die von allen Bürgern entsprechend ihrer Leistungsfähigkeit zu tragende Last umzustellen.[7] Die viel beklagten Lohnnebenkosten, die die Bundesregierung durch diese einseitige Art der Einheitsfinanzierung unnötigerweise erhöht hat, müssen wieder zurückgeführt werden. Die damit verbundenen Einnahmeausfälle lassen sich entweder durch Steuern oder aber die Einführung einer Arbeitsmarktabgabe kompensieren.

Der Arbeitsmarktabgabe wird gegenüber steuerpolitischen Lösungen der Vorzug gegeben. Schließlich ist es nicht einzusehen, daß beispielsweise Beamte mit einem minimalen Arbeitsplatzrisiko zur Arbeitslosenversicherung nichts beitragen. Allerdings müssen bei der Ausgestaltung Freigrenzen für einkommensschwache Beamte berücksichtigt werden. Über die Beamten hinaus sind Selbständige und Besserverdienende in die Solidargemeinschaft einzubeziehen, um das vergleichsweise hohe Risiko des Arbeitsplatzverlustes der abhängig Erwerbstätigen mitzutragen. Gefordert wird daher die Einführung einer Arbeitsmarktabgabe für Beamte und Selbständige sowie Besserverdienende mit einem Einkommen über der Bemessungsgrundlage der Sozialversicherungspflicht mit einem Abgabesatz von 2,15 vH.

Anleihe mit Zeichnungspflicht: Der Vorschlag, eine zeitlich befristete Anleihe mit Zeichnungspflicht aufzulegen, wird erneut aufgegriffen.[8] Die Zeichnungspflicht setzt am Geldvermögen zu einem fest definierten Stichtag an. Die Zeichnungspflichtigen erhalten im Unterschied zur Verzinsung auf den Kapitalmärkten lediglich einen Zinssatz im Ausmaß der Geldentwertung. Das ›Opfer‹ reduziert sich auf Zinsverluste im Ausmaß der Differenz zwischen den Kapitalmarktzinssätzen und der Inflationsrate. Der Staat kann damit das Instrument der Staatsverschuldung bei Einschränkung der Zinsbelastungen nutzen. Mit der Auflage dieser Anleihe wird ein verbindlicher Plan zur Tilgung nach fünf Jahren fixiert. Die Frage, wer der Zeichnungspflicht unterzogen werden soll, hängt davon ab, ob weitere Abgaben, wie sie nachfolgend vorgestellt werden, durchsetzbar sind. Je weniger es gelingt, weitere Abgaben zu mobilisieren, um so größer wäre der Kreis der Zeichnungspflichtigen.

Das von Albach vorgelegte Modell einer Zwangsanleihe sieht vor, daß bis zu 10 vH der Einkommensteuerschuld beansprucht werden könnten. Durchgespielt wird auch die Form einer sog. »Kavaliersanleihe«, die zwar nicht per Zwang aufgelegt wird, sondern durch die Möglichkeit der Verrechnung mit Steuervorteilen schmackhaft gemacht werden soll.[9] Die Anknüpfung an die Einkommensteuer würde bei Erhebung der hier vorgeschlagenen Ergänzungsabgabe zur Belastungskumulierung führen. Zu überprüfen wäre, inwieweit der Kreis der Zeichnungspflichtigen auf die Banken beschränkt wird. Sie bilden heute die wichtigste Gläubigergruppe des Staates. Dieses ›Sonderopfer‹ wäre auch aufgrund der glänzenden Ertragsentwicklung, gerade auch unter dem Einfluß des Einigungsbooms in Westdeutschland, den Geschäftsbanken zumutbar.

Investitionshilfe der gewerblichen Wirtschaft Westdeutschlands an Ostdeutschland: Im Zentrum der ökonomischen Transformation Ostdeutschlands steht nach ihrem dramatischen Zusammenbruch der Aufbau der gewerblichen Wirtschaft. Aus eigener Kraft kann die ostdeutsche Wirtschaft diese Aufgabe nicht lösen. Wiederholt wird daher der Vorschlag, die gewerbliche Wirtschaft Westdeutschlands zu einer zeitlich befristeten Investitionshilfeabgabe zu verpflichten, deren Aufkommen dem ostdeutschen Gewerbe zufließen soll. Folgende Anforderungen sind zu berücksichtigen:[10]

Die Investitionshilfe sollte über fünf Jahre durch die gewerbliche Wirtschaft Westdeutschlands aufgebracht werden. Die Bemessungsgrundlage setzt sich aus der Summe der Jahresüberschüsse nach Abzug der Gewinnsteuern (Steuern vom Einkommen und Ertrag) sowie einem Anteil am Umsatz der Aufbringungspflichtigen zusammen. Der Aufbringungssatz liegt für die ersten beiden Jahre bei 10 vH, nimmt dann in den weiteren Jahren auf 6 vH im letzten Jahr ab. Aufbringungspflichtigen Unternehmen wird die Möglichkeit der Verrechnung mit den Anschaffungs- und Herstellungskosten von Investitionen, die diese in Ostdeutschland tätigen, eingeräumt. Diese Abgabe gilt dem Ziel, verstärkt Investitionen nach Ostdeutschland zu lenken. Je besser dieses Ziel sanfter Lenkung erfüllt wird, um so geringer ist allerdings die Ergiebigkeit dieser Investitionshilfen.

Die Verrechnung der aufzubringenden Investitionshilfe sollte auch mit Beteiligungen an Unternehmen sowie dem Erwerb von Anteilen an Investitionsfonds, die der Finanzierung des Kapitalstockaufbaus in Ostdeutschland dienen, möglich sein. Dadurch können Unternehmen mit einem regional begrenzten Wirkungskreis in Westdeutschland die Anrechenbarkeit der Investitionshilfe in Anspruch nehmen. Die Einnahmen aus dieser Investitionshilfe gelten der finanziellen Hilfe bei der Sanierung noch nicht privatisierter Unternehmen unter dem Dach der Treuhandanstalt sowie bereits privatisierter, jedoch notleidender Unternehmen. Die Vergabe erfolgt nur auf der Grundlage eines plausiblen Modernisierungs- bzw. Sanierungsplans. Ein Gremium unabhängiger Sachverständiger sollte zur Entscheidung hinzugezogen werden. Die Entscheidung und Kontrolle über die Verwendung dieser Mittel erfolgt auf der Ebene der ostdeutschen Länder. Dazu sind Gremien einzurichten, die auch regionale Anforderungen bei derartigen Entscheidungen zu berücksichtigen haben.

Die Idee dieser Investitionshilfe ist dem »*Gesetz über die Investitionshilfe der gewerblichen Wirtschaft*« vom 7. Januar 1952 nachgebildet. Die 1951/52 bei der gewerblichen Wirtschaft erhobenen Mittel galten der Deckung vordringlichen Investitionsbedarfs im Kohlebergbau, in der eisenschaffenden Industrie und der Energiewirtschaft. Der heutige Vorschlag zielt auf eine solidarische Stärkung der ostdeutschen Wirtschaft durch die westdeutschen Unternehmen. Auf Dauer fließen auch der aufbringungspflichtigen Gruppe ökonomische Vorteile zu. Schließlich lassen sich die öffentlichen Finanztransfers, wenn die ökonomische Spaltung zwischen Ost- und Westdeutschland auch durch den Einsatz dieser Investitionshilfe schrittweise abgebaut wird, zurückführen.

Lastenausgleich durch eine Vermögensabgabe: Die bisherige Lastenverteilung bei der Finanzierung der deutschen Einheit ist durch einen tiefgreifenden Widerspruch gekennzeichnet: Während mit dem bisherigen Einsatz abgabenpolitischer Instrumente und durch die Kürzungen von Einkommensleistungen an Arbeitslose und Sozialhilfeempfänger vor allem die unteren Einkommensbezieher überproportional belastet wurden, blieben diejenigen, bei denen sich Vermögen und damit Vermögenseinkünfte konzentrieren, praktisch unbehelligt. Allein die Geldvermögen der privaten Haushalte in Westdeutschland sind seit 1990 jährlich im Durchschnitt um ca. 300 Mrd. DM auf einen Bestand von 3,4 Bio. DM 1992 angestiegen (*Tab. 5.1*). Hinzu kommen nach einer Rechnung der Deutschen Bundesbank Wohnungs- und Gebrauchsvermögen (langlebige Konsumgüter) in Höhe von 5,0 Bill. DM (wobei das Wohnungseigentum eher unterbewertet ist).[11]

Diese Vermögen sind in der Gesellschaft ungleich verteilt. Die Verteilung der Einkünfte aus Geldvermögen gibt einen ersten empirischen Hinweis auf deren Konzentration: Die Haushalte von Selbständigen (außerhalb der Landwirtschaft) bezogen 1992 mit 21 244 DM je Haushalt fast viermal so hohe Vermögenseinkünfte wie die übrigen Haushaltsgruppen; den Arbeiterhaushalten flossen im Durchschnitt lediglich 3472 DM zu.[12] Die ungleich verteilten Geldvermögen und daraus fließenden Einkünfte müssen endlich in die Finanzierung der deutschen Einheit einbezogen werden.

Dazu weist der mutige Vorschlag des Bundespräsidenten von Weizsäcker aus dem Jahr 1993, auf der Grundlage der Geldvermögen einen längerfristigen Lastenausgleich zu organisieren, in die richtige Richtung. Festzulegen ist ein Stichtag, zu dem auf das Geldvermögen eine Abgabe erhoben wird, die über den Zeitraum von fünf Jahren aufzubringen ist. Die Fixierung dieses Stichtags, der deutlich vor dem Zeitpunkt der Einführung des Lastenausgleichs liegen sollte, verhindert eine Verlagerung der Geldvermögen ins Ausland bzw. Umwidmung in Sachwerte, mit dem Ziel, dieser Abgabe zu entgehen.

Bei der Gestaltung können die Erfahrungen mit dem zum 1. April 1949 eingeführten *Lastenausgleich* (LAG) berücksichtigt werden. Dieser LAG sah eine fünfzigprozentige Abgabe auf das abgabepflichtige Vermögen zum Stand vom 21. 6. 1948 vor, die über einen Zeitraum von dreißig Jahren (bis zum 31. März 1979) in Form von Vierteljahresbeiträgen aufzubringen war.[13] Die Mittel flossen dem LAG-Fonds zu, aus dem durch die Kriegsfolgen, Flucht und Vertreibung Geschädigte Unterstützung erhielten. Die Umverteilung von Vermögenden zu Notleidenden war das Ziel. Wie beim damaligen LAG sollte heute bei der Ermittlung der Bemessensgrundlage ein Freibetrag – etwa von 100 000 DM/ 200 000 DM (Ledig/Verheiratet) – berücksichtigt werden, um Ersparnisse zur Absicherung gegen soziale Risiken nicht zu belasten.

Über diese Freigrenze hinaus könnte eine Vermögensabgabe von 10 vH vorgesehen werden. Sie sollte in einem Zeitraum von fünf Jahren einem speziellen Fonds zur Finanzierung der deutschen Einigung zur Verfügung gestellt werden. Mit diesem Modell eines neuen Lastenausgleichs, dessen Details noch zu diskutieren sind,

Tab. 5.1: **Vermögensbilanz westdeutscher Privathaushalte***

Jahresendstände

Position	1970	1980	1992
	Mrd. DM		
Gesamtvermögen	1538	4494	9492
– Wohnungsvermögen[1]	811	2402	4920
– Gebrauchsvermögen[2]	209	617	1158
– Geldvermögen[3]	518	1475	3414
Kredite[4]	207	615	1215
Reinvermögen[5]	1331	3879	8277
	in vH des verfügbaren Einkommens		
Gesamtvermögen	354	469	542
– Wohnungsvermögen[1]	187	251	281
– Gebrauchsvermögen[2]	48	64	66
– Geldvermögen[3]	119	154	195
Kredite[4]	48	64	69
Reinvermögen[5]	306	405	473

* Einschl. privater Organisationen ohne Erwerbszweck.
[1] Wohnbauten (nach Berücksichtigung der Abschreibungen) und anteilige Grundstücke zu Wiederbeschaffungspreisen.
[2] Nach Berücksichtigung von Abschreibungen, zu Wiederbeschaffungspreisen.
[3] Wertpapiere zu Tageskursen.
[4] Für Konsum- und Wohnungsbauzwecke.
[5] Als Differenz ermittelt.

Quelle: Deutsche Bundesbank, *Monatsbericht* 10/1993, S. 31

sollten endlich diejenigen, auf die sich die Geldvermögen konzentrieren, zu ihrem solidarischen Beitrag entsprechend ihrer ökonomischen Verhältnisse zur Einigungsfinanzierung verpflichtet werden.

Schrittweise Anpassung der Einheits- an die Verkehrswerte bei der Besteuerung von Grund und Boden: Wegen des Prinzips der steuerlichen Gleichbehandlung aller Vermögensarten müßte die hier vorgeschlagene LAG-Abgabe auf das Geldvermögen auch auf das Grund- und Bodenvermögen angewendet werden. Dieser Vorgehensweise wird aus einem naheliegenden Grund hier nicht gefolgt. Im Unterschied zur derzeitigen Besteuerung der Geldvermögen wird beim Grundbesitz der gegenüber dem Markt- bzw. Verkehrswert viel zu niedrige Einheitswert zugrundegelegt. Diese

Einheitswerte sind letztmals zum 1. 1. 1964 erfaßt worden und bilden seit 1974 mit einem Zuschlag von 40 vH bis heute die Grundlage der Besteuerung von Grund und Boden. Durch das Bundesverfassungsgericht ist mehrmals die Angleichung der Einheitswerte, die die Bemessungsgrundlage für die Vermögen-, Grund-, Gewerbekapital-, Erbschaft- sowie Schenkungsteuer (in Sonderfällen auch für die Grunderwerb- sowie die Einkommensteuer) bildet, angemahnt worden.

Trotz massiver Kritik plant die Bundesregierung nicht einmal eine schrittweise Anpassung der Einheits- an die Verkehrswerte. Der Bund der Steuerzahler schätzte 1993 die Steuerausfälle infolge der unzeitgemäßen Einheitbesteuerung auf insgesamt knapp 70 Mrd. DM, die der Staat einnehmen könnte, wenn die Verkehrswerte bei der Besteuerung von Grund und Boden angewendet würden.[14] Der Beitrag, der von den Grund- und Bodenbesitzern zum Lastenausgleich im Rahmen der Einheitsfinanzierung eingefordert werden sollte, reduziert sich auf die verfassungsrechtlich vorgeschriebene Anpassung der Einheits- an die Verkehrswerte. Allerdings läßt sich die Angleichung der Bemessungsgrundlage an die Verkehrswerte in einigen Bereichen nur schrittweise vollziehen. Generell ist darauf zu achten, daß durch Freigrenzen etwa einkommensschwache Eigentümer eines Hauses die Belastung tragen können. Soziale Kriterien, im Steuerrecht üblich, sind zu berücksichtigen. Schließlich muß der Überwälzung steigender Steuern auf Grund und Boden aufgrund realistischer Einheitswerte auf Mieter gesetzlich entgegengewirkt werden.

Anmerkungen

1 Vgl. RWI, Wer finanziert die deutsche Einheit? – Zur Diskussion um die »Gerechtigkeitslücke«; in: *RWI-Konjunkturbrief* 3/1992.

2 J. Schwarze, Einkommensungleichheit im vereinten Deutschland; in: *DIW-Wochenbericht* 49/1993.

3 Vgl. Bundesminister für Vertriebene, Flüchtlinge und Kriegsbeschädigte (Hrg.), Die Lastenausgleichsgesetze, Bonn 1963.

4 Vgl. etwa B. Roth, Reform der Kommunalfinanzen, *PIW-Forschungsberichte* Nr. 2, Bremen 1988.

5 Überblick bei L. Wicke, Umweltökonomie, 2. Aufl. München 1989.

6 F. Stille/D. Teichmann, Deutsche Vereinigung prägt Subventionsentwicklung; in: *DIW-Wochenbericht* 46/1992.

7 Sachverständigenrat zur Begutachtung der gesamtwirtschaftlichen Entwicklung, Jahresgutachten 1992/93, Ziff. 358.

8 Vgl. R. Hickel, Instrumente zur Finanzierung eines »Zukunftprogramms deutsche Integration«; in: *Die Neue Gesellschaft/Frankfurter Hefte* 11/1991.

9 H. Albach, Die »Kavaliersanleihe« – Ein Instrument zur Beschleunigung des Aufbaus in den neuen Bundesländern; in: WZB – Discussion Papers, FS IV 92-18, Berlin 1992.

10 Vgl. den Vorschlag in: Arbeitsgruppe Alternative Wirtschaftspolitik, Memorandum '93, Köln 1993, S. 220 ff. ebenso den durch R. Hickel entwickelten Gesetzentwurf der Abgeordneten W. Schulz u. a., Bündnis 90/Die Grünen; Deutscher Bundestag 12. Wahlperiode, DS 12/6239 vom 25. 11. 1993.

11 Deutsche Bundesbank, Zur Vermögenssituation der privaten Haushalte in Deutschland; in: *Monatsbericht* 10/1993.

12 K. D. Bedau, Die Vermögenseinkommen der privaten Haushalte 1992; in: *DIW-Wochenbericht* 28/1993.

13 Bundesminister für Vertriebene, Flüchtlinge und Kriegsgeschädigte (Hrg.), Die Lastenausgleichgesetze, a.a.O.

14 Angaben in: Steuerzahler für belastungsneutrale Neubewertung; in: *Handelsblatt* Nr. 94/1993 v. 17. 5. 1993.

Kapitel 6
Sehnsucht nach der immerwährenden DM-Dominanz: Zur Deutschen Bundesbank

6.1 Notenbankpolitik im Prozeß der deutschen und europäischen Einigung

Die Geldpolitik, mit der die Deutsche Bundesbank den Prozeß der deutschen Einigung und EG-Integration begleitet hat, war und ist immer noch im In- und Ausland Gegenstand heftiger Auseinandersetzungen. Hier gilt es zu überprüfen, inwieweit sich durch die ökonomischen Lasten der deutschen Einigung einerseits, aber auch durch den Zwang zur fortschreitenden monetären und wirtschaftlichen Integration der EG andererseits die ökonomischen Entwicklungsbedingungen der neuen Bundesrepublik so nachhaltig verändert haben, daß eine grundlegende Änderung der Währungspolitik erforderlich werden kann. Ist auch künftig von der ökonomischen Dominanz Deutschlands innerhalb der Weltmarktkonkurrenz auszugehen? Läßt sich die nationalwirtschaftlich ausgerichtete Rolle als Hartwährungsland auf Dauer aufrechterhalten? Spiegelbildlich gefragt: Müssen nicht die ökonomischen Ressourcen stärker auf die Lösung der binnenwirtschaftlichen Aufgaben im Kontext der deutschen Einigung konzentriert und die europäische Integration durch die Übertragung von politischen und monetären Souveränitätsrechten gestärkt werden? Mit der Beantwortung dieser Fragen entscheidet sich auch das Urteil über die bisher praktizierte Währungspolitik. Daher gilt es, die Wechselwirkungen zwischen der wirtschaftlichen Entwicklung Deutschlands und Europas zu untersuchen.

Unbestreitbar ist heute, daß sich unter dem Regime der sozialökonomischen Einigung auch das Entwicklungsmuster Westdeutschlands nachhaltig verändert hat. Die Lösung der ökonomischen Aufbauprobleme in den neuen Bundesländern bestimmt über einen langen Zeitraum die ökonomische Perspektive Gesamtdeutschlands. Welche Rolle kommt in diesem schwierigen Prozeß der ökonomischen Einigung der Geldpolitik zu? Die Geldpolitik innerhalb des Währungsterritoriums ist regional unteilbar. In Ostdeutschland lassen sich gegenüber Westdeutschland nicht niedrigere Refinanzierungszinsen der Geschäftsbanken durch die Bundesbank durchsetzen. Die gesamte Verantwortung für die gezielte wirtschaftliche Förderung der neuen Bundesländer liegt daher bei der allgemeinen Wirtschaftspolitik bzw. bei der Finanzpolitik. Während die Instrumente der Geldpolitik nicht regional differenziert eingesetzt werden können, berücksichtigt die Deutsche Bundesbank lediglich bei der Festlegung des Geldmengenwachstums das vergrößerte Produktionspotential sowie die umstellungsbedingte Inflationsrate.

Die Frage, in welchem Ausmaß die Geldversorgung für Ostdeutschland seit der Währungsunion bereitgestellt werden soll, war schwierig zu beantworten. Zum einen war die Erstausstattung mit DM nach dem 1. Juli 1990 schwer abschätzbar. Die Wirkungen des Umtauschs in DM bei den privaten Haushalten ließen sich wegen unterschiedlicher Sätze, abhängig vom Alter und der Zahl der Kinder, nicht annähernd prognostizieren. Zum anderen entzog sich das effektiv einsetzbare Produktionspotential einer einigermaßen adäquaten Erfassung.[1] Die Erstausstattung mit DM – also der Geldmengensprung durch die Integration Ostdeutschlands – betrug schließlich 15 vH der westdeutschen Geldmenge. Da die Bundesbank lediglich einen Anteil von 10 vH, gemessen am Produktionspotential, für zulässig hielt, witterte sie Inflationsgefahren. Jedoch sollte sich die Geldmenge infolge der Umschichtung der Geldbestände der privaten Haushalte in Ostdeutschland in rentable Finanzanlagen schnell zurückbilden.

Insgesamt muß sich die Bundesbank den Vorwurf gefallen lassen, die sich im Prozeß der deutschen Einigung verändernden Entwicklungsbedingungen der Wirtschaft unzureichend berücksichtigt zu haben. Die Geldpolitik hat mit ihrer Überbewertung der Inflationsgefahren gegenüber der doppelten Herausforderung, den Aufbau Ostdeutschlands zu stärken und den konjunkturellen Niedergang sowie den damit verbundenen Anstieg der Arbeitslosigkeit in Westdeutschland zu stoppen, versagt.

Die deutsche Währungspolitik muß aber über die binnenwirtschaftlichen Herausforderungen hinaus auch den Veränderungen durch die wachsende Internationalisierung der Geld- und Kapitalmärkte Rechnung tragen. Denn dadurch wird es empfindlich schwieriger, erfolgreiche Geldpolitik zur Stabilisierung der Binnenwirtschaft zu betreiben. Internationale Reaktionen mit Rückwirkungen auf die deutsche Wirtschaft sind zu berücksichtigen. Durch die Internationalisierung und Globalisierung der Finanzmärkte läßt sich außerhalb der Kontrolle der Nationalbanken internationale Liquidität für die Wirtschaft mit Rückwirkungen auf die nationale Geldversorgung schaffen. Die beispielsweise im EG-Wirtschaftsraum nahezu grenzenlose Geld- und Kapitalmobilität schränkt letztlich die zinspolitische Souveränität der einzelnen Notenbanken ein.

Die Bundesbank muß begreifen, wie es der »Sachverständigenrat zur Begutachtung der gesamtwirtschaftlichen Entwicklung« in seinem Jahresgutachten 1993/94 formuliert hat, daß wegen der »zunehmenden Integration der Märkte in Europa ... die deutsche Geldpolitik in ihren Wirkungen immer auch europäische Geldpolitik« ist.[2] Die integrationsförderliche Alternative kann nicht heißen, daß sich die Bundesbank über die ökonomischen Interessen der Nachbarländer hinwegsetzt. Die Öffnung der Geld- und Kapitalmärkte verlangt vielmehr eine zügige Weiterentwicklung der monetären Integration. Auf den voranschreitenden Verlust nationalstaatlicher Souveränität im Bereich der Geldpolitik kann nur mit der Schaffung eines einheitlichen Währungsraums geantwortet werden. Mit der Einrichtung des Europäischen Währungssystems (EWS) im März 1979 ist ein erster wichtiger Schritt in Richtung dieser Integration erfolgt.

Gegenüber diesen Herausforderungen an die Geldpolitik unter dem Regime der deutschen Einigung und der wirtschaftlichen Vereinigung in der EG wird deutlich: Die Bundesbank setzt unbeirrt durch diese Veränderungen der nationalen und internationalen Rahmenbedingungen auf das Traditionsmodell ihrer exportorientierten Wachstumswirtschaft bei Geldwertstabilität. Soweit mit der binnenwirtschaftlichen Inflationsminimierung Preisvorteile gegenüber den Handelspartnerländern gesichert werden können, bringt dies den Exporteuren Vorteile. Die Sicherung der Exportvorteile der deutschen Wirtschaft bei gleichzeitiger binnenwirtschaftlicher Geldwertstabilität dient der Verteidigung der DM als Hartwährung in Konkurrenz zum japanischen Yen und dem US-$. Im Widerstreit der Interessen zwischen den Handelspartnern entpuppt sich die deutsche Geldpolitik trotz aller Bekenntnisse zur monetären Integration in der EG letztlich als nationalstaatlich borniert. Schließlich, so die eigennützige Rechtfertigung dieser integrationshinderlichen Politik, nütze eine starke DM den Handelspartnern, zugespitzt dem Rest der Welt.

Tab. 6.1: **Finanzierungssalden nach inländischen Sektoren, Nettokreditbeziehung mit dem Ausland, Saldo der Leistungsbilanz von 1990–1992 für Gesamtdeutschland** (in Mrd. DM)

	1990	1991	1992
1. Finanzierungssalden nach inländischen Sektoren[1]			
1.1. Private Haushalte	186,1	208,7	225,9
1.2. Unternehmen[2]	–55,9	–156,6	–187,8
1.3. Öffentliche Haushalte	–60,5	–93,6	–83,7
2. Nettokreditgewährung an das Ausland (Summe der Finanzierungssalden unter 1)[3]	69,8	–41,4	–45,6
Nachrichtlich: Finanzierungssaldo Ausland (2) in vH der gesamten verfügbaren Einkommen Deutschlands	3,0	–1,7	–1,8
3. Saldo der Leistungsbilanz[4]	76,4	–33,1	–45,6

[1] Finanzierungssaldo: Ersparnis und Vermögensübertragungen (netto) abzüglich Nettoinvestitionen bzw. Geldvermögensbildung minus Kreditaufnahme (und Aktienemission)
[2] Produktionsunternehmen, Wohnungswirtschaft, finanzielle Institutionen
[3] Die Summe der Finanzierungssalden der inländischen Sektoren entspricht der Nettokreditgewährung an das Ausland (+), vom Ausland (−)
[4] Summe der Salden des Außenhandels und der Dienstleistungen sowie der Übertragungen zwischen Inland und Ausland

Quelle: Deutsche Bundesbank, *Monatsbericht* 5/1993

Diese DM-Zentrierung der Deutschen Bundesbank gefährdet jedoch nicht nur die monetäre Integration in der EG, sondern auch die deutschen ökonomischen Entwicklungsbedingungen. Die nationalen und internationalen Voraussetzungen dieser Hartwährungspolitik drohen zumindest in den nächsten Jahren nicht mehr zuzutreffen. Die deutsche Wirtschaft kann nicht mehr in dem Ausmaß Überschüsse bei den Warenexporten produzieren, daß unter Einrechnung der defizitären Dienstleistungs- und Übertragungsbilanz Leistungsbilanzüberschüsse entstehen.

Die Nachricht, daß Deutschland seit 1991 ein Netto-Schuldnerland ist, wirkte wie ein Schock (*Tab. 6.1*). Das inländische Sparaufkommen reicht nicht mehr aus, die Sachvermögensbildung der inländischen Wirtschaft zu finanzieren. Die Ursache liegt in der enormen Beanspruchung der Finanzmärkte durch die öffentlichen Haushalte bei einer parallel dazu starken Zunahme der Kreditfinanzierung durch die Produktionsunternehmen. Während die

Unternehmen und öffentlichen Haushalte 1992 ein Finanzierungsdefizit von 272 Mrd. DM aufwiesen, reichte die Geldvermögensbildung der privaten Haushalte mit knapp 226 Mrd. DM – nach Abzug der Kreditaufnahme – zur Deckung nicht aus. Der inländische Bedarf an Finanzierungsmitteln mußte mit einem Anteil von knapp 2 vH am gesamten verfügbaren Einkommen über das Ausland abgedeckt werden.[3]

6.2 Die Bundesbankstrategie: Im Zweifelsfall für die nationale Stärke

Eine entscheidende Ursache für die seit 1991 eingetretene Abhängigkeit Deutschlands von finanziellen Ressourcen aus dem Ausland liegt zweifellos in der gigantisch hochgeschnellten Finanzierung der deutschen Einigung durch öffentliche Kreditaufnahme (zu den Daten vgl. *Kapitel 4.1*). Darüber hinaus sahen sich auch die Unternehmen zur wachsenden Kreditaufnahme veranlaßt. Leistungsbilanzdefizit und Auslandsverschuldung kennzeichnen die jüngste Entwicklung. Wie lautet die Antwort der Bundesbank auf diese veränderte Lage? Als hätte sich nichts verändert, setzte die Bundesbank weiterhin auf die Verteidigung der DM als Hartwährung. Die Geldpolitik zielt auf die Sicherung des Stabilitätsvertrauens durch das Ausland, während Druck in Richtung interner Kostenreduzierung zur Stärkung exportorientierten Wirtschaftswachstums erzeugt wird.

Hierbei offenbart sich das grundlegende Dilemma: Die Geldversorgung richtet sich global daran aus, mittelfristig den potentiellen Wachstumspfad stabilitätssichernd monetär zu alimentieren. Sie hat keine Möglichkeit, den strukturellen Wandel der Wirtschaft zielorientiert zu unterstützen. Das geldpolitische Konzept basiert ohne Rücksicht auf nationalen und internationalen Strukturwandel auf der Fortschreibung des bisherigen Typs exportgeleiteten Wirtschaftswachstums. Welche monetären Folgen hat es jedoch, wenn sich die ökonomische Entwicklung in Richtung Abbau der Exportlastigkeit und Abschied vom Wirtschaftswachstum verändern sollte? Fest steht, mit der vor dem Hintergrund des traditionellen Wachstumstyps operierenden Geldpolitik kann die Anpassung der Wirtschaft an veränderte deutsche und europäische Entwicklungsbedingungen behindert werden. Die an der Sicherung der DM-

Hegemonie durch dauerhafte und hohe Überschüsse der Warenexporte gegenüber den -importen ausgerichtete Währungspolitik belastet die Chancen für den dringend erforderlichen ökonomischen und ökologischen Umbau der Wirtschaft.

6.3 Gratwanderung zwischen Geldwertstabilität und Wechselkurspolitik

Die allgemeine Aufgabe der Geldwertstabilisierung, wie sie das Gesetz über die Deutsche Bundesbank definiert, ist angesichts der starken internationalen Wirtschaftsverflechtungen nicht einfach, ja nicht frei von Widersprüchen zu verwirklichen. Zum einen bezieht sich diese Stabilisierungsverpflichtung auf den Binnenwert der DM. Zum anderen ist der Außenwert der DM gegenüber ausländischen Währungen zu berücksichtigen. Entscheidend ist, daß die Entwicklung der Wechselkurse einer Währung bei starker Importverflechtung Einfluß auf den binnenwirtschaftlichen Geldwert hat. Wertet die Währung ab, verteuern sich die Warenimporte (in DM gerechnet).

Die Bundesbank verfolgt das doppelte Ziel: einerseits über entsprechend hohe Warenexporte Leistungsbilanzüberschüsse zu sichern, andererseits binnenwirtschaftliche Geldwertstabilität zu garantieren. Die gleichzeitige Verwirklichung dieser Ziele erweist sich allerdings als eine schwierige Gratwanderung. Das Dilemma wird schnell sichtbar, wenn wir den Einfluß der Wechselkursveränderung auf Handelsbeziehungen konzentrieren und andere Zusammenhänge, wie etwa die Funktion als Reservewährung, nicht betrachten. Aufwertungen bzw. Abwertungen einer Währung haben entgegengesetzte Bedeutung für die Entwicklung der Preise für Warenexporte gegenüber den Preisen für Warenimporte: Durch die Aufwertung der DM – etwa gegenüber dem Französischen Franc – ergeben sich also währungsbedingt Preisnachteile für die deutschen Exporte nach Frankreich. Eine DM-Abwertung hingegen würde unter ansonsten unveränderten Bedingungen spiegelbildlich den Exporteuren Preisvorteile bescheren.

Will die Bundesbank exportorientiertes Wirtschaftswachstum stabilisieren, dann müßte ihr an einer Abwertung der DM gelegen sein. Dieser exportförderlichen Abwertung der DM stehen jedoch schwerwiegende Nachteile gegenüber. Der Anspruch, die DM als internationale Hartwährung zu halten, wäre aufgegeben. Eine abwertende Währung kann auf Dauer nicht als international anerkannte Reservewährung dienen. Unter dem binnenwirtschaftlichen Ziel der Geldwertstabilität zählt vor allem, daß eine Abwertung der DM die importorientierten Güter und Dienstleistungen verteuert. Durch den abwertungsbedingten Anstieg der Importpreise gegenüber wichtigen Handelspartnern müßten schneeballartig die Inlandspreise steigen. In den Tarifverhandlungen würde mit dem Ziel der Reallohnsicherung ein entsprechender Inflationsausgleich berücksichtigt. Eine durch die Importpreise ausgelöste Preis-Lohn-Preis-Spirale könnte in Gang gesetzt werden. Unter dem Primat der Geldwertstabilität ihrer Währung läßt die Bundesbank nichts unversucht, eine Aufwertung der Währungen wichtiger Importländer – die spiegelbildliche Abwertung der DM – zu vermeiden.

Die Bundesbank hat es über viele Jahre verstanden, diesen Konflikt einigermaßen aufzulösen. Ihr ist es gelungen, das Ziel binnenwirtschaftlicher Geldwertstabilität durch einen stabilen Außenwert der DM mit der exportförderlichen Abwertung ohne Stabilitätsverluste zu verwirklichen. Diese Aufgabe der Bundesbank, den Zielkonflikt zu entschärfen, läßt sich nur verstehen, wenn zwischen dem *nominalen* und *realen* Außenwert der Währung unterschieden wird. Gegenüber einem gegebenen nominalen Wechselkurs erfolgt beim realen Außenwert eine Korrektur um das Gefälle der Preisentwicklung zwischen dem In- und Ausland.

Dazu ein Beispiel: Wird der Dollar mit DM 1,60 nominal bewertet, liegt jedoch der Preisindex in den USA mit 30 vH über dem Deutschlands, dann beläuft sich der reale Außenwert eines US-$ auf 2,08 DM. Das Preisgefälle zugunsten Deutschlands führt bei gegebenem nominalen Wechselkurs zu einer realen Abwertung der DM/Aufwertung des US-$. Der Exporteur erzielt somit einen Preisvorteil, denn im Ausland erbringt – bei gegebenem nominalen Wechselkurs – seine Ware einen höheren Preis im Vergleich zu ihrem Verkauf im Inland. Selbst eine nominale Aufwertung der DM, die die Importe verbilligt, kann also durch ein ausreichend großes Inflationsgefälle zugunsten Deutschlands die Nachteile für die Exportwirtschaft kompensieren. Konsequente Antiinflationspolitik, die zu einer Stärkung des Währungsaußenwerts beiträgt, nützt insoweit auch den Exporteuren, als gegenüber dem Ausland Preisvorteile hergestellt werden. Somit sieht sich die Bundesbank in ihrer Politik, eine harte Währung bei Preisvorteilen gegenüber dem Ausland für die Exportwirtschaft zu sichern, bestätigt.

Folgende Entwicklung des nominalen bzw. realen Außenwerts der DM läßt sich über einen längeren Zeitraum beobachten:[4] Von 1973 bis 1993 ist der nominale Außenwert der DM im Durchschnitt gegenüber den 18 wichtigsten Industrieländern um 79 vH gestiegen. Diese vergleichsweise stetige Aufwertung ist Folge des langfristigen Stabilitätsvorsprungs der deutschen Wirtschaft. Das Preisgefälle hat über einen längeren Zeitraum im Durchschnitt den nominalen Anstieg des Außenwerts bewirkt. Höhere Preise im Ausland führten zu steigenden Exporten, die wiederum über die Nachfrage nach DM deren Wechselkurs erhöhten.[5] Das kumulierte Preisgefälle zwischen Deutschland und den 18 wichtigsten Industrieländern – gemessen mit dem Preisindex des Gesamtabsatzes – ist im selben Zeitraum um 88 vH gestiegen. Der reale Außenwert der DM sank also um etwa 11 vH. Das Preisgefälle hat nicht in vollem Umfang seinen Niederschlag im Anstieg des nominalen Außenwerts der DM gefunden. Trotz nominaler Aufwertung konnten die Waren- und Dienstleistungsexporteure im Durchschnitt der letzten zwanzig Jahre seit 1973 Preisvorteile durch die reale Abwertung der DM verbuchen.

Für die Gesamtwirtschaft zeigt sich, daß der reale Außenwert auf der Basis der Lohnkosten, der Erzeuger-/Großhandelspreise und des Preisindex für die Lebenshaltung gegenüber den 18 bzw. 17 westlichen Industrieländern eine ähnliche Entwicklung durchläuft. Bis Ende der achtziger Jahre zeigt sich im Durchschnitt – bei allerdings konjunkturbedingt starken Schwankungen – eine reale Abwertung der DM. Anfang der neunziger Jahre schlägt die Entwicklung um. Eine reale Aufwertung der DM ist zu beobachten. Auf Basis des Lohnstückkostenvergleichs fällt die Aufwertung geringer aus, da die Lohnstückkosten und Preise bei den nicht handelbaren Gütern seit 1989 geringfügiger stiegen.

Die Ursache für diese Trendwende liegt auf der Hand: Sowohl stärkere Preis- und Kostensteigerungen gegenüber dem Ausland als auch der Anstieg des nominalen Wechselkurses der DM gegenüber den Währungen wichtiger Exportländer haben die reale Aufwertungstendenz bewirkt. Das gilt insbesondere gegenüber Frankreich. Zwar blieb die DM als Anlagewährung interessant, wie die Zunahme des nominalen Außenwertes zeigt, jedoch schmolzen die über viele Jahre geltenden Preis- und Kostenvorteile dahin. Während der gewogene Außenwert der DM 1991 und 1992 um 3,2 vH stieg, nahmen die Preise und Lohnstückkosten im Ausland im Durchschnitt langsamer zu. Damit haben die Waren- und Dienstleistungsexporteure die über Jahre geltenden Preisvorteile auf den Auslandsmärkten verloren.

Die Auflösung des Konflikts zwischen der nominalen Aufwertung der DM zugunsten der Importe und damit der inländischen Preisstabilität einerseits sowie einer realen Abwertung der DM über Preis- und Kostenvorteile gegenüber dem Ausland zugunsten der Exportwirtschaft andererseits schafft seit Ende der achtziger Jahre Probleme. Um so mehr sieht sich die Bundesbank veranlaßt, Stabilitätsvorteile gegenüber dem Ausland zurückzugewinnen, um auch die Exportwirtschaft als Basis einer harten DM zu stärken.

Die Doppelstrategie, eine nominale Abwertung der DM und damit Inflationsimport zu vermeiden, jedoch eine reale Abwertung zugunsten der Exportwirtschaft zuzulassen, läuft letztlich auf die Sicherung nationalwirtschaftlicher Vorteile hinaus; sie wirkt daher desintegrierend, denn die Handelspartner haben das Nachsehen.

6.4 Steuerung der Geldmenge: Bundesbank zwischen Macht und Ohnmacht

Das Gesetz über die Deutsche Bundesbank stattet diese mit dem Monopol aus, die Wirtschaft so mit Geld zu versorgen, daß die Stabilität des Geldwerts gesichert wird. Damit stellt sich jedoch die schwierige Frage, nach welchen Kriterien und mit welchen Auswirkungen auf die makroökonomischen Eckwerte, wie Produktion und Beschäftigung, die Geldversorgung vorgenommen wird.[6] Seit 1974 hat sich die Bundesbank dem allerdings mehrfach geänderten Konzept einer mittelfristigen, regelgebundenen Geldmengensteuerung verschrieben.

Die Leitidee ist einfach: Um die mit dem mittelfristig zu erwartenden wirtschaftlichen Wachstumspotential verbundenen Finanzierungsvorgänge zu ermöglichen, muß die Geldmenge entsprechend wachsen. Wächst die Geldmenge geringer als das reale Produktionspotential, dann trägt sie zur wirtschaftlichen Wachstumsschwäche bei. Die Geldversorgung hat sich daher nicht am konjunkturell gegebenen Sozialprodukt, sondern an dem, das bei Vollauslastung des Produktionspotentials möglich ist, auszurichten. Die obere Grenze der Geldversorgung gilt der Vermeidung von Inflation. Vermieden wird die Ausstattung mit Geld über das Wachstum des Produktionspotentials hinaus.

Die unterstellte Wirkungsweise dieser verstetigten und inflationsfreien Versorgung der Wirtschaft mit Geld entstammt dem Lehrgebäude des Monetarismus.[7] Die relevanten Grundzüge lassen sich skizzenhaft wie folgt zusammenfassen: Im Widerspruch zur Keynesschen Lehre wird von der Selbststabilisierung sich selbst überlassener Marktwirtschaften ausgegangen. Die Geldversorgung hat sich am Ziel der monetären Absicherung stetigen Wirtschaftswachstums auszurichten. Mit den Instrumenten antyziklischer Geldpolitik lassen sich Produktions- und Beschäftigungsimpulse nicht auslösen, sondern nur Instabilität erzeugen. Die von wenigen Bestimmungsfaktoren abhängige Geldnachfrage ist instabil. Der zwar zeitlich verzögerte Zusammenhang zwischen dem Angebot an Geld und der Entwicklung des Preisniveaus ist gegeben. Monetäre Impulse, die über das realwirtschaftliche Produktionspotential hinausgingen, bewirken zeitverzögert lediglich Inflation.

Schließlich ist die Notenbank in der Lage, die Geldmenge nach ihren Zielen zu steuern. Die geldpolitische Steuerung reduziert sich demnach auf die Regel, das mittelfristige wirtschaftliche Wachstumspotential monetär zu alimentieren. Nach dieser Deutung lassen sich letztlich die Notenbanken auf automatisierte Entscheidungs- und Kontrollinstanzen reduzieren. Zur Selbstlaufökonomie gehört letztlich eine automatisierte Geldpolitik.

Die Bundesbank hat zwar immer wieder bestritten, sich sklavisch an das monetaristische Konzept der Geldmengensteuerung geklammert zu haben. Dennoch, mit der Ableitung des jährlichen Geldmengenziels, an dessen Einhaltung die aktuelle Geldpolitik ausgerichtet wird, sind zentrale Elemente übernommen worden. Definiert wird eine Geldmenge, die über drei Eigenschaften verfügen soll: Zum einen soll dieses Geldaggregat durch die Bundesbank zielorientiert steuerbar sein. Zum anderen muß diese Geldmenge auch Auskunft geben über das Ausmaß der Liquiditätsversorgung in der Wirtschaft (ohne die finanziellen Sektoren). Schließlich muß die Geldmenge im engen Verhältnis zur Entwicklung des Preisniveaus stehen.

Immer wieder hat die Bundesbank empirisch nachzuweisen versucht, daß der Zusammenhang zwischen der Entwicklung dieser Geldmenge und dem Preisniveau stabil sei.[8] Andere ökonometrische Studien kamen allerdings zum Ergebnis, zwischen diesen beiden Größen bestehe kein stabiler Zusammenhang. Auch international vergleichende Untersuchungen bestätigen eher die Zweifel.

Tab. 6.2: **Geldmengenziele und ihre Realisierung** (in vH)

	Ziel: Wachstum der Geldmenge[3] im Verlauf des Jahres (1976–78) im Jahresdurchschnitt	Tatsächliche Entwicklung[4]	Zielerreichung
Wachstumsziel: *Zentralbankgeldmenge*[1]			
1975	8	10	überschritten
1976	8	9	überschritten
1977*	8	9	überschritten
1978*	8	11	überschritten
1979	6–9	6	Untergrenze
1980	5–8	5	Untergrenze
1981	4–7	4	Untergrenze
1982	4–7	6	obere Hälfte
1983	4–7	7	Obergrenze
1984	4–6	5	Mitte
1985	3–5	5	Obergrenze
1986	3,5–5,5	8	überschritten
1987	3–6	8	überschritten
Wachstumsziel: *M 3-Geldmenge*[2]			
1988	3–6	6,9	überschritten
1989	etwa 5	4,5	Punktvorgabe leicht überschr.
1990	4–6	5,6	obere Hälfte
1991	(4–6) 3–5[5]	6,1	überschritten
1992	3,5–5,5	8,4	stark überschr.
1993	4,5–6,5	8,6[6]	überschritten
1994	4–6	–	–

[1] Zentralbankgeldmenge: Bargeld in Händen von Nichtbanken plus Mindestreserven auf Sicht-, Termin- und Spareinlagen der Banken (zu konstanten Reservesätzen im Januar 1974).

[2] M3-Geldmenge: Bargeld- und Sichteinlagen, Termineinlagen bis unter vier Jahre und Spareinlagen mit gesetzlicher Kündigungsfrist inländischer Nichtbanken.

[3] Jeweils vom vierten Quartal des Jahres, ab dem die Zielvorgabe einsetzt, bis zum vierten Quartal des Nachfolgejahres.

[4] 1976–1978 im Jahresdurchschnitt, ansonsten im Jahresverlauf. Ab 1988 im Monatsdurchschnitt.

[5] Im Rahmen der Überprüfung des Geldmengenziels nach erstem Halbjahr.

[6] Schätzung.

Quelle: Monatsbericht der Deutschen Bundesbank; eigene Berechnungen

Die Erfahrungen mit der Geldpolitik während der deutschen Einigung und der EG-Integration zeigen, daß dieses monetaristische Konzept gescheitert ist. Die Bundesbank mußte seit dessen Einführung 1974 mehrmals wichtige Grundlagen ändern (*Tab. 6.2*). Bis 1987 erfolgte die Zielvorgabe zum Geldmengenwachstum anhand des Zentralbankgeldes, dessen Komponenten zwar durch die Bundesbank einigermaßen steuerbar sind, das jedoch unzureichend Auskunft über die Geldversorgung der Wirtschaft gibt (vgl. zur Definition *Tab. 6.2*, Fußnote 1). Seit 1988 wird die Geldversorgung anhand des Wachstumsziels Geldmenge M3 bewertet. Die Geldmenge M3 sei nach Auffassung der Bundesbank gegenüber der Zentralbankgeldmenge, die vorrangig den Beitrag der Notenbank zur monetären Expansion abbildet, eher geeignet, Auskunft über die Geldversorgung der Wirtschaft zu geben. Allerdings ist wegen der Auslandseinflüsse bei unbeschränktem Kapitalverkehr ihre Steuerbarkeit durch die Deutsche Bundesbank empfindlich beschränkt.

Seit 1979 wurde seitens der Bundesbank – mit Ausnahme von 1989 – die sog. Punktvorgabe zum Wachstum der jeweiligen Geldmenge durch einen Zieltrichter ersetzt. Damit wird der Geldpolitik von vorneherein ein Spielraum zur Feinsteuerung des Geldmengenwachstums offengehalten. Die Erfahrung lehrt allerdings, daß die Geldmengenentwicklung in den letzten Jahren nicht einmal innerhalb des Zieltrichters gehalten werden konnte (*Abb. 6.1*).

Die Bundesbank gibt dieses Konzept monetaristischer Geldmengensteuerung trotz der offensichtlichen Mängel aus ordnungspolitischen Gründen nicht auf. Sie versucht damit Einfluß auf die Tarif- und Finanzpolitik zu nehmen. Mit der Vorgabe des Geldmengenziels signalisiert die Bundesbank den Tarifparteien den Verteilungsspielraum, den sie geldpolitisch zuzulassen gedenkt. Halten sich die Tarifparteien, und hier insbesondere die Gewerkschaften, nicht an die monetären Vorgaben, dann wird mit einer Stabilisierungskrise gedroht, die zu Produktionseinbrüchen und zum Anstieg der Arbeitslosigkeit führen kann.

Die Wirkungskette stellt sich wie folgt dar: Die Bundesbank erklärt, sie sei bezüglich der erwarteten Inflationsrate gewillt, die Geldmenge lediglich im Ausmaß der für unvermeidbar gehaltenen (normativen) Preisniveaurate wachsen zu lassen. Während 1993 der Preisindex der Lebenshaltung um 3,5 vH wuchs, betrug die unvermeidbare Inflationsrate lediglich 2 vH. Die Differenz von 1,5 Prozentpunkten wird monetär nicht alimentiert. Damit wird versucht,

Abb. 6.1: Wachstum der Geldmenge (M3)*

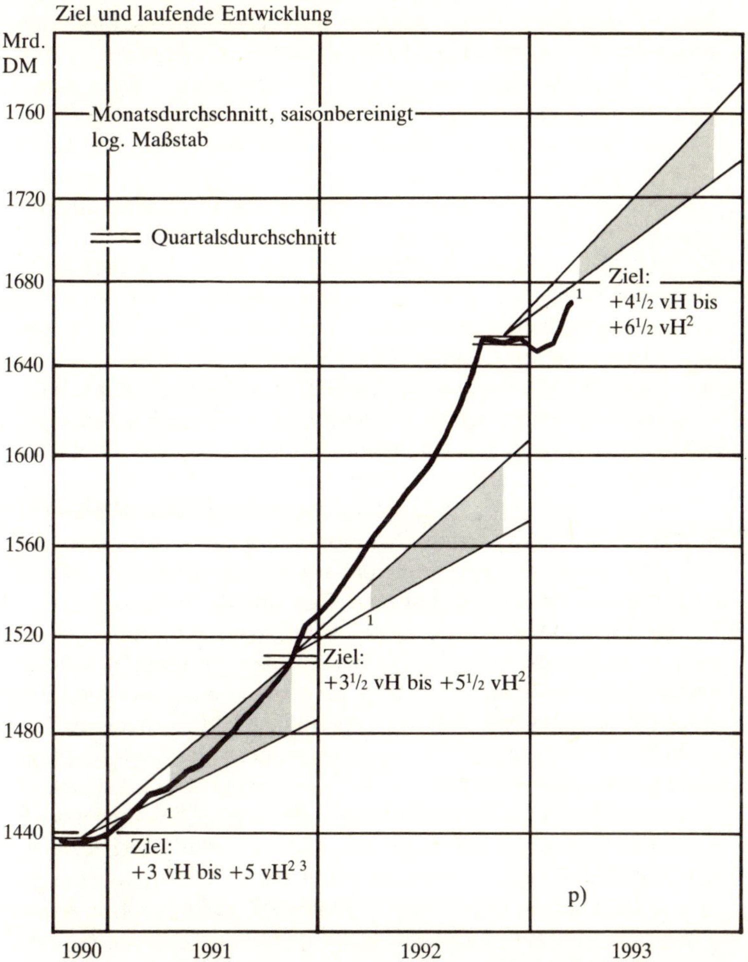

* Gemittelt aus fünf Bankwochenstichtagen; dabei Ultimostände jeweils zur Hälfte angerechnet. – [1] Der Zielkorridor wurde jeweils bis März nicht schraffiert, weil M3 um die Jahreswende i.d.R. stärkeren Zufallsschwankungen unterliegt. – [2] Jeweils vom vierten Quartal des vorangegangenen Jahres bis zum vierten Quartal des laufenden Jahres. – [3] Gemäß der Adjustierung des Geldmengenziels im Juli 1991.

Quelle: Deutsche Bundesbank, Geschäftsbericht, S. 60.

etwa die Forderung der Gewerkschaften nach vollem Inflationsausgleich zur Reallohnsicherung auszuhebeln. Sollte der Tariflohnanstieg – neben anderen Komponenten – den vollen Inflationsausgleich umfassen, behindert die Bundesbank mit dem geringeren Geldmengenwachstum im Ausmaß der normativen Inflationsrate die Überwälzung des Kostenanstiegs auf die Preise durch die Unternehmen. Sinkende Gewinne führen dann zum Produktionsrückgang und zu Entlassungen.

So will die Bundesbank notfalls Preisstabilität über eine *»Stabilisierungskrise«* herstellen. Geldmengenpolitik will durch die autoritäre Definition des Verteilungsspielraums Einfluß auf die Tarifpolitik nehmen. Die Bundesbank drängt sich gleichsam als heimliche, übergeordnete Instanz an den Tisch der Tarifvertragsparteien und betreibt mit ihren Instrumenten letztlich auch Verteilungspolitik. Diese ordnungspolitische Anmaßung, dazu noch unter Nutzung eines ausgesprochen fragwürdigen Geldmengenkonzepts, wirft die Frage nach der Legitimität des Autonomiestatus der Deutschen Bundesbank auf.

Beim Zieltrichter für 1992, der am Bestand der Geldmenge (M3) im Durchschnitt des vierten Quartals 1991 einsetzt, zeigt sich eine weit über die obere Begrenzung hinausgehende faktische Entwicklung. Die eklatante Diskrepanz verweist auf zwei Fragestellungen: Ist der Entwicklungskorridor zu knapp angesetzt worden, d. h. hätte ohne Inflationsgefahr der obere Rand ausgeweitet werden können? Eng verbunden damit ist die Frage, ob der aus der Konstruktion der Bundesbank sich ergebende Geldüberhang als bedrohliches Inflationspotential zu interpretieren war.

Die Bundesbank witterte in der gegenüber dem Zieltrichter überschießenden Geldmenge Inflationsgefahren. Dies gab letztlich den Ausschlag dafür, statt gegen die sich im Frühjahr 1992 abzeichnende Rezession eine Politik des leichten Geldes zu praktizieren, den schädlichen Restriktionskurs weiter zu verfolgen. Die Argumente der Bundesbank für Hochzinspolitik, bereits unter dem Eindruck des konjunkturellen Rückgangs in Westdeutschland im Monatsbericht August 1992 vorgetragen, halten einer genauen Überprüfung nicht stand:

Die Bundesbank sieht die Hauptursache der enormen Geldmengenausweitung in der starken Expansion der Bankkredite, die ihrerseits über die Giralgeldschöpfung zur Ausweitung der Geldmenge führt. Verstärkt wird nach dieser Sicht diese Kreditausweitung durch die Vergabe öffentlicher Zinssubventionen für Kredite

DAS GELDMENGENKONZEPT

Das Geldmengenkonzept der Bundesbank soll im folgenden für das Jahr 1992 erläutert werden. Die Gründe für eine kritische Überprüfung liegen auf der Hand: Die faktische Entwicklung der Geldmenge (M3) wich eklatant vom oberen Rand des Zieltrichters ab. Gegenüber einem geplanten oberen Zuwachs um 5,5 vH ist die faktische Geldmenge beispielsweise im Juni 1992 – auf Jahresrate umgerechnet – um 8¾ vH gestiegen (vgl. *Tab. 6.2*). Im vierten Quartal dieses Jahres lag die Geldmenge gegenüber dem Vorjahreszeitraum um 9,4 vH höher. Diesen monetären Überhang identifizierte die Deutsche Bundesbank als inflationsverdächtig. Deshalb richtete sie dagegen eine scharfe Politik der Verknappung und Verteuerung des Geldes. Während sich jedoch die Inflationsrate kaum zurückbilden konnte, löste diese monetäre Restriktion endgültig den konjunkturellen Abschwung Mitte 1992 in Westdeutschland aus und führte zu einer schweren Krise des Europäischen Währungssystems.

Im Dezember 1991 wurde durch die Deutsche Bundesbank der Wirtschaft verkündet: Vom vierten Quartal 1991 bis zum vierten Quartal 1992 soll das Wachstum der Geldmenge (M3) innerhalb des Zieltrichters von 3½ vH und 5½ vH gehalten werden. Dabei ist die Korrektur des Zieltrichters im Vorjahreszeitraum von ursprünglich 4–6 vH auf 3–5 vH, die Mitte 1991 vorgenommen wurde, in Erinnerung zu rufen. Folgende Eckwerte sind bei der Abschätzung der Zuwachsrate der Geldmenge, die inflationsfreies Wachstum ermöglichen soll, berücksichtigt worden:

— Das Wachstum des Produktionspotentials wurde mit 2¾ vH geschätzt (2½ vH für Westdeutschland und 3½ vH für Ostdeutschland). Grundsätzlich vernünftig ist die Ausrichtung am Produktionspotential und nicht an der tatsächlichen Produktion. Würde die Geldmengenausweitung am faktischen Sozialprodukt ausgerichtet, so liefe die Geldpolitik bei einer konjunkturellen Krise Gefahr, diese durch Geldverknappung zu verstärken.

— Im Prinzip wird im Ausmaß der Inflation die Geldmenge nicht erweitert. Es gibt jedoch eine Preisentwicklung, die nicht auf einen Nachfrageüberhang zurückzuführen ist, d. h. auch nicht mit den konjunkturellen Instrumenten bekämpft werden kann. Für den monetär zu berücksichtigenden Teil dieser als »normativ« bzw. mittelfristig bezeichneten Preiskomponente wurden 2 vH angesetzt.

— Da im Trend die Umlaufgeschwindigkeit des Geldes sinkt, d. h. mit wachsendem Volkseinkommen der Anteil der Geldhal-

tung zunimmt, und darüber hinaus der Umlauf von DM-Bargeld vor allem in Osteuropa ohne spürbare Rückwirkungen auf die Binnenwirtschaft angewachsen ist, mußte ein Zuschlag bei der Geldmengenausweitung von ½ vH berücksichtigt werden.
Aus diesen Komponenten des Geldmengenwachstums läßt sich für die Ausweitung der Geldmenge M3 der Zieltrichter mit 3½ vH–5½ vH ableiten.[9]

in Ostdeutschland. Das führte nicht nur zu Fehlallokationen, sondern auch zu einer Abschwächung der makroökonomischen Wirkungen der antiinflationär ausgerichteten Geldpolitik. Daher versucht die Bundesbank mit dem Instrumentarium der Zinspolitik die Kredit- und damit Geldmengenausweitung zu begrenzen.

Die mit dieser Kreditausweitung beschworene Inflationsgefahr erwies sich als unbegründet. Dabei werden grundlegende makroökonomische Zusammenhänge übersehen. Der Blick in die gesamtwirtschaftliche Theorie von Keynes hilft hier weiter.[10] Die Lage war durch einen Überhang inländischen Sparens gegenüber den Sachinvestitionen gekennzeichnet. Die gesamtwirtschaftliche Nachfrage reichte nicht aus, das Produktionspotential auszulasten (»deflatorische Lücke«). Erforderlich gewesen wäre eine antizyklische Ausweitung der kreditfinanzierten Nachfrage, die schließlich über einen Anstieg der Produktion und Beschäftigung hätte refinanziert werden können. In dieser konjunkturellen Phase – wie es die Bundesbank forderte – die Kredite und damit die volkswirtschaftlichen Ausgaben über die Verteuerung der Refinanzierungskosten auf das Ausmaß des Sparaufkommens zurückzustutzen, war konjunkturell widersinnig. Gerade im Unternehmensbereich wuchs angesichts des konjunkturbedingten Erlösverfalls die Nachfrage nach Krediten, die die Bundesbank durch Hochzinspolitik bremsen wollte.

Der fortschreitende Niedergang der Konjunktur war die Folge dieser Belastung der kreditfinanzierten Nachfrage. Die Geldpolitik hätte vielmehr dazu beitragen müssen, die Investitionsnachfrage auch durch die Verbilligung der Kreditvergabe zu stärken. Übersteigen die geplanten Investitionen die inländischen Ersparnisse, dann wird bei Unterauslastung der Produktionskapazitäten ein expansiver Impuls ausgelöst. Das Volkseinkommen nimmt zu und damit auch das geplante Sparen.

Schließlich wird ein neues Gleichgewicht geplanter Investitionen und geplanten Sparens erreicht, allerdings auf einem höheren Produktions- und Beschäftigungsniveau. Erst wenn die gesamtwirtschaftliche Nachfrage das Angebot übersteigt, entsteht das befürchtete Inflationspotential. Während die Bundesbank Mitte 1992 panisch auf wachsende Inflationsprobleme fixiert war, hat sie den konjunkturellen Rückgang der Nachfrage durch eine restriktive Geldpolitik verschärft.

Auch für Ostdeutschland war es unsinnig, die stark angestiegene Kreditaufnahme als Vorboten einer Inflation zu interpretieren. Dort werden die Kredite nicht nur dringend für Investitionen, sondern auch zur Überbrückung von Unternehmensverlusten gebraucht. Während die Finanzpolitik neben öffentlichen Finanzhilfen und Finanzzuweisungen mit zinssubventionierten Krediten die dringend erforderliche Investitionsbereitschaft zu fördern versucht, hat die Bundesbank mit ihrer restriktiven Geldpolitik die ökonomische Entwicklung belastet. Sie hat die Politik der öffentlichen Zinssubventionierung gezielt konterkariert.[11]

Die starke Ausweitung der Geldmenge war jedoch nicht nur auf die in Westdeutschland konjunkturell und Ostdeutschland strukturell bedingte Zunahme der Kreditaufnahme zurückzuführen. Weitere Gründe, die dringend den Abschied der Geldpolitik aus dem engen Gehäuse der Geldmengensteuerung nahelegen, sind:

– Durch die durch die Bundesbank bewirkte Anhebung der kurzfristigen Zinssätze im Rahmen der restriktiven Geldpolitik hat sich mit der Hochzinspolitik bis zum Sommer 1992 eine *inverse* Zinsstruktur ergeben, die sich zwar allmählich zurückbildete, jedoch Ende 1993 noch nicht vollständig normalisiert war. Während normalerweise die Zinssätze im längerfristigen Bereich höher als im kurzfristigen Anlagebereich liegen, haben sich diese Verhältnisse durch die Hochzinspolitik der Deutschen Bundesbank verkehrt. Damit wurde es lukrativ, aus langfristigen Anlagen auf dem Kapitalmarkt in hochverzinsliche Termineinlagen vor allem mit einer Laufzeit unterhalb eines Jahres umzusteigen. Unternehmen konnten Gelder, die eigentlich für Sachinvestitionen vorgesehen waren, jedoch wegen mangelnder Absatzaussichten nicht getätigt wurden, kurzfristig lukrativ parken. Auch die privaten Haushalte und internationale Kapitalanleger nutzten diese Chance. Die Bundesbank hat diese Portfolioumschichtungen selbst ausgelöst und den Anstieg der Geldmenge mitverursacht. Diese zinssatzbedingte Ausweitung der Geldmenge als inflationsbedrohlich zu interpretieren, ist absurd.

— Die Verpflichtung der Bundesbank, innerhalb der bis Ende Juli 1993 geltenden Bandbreiten Währungen, die gegenüber der DM im Europäischen Währungssystem abwerten, zur Stützung aufzukaufen, hat zur massiven Abgabe von DM ins Ausland geführt. Allein in den Tagen der EWS-Krise im September 1992 sind brutto nicht weniger als 92 Mrd. DM im Rahmen solcher Stützungskäufe ins Ausland geflossen, denen die entsprechende Zunahme an Devisen bei der Deutschen Bundesbank gegenüberstand.[12] Zwar haben die betroffenen Notenbankpartner im Ausland zügig zum Teil DM-Rückzahlungen vorgenommen, jedoch setzte mit den Turbulenzen Ende Juli 1993 erneut ein Zufluß an Devisen über 60 Mrd. DM ein. Die DM-Käufe aus dem Ausland zur Stützung von deren Währung führten zu Rückflüssen nach Deutschland und lösten einen Anstieg der DM-Einlagen bei den inländischen Kreditinstituten aus. Auf der Grundlage dieser Liquiditätszuflüsse hatten die Geschäftsbanken dann die Möglichkeit, zusätzlich Kredite zu vergeben und damit die Geldmenge auszuweiten. Diese Geldmengenausweitung ist letztlich Resultat der Vergemeinschaftung der Währungspolitik im Rahmen des EWS.

— Im Zuge der Internationalisierung und Globalisierung der Finanzmärkte gerät die Geldmengensteuerung für die Notenbanken immer stärker außer Kontrolle. Auch die deutsche Wirtschaft kann sich weltweit Liquidität verschaffen. Dieser Souveränitätsverlust ist die Folge der Liberalisierung der Geld- und Kapitalbewegungen. Hierbei wird der Grundwiderspruch der deutschen Notenbankpolitik sichtbar: Einerseits tritt die Bundesbank für den Abbau der den freien Kapitalverkehr behindernden Barrieren ein, während sie andererseits den damit verbundenen Verlust an Steuerungsfähigkeit hinsichtlich der Geldversorgung konzeptionell nicht einzugestehen gedenkt. Macht und Ohnmacht der deutschen Notenbank bei der Realisierung ihrer geldpolitischen Ziele liegen angesichts weltweiter Mobilität der Finanzmärkte nahe beieinander.

Die Kritik der theoretischen Grundlagen und die Erfahrung mit der krampfhaften Geldmengensteuerung zeigen: Das Konzept widerspricht ökonomischer Vernunft, es ist gescheitert. Daher sollte sich die Bundesbank aus dem Gefängnis ihres untauglichen Konzepts der Geldmengensteuerung befreien. An Stelle der »Knechtschaft strenger Formelhaftigkeit« sollte die Bundesbank wieder »Herr des Verfahrens« (Olav Sievert) werden. Das kann in letzter Konsequenz nur heißen, die Zins- und Geldpolitik situativ auszurichten. Die faktische Entwicklung der Geldmenge (M3) gegenüber dem Zieltrichter hat die Inflationsgefahren überzeichnet.

Noch schlimmer: Die Selbstverpflichtung auf dieses Konzept setzte die Bundesbank unter kontraproduktiven Handlungszwang. Selbst wenn die Bundesbank in der faktisch enormen Ausweitung der Geldmenge keine Inflationsprobleme gesehen hätte, wäre sie unter den selbst produzierten Verdacht geraten, das Ziel der Geldwertstabilität nicht mehr einhalten zu wollen. Ein Vertrauensverlust vor allem durch das Ausland wäre nicht auszuschließen. Einem fragwürdigen Konzept der Geldmengensteuerung diese strenge stabilitätspolitische Indikatorfunktion zuzuschreiben, führt letztlich zum Verlust des Vertrauens in deren eigene Seriosität.

Plädiert wird hier für die Entwicklung und Veröffentlichung unterschiedlicher monetärer Aggregate, ohne einem Aggregat die Leitrolle bei der Bewertung des geldpolitischen Grundkurses einzuräumen und damit eine Handlungsautomatik zu verbinden. Die US-Zentralbank ist bereits dazu übergegangen, verschiedene Aggregate und Zinssätze monatlich zu überprüfen und die Ergebnisse in Form ausführlicher Kommentare zu interpretieren. Damit ließe sich die Abhängigkeit der Geldpolitik von einer Zielgröße vermeiden, jedoch die Geldversorgung mehrdimensional beobachten. Die Bundesbank hat mit ihrer faktischen Politik allerdings selbst schon den Ausstieg aus ihrem Geldmengenkonzept begonnen. Letztlich wird die Zinspolitik situativ eingesetzt. Der Verzicht auf die problematische Zielgröße M3 würde allerdings die immer wieder zu beobachtenden Überreaktionen auf abweichende Zielgrößenentwicklung vermeiden.

6.5 Hochzinspolitik – Verstärkung der binnenwirtschaftlichen Rezession

Im Umfeld schwerer Turbulenzen des Europäischen Währungssystems schaltete die Geldpolitik ab dem 15. September 1992 vom Restriktionskurs auf eine allerdings in der Gesamtwirkung viel zu schwache, in mehreren Trippelschritten vollzogene Lockerung der Geldversorgung um. Der Diskontsatz ist bis Ende 1993 in acht Schritten auf 5¾ vH gesenkt worden. Der Lombardsatz liegt seit dem 22. Oktober bei 6¾ vH (*Tab. 6.3*). Der Wertpapierpensionssatz lag Ende 1993 knapp unter 6 vH. Aufgrund dieser Verbilligung der Refinanzierungskosten konnte sich der Kapitalzins innerhalb

Tab. 6.3: **Diskont- und Lombardsatz der Deutschen Bundesbank sowie Sonderzins bei Unterschreitung des Mindestreserve-Solls* (vH p.a.)**

Gültig ab	Diskontsatz[1]	Lombardsatz[2]
1987 6. Nov.	3	4 1/2
4. Dez.	2 1/2	4 1/2
1988 1. Juli	3	4 1/2
29. Juli	3	5
26. August	3 1/2	5
16. Dez.	3 1/2	5 1/2
1989 20. Jan.	4	6
21. April	4 1/2	6 1/2
30. Juni	5	7
6. Okt.	6	8
1990 2. Nov.	6	8 1/2
1991 1. Febr.	6 1/2	9
16. Aug.	7 1/2	9 1/4
20. Dez.	8	9 3/4
1992 17. Juli	8 3/4	9 3/4
15. Sept.	8 1/4	9 1/2
1993 5. Febr.	8	9
19. März	7 1/2	9
23. April	7 1/4	8 1/2
2. Juli	6 3/4	8 1/4
30. Juli	6 3/4	7 3/4
10. Sept.	6 1/4	7 1/4
22. Okt.	5 3/4	6 3/4
1994 18. Febr.	5 1/4	6 3/4

* Sonderzins bei Unterschreitung des Mindestreserve-Solls: 3 vH p.a. über Lombardsatz; seit 1. Januar 1951 unverändert.

[1] Bis 31. Juli 1990 zugleich Zinssatz für Kassenkredite.

[2] Ab 1. August 1990 zugleich Zinssatz für Kassenkredite.

Quelle: Deutsche Bundesbank, *Monatsbericht* 12/93

des stark nach unten gerichteten Bandes, das durch den Lombardsatz nach oben und den Diskontsatz nach unten begrenzt wurde, deutlich zurückbilden.[13] Mit der Ankündigung, die Geldmengenausweitung (M3) 1994 lediglich zwischen 4 vH und 6 vH (1993 galt der Zieltrichter 4,5 vH – 6,5 vH) wachsen zu lassen, muß eher als Signal für eine restriktive Geldpolitik gedeutet werden.

Welche Auswirkungen sind von dieser zinspolitisch erst stark restriktiven und dann leicht gelockerten Geldpolitik auf die Entwicklung der Binnenwirtschaft ausgegangen?

Abb. 6.2: Bundesbankzinsen und Tagesgeldsatz

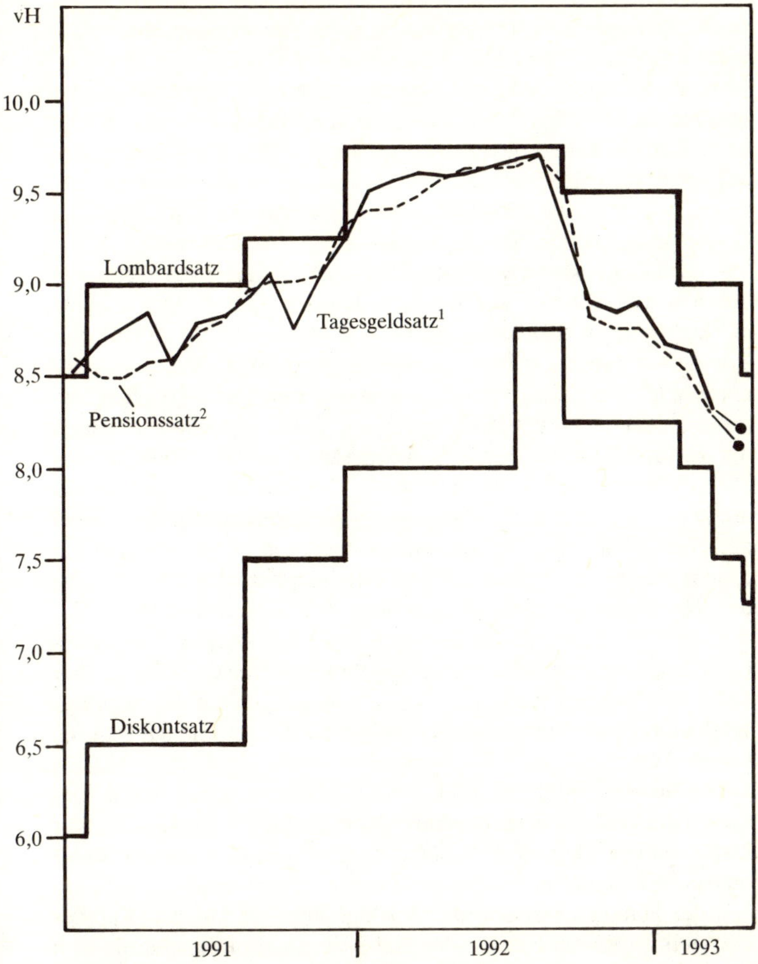

[1] Monatsdurchschnitte. – [2] Monatsdurchschnittlicher Zinssatz für Wertpapierpensionsgeschäfte mit einmonatiger bzw. ab Oktober 1992 mit zweiwöchiger Laufzeit; einheitlicher Zuteilungssatz (Mengentender) bzw. gewichteter Zuteilungssatz (»amerikanische« Zinstender). – • = Letzter Stand: 1.–22. April 1993.

Quelle: Deutsche Bundesbank, Geschäftsbericht, S. 55.

— Die Geldmengensteuerung der Bundesbank hat 1992 eine schwere Niederlage erlitten. Die Geldmenge ist in dieser Hochzinspolitikphase weit stärker gestiegen, als es die geplante obere Entwicklungslinie vorsah (*Abb. 6.2*). Gemessen an der Logik der Bundesbank, die durch den Geldmengenüberhang behauptete Inflation bekämpfen zu wollen, blieb diese Politik erfolglos. Der Schluß liegt nahe, daß die Inflationsrate von ca. 4 vH in den alten Bundesländern nicht durch die Geldmengenausweitung, sondern andere Faktoren, wie etwa die Erhöhung indirekter Steuern sowie stark zu Buche schlagende steigende Mieten, erklärt werden muß.

— Die Bundesbank verweist trotz des Scheitern ihrer Geldmengensteuerung auf einen Erfolg ihrer Hochzinspolitik. Die Kapitalmarktzinsen, die 1990 mit 8,8 vH (Umlaufrendite börsennotierter Bundeswertpapiere) ihren Höhepunkt erreicht hatten, sind nach einem zuerst langsamen Rückgang im weiteren Verlauf bis zum Oktober 1993 auf 5,8 vH zurückgegangen (*Tab. 6.3*). Die Erklärung der Entwicklung der Kapitalmarktzinsen unter Berücksichtigung aller Einwirkungen ist nicht einfach. Der Rückgang der Kapitalmarktzinsen setzte in der Phase steigender Refinanzierungskosten der Geschäftsbanken bei der Bundesbank ein. Ohne Zweifel hat die im Herbst 1992 einsetzende Leitzinsenschmelze zur Senkung der Kapitalmarktzinsen beigetragen. Schließlich hinterließ der weltweite Rückgang dieser Zinssätze seine Wirkungen in Deutschland. Erklärungsbedürftig bleibt die Phase von 1990 bis September 1992, während der die durch die Bundesbank manipulierten Zinssätze in Trippelschritten stiegen, während die Kapitalmarktzinsen bereits sanken.

Die Bundesbank behauptet, das Absinken der Kapitalmarktzinsen sei das gewollte Ergebnis ihrer Hochzinspolitik am Geldmarkt. Damit sei vor allem dem Ausland ihre Nibelungentreue zur Stabilitätspolitik signalisiert worden. Dieser Zusammenhang ist nicht von der Hand zu weisen. Die Aussage über die auf den Kapitalmärkten spürbaren Erfolge der Stabilisierungspolitik sollte jedoch nicht die Beantwortung auf die Frage verdrängen, ob nicht mit einer die Binnenwirtschaft stärkenden Politik des billigen Geldes der Rückgang der langfristigen Zinssätze hätte stärker ausfallen können. Niedrige Geldmarktzinsen führen zuerst zu einer Umschichtung vor allem des kurzfristig geparkten Finanzvermögens in längerfristigen Anlagen auf den Kapitalmärkten und lösen dort schließlich Druck in Richtung Zinssenkung aus. Niedrige Kapitalmarktzinsen haben positiven Einfluß auf die Sachkapitalbildung.

Sachinvestitionen wären bei stärker sinkenden Renditen für Finanzanlagen attraktiver geworden. Fest steht, daß durch die Hochzinspolitik diese Vorteile aus niedrigeren Kapitalmarktzinsen über steigende Kosten der Kreditfinanzierung empfindlich eingeschränkt wurden.

Unbestreitbar ist, daß die Bundesbank mit ihrer Stabilitätsdoktrin das Vertrauen ausländischer Anleger in den Standort Deutschland gestärkt hat, allerdings um den Preis binnenwirtschaftlicher Probleme und von Belastungen des EWS. Trotz sinkender Kapitalmarktzinsen hat der Kauf festverzinslicher Wertpapiere (netto) durch Ausländer in Deutschland allein von 1991 mit 60,3 Mrd. DM auf 133,1 Mrd. DM 1992 zugenommen. Sicherlich haben die Signale in Richtung Stabilitätspolitik und damit einer zu erwartenden Aufwertung der DM den Kapitalzufluß bestärkt. Da auch dem Ausland das Scheitern der Geldmengensteuerung nicht verborgen blieb, dennoch aber Kapital zufloß und die DM Hartwährung blieb, ist zu vermuten: Im Widerspruch zur Beschwörung einer drohenden Stabilitätskrise in Deutschland durch die Bundesbank hat das Ausland die Entwicklungsbedingungen trotz der Lasten durch die deutsche Einheit und den eklatanten Anstieg der Staatsschulden insgesamt – um es vorsichtig auszudrücken – weniger pessimistisch bewertet. Die gängige Behauptung, die wachsende Beanspruchung der Kapitalmärkte durch den öffentlichen Sektor würde zum Anstieg der Kapitalmarktzinsen führen, wird durch die Entwicklung seit 1990 nicht bestätigt (vgl. *Kapitel 4.4*).[14]

— Die Hochzinspolitik hat den im Sommer 1992 einsetzenden konjunkturellen Rückgang der Produktion in Westdeutschland zwar nicht verursacht, jedoch mitausgelöst und deutlich verschärft. Der Verfall der Nachfrage, durch den dramatischen Rückgang der Warenexporte eingeleitet, hat zur Unterauslastung der im Zuge des Einigungsbooms nochmals hinzugebauten und modernisierten Produktionskapazitäten geführt. Eine Überinvestitionskrise war die Folge. Angesichts der Unterauslastung und pessimistischer Absatzerwartungen gingen die Anlageinvestitionen dramatisch zurück. Paradoxerweise sah die Bundesbank in dieser typischen Phase einer gesamtwirtschaftlich zu geringen Nachfrage gegenüber den Produktionskapazitäten lediglich ein bedrohliches Inflationspotential. Sie interpretierte den starken Zuwachs der Geldmenge (M3) als einen Nachfrageüberhang gegenüber dem Angebot bei Vollauslastung der Produktionskapazitäten. Die dagegen gerichtete Geldpolitik mußte die konjunkturelle Krise verstärken; die Chance einer schnellen konjunkturellen Wende wurde leichtfertig vertan. Anstatt die Finanzierung investiver Ausgaben zu verbilligen, wurden diese verteuert. Nachfragebedingter Erlösverfall zwang die Unternehmen in die Kreditfinanzierung, die jetzt auch noch durch die Bundesbank verteuert wurde. Die Unternehmen gerieten unter einen geldpolitisch beschleunigten Erlösverfall.[15]

– Der konjunkturelle Abschwung in Westdeutschland belastete die ökonomische Entwicklung in Ostdeutschland. Durch steigende Krisenkosten sowie sinkende Staatseinnahmen geriet die Aufbringung der erforderlichen Finanztransfers noch mehr in die Klemme. Die Konkurrenz um Produktionsstandorte zwischen den zwei Gebieten verschärfte sich zwangsläufig. Abgesehen von diesen indirekten Auswirkungen der Hochzinspolitik belastete sie die Förderung der Investitionsbereitschaft in den neuen Bundesländern. Neben Finanzhilfen und Finanzzuweisungen werden durch die Finanzpolitik gezielte Zinssubventionen in dieser Aufbauphase eingesetzt. Die Bundesbank widersetzte sich dieser parlamentarisch beschlossenen Förderpolitik.

Zum einen führe diese Zinssubventionierung, so ihr Hinweis, zu Fehlallokationen. Zum anderen würde die makroökonomische Wirkung ihrer »Zinskeule« wegen der staatlichen Investitionsförderung in den neuen Bundesländern nicht in vollem Umfang wirksam. Um die Modernisierung und den Aufbau von Produktionskapazitäten unter dem harten Druck westdeutscher und ausländischer Konkurrenz zu unterstützen, sind jedoch die auch durch die EG akzeptierten Förderpräferenzen von großer Bedeutung durch den Kapitalaufbau. Durch die Hochzinspolitik und damit Verteuerung der Fremdfinanzierung von Investitionsprojekten ist somit der ohnehin schwierige Transformationsprozeß belastet worden. Dieser offene Konflikt des geldpolitischen Kurses mit den wirtschaftspolitischen Zielen legt die Frage nahe, ob verfassungsrechtlich der Bundesbank überhaupt das Recht zusteht, eine politisch entschiedene Förderung des wirtschaftlichen Aufbaus zu erschweren.

Ist die Bundesbank mit ihrer Geldpolitik im Prozeß der deutschen Einigung ihrem gesetzlichen Auftrag gerecht geworden, hat sie nicht Mißbrauch betrieben? Die deutsche Notenbank reduzierte jedenfalls ihren währungspolitischen Auftrag ausschließlich auf die Inflationsbekämpfung. Dabei ist, wie die Entwicklung zeigt, ihre Kapazität beschränkt, die Inflation nachhaltig zu bekämpfen. Durch die Selbstverpflichtung auf einen dubiosen Geldmengenautomatismus, von dem sich beispielsweise die Notenbanken in den USA und Großbritannien bereits verabschiedet haben, werden die Inflationsgefahren und die Befähigung, sie zu bannen, überschätzt.

Es kann keinen Zweifel geben, die Bundesbank hat die Geldwertstabilität zu sichern, auch gegenüber politischen Widerständen. Die geldpolitischen Instrumente müssen jedoch auch gegen konjunkturelle Krisen und damit steigende Arbeitslosigkeit unter Wahrung der Geldwertstabilität eingesetzt werden. Die praktizierte Bundesbankpolitik trifft der Vorwurf, die konjunkturelle Lage im Sommer 1992 auch wegen ihrer monetaristischen Fixierung völlig falsch eingeschätzt zu haben bzw. eine schwere Stabilisierungskrise mit steigender Arbeitslosigkeit in Kauf genommen zu haben. Gerade auch unter dem Anspruch der Geldwertstabilität wäre eine Politik des billigen Geldes erforderlich gewesen, denn der Überhang der Geldmenge (M3) gegenüber der selbst gesetzten Zielvorgabe indizierte keine relevante Inflationsgefahr.

Weitere Faktoren hätten zur Erklärung der Geldentwertungsrate von ca. 4 vH hinzugenommen werden müssen. Die konjunkturelle Abschwächung und damit die ansteigende Arbeitslosigkeit hätten mit einer expansiv ausgerichteten Geldpolitik – parallel zur antizyklischen Fiskalpolitik – gebremst werden können. Die Hartnäckigkeit, mit der dagegen die Hochzinspolitik durchgehalten wurde, legt die Vermutung nahe, daß – unabhängig von der konjunkturellen Lage – eher der Staat für den starken Anstieg kreditfinanzierter Ausgaben und die Lohnpolitik prophylaktisch diszipliniert werden sollten.

Trotz wachsender Staatsverschuldung und den Lasten aus der deutschen Einigung gab es einen solchen Vertrauensschwund in den Standort nicht. Die im Trend feststellbare Tendenz zur Aufwertung der DM sowie enorm gestiegene Kapitalanlagen aus dem Ausland bei sinkenden Kapitalmarktzinsen belegen diese Aussage. Das hier beschriebene Scheitern ihrer Geldpolitik führte bis heute nicht zu einem grundlegenden Kurswechsel der Bundesbank. Die Senkung der durch die Bundesbank gesteuerten Zinsen vollzieht sich trotz Rezession und hoher Arbeitslosigkeit viel zu schleppend und ungenügend. Es gibt weiterhin einen dringend auszuschöpfenden Spielraum für Zinssenkungen. Zum Ende des Jahres 1993 hat sich die Zinsstruktur lediglich für börsennotierte Bundeswertpapiere ab einem Jahr normalisiert, d. h. mit steigender Laufzeit nimmt die Rendite zu. Die Zinssätze auf der kurzen Seite des Geldmarkts (unter einem Jahr) sind immer noch höher als am langen Ende. Durch eine deutliche Senkung der Refinanzierungskosten wäre ein weiterer Rückgang der Kapitalmarktzinsen zu erwarten, und damit würden positive Impulse für die privatwirtschaftliche Investitionsbereitschaft ausgelöst.

Wenn mit restriktiver Geldpolitik Konjunkturen schnell abgewürgt werden können, dann vermag gewiß ein monetärer Expansionskurs allein die Wende zum Besseren nicht zu bewirken. In Kooperation mit einer expansiven Finanzpolitik und einer Tarifpolitik, die diese makroökonomischen Bedingungen berücksichtigt, läßt sich jedoch die konjunkturelle Krise überwinden. An diesem Beispiel wird deutlich: Die Geldpolitik muß stabilitätskonform dazu beitragen, monetär den Spielraum für die Entwicklung der gesamtwirtschaftlichen Produktion und Beschäftigung zu schaffen. Mit der nahezu pathologischen Verabsolutierung der Geldwertstabilisierung erfüllt die Bundesbank ihren Auftrag in einer Wirtschaft, in der auch das Ziel der Beschäftigung zu berücksichtigen ist, völlig unzureichend.

6.6 Hat sich die Bundesbank vom Ziel der EG-Einheitswährung verabschiedet?

Durch das Inkrafttreten des Europäischen Währungssystems zum 13. März 1979 haben die beteiligten Notenbanken – so auch die Deutsche Bundesbank – einen Teil ihrer währungspolitischen Souveränität an eine spezielle Einrichtung der Europäischen Gemeinschaft abgegeben.[16] Nachdem die Idee des 1970 von der EG angenommenen sog. Werner-Plans, ein stufenweises Konzept der wirtschaftlichen und monetären Integration in Richtung einer Wirtschafts- und Währungsunion zu verwirklichen, gescheitert war, einigten sich die meisten Mitgliedsländer der EG nach einigen Anlaufschwierigkeiten auf ein reduziertes Projekt: die Vergemeinschaftung der Wechselkurspolitik. Das Europäische Währungssystem (EWS) zielt auf die Schaffung einer »Zone stabiler Wechselkurse«.

Die Vorteile einigermaßen stabiler Wechselkurse, mit dem EWS angestrebt, liegen auf der Hand. Wirtschaftliche Aktivitäten werden durch die Minimierung zum Teil eruptiver Schwankungen der Wechselkurse (Volatilität) innerhalb eines zusammenwachsenden

Binnenraums bei fortexistierenden nationalen Währungen kalkulierbar. Wird beispielsweise aus Deutschland nach Frankreich mit einem Zahlungsziel von drei Monaten bei flexiblen Wechselkursen geliefert, dann müssen Informationen über die Kursentwicklung eingeholt bzw. teure Kurssicherungsgeschäfte auf Termin abgeschlossen werden. Diese sog. Informations- und Transaktionskosten zu minimieren, ist ein viel zitiertes Ziel eines Systems fixer Wechselkurse.

Bedeutsamer ist jedoch, daß die Wettbewerbsfähigkeit zwischen den Ländern verbessert wird. Der wirtschaftliche Integrationsschritt »*Vollendung des Binnenmarkts*«, d. h. grenzenlose Mobilität von Gütern, Dienstleistungen, Kapital und Arbeitskräften, würde durch frei schwankende Wechselkurse nachhaltig behindert. Solange die einzelnen Währungen im Prozeß der Vollendung des Binnenmarkts fortexistieren, ist die Reduzierung der Wechselkursrisiken von ökonomisch großer Bedeutung für die Entwicklung der Wirtschaftsbeziehungen.

Entscheidende Grundlage des Europäischen Währungssystems ist die *Festlegung der Leitkurse* zwischen allen beteiligten Währungen. Die bilateralen Leitkurse werden durch die Finanzminister der beteiligten Regierungen zusammen mit den Notenbankgouverneuren einstimmig festgelegt. Diese vergemeinschaftete Fixierung der Leitkurse birgt jedoch Risiken. Einerseits sollen sie der unterschiedlichen ökonomischen Entwicklung der fundamentalen Faktoren zwischen zwei Mitgliedsländern – etwa gemessen am Inflationstempo, der Produktivität und den außenwirtschaftlichen Beziehungen – Rechnung tragen. Die Leitparitäten zielen auf Kurse, die sich aufgrund der unterschiedlichen »fundamentals« zwischen zwei Ländern am Devisenmarkt ergeben würden.

Andererseits werden vor allem Mitgliedsstaaten mit abwertungsbedrohten Währungen versuchen, im politischen Entscheidungsprozeß ihre ökonomische Position zu schönen, um nicht an Standortattraktivität zu verlieren. Mit den Instrumenten der vergleichsweise hohen Zinsen kann ein Land zumindest für einige Zeit die Stabilität dieser geschönten Kurse stabilisieren. Einmal festgelegte Leitkurse müssen allerdings, falls sie durch die Veränderung ökonomischer Grunddaten zu stark von der Preisbildung auf den Devisenmärkten abweichen, wiederum einstimmig neu festgelegt werden. Bekannt gewordene Informationen über derartige *Realignments*, die an sich streng von der Öffentlichkeit abgeschirmt beschlossen werden, zeigen, daß der Einigungszwang bei teils stark divergierenden Interessen nicht immer zu optimalen Ergebnissen geführt hat.

Das Wechselkursregime enthält eine weitere Flexibilitätsreserve: Seit der Gründung des EWS bis zum 2. August 1993 galt die Regel, daß im Prinzip der auf den Devisenmärkten gebildete Wechselkurs nicht mehr als 2,25 vH nach oben und unten vom fixierten bilateralen Wert abweichen darf. In Ausnahmefällen, wie ursprünglich Italien und bei den später hinzugetretenen Ländern England, Portugal und Spanien, wurde eine Abweichung von 6 vH nach oben und unten um das Gravitationszentrum bilateraler Leitkurse zugelassen.

Die Schwankungsmarge um die Leitkurse steckt den Bereich ab, innerhalb dessen sich die Notenbanken verpflichten, Kursstützungsinterventionen vorzunehmen. Wertet zum Beispiel der Französische Franc ab, also die DM bis zur oberen Begrenzung der Schwankungsmarge (+ 2,25 vH) auf, dann müssen die beiden betroffenen Notenbanken in enger Absprache Francs ankaufen und DM verkaufen, denn der Wechselkurs darf den oberen Interventionspunkt nicht überschreiten. Damit verbindet sich die Hoffnung, daß sich der auf den Devisenmärkten gebildete Preis wieder in Richtung seines bilateralen Leitkurses zurückbewegt und in dieser Gegend verharrt. (Die viel zitierte Europäische Währungseinheit ECU ist gegenüber dem EWS grundsätzlich zu unterscheiden. Status und Funktionsweise werden im Kasten [S. 245] erklärt.)

Unter dem Druck der jüngsten Krisen des Wechselkursmechanismus wird oft übersehen: Die Zielsetzung des Europäischen Währungssystems war von Anfang an begrenzt. Geschaffen werden sollte eine Zone relativer Wechselkursstabilität der beteiligten Währungen. Die Kompetenzen der Geldpolitik blieben jedoch in nationaler Verantwortung. Diese Spaltung der währungspolitischen Kompetenzen mußte, wie noch zu zeigen sein wird, immer wieder zu Spannungen führen. Auf Dauer lassen sich nominale Wechselkurse nicht stabilisieren, während die Zinspolitik der betroffenen Notenbanken nationalen Interessen folgt. Zu erwarten, durch das gemeinschaftliche Wechselkursregime gar noch Druck in Richtung konvergenter wirtschaftlicher Entwicklung zwischen den Mitgliedsländern zu erzeugen, wäre viel zu anspruchsvoll.[17]

Gemessen am direkten Ziel des EWS, die Devisenkursschwankungen zu glätten, hat das System über einen längeren Zeitraum einigermaßen funktioniert. Die seit 1987 eingetretene Ruhe im EWS hat sich aber als trügerisch erwiesen. Im September 1992

ECU – WAS IST DAS?

In Ergänzung zum Europäischen Währungssystem ist die Europäische Währungseinheit zum 13. 3. 1979 eingeführt worden. Ihr offizieller Name ECU ist Ergebnis einer typischen Kompromißbildung. Als *European Currency Unit* fügt sich der Begriff in die englischsprachige Terminologie der Finanzwelt ein. Zugleich entspricht der Begriff dem Namen einer französischen Goldmünze aus dem 12. Jahrhundert. Darauf übrigens ist die französische Aussprache zurückzuführen.
Die ECU ist keine eigenständige, sondern eine *synthetische Währungseinheit*. Die Grundlage bildet ein Währungskorb, in dem die beteiligten Währungen in Form fester Beträge liegen. Für die DM beläuft sich der feste Betrag seit dem 21. 9. 1989 auf 62,42 Pfennige gegenüber 82,8 Pfennige zum Start am 13. 2. 1979. Der Wert einer Landeswährung in ECU ergibt sich aus der Zusammenfassung der festen Beträge, bewertet mit den Wechselkursen dieser Währung gegenüber allen anderen Währungen im Korb.
Um den *ECU-Leitkurs* der DM beispielsweise zu erhalten, werden die Gegenwerte der festen Beträge im Korb – etwa des französischen Francs, der italienischen Lire usw. – mit dem entsprechenden Wechselkurs der DM gegenüber diesen Währungen errechnet und zusammengefaßt. Werden die Gegenwerte der festen Beträge auf der Basis bilateraler Leitkurse bestimmt, dann ergibt deren Zusammenfassung den ECU-Leitkurs einer Währung. Der auf der Basis der damals geltenden bilateralen Leitkurse und festen Beträge ermittelte DM-Wert einer ECU-Einheit betrug beim Start des EWS am 13. 3. 1979: 1 ECU = 2,51064 DM. Vor allem infolge mehrfacher Aufwertung bilateraler DM-Leitkurse sank der DM-Wert einer ECU um 22,3 vH auf 1,9464 DM.
Auch für Währungen außerhalb der EG kann deren ECU-Wert errechnet werden. Werden beispielsweise die Gegenwerte der derzeit festen Beträge im Korb über die US$-Kurse der Währungen im Korb berechnet und zusammengefaßt, ergibt sich der Dollarwert einer ECU. Aus dem jeweiligen ECU-Kurs zweier Währungen läßt sich der *Wechselkurs* für diese berechnen. Schließlich bringen der feste Betrag einer Währung im Korb sowie deren ECU-Leitkurs das Gewicht der Währung im Korb

zum Ausdruck. Am 1. 2. 1993 lag der Anteil der DM im Währungskorb (fester Betrag : ECU-Leitkurs) bei 32 vH (gegenüber 32,98 vH zum Start 1979).
Mit dem *Gewicht der Währung* soll der ökonomischen Kraft im Verhältnis zu anderen Ländern Rechnung getragen werden. Dieses relativ starke Gewicht der DM weist auf deren Ankerfunktion im Europäischen Währungssystem hin. Die Berechnung der synthetischen Währungseinheit ECU läßt sich allerdings unabhängig von der Mitgliedschaft im EWS ermitteln.
Für England beispielsweise, das erst zum 8. 10. 1990 dem Wechselkursregime beitrat, wurde von Anfang an ein ECU-Leitkurs mit fiktivem Charakter berechnet. Dabei bleibt es auch nach der vorläufigen Suspendierung der Mitgliedschaft Englands im EWS seit dem 17. 9. 1992. Für das ebenfalls aus dem EWS ausgetretene Italien wird ebenso verfahren. Griechenland beispielsweise wird seit dem 17. 9. 1984 beim ECU berücksichtigt, ohne Mitglied des EWS zu sein.
Die *Bedeutung* der ECU als synthetische Währungseinheit hat in den letzten Jahren stark zugenommen. Die EG-Institutionen weisen alle monetären Größen auf ECU-Basis aus (offizielle Funktion). Vor allem im gesamten EG-Raum tätige Unternehmen in der EG fakturieren mittlerweile zum Teil auch schon in ECU. Am Kapitalmarkt werden ECU-Anleihen angeboten (private Verwendung). Diese Emanzipation der ECU aus der schlichten Rolle einer Verrechnungseinheit verleiht ihr noch lange nicht einen eigenständigen Währungscharakter. Wichtig ist, daß letztlich ECU-Beträge nur nach Umtausch in eine nationale Währung auszahlbar sind.
In der aktuellen Diskussion um eine EG-Einheitswährung, mit der die Wirtschafts- und Währungsunion gekrönt werden soll, wird dieser immer wieder der Name ECU verliehen. Dafür gibt es keinen Grund. Die EG ist nicht daran gebunden, am Ende der monetären Integration ihre einheitliche Währung ECU zu nennen. Bei einer einheitlichen EG-Währung ist, wie sie auch immer heißen mag, vielmehr entscheidend, daß die bilateralen Wechselkurse nie wieder geändert werden und damit die nominellen Einzelwährungen abgeschafft werden können. Ob die Währung dann Eurotaler, Eurofranken oder ECU heißen wird, muß erst noch entschieden werden.

schließlich wurde das EWS in einem bisher nicht gekannten Ausmaß erschüttert. Die italienische Lire und das englische Pfund gerieten unter massiven Abwertungs-, die DM spiegelbildlich unter Aufwertungsdruck. Die Devisenmärkte brachten zum Vorschein: Die ökonomischen Voraussetzungen zur Stabilisierung der italienischen Lire in der engeren Schwankungsmarge waren nicht gegeben. Auch der bilaterale Leitkurs des englischen Pfunds ließ sich nicht halten. Die Krise des englischen Pfunds war absehbar. England hatte als Gegenleistung für seinen Beitritt zum EWS im Oktober 1990 gegenüber seinen Partnern ein überbewertetes Pfund durchgesetzt. Es war eher an der Attraktivität des Finanzplatzes London als an den wirtschaftlichen Wettbewerbsbedingungen der Produktionswirtschaft ausgerichtet. Der englischen Politik gelang es ebensowenig wie der italienischen, den »Vertrauensvorschuß« einzulösen.

Die Devisenmärkte mißtrauten diesen geschönten Paritäten angesichts der realen ökonomischen Entwicklungsprobleme. Spekulanten nutzten dieses Mißverhältnis zwischen den politisch gesetzten Leitkursen und den realen Bedingungen aus und verschärften den Druck in Richtung Abwertung. Spekuliert wurde in dieser Phase insbesondere gegen die italienische und englische Währung. Nach massiven Stützungskäufen wurde die italienische Lire im EWS um rund 7 vH abgewertet. Da trotz umfangreicher Stützungskäufe die beiden Währungen innerhalb der Schwankungsmarge nicht gehalten werden konnten, suspendierten schließlich Italien und England auf eigenen Wunsch ihre Mitgliedschaft im Währungssystem am 17. 9. 1992.

Gegenüber dem Fixkurssystem mit Schwankungsmargen wurden die Diskrepanz der wirtschaftlich unterschiedlichen Entwicklungen in den Mitgliedsländern und die voneinander stark abweichenden wirtschafts- und geldpolitischen Positionen immer deutlicher und damit zur Munition für Spekulanten. Vor allem die Bundesbank mußte massive Stützungskäufe vornehmen, um die unter Abwertungsdruck stehenden Währungen gegenüber der DM zu stabilisieren. Sie hatte in wenigen Tagen im Umfeld dieser Septemberkrise in 1992 mehr als 90 Mrd. DM an den Devisenmärkten zum Kauf der notleidenden Währungen ausgegeben. Zum großen Teil flossen die DM-Beträge ins Inland zurück und erhöhten hier die Liquidität, die wiederum die Notenbank über die Rückführung der Wertpapierpensionsgeschäfte abzufangen versuchte. Die Grundlinie verstetigter Geldpolitik der Deutschen Bundesbank wurde durch die Interventionspflicht im Rahmen des Fixkurssystems empfindlich gestört, die Herrschaft über die Geldmengensteuerung eingeschränkt.

Die freiwillige Suspendierung der Mitgliedschaft Italiens und Englands im EWS und die Anpassung einiger bilateraler Wechselkurse konnte dieses Wechselkursregime zwar nicht retten. Allerdings, nach den erneuten Schwierigkeiten Anfang des Jahres 1993 trat eine gewisse Beruhigung der Devisenmärkte ein. Dazu trug auch der Volksentscheid für den Maastrichter Vertrag in Dänemark im zweiten Anlauf Ende Mai 1993 bei. Der Französische Franc konnte sich erholen, weil die wirtschaftlichen Grunddaten besser als in Deutschland ausfielen. In dieser Phase spekulierten Marktkreise wegen der kritischen Bewertung der ökonomischen Entwicklung in Westdeutschland sogar auf die Ablösung der DM als Ankerwährung durch den FF. Einfluß hatten hier auch die Pläne, im Rahmen einer Reform der Nationalbank Frankreichs einen Unabhängigkeitsstatus einzuräumen.

Im Juli 1993 vollzog sich jedoch schlagartig eine Wende bei der Bewertung der Wechselkurse. Spekulative Attacken gegen den Französischen und Belgischen Franc sowie die dänische Krone brachen aus. Die wirtschaftlichen Fundamentalfaktoren im Vergleich mit den betroffenen Ländern gaben dafür allerdings keinen Hinweis. Die entscheidende Ursache ist in folgendem Widerspruch zu sehen: Während sich in Deutschland der Zinssenkungsprozeß viel zu langsam vollzog, wollten Länder wie Frankreich, Belgien und Dänemark die Geldpolitik lockern, um gegen die konjunkturelle Schwäche und steigende Arbeitslosigkeit zu steuern. Als die Deutsche Bundesbank Ende Juli 1993 die auf Devisenmärkten erwarteten Zinssenkungen unterließ, brach schließlich eine Krise aus, an deren Ende die Suspendierung des EWS durch die Ausweitung der Schwankungsmargen auf +/− 15 vH stand. Vor allem die Spekulanten rechneten nicht mehr damit, daß diese Diskrepanzen zwischen der Geldpolitik der Mitgliedsländer ohne Realignment verkraftet werden können.

Der Abwertung vor allem der spanischen Pesete und des Französischen Franc wurde erst noch mit massiven Stützungskäufen durch die Deutsche Bundesbank begegnet. Dadurch nahmen innerhalb weniger Tage ihre Auslandsaktiva wieder um fast 60 Mrd. DM zu. Sie bauten sich allerdings im Zuge des Abbaus der an die Notenbanken mit schwachen Währungen gegebenen DM-Kredite bald ab. Das Mißtrauen der Devisenmärkte in die Funktionsweise des EWS wurde übermächtig. Interventionen versagten, ja wurden als

Zeichen der Vertagung dringend erforderlicher Anpassungen angesehen. Die Finanzminister und Notenbankgouverneure sahen nur noch einen Ausweg. Sie beschlossen auf einer dramatischen Wochenendsitzung, zum 2. August 1993 die bisher geltenden Bandbreiten auf von +/− 2,25 vH auf +/− 15 vH auszuweiten.

Mit regierungsoffiziellen Beschönigungen ist das vorläufige Scheitern des EWS zu verdecken versucht worden. Der Bundesfinanzminister sprach von einem gelungenen »Befreiungsschlag«, die Bundesbank beschwor die Chance, erst einmal wieder Ruhe einkehren zu lassen, um später die Währungsregulierung wieder enger zu ziehen. Unbestreitbar ist, daß mit dieser starken Ausweitung seiner Schwankungsmargen das EWS faktisch ausgesetzt worden ist. Da ändert auch die Bereitschaft Hollands, gegenüber der DM bei der Bandbreite von +/− 2,25 vH zu bleiben, nichts, denn diese Währung hat nicht unter Abwertungsdruck gestanden. Die neuen Bandbreiten um die in der Mehrheit beibehaltenen Leitkurse lassen jetzt Schwankungen der Währungen wichtiger Handelspartner zu, innerhalb derer sich ohnehin die Preisbildung auf den freien Devisenmärkten bewegen wird.

Insoweit gilt seit dem 2. August 1993 nicht nur für Italien und England, sondern auch für die Länder im EWS, offiziell bzw. faktisch ein System flexibler Wechselkurse. Daß die divergierenden Anforderungen an die Geldpolitik in den Mitgliedsländern des EWS die Krise letztlich auslösten, zeigt sich in der Entwicklung der attackierten Währungen nach der Bandbreitenerweiterung: Die Kursabschläge beim Französischen und Belgischen Franc und der dänischen Krone hielten sich in Grenzen, d. h. von den ökonomischen Fundamentalfaktoren bestand kein großer Bedarf an Wechselkurskorrekturen.

Die europäische Integration hat mit der faktischen Aussetzung des EWS einen schweren »Rückschlag«, wie Helmut Schmidt als einer der Architekten dieses Modells feststellte, erlitten. Wegen der großen Flexibilitätsmarge ergeben sich Behinderungen bei der Vollendung des Binnenmarkts. Die wirtschaftlichen Aktivitäten im Binnenmarkt werden durch steigende Kursrisiken erheblich schwerer kalkulierbar. Kurssicherungsgeschäfte müssen bei Geschäften auf Termin abgeschlossen werden. Die Informations- und Transaktionskosten steigen. Es kann keinen Zweifel geben, die in Maastricht Ende 1991 beschlossene stufenweise Realisierung der Wirtschafts- und Währungsunion muß nach diesen Turbulenzen grundlegend überdacht werden.

Schließlich offenbart sich mit der Krise des EWS die mangelnde Bereitschaft zu einer Abstimmung der Geldpolitiken. Letztlich ist das EWS an divergierenden nationalen Interessen gescheitert. Der in die Öffentlichkeit gedrungene Streit zwischen den beteiligten Mitgliedern Ende Juli 1993 um die Überwindung der EWS-Krise läßt die massiven Interessenkonflikte und Widerprüche erahnen. Um den künftigen Pfad der wirtschaftlichen und monetären EG-Integration realistisch abstecken zu können, müssen ungeschminkt die Ursachen der EWS-Krise erforscht werden. Allerdings, monokausale Schuldzuweisungen helfen hier nicht weiter. Sie reproduzieren eher nur die unterschiedlichen Interessen, die die Krise ausgelöst haben. Zweifellos, die Bundesbank hat mit ihrer Politik der DM-Hegemonie maßgeblich zur Krise des EWS beigetragen, sie hat sie jedoch nicht allein zu verantworten. Folgende Ursachenketten lassen sich zusammenfassen:

— Das EWS mußte vor allem an der *Diskrepanz* zwischen dem Ziel der Wechselkursstabilisierung einerseits und den stark voneinander abweichenden wirtschaftlichen Entwicklungen in den Mitgliedsländern andererseits scheitern. Die per Intervention zu verteidigenden Währungsrelationen suggerierten letztlich einen faktisch nicht gegebenen hohen Grad an monetärer und wirtschaftlicher Konvergenz. Entstanden war eine Fixkursillusion, die zusammenbrechen mußte. Die Wechselkurse einiger Währungen, die eigentlich hätten abgewertet werden müssen, offenbarten sich als geschönt. Die Erfahrung aus dieser Krise lehrt:

Auf Dauer sind nur die *Leitkurse* gegenüber den Devisenmärkten zu halten, die den ökonomischen Entwicklungsunterschieden zwischen den Ländern Rechnung tragen. Mit dem EWS wurde ein Bild von ökonomischer Harmonisierung vorgegaukelt. Hinzu kamen Kontroversen über den weiteren Kurs der Integration der EG in Richtung Wirtschafts- und Währungsunion. Dabei darf die krampfhafte Funktionalisierung des EWS als Beweis vorangeschrittener monetärer Stabilität zur Durchsetzung des Maastrichter Vertrags nicht übersehen werden. Demonstriert werden sollte eine gelungene Vergemeinschaftung der Wechselkurspolitik in der EG als wichtige Voraussetzung zur Fortsetzung der monetären Integration. Der Preis, der für diese leichtfertige Instrumentalisierung des EWS zur Durchsetzung der Maastrichter Verträge bezahlt werden mußte, zeigte sich in der faktischen Suspendierung dieses Wechselkursregimes.

— Die Akteure auf den Devisenmärkten haben diesem Wechselkurszauber mißtraut und ihn schließlich durch massive *Spekulationen* aufgelöst. Mit dem Verkauf von abwertungsträchtigen Währungen wurde darauf spekuliert, nach dem Vollzug ihrer Abwertung diese wieder anzukaufen, jetzt aber mit Gewinn. Diese Geschäfte sind mit wütender Kritik an diesen Spekulanten begleitet worden. Die Kritik gipfelte in dem Vorwurf, durch diese Spekulationsgeschäfte sei letztlich die Währungskrise der EG verursacht worden. Die Schelte übersieht die Produktion der Munitionsmasse für Spekulationen.

Das Szenario einer Verschwörung anonymer Mächte gegen das Integrationswerk EG lenkt von den *fundamentalen Krisenursachen* ab. Die Spekulanten nutzen den Spielraum, der sich aus einem Währungsregime, das auf einer Fixkursillusion aufbaut, ergibt. Natürlich haben Spekulanten, die auf die Aufwertung der DM bzw. Abwertung wichtiger Partnerwährungen setzten, in kürzester Zeit große Summen verdient. Daher wäre es nur gerecht, nach dem Vorschlag des Nobelpreisträgers für Wirtschaftswissenschaften, James Tobin, zu verfahren und eine Besteuerung dieser Spekulationsgewinne vorzunehmen. Damit würde jedoch das Ursachenzentrum für Spekulationen nicht beseitigt. Kurzfristig hätte das Spekulationsgeschäft durch eine realistische Anpassung der Währungsparitäten und eine stärkere Koordination der Geldpolitik in den beteiligten Ländern vereitelt werden können.

– In der Krise des EWS spiegelt sich letztlich die *mißlungene Spaltung* der Aufgabe Währungsstabilisierung zwischen nationaler und vergemeinschafteter Kompetenz. Die Zinspolitik obliegt den jeweiligen Notenbanken, während die Stabilisierung der nominalen Wechselkurse über das EWS erfolgt. Soweit jedoch die Zinspolitik vor allem zwischen den ökonomisch wichtigen Mitgliedsländern voneinander abweicht, lassen sich die fixierten Währungsparitäten nicht halten. Das EWS verfügt also von Anfang an über einen riskanten Freiheitsgrad. Auf Dauer lassen sich die Währungsrelationen in der EG nur gemeinschaftlich stabilisieren, wenn die Zinspolitik der Notenbanken harmonisiert wird.

Die Darlegung des engen Zusammenhangs zwischen national unterschiedlicher Zinspolitik und deren Rückwirkung auf die Wechselkurse erklärt das *aktuelle Dilemma*: Bei nahezu vollständiger Mobilität der Kapitalströme, die mit der ersten Stufe der EG-Währungs- und Wirtschaftsunion bis auf wenige Ausnahmen schon zum 1. 7. 1990 hergestellt wurde, führen kleinste Zinssatzdifferenzen zwischen den Mitgliedsländern zu Kapitalbewegungen. Kapital strömt in das Land mit höheren Zinsen. Der Außenwert dieser Währung geht unter der Bedingung sich frei auf den Devisenmärkten bildender Preise zurück.

Aus dem Dilemma zwischen dem Ziel, mit dem EWS die Wechselkurse einerseits stabilisieren zu wollen, und andererseits den störenden Wirkungen national geprägter, unterschiedlicher Zinspolitik bei hoher Kapitalmobilität auf die Währungsrelationen führen im Prinzip nur *drei Wege*:

— Die *Vergemeinschaftung* der Wechselkurspolitik wird durch Abstimmung der nationalen Geldpolitik zügig komplettiert. Ebenso wichtig ist aber, auch die wirtschaftliche Konvergenz voranzutreiben.

— Die *Geldpolitik* konzentriert sich ohne Berücksichtigung der Auswirkungen auf die Partnerländer national isoliert auf ihre binnenwirtschaftlichen Ziele. Die letzte Option nationaler Alleingänge mit der Zinspolitik ist jedoch auf Dauer mit einer stabilen Währungsunion nicht vereinbar. Zu ihr paßt letztendlich nur das System frei schwankender Wechselkurse als währungspolitischer Ausdruck der Konkurrenz – nicht der schrittweisen Integration – der Volkswirtschaften.

— Eine Währung übernimmt die »*Ankerfunktion*«, d. h. die Geldpolitik der anderen Mitgliedsländer des EWS richtet sich an deren Muster aus. Diese »Ankerfunktion« hat bisher die DM übernommen. Allerdings haben wichtige Mitgliedsländer der Bundesbank bei ihrem geldpolitischen Kurs die Gefolgschaft verweigert.

Die jüngste Krise der währungspolitischen Integration in der EG hat gezeigt, daß die Bundesbank »aufgrund ihres Einflusses die europäischen Rückwirkungen ihrer Politik mitbedenken« muß.[18] Während die meisten Mitgliedsländer, die sich schon in der Rezession befanden, die Zinspolitik lockern wollten, hatte die Deutsche Bundesbank insgesamt die Zinssätze auf den Geld- und Kapitalmärkten vergleichsweise erhöht. Ihre Politik galt in einer EG-weiten krisenhaften Etappe der Produktions- und Beschäftigungsentwicklung der Stabilisierung des Binnenwerts der DM ohne Rücksicht auf die anderen Mitgliedsländer, allerdings auch ohne wirkliche binnenwirtschaftliche Not. Wie im 3. Abschnitt dieses Kapitels ausführlich beschrieben, stand die unberechtigte Sorge im Vordergrund, in der Bundesrepublik Deutschland baue sich ein Inflationspotential auf.

Zur Durchsetzung dieses monetären Restriktionskurses wurden vorrangig die Instrumente der Zinspolitik eingesetzt. Während zwar schon in der zweiten Hälfte 1988 die Erhöhung der Zinssätze zur Geldmarkt- und Kreditsteuerung einsetzte, ging die Bundesbank im Zuge der Ausweitung der einigungsbedingten Staatsverschuldung endgültig dazu über, die Kosten der Liquiditätsbeschaffung durch die Geschäftsbanken schrittweise auf historisches Höchstniveau zu heben (Diskontsatz von 4 vH und der Lombardsatz von 6 vH Anfang 1989 auf die historischen Höchstwerte von $8^{3}/_{4}$ vH bzw. $9^{3}/_{4}$ vH bis zum 14. September 1992). Noch zum 17. Juli 1992, als der konjunkturelle Einbruch der westdeutschen Wirtschaft bereits eingesetzt hatte, ist der Diskontsatz auf das Spitzenniveau von $8^{3}/_{4}$ vH bei einem Lombardsatz von $9^{3}/_{4}$ vH erhöht worden. Erst unter dem Druck der EWS-Krise begann die Bundesbank mit der Rückführung der Refinanzierungskosten in sieben Trippelschritten. Seit dem 10. September 1993 liegt der Diskontsatz bei $6^{3}/_{4}$ vH und der Lombardsatz bei $7^{1}/_{4}$ vH.

Die belastenden Wirkungen dieser Hochzinspolitik blieben jedoch nicht auf die ost- und westdeutsche Wirtschaft beschränkt. Die Notenbanken der Mitgliedsländer des EWS, die ihre Geldpolitik expansiv ausrichten wollten, gerieten unter massiven Druck. Die Krise des EWS war letztlich die logische Folge dieses zinspolitischen Alleingangs zur Stabilisierung der »Ankerwährung DM« durch die Bundesbank, dem die meisten anderen Mitgliedsländer nicht folgen konnten und wollten.

Die Währungen der Länder mit niedrigeren Zinssätzen gerieten zwangsläufig unter Abwertungsdruck, während die Kapitalanleger in Deutschland neben den hohen Zinsen noch auf erträgliche Aufwertungsgewinne setzen konnten. Aus binnenwirtschaftlichen Gründen gerieten die Länder mit expansiver Geldpolitik zum Diktat der deutschen Notenbank in Widerspruch. Der Interessenkonflikt mußte sich schließlich im faktischen Aussetzen des europäischen Wechselkurssystems entladen. Die Vertrauenskrise gegenüber dem geltenden Paritätengitter war perfekt. Die Entscheidung der Bundesbank, mit Wirkung zum 15. September 1992 die Refinanzierungskosten leicht zu senken, kam zu spät. Der Ausstieg Englands und Italiens aus dem Wechselkursverbund war nicht mehr aufzuhalten. Mit diesem viel zu geringen Zinssenkungsschritt hatte die Bundesbank allerdings erstmals wieder begonnen, den europäischen Zusammenhang zu berücksichtigen.

Schließlich hatte sich die durch die Bundesbank interpretierte monetäre Lage kaum verändert. Die Inflationsrate ging kaum zurück, und das Geldmengenwachstum vollzog sich weiterhin jenseits der oberen Grenze des Zieltrichters. Die bis zum September 1993 fortgesetzte Politik der Zinssatzsenkung in Trippelschritten fiel in ihrer Gesamtwirkung sowohl binnenwirtschaftlich als auch im Wechselkursverbund zu gering aus. Mehrere Partnerländer sahen sich aus konjunkturellen Gründen veranlaßt, gegenüber der langsamen Vorgehensweise der Bundesbank vom Frühjahr bis Ende Juni 1993 ihre Notenbank- bzw. Geldmarktsätze zügiger zu senken (*Tab. 6.4*). Das stark unterschiedliche Tempo im Prozeß der Zinssatzsenkungen löste erneut Kapitalbewegungen aus. Die bilateralen Währungsparitäten gerieten wieder unter Druck. Der Anspruch, die Wechselkurse der beteiligten Währungen per Interventionen der beteiligten Notenbanken im engen Band zu halten, wurde erst einmal aufgegeben.

Mit der Krise des EWS, in dem sich dieser fundamentale Interessenkonflikt entlud, wurde sichtbar: Zu einer allein an nationalen Interessen ausgerichteten Geldpolitik paßt nicht ein System fester, sondern letztlich nur flexibler Wechselkurse. In frei schwankenden Wechselkursen reproduziert sich schließlich das ökonomische Gefälle. Demgegenüber ist das Ziel Wechselkursstabilisierung unter der Bedingung offener Kapitalmärkte nur erfolgreich durchzusetzen, wenn die Geldpolitiken auf der Grundlage der Bereitschaft zur wirtschaftlichen Integration harmonisiert werden. Die deutsche Hochzinspolitik unter dem Regime fixer Wechselkurse stand zum Gebot der geldpolitischen Harmonisierung im Widerspruch. Die deutsche Hochzinspolitik lief Gefahr, wie die »Financial Times« am 5. 3. 1993 festhielt, den EG-Binnenmarkt in eine »Einheitliche Europäische Rezession« zu verwandeln.

Der Anspruch der Bundesbank auf die Führungsrolle bei der Zinsgestaltung in Europa mußte tiefsitzende nationalistische Ressentiments wachrufen, die auch den wenig vornehmen Sprachgebrauch kennzeichneten. So wurde beispielsweise in Italien und England die DM-Politik mit den »Blitzkriegen« der deutschen Wehrmacht verglichen. In Frankreich machte mal wieder der Vorwurf vom »DM-Imperialismus« durch die »Bubak« die Runde.

Die entscheidende Frage lautet: Was sind jenseits der aufgebrochenen alten Ressentiments und voreiligen Schuldzuweisungen die objektiven Ursachen dieser EWS-Krise? Die Krise monetärer Integration der deutschen Notenbank allein zuzuschieben, lenkt von anderen Ursachen und Akteuren ab. Alle beteiligten Länder sind

Tab. 6.4: **Notenbankzinsen und Geldmarktsätze in ausgewählten europäischen Ländern** (vH p.a.)

Zeit	Belgien	Dänemark	Frankreich	Deutschland
	Diskontsatz[1]			
1993 Januar	7,50	9,50	9,10	8,25
Februar	7,50	10,50	9,10	8,00
März	7,00	9,50	9,10	7,50
April	6,75	9,25	8,25	7,25
Mai	6,25	8,25	7,50	7,25
Juni	6,25	7,75	7,00	7,25
Juli	6,00	9,25	6,75	6,75
	Tagesgeldsatz[2]			
1993 Januar	8,53	12,04	12,01	8,69
Februar	8,86	25,84	11,46	8,65
März	8,56	11,91	11,01	8,34
April	8,02	10,46	9,61	8,05
Mai	7,43	9,98	8,15	7,85
Juni	7,08	8,98	7,68	7,82
Juli	7,91	11,40	8,27	7,28
	Dreimonatsgeldsatz[2]			
1993 Januar	8,28	13,66	12,10	8,52
Februar	8,90	18,06	12,06	8,34
März	8,35	14,53	11,29	7,91
April	8,03	10,88	9,10	7,85
Mai	7,22	9,08	7,64	7,45
Juni	6,95	8,08	7,32	7,55
Juli	7,32	10,66	8,10	7,18

[1] Für Frankreich Interventionssatz der Banque de France. Monatsendstände.
[2] Monatsdurchschnitte.

Quelle: Deutsche Bundesbank, *Monatsbericht* 8/93

immer wieder versucht, aus ihrer jeweiligen Sicht günstige Wechselkurse im Fixkurssystem durchzusetzen. Ökonomische Fehlentwicklungen in den meisten Mitgliedsländern, bei der Fixierung bilateraler Wechselkurse schon lange nicht mehr berücksichtigt, haben ebenfalls maßgeblich zu den währungspolitischen Spannungen im EWS beigetragen.

Die schon chronische Schwäche der italienischen Lire resultiert beispielsweise zuallererst aus den ökonomischen Strukturproblemen und der Finanzpolitik Italiens. Die Abwertung des englischen

Pfundes wiederum ursächlich nur auf die Hochzinspolitik der Deutschen Bundesbank zurückzuführen, verdeckt die ›hausgemachten‹ ökonomischen Entwicklungsprobleme sowie politischen Fehlentscheidungen in diesem Land. So hat sich England den Beitritt zum EWS im Oktober 1990 durch ein gegenüber seiner industriellen Basis völlig überbewertetes Pfund erkauft. Die währungspolitische Unterbewertung der industriellen Spätfolgen marktradikaler Thatcher-Politik – und spiegelbildlich die Überbewertung des Finanzstandorts London – ließ sich auf Dauer nicht durchhalten.

Auf der anderen Seite muß sich allerdings die Bundesbank den Vorwurf gefallen lassen, mit ihrer Geldpolitik unter den Lasten der deutschen Einigung den spezifischen Aufgaben innerhalb der EG nicht gerecht geworden zu sein. Die DM hat objektiv eine Vorrangstellung. Im offiziellen Sprachgebrauch der EG ist vornehm von der Ankerfunktion der DM die Rede. Basis dieser DM-Dominanz war bisher die wirtschaftliche Stärke. Die Stabilität dieser Währung durch die deutsche Geldpolitik sichern zu müssen, kann ernsthaft auch nicht durch das Ausland kritisiert werden. Das wäre auch unsinnig, denn ein Vertrauensverlust in die DM würde wegen ihrer zentralen Rolle auch den anderen Mitgliedswährungen in der EG schaden. Binnenmarkt und gemeinsame Währungspolitik haben in der EG nur eine Chance, wenn sie gleichzeitig zur Stabilitätsgemeinschaft zusammenwachsen. Die Botschaft gewinnt an Kraft. Schließlich konzentrieren sich mittlerweile unter dem Druck des EWS, zwar noch in unterschiedlichem Ausmaß, alle Länder auch auf die Bekämpfung der Inflation. Nicht die Ankerfunktion der DM in der EG wird angezweifelt, sondern deren alleinige Ausrichtung auf nationale Zwecke.

Die Bundesbank steht unter der Verantwortung, die Wirkungen ihrer Politik auf die europäischen Partnerländer zu berücksichtigen. Ihre Dominanz darf nicht dazu mißbraucht werden, interne ökonomische Probleme bei Beibehaltung des EWS auf die anderen Mitgliedsstaaten zu überwälzen. Genau dieser Versuch der deutschen Notenbank, binnenwirtschaftlich Stabilität herzustellen und dabei die Belastungen aus dem ökonomischen Einigungsprozeß über die DM-Dominanz im EWS auf andere Mitgliedsländer weiterzutragen, mußte scharfe Kritik durch das betroffene Ausland auslösen.

Die Deutsche Bundesbank wird sich mit dem Währungsdebakel auseinandersetzen müssen. Eine DM-Dominanz, durch die die anderen Mitgliedsländer zu ihrer Geldpolitik gezwungen werden, schadet auf Dauer nicht nur der eigenen Wirtschaft, sondern der politisch-ökonomischen Integration Europas. Das Vertrauen in die Bundesrepublik als verläßliche politische Integrationskraft hat jenseits der verbalen Bekenntnisse faktisch seit der restriktiven Geldpolitik unter dem Regime der deutschen Einigung stark gelitten. Die Geld- und Währungspolitik mit einer DM als Ankerwährung im EWS muß endlich auch europäische Verantwortung übernehmen, d. h. auf Alleingänge, die sich nur am nationalen Interesse orientieren und den Vorwurf des Nationalismus provozieren, verzichten.

6.7 Deutsche Wirtschafts- und Währungspolitik nach dem Vertrag von Maastricht

Die Antwort auf die Frage, wohin das neue Deutschland driftet, verlangt eine doppelte Standortbestimmung. Das Muster ökonomischer Entwicklung wird einerseits nachhaltig durch die Herausforderungen der deutschen Einigung und die Art ihrer Bewältigung bestimmt. Andererseits wird die Zukunft Deutschlands durch die Art und Weise der europäischen Integration nachhaltig bestimmt. Deutschland und die EG-Entwicklung sind eng miteinander verbunden. Interdepenzen und Konflikte zwischen den beiden Einigungsprozessen sind bei der Abschätzung künftiger Veränderungen ökonomischer Strukturen zu berücksichtigen. Zwei Beispiele mit unterschiedlichem Vorzeichen zum Verhältnis der bisherigen deutschen und europäischen Einigung lassen sich festhalten:

Die Einfädelung der ökonomischen Transformation der neuen Bundesländer in das Regelwerk der EG kann als gelungen bezeichnet werden. Die in der *Einheitlichen Europäischen Akte*, die Mitte 1987 in Kraft trat, vereinbarte Vollendung des EG-Binnenmarkts wurde – wie gelegentlich befürchtet – durch die historische Aufgabe der Einigung Deutschlands nicht nachhaltig belastet. Zeitlich befristet galten die neuen Bundesländer als »Sondergebiet« im Regelwerk der EG. Aus den Strukturfonds flossen bisher über 23 Mrd. DM in dieses Gebiet. Der Schulterschluß zwischen Deutschland und der EG ist in diesem Integrationsbereich geglückt.

Der faktische Zusammenbruch des Wechselkursregimes hat allerdings weit über die monetäre Integration hinaus den Fortgang der europäischen Integration erschüttert: Zum einen brach der ohnehin latent schon lange vorhandene Argwohn auf, die deutsche Geldpolitik nutze ihre DM-Dominanz ohne Rücksicht auf die wirtschaftliche Lage in den anderen Mitgliedsländern, ja sie überwälze schließlich ihre Einigungslasten auf die EG. Zum anderen verbreitete sich der Eindruck, die EG sei nicht einmal in der Lage, das Regime der Wechselkursstabilisierung zu gewährleisten. Eine zentrale Voraussetzung für die Fortsetzung der monetären Integration brach zusammen, die nächsten Schritte zur europäischen Einigung wurden bedroht.

Die Krise des EWS, mit der das Vertrauen in die Bereitschaft der Bundesbank, geldpolitische Souveränitätsrechte an die EG abzugeben, im Ausland erschüttert wurde, kann jedoch kein Grund sein, die weitere Integration in Richtung einer Wirtschafts- und Währungsunion abzubrechen, ja die bisherige Vergemeinschaftung zugunsten einer Re-Nationalisierung zurückzudrehen. Das Gesetz der Internationalisierung der Waren- und Finanzmärkte sowie die Globalisierung der Umweltprobleme schränken die Handlungsfähigkeit der Nationalstaaten in wachsendem Maße ein. Selbst die DM-Stärke kann letztlich nicht über die schrumpfende Souveränität der deutschen Geldpolitik bei weltoffenen und hochgradig interdependenten Finanzmärkten hinwegtäuschen.

Die Bundesbank ist längst nicht (mehr) der Souverän, als der sie sich weltweit darzustellen versucht. Durch die Internationalisierung und Globalisierung der Finanzmärkte ist die Schaffung von Liquidität außerhalb der Kontrolle der Notenbanken möglich geworden. Die Krise des EWS lehrt schließlich: Wollen die Länder der EG ihre Wechselkurse stabilisieren, dann müssen sie auch bereit sein, wenigstens innerhalb ihres Binnenmarktes die Zinspolitik zu harmonisieren.

Mit dem bekannten Bild des Kampfes der drei großen Tiger – Nordamerika, südostpazifischer Raum und die europäischen Industrieländer – wird die absehbare Entwicklungstendenz des Weltmarkts treffend charakterisiert. Ökonomisch gibt es unter diesem Entwicklungsdruck keine ernsthafte Alternative zur fortschreitenden Integration der EG. Umweltpolitisch ist sie dringend geboten, um im Zuge der Vollendung des Binnenmarkts den ökologischen Umbau dieses Wirtschaftsraums durchzusetzen. Allerdings, die Einigung bliebe ein Torso, würde sie sich nur auf die Aufgaben der ökonomischen und ökologischen Integration konzentrieren. Hinzu kommen muß die Bereitschaft zur Politischen Union.

Ökonomische Integration kann auf Dauer nicht ohne Harmonisierung der Außenpolitik gelingen. Die EG müßte an dem Widerspruch, ökonomisch einem Riesen zu gleichen, jedoch die Außenpolitik den einzelnen Zwergen zu überlassen, scheitern. Ernsthafter Streit kann daher nicht mehr über das Ob, sondern nur noch das Wie der europäischen Integration geführt werden. Allerdings, ohne eine Vision, die die Aufgaben der politischen, ökonomischen, ökologischen und sozialen Union bestimmt, hat dieses Projekt keine Chance. Schritte zur Vergemeinschaftung ohne visionären Hintergrund reduzieren sich auf den schnöden Vorteils-Nachteils-Vergleich der beteiligten Staaten, durch den jedoch eher Interessenkonflikte statt Integration sichtbar werden. Die geplante Schaffung einer Wirtschafts- und Währungsunion in Europa greift nur dann, wenn sie mit einer Zukunftsvision verbunden ist.

Mit dem Ende 1991 durch die Staats- und Regierungschefs in Maastricht vereinbarten Vertrag steht für den Bereich der ökonomischen Integration das Ziel im Vordergrund, zeitlich überschaubar die *Europäische Wirtschafts- und Währungsunion (EWWU)* herzustellen. Der in sich konsistente sog. *Delors-Plan* bildete zwar die Grundlage für den in Maastricht Ende 1991 beschlossenen Vertrag, eine Wirtschafts- und Währungsunion stufenweise herzustellen.[19] Wichtige Anregungen zur Flankierung des Binnenmarkts und der Währungsintegration wurden jedoch nicht in vollem Umfang übernommen. Beim Vertrag von Maastricht steht neben der Vollendung des Binnenmarkts die Schaffung eines *Europäischen Systems der Zentralbanken (ESZB)* mit einer Europäischen Zentralbank im Vordergrund. Binnenmarkt + Euro-Monetarismus sind die beiden Säulen. Im Streit um das künftige Zentralbankmodell für die EG hat die Deutsche Bundesbank obsiegt. Das Deutsche Bundesbankgesetz, das der Notenbank einen rigorosen Autonomiestatus einräumt, stand Pate.

Die Bundesbank zeigt sich dennoch gegenüber diesem Integrationsprogramm skeptisch, denn sie sieht dadurch noch lange nicht eine »Einheitliche Europäische Geldwertstabilisierung« – eine »Antiinflations-EG« – garantiert. Spätestens zum 1. 1. 1999, so der Plan, sollen die Währungen zwischen den beteiligten Ländern unwiderruflich fixiert werden. Schwankungen der Wechselkurse gäbe es dann nicht mehr, die Einführung einer Euro-Währung wäre nur noch ein technisches Problem. Wie diese Währung dann heißen wird, ist noch offen. Es könnte der Name der bisher synthetischen Währungseinheit ECU übernommen werden. Aber auch andere Namensgebungen, wie Eurotaler, Eurofranken, sind prinzipiell möglich. Freilich, wie sich bei der Wahl des Begriffs ECU schon zeigte, nationale Empfindlichkeiten werden die Suche nach einem gemeinsamen Namen, mit dem schließlich die bisher national vertrauten Währungsbezeichnungen endgültig in den Geschichtsbüchern verschwinden, empfindlich erschweren.

Die mit dem Maastrichter Vertrag fixierte Zielsetzung sowie die zeitliche Abfolge der stufenweisen Integration zeigt der Kasten auf S. 261. In Erinnerung zu rufen ist, daß die erste Stufe, durch die aus dem Binnenmarktprogramm vorgezogene Liberalisierung der Kapitalmärkte gekennzeichnet, schon zum 1. 7. 1990 realisiert wurde. Dieser Einstieg in die EG-Wirtschafts- und Währungsunion fiel übrigens mit der Ausweitung des Geltungsbereichs der DM auf die neuen Bundesländer zusammen. Dabei unterschieden sich die beiden Integrationstypen fundamental: Während in der EG die wirtschaftliche und monetäre Integration parallel und stufenweise durchgesetzt und die einheitliche Währung den krönenden Abschluß bilden wird, stand der DM-Import bei völlig unterschiedlichen realen Wirtschaftsstrukturen am Anfang. Die Folgen dieses monetären Crash-Kurses sind sattsam bekannt.

Die politische Durchsetzung des Maastrichter Vertrags, den der französische Nobelpreisträger für Wirtschaftswissenschaft Maurice Allais als »schlecht durchdacht, ... von Technokraten verfaßt, nicht eindeutig formuliert, ja teilweise Widersprüche aufweisend und sehr schwer lesbar« charakterisierte, zeichnet sich durch eine brisante Mischung aus integrationspolitischem Mut und Überheblichkeit aus.[21] Bei Lichte besehen ist der Eindruck nicht von der Hand zu weisen, die Konstrukteure hatten die Implikationen ihres Ziels, spätestens bis zu Beginn 1999 eine einheitliche Währung herzustellen, nicht richtig durchschaut, vielleicht auch nicht wissen wollen. Denn, so die Regie, wenn erst mal Fakten geschaffen worden seien, dann wirkten diese als normative Kraft. Der deutsche Bundeskanzler hat sich für die Realisierung des Maastrichter Vertrags trotz tiefgreifender Kontroversen in der Öffentlichkeit und der skeptischen Haltung der Bundesbank massiv engagiert.

Dabei ist aber schwer zu spezifizieren, welchen Anteil die persönlichen Ambitionen des Chefs der Bundesregierung, nicht nur als Kanzler der deutschen, sondern auch der europäischen Einigung in die Geschichtsbücher einzugehen, an dem nahezu halsbrecherischen Wagemut hatten. Die politische Entscheidung für dieses Wagnis hat ihren richtigen Grund in der veränderten Lage Deutschlands seit der Einigung: Es geht um das Ziel, das neue, größere

Zeitplan für die Schaffung der EG Wirtschafts- und Währungsunion nach den Beschlüssen von Maastricht

Zeitachse

1. 7. 1990: Erste Stufe
- Stärkung des Gouverneurausschusses (Zentralbankpräsidenten)
- Volle Liberalisierung der Geld- und Kapitalmärkte (mit Ausnahmen vor allem für die Länder im Süden)
- »Multilaterale Überwachung« vor allem zur Vermeidung exzessiver Defizite in öffentlichen Budgets, jedoch ohne Sanktionsmöglichkeiten gegenüber einem Mitgliedsland

1. 1. 1994: Zweite Stufe
- Konvergenzprogramme, volle Liberalisierung des Geld- und Kapitalverkehrs (noch mit Ausnahmen); Verbot monetärer Finanzierung der öffentlichen Defizite; Überwachung von Fehlentwicklungen vor allem zur Begrenzung öffentlicher Defizite – jedoch ohne Sanktionsmöglichkeiten (erst ab 3. Stufe)
- Einrichtung des **Europäischen Währunginstituts (EWI):** löst das bisherige Europäische Währungssystem (EWS) ab.

Wahloption: Dritte Stufe
früheste Entscheidung über Eintritt in dritte Stufe **1996**
Entscheidung »auf der Grundlage« von Konvergenzberichten der EG-Kommission und des EWI (konkurrierend);
Rat entscheidet mit qualifizierter Mehrheit:
- Welches Land erfüllt Konvergenzkriterien?
- Gilt dies für Mehrheit (mindestens 7 Länder)? **bis 31. 12. 1996**

frühester Beginn der 3. Stufe
1. 1. 1997

Automatismus zur dritten Stufe (sofern bis Ende 1997 keine Entscheidung über Beginn der dritten Stufe gefällt wurde)

bis 1. Juli 1998: Prüfbericht erneut über Konvergenz; wird wie bei Wahloption wiederholt; Rat entscheidet mit qualifizierter Mehrheit; keine Mehrheitsklausel, d. h. drei Länder beispielsweise können die 3. Stufe beginnen

zum 1. Juli 1998: Einrichtungen der Europäischen Zentralbank (EZB) zur Vorbereitung des Europäischen Systems der Zentralbanken (EZBS)

ab 1. 1. 1999: Dritte Stufe
ECU (Europäische Währungseinheit) ab erstem Tag der dritten Stufe eigene Währung durch Festlegung unwiderruflicher fester Kurse gegenüber den Mitgliedswährungen (Parallelwährung), Vorbereitung zur Einführung der ECU als einheitliche Eurowährung

Zeitpunkt zur Einführung einer einheitlichen **Eurowährung** (die ECU) nicht in den Beschlüssen festgelegt; soll jedoch nach Art. 109 rasch erfolgen!

Deutschland fest in die europäische Integration einzubeziehen, um wie auch immer begründete nationalistische Separierung zu vermeiden.

Die Art allerdings, mit der der Maastrichter Vertrag durchgepaukt wurde, gleicht einem politischen Euro-Handstreich. Die breite Diskussion über die Inhalte und Folgen setzte erst ein, als in den Mitgliedsländern die Zustimmung eingeholt werden mußte. Vermutlich wäre jedoch dieses Projekt nicht auf den Weg gebracht worden, hätten die Regierungschefs die zuständigen Organe in den Mitgliedsländern sowie die Bevölkerung breit in die Entwicklung dieses Konzepts einbezogen. Niemand sollte es dann wundern, wenn die nachträgliche Einholung der Zustimmung auf Widerstand gestoßen ist. Dänemark hatte in einem ersten Anlauf per Volksabstimmung erst einmal das Vertragswerk im Sommer 1992 abgelehnt. Die Volksabstimmung zum Vertrag fiel in Frankreich im Streit um »Oui ou non?« äußerst knapp aus.

In der Bundesrepublik wurde zwar grundsätzlich die Verfassungskonformität am 12. 10. 1993 durch das Bundesverfassungsgericht festgestellt. Der unüberschaubare, in seinem Selbstlauf nicht mehr steuerbare Automatismus zur Einheitswährung wurde aber von den Verfassungsrichtern ausgehebelt. Schließlich bleibt die Option des Rückzugs der DM, falls die Eurowährung zur chronischen Schwäche neigt, offen. Diese Absage an den Automatismus richtet sich jedoch gegen den Kern des Maastrichter Vertrags. Er sollte Spekulationen auf einen Abbruch des Experiments von Anfang an erübrigen. Es stellt sich die Frage, ob nicht wegen des Votums des Bundesverfassungsgerichts der Vertrag in bezug auf den Automatismus nachgebessert werden müßte.

Die vielen Fallstricke des Maastrichter Vertrags und schließlich das Risiko, zumindest nicht in allen Essentials in den betroffenen Ländern Akzeptanz zu finden, läßt die Prognose zu: Die wirtschaftliche und monetäre Integration wird voranschreiten, jedoch nicht unbedingt nach dem vorliegenden Reißbrettentwurf. Das ist gut so, denn der geplante zeitliche Ablauf ist irreal, das Modell einer EWWU nicht konsistent. Statt auf der unerbittlichen Automatik zu bestehen, sollte die Gestaltung der EG in einem offenen Suchprozeß erfolgen, in dem folgende Punkte in Ergänzung des Maastrichter Vertrags zu präzisieren sind:

— Gegenüber dem derzeitigen Automatismus, mit dem ab 1. Juli 1998 der Einstieg in die dritte Stufe gestartet werden muß, falls die *Wahloption* ab 1996 nicht eingeleitet wird, sollte umgehend eine zeitliche Streckung ermöglicht werden. Ernsthaft kann nicht davon ausgegangen werden, daß im bisher sehr knapp bemessenen Zeitraum die definierten Kriterien wirtschaftlicher Konvergenz für eine relevante Zahl an Mitgliedsländern erfüllt werden können. Konvergenzkriterien, die die Mitgliedsländer spätestens beim Einstieg in die dritte Stufe erfüllen müssen, sind:

—— Die *Inflationsrate* darf den Durchschnitt der Inflationsraten der drei preisstabilsten Länder um nicht mehr als 1,5 vH übersteigen.

—— Das *Finanzierungsdefizit* der öffentlichen Haushalte soll 3 vH, der Bruttoschuldenstand nicht 60 vH des Bruttoauslandsprodukts übersteigen.

—— Die Rendite *langfristiger öffentlicher Anleihen* darf den Durchschnitt der entsprechenden Renditen der drei preisstabilsten Länder um nicht mehr als zwei Prozentpunkte übersteigen.

— Die *ökonomische Reife* der Mitgliedsländer zum Einstieg in die Endstufe wird mit diesen Konvergenzkritierien ausschließlich am Ziel der EG-weiten Geldwertstabilität gemessen. Dieses Maß monetärer Integration ist viel zu eng. Bei der Bewertung des Grads der Angleichung sind vielmehr weitere Kriterien zu berücksichtigen: das wirtschaftliche Wachstum, die Beschäftigung, die Leistungsbilanz, die soziale Lage, aber auch die Umweltentwicklung.

— Die *Europäische Zentralbank*, nach der bisherigen Konstruktion Abbild der Deutschen Bundesbank, sollte nicht nur auf die Geldwertstabilisierung fixiert werden, sondern bei ihrer Politik auf die Bekämpfung der Arbeitslosigkeit und einer optimalen Wirtschaftsentwicklung Rücksicht nehmen. Die Gewährleistung des Autonomiestatus ist unverzichtbar. Allerdings muß die Gefahr des Machtmißbrauchs gegenüber anderen wirtschaftspolitischen Entscheidungsträgern gebannt werden. Die vorgesehene Rechenschaftspflicht vor dem Europaparlament dient der demokratischen Verankerung der autonomen Eurozentralbank. Diese Regel sollte in das Gesetz über die Deutsche Bundesbank eingeführt werden.

— Neben dem Binnenmarkt und der monetären Integration ist die Vergemeinschaftung zugunsten einer *Sozial-* und *Umweltunion* zu stärken. Hier weist der Vertrag von Maastricht deutliche Defizite auf.

— Die bis 1997 fortgeschriebene Politik des Gemeinschaftshaushalts reicht auf Dauer nicht aus. Sie muß in Richtung eines *gezielten*

Finanzausgleichs zwischen den reichen und armen Regionen ergänzt werden. Denn im Binnenmarkt werden die regionalen Disparitäten zunehmen. Die berühmte blaue Banane, die sich von Südengland nach Norditalien – mit einer Spreizung über Südfrankreich bis Nordspanien – ausbreitet, faßt grob das Band prosperierender Regionen zusammen, während die Gefahr droht, daß immer schon strukturell schwache Regionen noch stärker vom Trend der durchschnittlichen Entwicklung abgekoppelt werden. Damit wachsen die Aufgaben der Regional- und Strukturpolitik weit über das Maß hinaus, das mit den von 1992 bis 1997 aufgestockten Strukturfonds vorgegeben ist.

— Schließlich kann der Weg zur Wirtschafts- und Währungsunion nur erfolgreich gegangen werden, wenn die EG zu einer demokratischen *Politischen Union* ausgebaut wird. Ökonomische Stärke des EG-Wirtschaftsraums muß durch eine verbindlich-gemeinschaftliche Außenpolitik komplettiert werden. Die politischen Entscheidungsprozesse müssen in einem viel stärkeren Ausmaß als bisher vorgesehen demokratisiert, die Beteiligung der Regionen gestärkt werden. Die grundlegenden Entscheidungen in der EG müssen durch demokratische Willensbildungsprozesse in den Mitgliedsstaaten künftig fundiert werden. Zur Vision vom europäischen Bundesstaat gehören demokratiestarke Mitgliedsländer. Vor allem müssen die Kompetenzen des Europäischen Parlaments ausgebaut werden.

Die Zukunft der EG darf sich nicht nur auf die Säulen »Binnenmarkt + Einheitswährung« stützen. Weit darüber hinausgehende Politikfelder müssen parallel dazu einer fortschreitenden Harmonisierung unterzogen werden. Nicht erst nach dem Zusammenbruch der Wirtschaftssysteme Osteuropas haben sich jedoch die Gründungsbedingungen der EG fundamental verändert. Ihre Gründung ist nur aus dem damaligen Ost-West-Konflikt in Europa zu verstehen. Dringender denn je stellt sich heute die Frage, welche Bedeutung die Veränderungen in Osteuropa für die weitere Entwicklung der EG haben. Der Vertrag von Maastricht nimmt diesen Wandel nicht zur Kenntnis. Er grenzt die Entwicklung der EG gegenüber Osteuropa strikt ab.

Die Entscheidungen, die in Deutschland kaum diskutiert werden, lauten:

— Soll sich die EG ausweiten und damit ein völlig neues Muster der Zusammenarbeit durchsetzen?

– Oder aber soll die Integration der ökonomisch vergleichsweise starken Kernländer fortgesetzt werden, um von diesem Kern aus Kooperationen bzw. Assoziierungen mit osteuropäischen Ländern zu sichern?

Plädiert wird für eine Fortsetzung der EG-Integration mit den Kernländern bei gleichzeitigem Ausbau der Vernetzung mit den osteuropäischen Staaten. Vorstellbar wäre, daß zumindest in einer Übergangszeit Ländergruppen unterschiedlicher Integrationsgeschwindigkeit zusammengefaßt werden. Die EG wird nur eine längerfristige Chance haben, wenn sie die Entwicklung zur wohlstandssichernden Festung verhindert.

6.8 Autonomie und/oder Demokratisierung der Bundesbank?

Die Hochzinspolitik der Deutschen Bundesbank, die im Sommer 1992 zur binnenwirtschaftlichen Rezession in Westdeutschland beigetragen und letztlich den Zusammenbruch des Europäischen Wechselkurssystems ausgelöst hat, führte im In- und Ausland zu heftigen Protesten. Die fundamentale Kritik richtete sich auf die Legitimität ihres Unabhängigkeitsstatus. Vom Machtmißbrauch nach innen und außen war die Rede. Der Vorsitzende der IG Metall forderte unter dem Eindruck der Erhöhung des Diskontsatzes zum 17. Juli 1992 auf den Höchstwert von $8\frac{3}{4}$ vH eine Bändigung der Notenbankbefugnisse durch eine »Demokratisierung der Geldpolitik«.[22] Auch im durch die europäische Währungskrise betroffenen Ausland wurde der Ruf nach einer politischen Beschränkung der Macht der Deutschen Bundesbank durch den Zwang zur geldpolitischen Abstimmung innerhalb der EG laut.

Die Bundesbank blieb trotz dieser Kritiken Leitmodell. Die EG-Regierungschefs hatten sich schon im Maastrichter Vertrag auf eine Europäische Zentralbank, der die Verfassung der Bundesbank nahezu komplett Pate stand, geeinigt. Es müssen also mit der Autonomie der Bundesbank relevante Vorteile verbunden sein, die letztlich die Sorge um den Machtmißbrauch dieses Status weitaus überwiegen. Die ökonomischen Vorteile der Notenbankunabhängigkeit liegen auf der Hand. Die Sicherung der Geldwertstabilität hat den Rang einer ordnungspolitischen Regel. Wird sie nachhaltig verletzt, dann droht der Zusammenbruch des Signalsystems relativer Preise. Unbestreitbar kommt der Bekämpfung der Inflation ein hoher Stellenwert zu.

Verfassungsrechtlich stellt sich daher die Frage, welcher Institution im Bundesstaat die Aufgabe der geldwertstabilen Geldversorgung übertragen wird. Ein internationaler Vergleich zeigt, daß in nahezu allen Industriestaaten über diese hoheitliche Aufgabe nicht unmittelbar durch das Parlament entschieden wird, ebensowenig durch die Regierung. Ein Ministerium für Geldpolitik ist unvorstellbar. Zuständig ist die jeweilige Notenbank, deren Ausmaß an Unabhängigkeit bzw. spiegelbildlich Abhängigkeit vom parlamentarischen Regierungssystem etwa bei den EG-Ländern (noch) unterschiedlich ist.

Dabei ist die Tendenz unübersehbar, daß in verschiedenen Ländern aktuell die Notenbanken mit dem Ziel reformiert werden, die unmittelbare Abhängigkeit vom parlamentarischen Regierungssystem abzubauen. Dies zeigt sich beispielsweise in Frankreich, wo das Statut der Notenbank durch die Verabschiedung eines Reformgesetzes von 1993 dem der Deutschen Bundesbank angeglichen worden ist. Die Europäische Zentralbank, wenn sie denn verwirklicht werden sollte, wird über einen Unabhängigkeitsstatus, vergleichbar der Deutschen Bundesbank, verfügen müssen. Schließlich war und ist dies die Bedingung, unter der die Bundesbank ihrer Reduktion auf die Rolle einer Landeszentralbank im Europäischen System der Zentralbanken zustimmte.

Worin liegt der Vorteil, den Bereich Geldpolitik aus dem parlamentarischen Regierungssystem herauszunehmen und einer eigenständigen Notenbank zu übereignen? Die Antwort lautet einfach: In den Nachteilen, die sich bei der Wahrnehmung dieser Aufgabe im parlamentarischen Regierungssystem ergeben würden. Das Mißtrauen in Sachen stabiler Geldversorgung gegenüber dem Parlamentarismus ist seit seinem Entstehen groß und berechtigt. Die Geschichte bietet genügend Beispiele dafür, daß folgendes Dilemma der Parlamente zu Lasten des Geldwerts aufgelöst wird: Parlamente haben die Hoheit über den Haushalt, d. h. die Festlegung der Auf- und damit Ausgaben sowie deren Finanzierung. Würde das Parlament zugleich über die Geldversorgung entscheiden, dann gäbe es die Möglichkeit, sich über die üblichen Finanzierungsinstrumente hinaus per Verschuldung bei der Notenbank zu finanzieren. Um diese Möglichkeit inflationstreibender Haushaltspolitik auszuschalten, hat sich, gestützt durch historische Erfahrungen, die Arbeitsteilung zwischen der Geldpolitik einerseits und der Wirtschafts- und Finanzpolitik andererseits durchgesetzt.

Die Staatsaufgabe Stabilisierung des Geldwerts wird einer gegenüber dem parlamentarischen System unabhängigen Institution, der Notenbank, übertragen. Diese Arbeitsteilung ist sinnvoll, jedoch nicht ohne Risiken, wie die Politik der Bundesbank immer wieder gelehrt hat. Sie basiert letztlich auf dem Zweifel an der Leistungsfähigkeit des parlamentarischen Regierungssystems. Die Fähigkeit, öffentliche Haushaltspolitik bei gleichzeitiger stabiler Geldversorgung zu bewältigen, wird den Parlamenten nicht zugetraut. Nicht so sehr die historisch begründeten Inflationsängste der Deutschen, die zwei Hyperinflationen (1920–23 und 1945–48) erlebten, sondern dieses mangelnde Vertrauen in die Wahrnehmung der stabilitätspolitischen Aufgaben durch das Parlament und die Regierung hat letztlich die Siegermächte bewogen, nach 1945 bei der Einrichtung der Bank deutscher Länder als Vorläufer der Deutschen Bundesbank auf deren Autonomie zu bestehen.

Die Autonomie der Notenbank trägt jedoch in zwei Richtungen das Risiko des Machtmißbrauchs in sich. Zum einen kann das monetäre Steuerungskonzept falsch begründet sein und sein Einsatz zu Belastungen der Wirtschaft führen. Dazu bot die Bundesbank im Sommer 1992 selbst ein Beispiel, als sie das Inflationsrisiko mit ihrer zweifelhaften Geldmengenkonstruktion völlig überschätzte. Daraus ergibt sich die Frage, wie ein Dialog und eine breitere Entscheidungsgrundlage über die »richtige« Geldpolitik künftig gesichert werden kann. Zum anderen können mit der Geldpolitik im Dienste der Inflationsbekämpfung zentrale wirtschaftspolitische Ziele des parlamentarischen Regierungssystems konterkariert werden.

Dafür läßt sich ein aktuelles Beispiel anführen: Hochzinspolitik führt in einer Phase nachfragebedingter Wachstumsschwäche zum weiteren Rückgang der Produktion und dem Anstieg der Arbeitslosigkeit, ohne die Entwicklung des Geldwerts entscheidend zu tangieren. Aus dieser Wirkungsweise der Geldpolitik erwächst der Deutschen Bundesbank die Macht, die Finanz- und Tarifpolitik durch eine Verknappung und Verteuerung der Geldversorgung zu disziplinieren. Wer aber entscheidet im klassischen Konfliktfall zwischen Inflation und Arbeitslosigkeit? Die Bundesbank bestreitet letztlich den Zielkonflikt, weil sie die Inflationsbekämpfung zur ordnungspolitischen Regel erklärt, der sich die Tarif- und Beschäftigungspolitik unterzuordnen habe.

Die Entscheidung über die Zielkonflikte der Wirtschaftspolitik überschreitet jedoch die Kompetenz der Bundesbank. Dazu fehlt ihr die verfassungsrechtliche Legitimation. Wenn sie sich als letzte Instanz begreift, überbeansprucht sie ihren Autonomiestatus. Das ist derzeit das Hauptproblem der Bundesbankpolitik. Ihre Machtausübung, die sich bereits in der autoritären Definition derartiger Konflikte offenbart, verleiht ihr die Rolle einer *Nebenregierung* außerhalb des parlamentarischen Systems. Die demokratische Legitimation der Zentralbankräte und des Direktoriums, bei deren Auswahl sich die Regierungsverhältnisse im Bund und den Ländern widerspiegeln, ist dafür viel zu schwach.

Dieser »*Staat im Staat*« – so die Formulierung des ehemaligen Bundesbankpräsidenten Pöhl – trägt große demokratische Risiken in sich. Da wird, so der Titel eines Buchs des Fernsehredakteurs Dieter Balkhausen, dem »guten Geld« durch die Bundesbank die »schlechte Politik«, die ›effiziente‹ Autonomie der ›anspruchsinflationären‹ Demokratie gegenübergestellt.[23] In dieser Polarisierung schlummert die Gefahr einer Erosion der Demokratie, was ungute Erinnerungen an die Politik der Reichsbank unter der Leitung von Hjalmar Schacht am Ende der Weimarer Republik hervorruft. Die Polemik Schachts gegenüber der Defizitfinanzierung der demokratisch gewählten Reichsregierung und der Kommunen hat zum Niedergang der Weimarer Republik beitragen.

Die potentiellen Gefahren des Machtmißbrauchs machen deutlich: die Autonomie der Notenbank ist ein hohes Gut in der Demokratie. Die Frage, ob die Deutsche Bundesbank dieser hohen Anforderung immer entsprochen hat, läßt nicht erst in den letzten Jahren Zweifel aufkommen. Ihr impliziter Anspruch auf Unfehlbarkeit stand nicht erst seit der deutschen Einigung immer wieder im Widerspruch zum Erfolg ihrer Geldpolitik. Die Geldmengensteuerung ist aus dem Ruder gelaufen, und durch die Beibehaltung dieses Konzepts sind die Inflationsgefahren überschätzt worden. Die dennoch eingeschlagene restriktive Geldpolitik hat zu den beschriebenen binnenwirtschaftlichen und währungspolitischen Belastungen geführt. Wieder einmal hat sich in letzter Zeit gezeigt, daß zwar mit der Geldpolitik allein kein Aufschwung hergestellt, jedoch eine Rezession ausgelöst und verstärkt werden kann. Die Bundesbank hat unter der doppelten Herausforderung der deutschen und europäischen Einigung selbst zu den Zweifeln beigetragen. Deshalb kann auch die heftige Kritik nicht überraschen. Die Autonomie hat nur dann ihre Berechtigung, wenn es der Geldpolitik gelingt, mit der inflationsfreien Geldversorgung eine stabile Entwicklung von Produktion und den Abbau von Arbeitslosigkeit zu unterstützen.

Führt die europäische Inflation zu einem Verlust nationaler Souveränität, dann muß die Geldpolitik in die europäische Integration eingebunden werden. Die Ansätze von Machtmißbrauch rechtfertigen die Abschaffung der Bundesbankautonomie nicht, denn die Aufhebung der grundsätzlichen Arbeitsteilung könnte andere, größere Probleme schaffen. Es bedarf allerdings einer demokratischen Grundlegung der Eigenständigkeit der »Hüterin der Währung«. Wegen der widersprüchlichen Wirkungen der Geldpolitik auf andere, parlamentarisch definierte Ziele der Wirtschaftspolitik, wie etwa Bekämpfung der Arbeitslosigkeit, muß die Notenbank zur *Kooperation* mit den anderen Entscheidungssystemen der Wirtschaftspolitik verpflichtet werden.

Ein erster Schritt wäre, vergleichbar der Regelung für die Europäische Zentralbank, die in diesem Punkt vom Statut der Deutschen Bundesbank erfreulicherweise abweicht, die Verpflichtung zur jährlichen Berichterstattung und Rechenschaft vor dem Parlament. Die Anweisung, über die Geldwertstabilisierung hinaus auch die anderen Grundziele der Wirtschaftspolitik zu berücksichtigen, sollte gesetzlich abgesichert werden. Zu überlegen wäre, analog der Einrichtung bei den Landeszentralbanken, auf Bundesbankebene einen Beirat mit Beratungsrecht zu schaffen, in dem die großen gesellschaftlichen Gruppen vertreten sind.

Anmerkungen

1 Zu den Problemen der Währungsumstellung vgl. J. Priewe/R. Hickel, Der Preis der Einheit – Bilanz und Perspektiven der deutschen Vereinigung, Frankfurt 1992, S. 92 ff.

2 Jahresgutachten 1993/94 des Sachverständigenrates zur Begutachtung der gesamtwirtschaftlichen Entwicklung, Ziff. 323.

3 Deutsche Bundesbank, *Monatsbericht* 5/1993, S. 25 (Tabelle: Finanzierungssalden nach Sektoren).

4 Zum Zusammenhang zwischen realem Außenwert und Warenexporten vgl. Jahresgutachten 1993/94 des Sachverständigenrates zur Begutachtung der gesamtwirtschaftlichen Entwicklung, Ziff. 187 ff. (»Realer Außenwert der D-Mark und Außenhandelsdynamik«).

5 Deutsche Bundesbank, Entwicklung und Bestimmungsfaktoren des Außenwerts der D-Mark; in: *Monatsbericht*, 11/1993.

6 Überblick aus der Sicht der Deutschen Bundesbank: Die Deutsche Bundesbank – Geldpolitische Aufgaben und Instrumente, in: Sonderdrucke der Deutschen Bundesbank Nr. 7 (6. Auflage).

7 Vgl. zu den theoretischen Grundlagen und geldpolitischen Instrumenten: D. Duwendag u. a., Geldtheorie und Geldpolitik – Eine problemorientierte Einführung mit einem Kompendium monetärer Fachbegriffe; 4. überarbeitete und erweiterte, Auflage, Köln 1993.
Zur Bewertung der Bundesbankpolitik seit der deutschen Einigung und im EWS: H.-P. Spahn, Das Dilemma der Wirtschaftspolitik in der Bundesrepublik Deutschland; in: *Konjunkturpolitik*, Heft 1/2 1993.

8 Vgl. Deutsche Bundesbank, Zum Zusammenhang zwischen Geldmengen- und Preisentwicklung in der Bundesrepublik Deutschland; in: *Monatsbericht* 1/1992.

9 Eine Bandbreite von 6–8 vH für 1992 leiten die Wirtschaftswissenschaftlichen Forschungsinstitute in ihrem Herbstgutachten 1991 für 1992 ab. Vgl. Die Lage der Weltwirtschaft und der deutschen Wirtschaft im Herbst 1991; in: *DIW-Wochenbericht* 42–43/1991, S. 612 f.

10 H. Flassbeck, Verfehlte Geldpolitik; in: *DIW-Wochenbericht* 31–32/1993, sowie H. Flassbeck, Langfristige Zinsen, Zinsstruktur und Staatsdefizite; in: *DIW-Wochenbericht* 32/1993.

11 Vgl. R. Hickel, Wirtschaft; in: Gewerkschaftsjahrbuch 1993, Köln 1993, Kapitel 6 »Geldpolitik«, S. 254 ff.

12 Deutsche Bundesbank. Zu den jüngsten Wechselkursanpassungen im Europäischen Währungssystem und den zinspolitischen Beschlüssen der Bundesbank; in: Monatsberichte 10/1992.

13 Zu den Grundlagen und Wirkungen geldpolitischer Instrumente ist die Lektüre eines Lehrbuchs zur Geldpolitik zu empfehlen. Etwa: H. J. Jarchow, Theorie und Politik des Geldes, Göttingen 1988.

14 Vgl. R. Pohl, Deutsche Geldpolitik wirkt prozyklisch; in: *DIW-Wochenbericht* 10/1993.

15 Vgl. Arbeitsgruppe Alternative Wirtschaftspolitik, Sondermemorandum 1992 (Manuskript, Bremen 1992).

16 Zur Einführung: N. Kleinheyer, Die Weiterentwicklung des Europäischen Währungssystems, Berlin 1987.

17 Zu den Wirkungen des EWS vgl.: R. Hickel, Zwischenbilanz zum europäischen Währungssystem (EWS); in: WSI-Mitteilungen 10/1989 sowie W. Harbrecht/J. Schmid, Die Beziehungen zwischen Wechselkursstabilisierung und wirtschaftlicher Konvergenz; in: O. Issing (Hrg.), Wechselkursstabilisierung EWS und Weltwährungssystem, Hamburg 1988.

18 Vgl. SVR a.a.O., Ziff. 323.

19 Bericht zur Wirtschafts- und Währungsunion in der Europäischen Gemeinschaft – Delors-Bericht; in: P. Bofinger (Hrg.), Der Weg zur Wirtschafts- und Währungsunion in Europa, Wiesbaden 1990.
Ein Überblick zur EWWU nach dem Maastrichter Vertrag: R. Hickel, Programm EG '99: Ziele und Stufen zur Europäischen Wirtschafts- und Währungsunion (EWWU); in: Memo-Forum 19/1992.

20 Zitiert nach H. Tietmeyer, Probleme einer europäischen Währungsunion und Notenbank; in Deutsche Bundesbank, Auszüge aus Presseartikeln, Nr. 69/1992.

21 Vgl. die Auseinandersetzung zwischen F. Steinkühler (IG Metall) und D. Kirchner (Gesamt-Metall) im: *Handelsblatt* vom 10. 8. 1992 bzw. 11. 8. 1992.

22 D. Balkhausen, Gutes Geld und schlechte Politik, Düsseldorf 1982. Grundlegende Problematisierung des Autonomiestatus durch: J. Leaman, Diktatur der Bundesbank?; in: *Blätter für deutsche und internationale Politik* 7/1993.

Kapitel 7
Mittelfristige Perspektiven für Wachstum und Beschäftigung

7.1 Die wichtigsten Bestimmungsfaktoren

Wie werden sich in den kommenden zehn Jahren die gesamtwirtschaftliche Produktion (Wirtschaftswachstum), die Beschäftigung und die Arbeitslosigkeit in Deutschland entwickeln? Wird es in überschaubaren Zeiträumen eine wirkliche Angleichung der ostdeutschen an die westdeutschen Lebensverhältnisse geben? Wie leistungs- und belastungsfähig ist die westdeutsche »Wachstumsmaschine« angesichts schärferer internationaler Konkurrenz? Zwar sind exakte Prognosen über längere und unübersichtliche Zeiträume problematisch, da sie an häufig willkürlich gewählte Prämissen gekoppelt sind. Jedoch lassen sich auf der Grundlage einer empirisch und theoretisch zutreffenden Zustandsdiagnose durchaus die wahrscheinlichen Entwicklungstrends angeben, wenn die Schlüsselfaktoren für die zukünftige Entwicklung richtig eingeschätzt werden.

Um das Ergebnis vorwegzunehmen: Nach unserer Auffassung sind die Aussichten für Wirtschaftswachstum, Beschäftigung und Abbau der Arbeitslosigkeit in beiden Teilen Deutschlands düster, düsterer jedenfalls, als in den meisten vorliegenden und zu optimistischen Prognosen angenommen wird. Die Einigungskrise wirft ihre Schatten auf die gesamten 90er Jahre, vermutlich auf einen noch viel längeren Zeitraum. *In Ostdeutschland wird es einen sich selbst tragenden Aufschwung aller Voraussicht nach nicht geben.*

Gleichwohl könnte es langfristig, d. h. in etwa 15 Jahren oder später, zu einer gewissen Angleichung der Lebensverhältnisse an die Westdeutschlands kommen: Durch anhaltenden Bevölkerungsschwund und Abwanderung kommt es zur *»passiven Sanierung«*, so daß sich das Arbeitskräfteangebot der viel geringeren Arbeitskräftenachfrage langfristig anpaßt.

Ostdeutschland: Die *Schlüsselfaktoren* für das Wirtschaftswachstum in den neuen Bundesländern sind a) die Entwicklung des Sachkapitalstocks, also Umfang und Tempo der Investitionen, namentlich in der Industrie, und b) die überregionalen Absatzchancen für Industrieerzeugnisse, vorausgesetzt deren Produktion gewährleistet marktübliche Renditen. Die der Produktivitätsentwicklung voraneilenden Lohnkosten sind kein entscheidendes Hemmnis für die Investitionen, vielmehr induzieren sie eine Beschleunigung der Produktivitätsentwicklung. Wenn gute Absatzchancen für ostdeutsche Produkte (und Dienstleistungen) im Ausland oder in Westdeutschland existieren, wird ein hohes Tempo im Aufbau des Kapitalstocks erreicht, in der Folge werden Investitions- und Komsumgüter nachgefragt und produziert, und die lokalen Märkte für Güter und Dienstleistungen werden wachsen.

Will ein Wirtschaftsgebiet von der Größe der neuen Bundesländer von Kapital- und Sozialtransfers anderer Regionen unabhängig werden, dann muß etwa die Hälfte des Bruttoinlandsproduktes überregional abgesetzt werden (Exportbasis[1]) und genauso viel aus anderen Regionen eingeführt werden. Dies ist das heutige Muster der interregionalen Arbeitsteilung, wie es etwa für Länder bzw. Regionen wie die Niederlande, Dänemark oder Nordrhein-Westfalen gilt. Um ein Gleichgewicht im »Außenhandel« zu erreichen, müßten die neuen Bundesländer 1992 ihre Ausfuhren nach Westdeutschland oder ins Ausland verfünffachen! Allein um die derzeitige Güternachfrage mit einer ausgeglichenen »Außenhandelsbilanz« befriedigen zu können, müßte die Produktion verdoppelt werden.

Hier wird deutlich, daß der *überregionale Absatz* die entscheidende Restriktion für die ostdeutsche Kapitalbildung ist, denn diese Absatzmärkte wachsen nur langsam. Um in sie rasch mit ostdeutscher Produktion einzudringen, müßte preisliche oder qualitative Wettbewerbsüberlegenheit erzielt werden, denn nur so könnten Konkurrenten verdrängt werden – Wettbewerbsfähigkeit reicht nicht. Dies gilt im Prinzip auch, wenn eine geringere interregionale Arbeitsteilung realisiert werden sollte mit Export- bzw. Importquoten von vielleicht nur 40 oder 30 vH; in diesem Fall müßte starke Importsubstitution einsetzen, die ohne besondere staatliche Schutzmaßnahmen auch nur durch Überlegenheit im Wettbewerb gegenüber der Importkonkurrenz erreicht werden kann. Wenn eine Einbindung der ostdeutschen Wirtschaft in die Weltwirtschaft angestrebt wird, dann ist allerdings eher von einem exportgetriebenen Wachstumsprozeß auszugehen als von Importsubstitution[2]. Sich selbst tragendes Wirtschaftswachstum entsteht, wenn ohne wesentliche staatliche Unterstützung eine anhaltende Investitionskonjunktur in Ostdeutschland zustande kommt, die den regionalen Wirtschaftskreislauf über einen längeren Zeitraum expandieren läßt (regionale Multiplikator- und Akzeleratorprozesse[3]).

Dies wäre nichts anderes als eine *Reindustrialisierung* der Ex-DDR. Um die Dimension des Problems zu verdeutlichen: Um eine mit Westdeutschland vergleichbare industrielle Basis zu erlangen, müßten etwa 2 Millionen Arbeitsplätze im verarbeitenden Gewerbe Ostdeutschlands existieren – tatsächlich sind es Ende 1993 nur etwa 700 000[4]. Die fehlende Industrie kann nur in sehr begrenztem Maße durch Dienstleistungen kompensiert werden. Die expansiven Dienstleistungssparten sind entweder Zulieferanten für die Industrie (produktionsorientierte Dienstleistungen) oder haushaltsorientierte und damit stark einkommensabhängige Sparten. Bei den öffentlichen Dienstleistungen mangelt es an in der Region erwirtschafteten Steuern und Abgaben.

Ist der exportgetriebene Strukturwandel schwach und der ostdeutsche Einfuhrüberschuß auf längere Sicht unverändert hoch, dann bleibt der sich selbst tragende Aufschwung aus, und die Unternehmen sowie die privaten und öffentlichen Haushalte bleiben in hohem Maße auf staatliche Transfers angewiesen. Das Wachstumstempo wäre dann viel geringer. Wenn die Transfers aber nicht weiter ansteigen, sondern tendenziell sinken, dann muß die Wachstumsdynamik aus anderen Quellen kommen.

Wie groß ist der ostdeutsche Kapitalbedarf, wenn eine Angleichung der Lebensverhältnisse an West-Niveau angestrebt wird? Bei unterstellten 7,5 Mio. Arbeitsplätzen hatten wir 1991 einen Kapitalbedarf von 2 Billionen DM (in konstanten Preisen von 1991) geschätzt, wenn das Niveau der alten Länder von 1991 erreicht werden soll[5]; dabei schlugen insbesondere der Wohnungsbau, der Umweltschutz und die Verkehrsinfrastruktur zu Buche. Zum Vergleich: Nach Berechnungen von H. Siebert betrug der gesamte westdeutsche Sachkapitalstock 1991 12,7 Billionen DM, davon gehörten 41 vH zum Unternehmenssektor und 61 vH zum öffentlichen Sektor[6]. Überträgt man diese Relationen anteilmäßig (bezogen auf die Einwohnerzahl) auf Ostdeutschland, dann wäre dort 1991 ein Kapitalstock von 3,2 Billionen DM erforderlich, 1,3 Billionen im Unternehmenssektor, 1,9 Billionen im öffentlichen Bereich. Schätzt man, daß etwa ein Drittel des ostdeutschen Sachkapitals weiterverwendet werden kann, dann errechnet sich ebenfalls ein Investitionsbedarf von etwa 2 Billionen DM. Da in den alten Bundesländern mit einem Wachstum der Nettoinvestitionen von 2 vH jährlich gerechnet werden kann, ergibt sich bis 2000 noch ein Zuwachs von knapp 22 vH. Die meisten Schätzungen der ostdeutschen Investitionslücke kommen allerdings zu wesentlich geringeren Werten.[7] Freilich wird dabei meist nicht deutlich gesagt, ob es sich um tatsächlich erwartete oder um normative Größen handelt.

Das *Institut für Arbeitsmarkt- und Berufsforschung* (IAB) geht von einem Kapitalbedarf (in konstanten Preisen von 1990) von 1,3 Billionen DM 1992–2000 aus, davon 750 Mrd. DM im Unternehmenssektor, 250 Mrd. DM im Wohnungsbau und 300 Mrd. DM im öffentlichen Bereich. Damit könnten laut IAB bis 2000 knapp 7 Millionen Arbeitsplätze ausgestattet und die Arbeitsproduktivität auf 80 vH des West-Niveaus des Jahres 2000 angeglichen werden[8]. Jährlich wären dann 144 Mrd. DM an Investitionen in konstanten Preisen von 1990 notwendig. Diese Investitionssumme, die immer noch über der tatsächlichen von 1993 liegt, erscheint jedoch viel zu gering, um bis zum Jahr 2000 die gesteckten Ziele zu erreichen. Diese Investitionssumme entspricht einem Pro-Kopf-Investitionsvolumen, das um etwa 5 vH über dem entsprechenden westdeutschen Wert liegt. Der Infrastrukturbedarf im weitesten Sinne sowie der Wohnungsbau werden zu gering veranschlagt. Eine auf breiter Front sich modernisierende Region, ein attraktiver Unternehmensstandort Ostdeutschland benötigt komplementär zu den Investitionen im Unternehmenssektor weitaus höhere öffentliche Investitionen.

Hier wird der Infrastrukturbedarf bei weitem unterschätzt. Indessen liegen die tatsächlich realisierten Investitionen, wie bereits in *Kapitel 1.1* dargestellt, pro Einwohner erst 1994 über dem westdeutschen Niveau. Im verarbeitenden Gewerbe, dem Schlüsselbereich, erreichten die Bruttoanlageinvestitionen mit 25 Mrd. DM 1993[9] gerade erst das West-Niveau (gerechnet je Einwohner: 1991 49,8 vH des West-Niveaus, 1992 72,0 vH[10]). Um den Westen einzuholen, müßten wesentlich höhere Investitionen, private wie öffentliche, realisiert werden – oder aber der Angleichungsprozeß dauert wesentlich länger bzw. kommt gar nicht zustande. Infolge des Rückzugs einiger Großinvestoren bzw. der Streckung bei Großprojekten (z. B. Mercedes-Benz in Ahrensdorf und VW in Mosel) muß mit einer schwächeren Investitionsentwicklung im verarbeitenden Gewerbe gerechnet werden.

Die *Arbeitsmarktentwicklung* in Ostdeutschland ist Reflex von vier Faktoren:

erstens vom *Wirtschaftswachstum*,

zweitens von der *Produktivitätszunahme*,

drittens vom Ausmaß der Reduktion des *Erwerbspersonenpotentials*,

und viertens vom Tempo der Verkürzung der durchschnittlichen jährlichen *Arbeitszeit* je Erwerbstätigen.

Die Arbeitsproduktivität (Leistung je Erwerbstätigenstunde) wird zweifellos sprunghaft ansteigen, da unter dem Druck hoher Lohnkosten und bei hoher staatlicher Investitionsförderung in modernste kapitalintensive Technologie investiert wird. Je rascher Wirtschaftswachstum und Kapitalbildung ausfallen, desto stärker steigt auch die Arbeitsproduktivität. Daher wird die Beschäftigungsschwelle, also diejenige Wachstumsrate des Sozialproduktes, jenseits derer die Beschäftigung wieder steigt, sehr hoch liegen. Das Erwerbspersonenpotential in Ostdeutschland wird durch Abwanderung, verändertes Erwerbsverhalten und Entmutigungseffekte dezimiert. Je länger die Erwerbslosigkeit anhält, desto mehr verfestigt sich die Arbeitsmarktstruktur, und die Vermittlungschancen der »Problemgruppen« unter den Arbeitslosen werden immer schlechter. Diese Gruppen driften dann früher oder später in die »stille Reserve« oder ins Nicht-Erwerbstätigen-Potential ab (z. B. Vorruheständler). In welchem Ausmaß das Erwerbspersonenpotential sinkt, ist offen, daß es sinkt, steht außer Frage. Zuwanderung aus dem Ausland oder aus Westdeutschland wird im Verhältnis zur Abwanderung zumindest in den 90er Jahren keine größere Rolle spielen. Dazu ist die Attraktivität Ostdeutschlands zu gering und der Sog des Westens zu groß. Was die Arbeitszeiten angeht, so wird einerseits die zu erwartende Arbeitszeitverkürzung in Richtung auf West-Niveau etwa zur Hälfte durch Produktivitätssteigerung aufgefangen, zur anderen Hälfte jedoch durch Neueinstellungen bzw. gebremsten Personalabbau. Die Arbeitszeit-Komponente wird in den meisten Untersuchungen unzulässigerweise vernachlässigt.

Westdeutschland: Das kurzfristig in den alten Bundesländern zu erwartende Wirtschaftswachstum hängt in erster Linie vom Wachstum der *Nachfrage* ab, bis die Rezession endgültig überwunden und wieder eine normale Kapazitätsauslastung erreicht wird. Die »kurze Frist« kann durchaus länger dauern, möglicherweise mehrere Jahre. Danach bilden in erster Linie angebotsseitige Faktoren die Wachstumsrestriktion. Was die kurzfristige konjunkturelle Perspektive angeht, so werden angesichts hoher Überkapazitäten im produzierenden Gewerbe die Aufschwungsimpulse nicht von Erweiterungsinvestitionen, sondern eher von Rationalisierungs- und Ersatzinvestitionen sowie von Produktivinnovationen ausgehen.

Hinzu kommt die Auslandsnachfrage, sofern wichtige Handelspartnerländer einen konjunkturellen Vorlauf haben oder sofern die deutschen Anbeiter im Wettbewerb überlegen sind. Normalerweise steigen erst in einer späteren Konjunkturphase die Importe an. Der private Konsum und die staatliche Nachfrage bleiben angesichts der schrumpfenden Realeinkommen und der Fiskalkrise ein Bremsfaktor, nur der Wohnungsbau expandiert. Das hohe Niveau der westdeutschen Lieferungen nach Ostdeutschland stabilisiert die Konjunktur, aber als Konjunkturlokomotive für den Westen ist der Osten zu schwach (außerdem würde in diesem Fall der innerdeutsche Handel noch unausgeglichener). Ähnlich wie nach der Rezession 1980–82 könnte die Nachfragedynamik in Westdeutschland sehr schwach ausfallen (etwa wie in der Periode 1982–87). Werden Ersatz- und Erweiterungsinvestitionen wegen der Subventionsvorteile von West- nach Ostdeutschland verlagert, dann wird die Aufschwungsmaschine weiter geschwächt.

Bei anhaltender Nachfrageschwäche und Überkapazitäten kann es zu kräftigen *Produktivitätssteigerungen* kommen, nämlich wenn unterdurchschnittlich produktive Kapitalanlagen stillgelegt oder grundlegend rationalisiert werden, ohne daß der volkswirtschaftliche Kapitalstock vergrößert werden muß. Derartige Produktivitätssteigerungen gehen gesamtwirtschaftlich mit Nachfragerückgang und Beschäftigungsabbau einher. Solange dieser Prozeß anhält, wird es nur wenig Erweiterungsinvestitionen geben, und die Direktinvestitionen in Ostdeutschland lassen nach oder stagnieren. Das Tempo der Produktivitätssteigerung schafft die Voraussetzungen für mehr investive und konsumtive Nachfrage, wodurch die Volkswirtschaft in der Breite wachsen könnte. Kommt ein kräftiger gleichgewichtiger Wachstumsprozeß zustande, der auf dem Zusammenspiel von vorpreschender Produktivitätsentwicklung und nachziehender Nachfrageexpansion, insbesondere auch aus der Lohnsumme, beruht, dann kann es durchaus auch zu Beschäftigungszunahmen kommen.

Das westdeutsche Wachstumstempo wird zudem von der Position im internationalen Technologiewettlauf abhängen. Fallen die Unternehmen zurück, so daß sich das Leistungsbilanzdefizit vergrößert, dann wird das Wachstum gebremst (und umgekehrt)[11]. Die Dynamik der Inlands- und der Auslandsnachfrage spielt nach Überwindung der Rezession eine wichtige Rolle. Bestrebungen zur Schuldenkonsolidierung, sei es über steigende Abgaben, sei es über gekürzte Ausgaben, wirken wachstumsbremsend, egal in welcher Konjunkturphase. Dies beträfe die Beschäftigung im öffentlichen Dienst, die in der Vergangenheit maßgeblich zur Kompensation weggefallener Arbeitsplätze in der Industrie beigetragen hatte.

Die westdeutsche Arbeitsmarktentwicklung hängt, abgesehen vom Wirtschaftswachstum und der Produktivitätssteigerung, vor allem vom Tempo der Zunahme des Potentials der Erwerbspersonen und dem Tempo der Arbeitszeitverkürzung ab. Was das Erwerbspersonenpotential angeht, so ist eine erhebliche Zunahme durch weiterhin positive Zuwanderungssalden (Übersiedler aus Ostdeutschland, Aussiedler aus GUS-Ländern, Asylbewerber, osteuropäische Vertragsarbeiter, Kriegsflüchtlinge, Einbürgerungen etc.) sowie eine weiter zunehmende Frauenerwerbstätigkeit zu erwarten. Je positiver sich die Beschäftigung in den alten Bundesländern entwickelt, desto größer dürfte die Sogwirkung der Arbeitsmärkte in bezug auf Ostdeutschland sein.

7.2 Prognosen für Wachstum und Beschäftigung 1992–2010

Ende der 80er Jahre erwarteten viele Beobachter für die alte Bundesrepublik Deutschland eine längere Phase hohen Wachstums, manche sogar eine neue *»lange Welle«* des Wachstums aufgrund neuer Basistechnologien und der Vorteile der europäischen Integration. Inzwischen sind die Wachstumshoffnungen zerstoben, Unsicherheit und Skepsis machen sich breit. Die Lasten der Einheit, hohe soziale und ökologische Folgekosten der Produktionsweise, die heftigere Weltmarktkonkurrenz und auch ein großer Reformstau in vielen Politikbereichen dämpfen die Erwartungen. Nach dem ökonomischen Absturz Ostdeutschlands warten viele unverdrossen auf den sich selbst tragenden Aufschwung mit sehr hohen Wachstumsraten, die auf einen Pfad der Angleichung der Lebensverhältnisse führen sollen.

Inzwischen liegen verschiedene längerfristige Projektionen und Prognosen für Ost- und Westdeutschland vor[12]. Für die alten Bundesländer existiert eine ältere Projektion aus den Jahren 1989/90 (IAB-Westphal-Szenarium), in der die Auswirkungen der Rezession und der deutschen Vereinigung noch nicht in der vollen Tragweite enthalten sind. Für den Zeitraum 1991–2000 wurden ein Wachstum des Bruttoinlandsproduktes (BIP) von 2,1 vH per annum, eine Produktivitätszunahme je Erwerbstätigen von 1,7 vH und ein Beschäftigungszuwachs von 1,8 Millionen erwartet[13]. Für Ostdeutschland erstellte das IAB ein sehr optimistisches Szenarium bis zum Jahr 2000, das für den Zeitraum 1991–2000 ein jährliches 11 %iges Wirtschaftswachstum (BIP) bei gleich hoher Produktivitätszunahme annahm[14].

Demnach würde die Zahl der ostdeutschen Arbeitsplätze (ohne Arbeitsbeschaffungsmaßnahmen) zunächst auf ein Tief von 5,5 Millionen 1993 absinken und dann auf 6,8 Millionen 2000 wieder ansteigen. Da das Erwerbspersonenpotential bis Ende der 90er Jahre von 8,3 Millionen auf 7,8 Millionen Personen (ohne Vorruheständler) sinkt, würde die Arbeitsplatzlücke in Ostdeutschland auf nur noch 1 Million zusammenschmelzen. In diesem Szenarium, das nicht unbedingt als wahrscheinlich, aber als konsistent und möglich betrachtet wurde, müßten bis 2000 1,3 Billionen DM (in konstanten Preisen) investiert werden, jährlich durchschnittlich 144 Mrd. DM. Die Tariflöhne würden sich bis dahin an die westdeutschen 100 %ig angleichen (nicht die Effektivlöhne), die durchschnittliche Arbeitsproduktivität würde 80 vH des West-Niveaus erreichen.

Im folgenden sollen die wesentlichen Ergebnisse des Deutschland-Reports von *Prognos* für den Zeitraum 1991–2010 dargestellt werden[15], der die Lage kritischer beurteilt als das IAB.

Ostdeutschland: Prognos erwartet im Durchschnitt der Jahre 1991–2000 ein Wirtschaftswachstum von 9,2 vH, nach 2000 4,6 vH (*Tab. 7.1*). Die Produktivität steigt in Ostdeutschland rascher als die Produktion, so daß die Beschäftigung auf 5,7 Millionen Personen sinkt (2000) und erst im Jahre 2010 auf 6 Millionen wieder ansteigt. Unter »marktnahen Wettbewerbsbedingungen« wären, so Prognos, in Ostdeutschland eigentlich nur gut 4 Mio. Arbeitsplätze zu erwarten. Da nach Prognos das ostdeutsche Erwerbspersonenpotential kräftig sinkt (auf 7,3 Millionen im Jahr 2000), wird die Arbeitsplatzlücke in der zweiten Hälfte der 90er Jahre deutlich geringer. Trotz des hohen Wachstums wird das Pro-Kopf-Sozialpro-

Tab. 7.1: **Prognose für Ostdeutschland 1991–2010**[a]

	1991–2000		2000–2010
Bruttoinlandsprodukt	9,2		4,6
privater Konsum	2,6		2,7
Bruttoanlageinvestitionen	9,4		2,9
Export[e]	13,2		5,3
Import[e]	2,3		1,6
Produktivität je Erwerbstätigen	12,0		4,2
Produktion des verarbeitenden Gewerbes	10,3		4,8
Abwanderung		insges. 0,8 Mio.	
Finanztransfers West/Ost		insges. 1700 Mrd. DM	
	1991	**2000**	**2010**
Erwerbstätige in Mio.	7,2	5,7	6,0
Erwerbspersonenpotential in Mio.	8,9	7,3[c]	6,7[d]
Arbeitsplatzlücke in Mio	1,7	1,6	0,7
registrierte Arbeitslosigkeit in Mio.	0,9	1,0	0,5
Stille Reserve in Mio.	0,8	0,6	0,2
Unterbeschäftigungsquote[f] in vH	19,1[g]	21,9	10,4
Bruttosozialprodukt je Einwohner in vH des westdeutschen Wertes			92
Exportquote in vH[b, e]	30,9	43,9	47,0
Importquote in vH[b, e]	114,4	65,2	49,0

[a] in konstanten Preisen von 1991; jährliche Wachstumsraten in vH
[b] Exporte bzw. Importe in vH des Bruttosozialprodukts
[c] in anderen Publikationen von Prognos: 7,7 Mio.
[d] in anderen Publikationen von Prognos: 7,0 Mio.
[e] einschließlich innerdeutscher Handel
[f] Arbeitsplatzlücke in vH des Erwerbspersonenpotentials
[g] Tiefpunkt 1995: 28,2 vH

Quelle: nach »Deutschland-Report Nr. 1«, Prognos AG, Basel 1993 (s. Anm. 12).

dukt im Jahr 2010 gerade 92 vH des westdeutschen Niveaus erreicht haben. Bis 2010 seien insgesamt 1700 Mrd. DM an Finanztransfers von West- nach Ostdeutschland erforderlich, mit deutlich sinkender Tendenz. Bis 1996–97 wären Bruttotransfers in der bisherigen Größenordnung von 150–160 Mrd. DM erforderlich, im Jahr 2000 etwa 67 Mrd. DM und 2010 immer noch 50 Mrd. DM jährlich. Das in dieser Prognose unterstellte Entwicklungsmuster setzt auf eine erfolgreiche nachholende Modernisierung durch Reindustrialisierung. So sollen die Bruttoanlageinvestitionen in den 90er Jahren jährlich um 9,4 vH steigen, die Ausfuhr von Gütern (und Dienst-

Abb. 7.1: Ostdeutsche Arbeitsmarktbilanz 1991–2010 (Inlandskonzept)

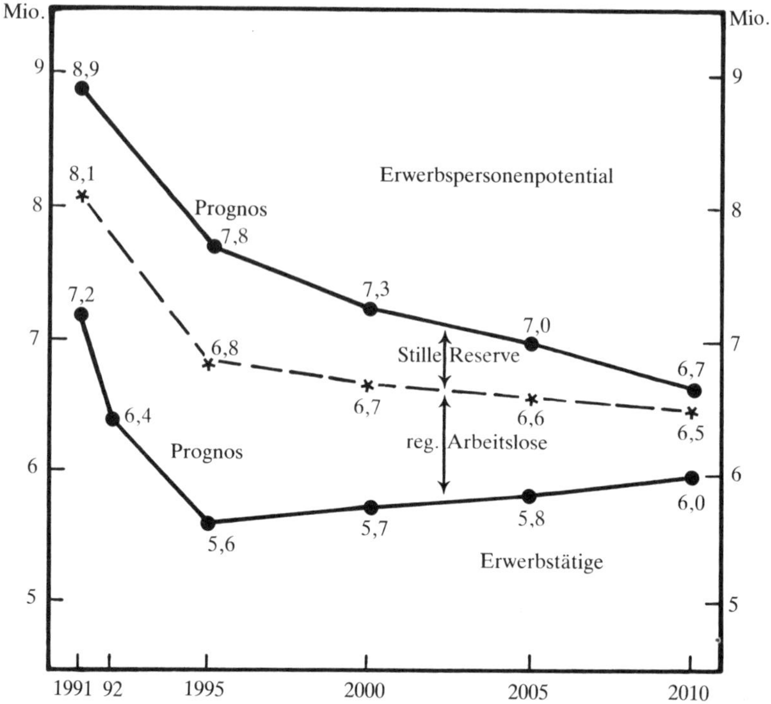

Quelle: s. *Tab. 7.1.*

leistungen) ins Ausland oder in die alten Bundesländer um jährlich 13,2 vH, während »Importe« nach Ostdeutschland nur noch wenig zunehmen. Einen großen Teil des Exportwachstums erhofft sich Prognos offensichtlich von Lieferungen ins Ausland, einen kleineren Teil aber auch von Lieferungen nach Westdeutschland. Aber selbst in diesem Entwicklungsmuster bleibt bis 2000 ein großer Überschuß der Einfuhren über die Ausfuhren bestehen. Erst im Jahre 2010 wird demnach ein Gleichgewicht von Aus- und Einfuhr annähernd erreicht.

Westdeutschland: Prognos hält für die alten Bundesländer einen nur mäßig hohen Wachstumstrend von 1,9 vH (1991–2000) für wahrscheinlich, im nächsten Jahrzehnt von 2,1 vH (*Tab. 7.2*). Der Hauptgrund für diese eher pessimistische Sicht ist die schwächere Weltmarktposition Deutschlands im Verhältnis zu konkurrierenden Volkswirtschaften. Insbesondere der Maschinenbau und der Stra-

Tab. 7.2: **Prognose für Westdeutschland 1991–2010**[a]

	1991–2000		2000–2010
Bruttosozialprodukt (BSP)	1,9		2,1
privater Verbrauch	1,7		2,2
Staatsverbrauch	2,0		2,1
Bruttoanlageinvestitionen	2,2		2,4
Export[b]	2,4		2,5
Import[b]	3,2		2,8
Arbeitsproduktivität je Erwerbstätigen	2,0		1,9[c]
	1991	**2000**	**2010**
Außenbeitrag[b, d] in vH des BSP	7,1	4,8	4,0
Erwerbstätige in Mio.	29,2	29,1	29,9
Erwerbspersonenpotential in Mio.	32,2	33,5	33,1
Arbeitsplatzlücke in Mio.	3,0	4,4	3,2
davon			
registrierte Arbeitslosigkeit in Mio.	1,7	2,4	2,0
stille Reserve in Mio.	1,3	2,0	1,2
Unterbeschäftigungsquote[e] in vH	9,3	13,1	9,7

[a] in konstanten Preisen von 1991; jährliche Wachstumsraten in vH
[b] einschließlich innerdeutscher Handel
[c] 2000–2005; 2005–2010: 1,8
[d] Exporte minus Importe
[e] Arbeitsplatzlücke in vH des Erwerbspersonenpotentials

Quelle: s. *Tab. 7.1*

ßenfahrzeugbau würden sich eher ungünstig entwickeln. Daher werde der Außenhandel nicht mehr wie früher eine Funktion als Wachstumslokomotive wahrnehmen können. Hinzu kommt die hemmende Wirkung aufgestauter innerer Probleme. Der Außenbeitrag – Ausfuhrüberschuß, innerdeutsche Lieferungen mitgerechnet – in vH des Sozialprodukts sinkt von 7,1 vH auf 4,8 vH im Jahr 2000 und 4,0 vH im Jahr 2010.

Anders gesagt: Die Importe wachsen schneller als Exporte (dabei ist der innerdeutsche Handel einbezogen). Die Arbeitsproduktivität sieht Prognos jährlich mit 2,0 vH wachsen. Wegen eines Rationalisierungsstaus, der während des Einigungsbooms sich herausbildete, kommt es in der zweiten Hälfte der 90er Jahre zu stärkerem Produktivitätsauftrieb. Da gleichzeitig das Erwerbspersonenpotential in den 90er Jahren um 1,3 Mio. Personen ansteigt – vor allem Folge von Zuwanderung und steigender Frauenerwerbstätigkeit –, bleibt die Unterbeschäftigung auf dem hohen Niveau der Rezessionsjahre (*Abb. 7.2*). In der zweiten Hälfte der 90er

Abb. 7.2: Westdeutsche Arbeitsmarktbilanz 1965–1993 und Projektion der Prognos-AG 1991–2010 in Mio.

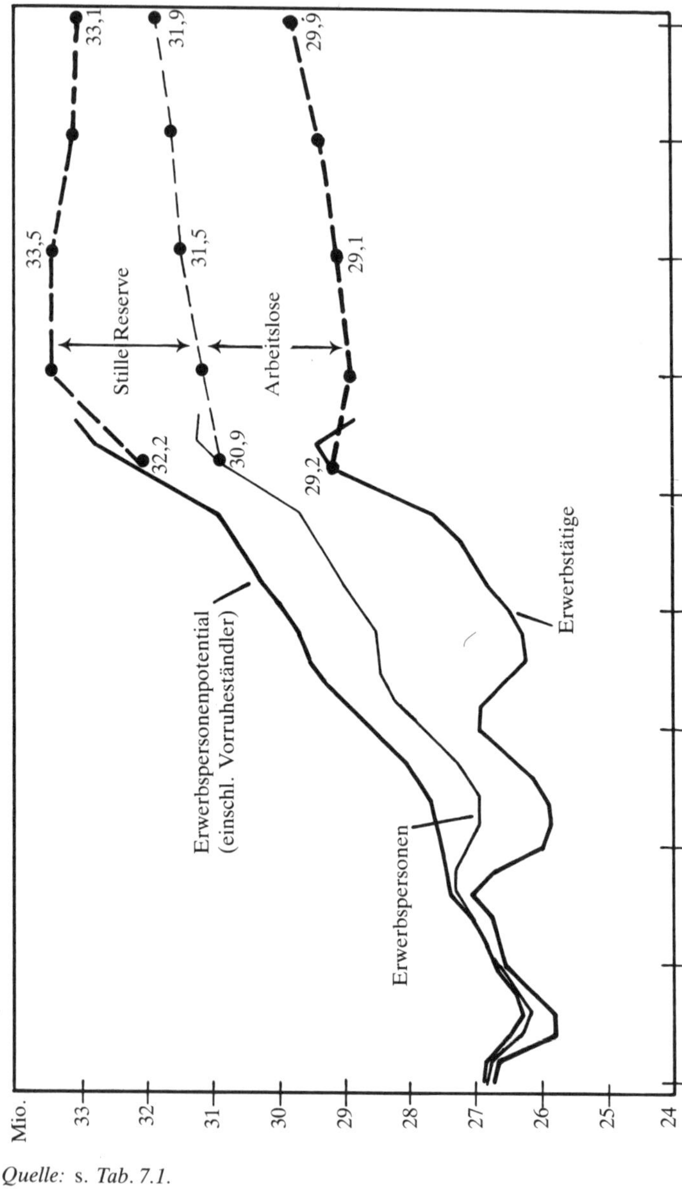

Quelle: s. *Tab. 7.1.*

Jahre werde die Unterbeschäftigung in den alten Bundesländern bei rund 4,5 Mio. Personen liegen, von denen die Hälfte bei den Arbeitsämtern als Arbeitslose gemeldet sein werden. Daß die Unterbeschäftigung später bis 2010 auf gut 3 Mio. zurückgeht, führt Prognos sowohl auf einen leichteren Beschäftigungsanstieg als auch auf nachlassende Zuwanderung zurück.

Die anhaltende *Zuwanderung* nach Westdeutschland – aus den neuen Bundesländern (0,8 Mio.), Aussiedler aus den GUS-Ländern, Asylbewerber, Einbürgerungen etc. – ist in dieser Prognose eines der herausragenden Merkmale der westdeutschen Entwicklung; demnach beträgt der positive Zuwanderungssaldo für Deutschland insgesamt im Zeitraum 1990–2010 4,2 Mio. Personen, von denen freilich nur ein Teil erwerbstätig sein wird. Davon entfallen 3,8 Mio. auf die alten Bundesländer. Die Zahl der Asylbewerber wird mit 1,73 Mio. im Zeitraum 1993–2010 hoch bleiben (730 000 bis 1995, danach bis 2010 1 Mio.). Die ausländische Wohnbevölkerung würde dann um knapp 2,3 Mio. Personen wachsen, die restlichen Zuwanderer wären Menschen mit deutscher Staatsbürgerschaft. Das Potential »deutschstämmiger« Einwohner Osteuropas, die potentiell wanderungsbereit sind, wird im Stichjahr 1992 auf 1,2–2,2 Mio. Menschen geschätzt, von denen laut Prognos von 1993 bis 2010 noch 1 Mio. nach Deutschland kommen werden. Prognos betont, daß der Vorausschau eine restriktive Ausländerpolitik zugrunde liegt. Gleichwohl bleibt Deutschland ein multikulturelles Einwanderungsland. Aufgrund der natürlichen Bevölkerungsentwicklung in Westdeutschland dürfte die einheimische Einwohnerzahl um rund 2,9 Mio. bis 2010 abnehmen. Die Zuwanderung wirkt der rasch zunehmenden »Vergreisung« des westdeutschen Arbeitskräftepotentials entgegen, jedoch wird dadurch der Arbeitsmarkt per saldo kaum entlastet.

Nimmt man die gesamtdeutsche Wirtschaftsentwicklung in der Prognos-Projektion, dann ergibt sich eine erstaunlich positive Bilanz, zumindest beim Wirtschaftswachstum (*Tab. 7.3*). Demnach steigt das Bruttosozialprodukt 1991–2000 um 2,5 vH, 2000–2010 um 2,4 vH – und damit deutlich kräftiger als in den 80er Jahren in der alten Bundesrepublik (2,2 vH). Natürlich kommt das höhere gesamtdeutsche Wachstum nur durch das niedrige ostdeutsche Ausgangsniveau nach dem »Absturz« zustande. Prognos erwartete insgesamt eine starke Kapitalakkumulation und ein geringes Wachstum des Konsums. Der gesamtdeutsche Export wird dadurch wieder eine motorische Funktion bekommen, die Exportquote steigt in der Projektion kräftig, dank neuer ostdeutscher Exportanstrengungen. Der gesamtdeutsche Wachstumsmotor und damit die exporttreibende Kraft Deutschlands befindet sich in – Ostdeutschland!

Die Kehrseite dieses drastischen Modernisierungskurses ist die katastrophale Beschäftigungsentwicklung: *Wachstum ohne mehr Arbeit* (»jobless growth«). Nur bei einem wesentlich höheren Wachstumstrend würde die Beschäftigungsschwelle überschritten. Daß sich die Arbeitsmarktverhältnisse in West- und Ostdeutschland im Jahre 2010 angleichen, ist vor allem der gegenläufigen Entwicklung des Erwerbspersonenpotentials geschuldet: Im Osten sinkt es ebenso dramatisch wie es im Westen, in erster Linie zuwanderungsbedingt, steigt. Im Osten geht die Arbeitsmarktentlastung nach diesem Muster eindeutig zu Lasten der Älteren und der Frauen. Seit 1993 hat die gesamtdeutsche Unterbeschäftigung verheerende Ausmaße erreicht: Jeder sechste ist erwerbslos, und dies wird – so die Prognose – länger anhalten. Auch Prognos spricht von einem »erschreckenden Maß an Unterbeschäftigung«[16].

Tab. 7.3: **Prognose für Deutschland insgesamt 1991–2010[e]**

	1991–2000			2000–2010
Bruttosozialprodukt	2,5			2,4
privater Verbrauch	1,8			2,2
Staatsverbrauch	1,7			2,1
Bruttoanlageinvestitionen	3,4			2,5
Export[a]	3,3			3,9
Import[a]	2,9			3,5
	1991	1995	2000	2010
Exportquote[b]	29,5		31,6	36,3
Importquote[b]	28,5		29,8	33,2
Außenbetrag[c] in vH des BSP	0,8		1,8	3,1
Erwerbspersonenpotential in Mio.	41,1	41,2	40,8	39,8
Arbeitsplatzlücke in Mio.	4,7	6,7	6,0	3,9
Unterbeschäftigungsquote[d] in vH	11,4	16,3	14,7	9,8

[a] ohne innerdeutschen Handel
[b] Ex- bzw. Importe in vH des BSP, ohne innerdeutschen Handel
[c] Exporte minus Importe (ohne innerdeutschen Handel)
[d] Arbeitsplatzlücke in vH des Erwerbspersonenpotentials
[e] in konstanten Preisen von 1991; jährliche Wachstumsraten in vH

Quelle: s. *Tab. 7.1*

7.3 Eine ungünstigere Entwicklung ist wahrscheinlicher

Die vorgestellten Prognosen sind zu optimistisch, da sie von einer *erfolgreichen Reindustrialisierung* Ostdeutschlands ausgehen. Dies wird nur als Problem der hinreichenden Kapitalbildung gesehen, wobei der Infrastruktur- und Sanierungsaufwand weit unterschätzt werden. Aber die entscheidende Restriktion für die Kapitalbildung in Ostdeutschland ist die überregionale Nachfrage nach ostdeutschen Produkten. Nur wenn es den ostdeutschen Unternehmen gelingt, westdeutsche oder ausländische Konkurrenten erfolgreich am Markt zu verdrängen, wird die Reindustrialisierung gelingen. Da die Entindustrialisierung in den neuen Bundesländern sehr weit fortgeschritten ist und weitgehend nur noch für die lokalen Märkte produziert wird, erscheint ein Reindustrialisierungsszenarium sehr unwahrscheinlich, jedenfalls solange ein grundlegender Kurswechsel in der Wirtschaftspolitik ausbleibt.

Die Prognos-Studie unterstellt, daß die extrem ungünstigen Ausgangsbedingungen für die ostdeutsche Wirtschaft zu Beginn der deutschen Einigung nur kurz- oder mittelfristig die Entwicklung beeinträchtigen; längerfristig könnten sie jedoch demnach durch marktwirtschaftliche Selbstheilungsprozesse umgekehrt werden. Die langfristigen Grundvoraussetzungen für eine stabile und prosperiendere Ost-Wirtschaft auf der entscheidenden Basis eines hohen Qualifikationspotentials seien im Kern günstig. Langfristig würden sich diese Positivfaktoren am Markt schon durchsetzen. Diese bei neoklassischen Analytikern verbreitete Auffassung verkennt die Bedeutung strategischer Ausgangsbedingungen, die die Weichen für die langfristige zukünftige Entwicklung nahezu unumkehrbar beeinflussen[17].

Wenn der Standort Ostdeutschland für die Industrie in den nächsten Jahren gegenüber anderen Standorten trotz hoher Subventionen relativ ungünstig ist, dann sind Wachstumsraten für die Ausfuhr aus den neuen Bundesländern von über 13 vH jährlich ebenso wie ein Wirtschaftswachstum von 9,2 vH, wie Prognos annimmt, viel zu hoch gegriffen. Gegenüber 1991 müßte die Ausfuhr bis zum Jahr 2000 um das 3,3fache wachsen!

Das Wachstum dürfte niedriger ausfallen, während die Produktivität kaum viel langsamer als angenommen steigen wird, so daß die Beschäftigung wohl eher auf ein noch niedrigeres Niveau absackt. Mithin bleibt Ostdeutschland stärker und länger von West-Transfers abhängig. Dem westlichen Produktivitätsniveau wird sich Ostdeutschland zügig annähern, aber nur mit einem geringen Bestand an Produktion. So wird das ostdeutsche Pro-Kopf-Einkommen, wenn es nicht zur Reindustrialisierung kommt, auch auf lange Sicht kaum das West-Niveau erreichen. Je stärker die Deindustrialisierung ausfällt, desto größer die Aufbauprobleme. In Regionen, in denen es außer einigen Handwerksbetrieben kaum noch Produktion gibt, gibt es kaum noch Ansiedlungschancen. Leistungsfähige Arbeitskräfte wandern ab, für Infrastruktur ist kein Geld vorhanden, Fühlungsvorteile sind auf »grünen Wiesen« nicht vorhanden. Diese Standorte verschlechtern sich dann zusehends – ein Teufelskreis. Wo Regionen plattgemacht wurden, kommt mit der industriellen Einöde die Armut, nicht aber neue Industrie. Nur bei hohem Wirtschaftswachstum im Westen könnte es bei hohen Ost-Subventionen »Spill-over«-Effekte geben.

Die ostdeutschen Industrie-Reste konzentrieren sich vorwiegend auf die Oberzentren. Das »platte Land« wird wirtschaftlich weitgehend ausgelaugt werden und bleiben. Es kommt zu einer *»passiven Sanierung«*, d. h. zur Abwanderung leistungsfähiger Arbeitskräftegruppen aus diesen Regionen und zu starkem Bevölkerungsrückgang. Beispielsweise erwartet das *Institut für Wirtschaftsforschung Halle* einen Bevölkerungsrückgang in Ostdeutschland auf 14,3 Mio. im Jahre 2005. Insgesamt kommt es zur Verfestigung des Regionalgefälles zwischen den alten Bundesländern, und hier insbesondere den prosperierenden Regionen, einerseits und der Mehrzahl der ostdeutschen Regionen andererseits.

Andererseits wird sich im Laufe von zwei Jahrzehnten das ostdeutsche Erwerbspersonenpotential allein aufgrund von Abwanderung sowie aufgrund der natürlichen Bevölkerungsentwicklung (Überschuß der Sterbefälle über die niedrigen Geburtenzahlen) so kräftig dezimieren, daß sich der Abstand zum Arbeitsplatzangebot »normalisiert«. So gesehen wird es gegen 2010 tatsächlich eine weitgehende Angleichung der Lebensverhältnisse in Ostdeutschland geben, allein durch Schrumpfung der Bevölkerung auf ein Niveau, das dem geringen Wirtschaftspotential entspricht. Dann sind auch Finanztransfers aus dem Westen nicht mehr in nennenswertem Ausmaß erforderlich. Dies ist ein durchaus realistisches Szenario für die ostdeutsche Entwicklungsperspektive, nachdem die industrielle Basis zerstört ist. Man darf vermuten, daß die Politik längst auf diese Langfrist-Option gesetzt hat.

Ein schwacher Wachstumstrend von nur etwa 2 vH in den alten Bundesländern, wie von Prognos angenommen, scheint realistisch zu sein. Unter bestimmten Bedingungen würden jedoch die folgenden wachstums- und beschäftigungssenkenden Faktoren noch stärker zu Buche schlagen:

— Käme es doch zur *Reindustrialisierung* Ostdeutschlands, dann müßte wesentlich mehr von Ost nach West geliefert werden als in umgekehrter Richtung, damit sich das riesige innerdeutsche Handelsbilanzungleichgewicht – 1993 machte der Handelsbilanzüberschuß etwa 7 vH des westdeutschen Bruttoinlandsproduktes aus – abbaut. Sollte dies nur zur Hälfte von 1994–2000 gelingen, so würde damit das West-Wachstum jährlich um einen halben Prozentpunkt gedämpft. Außerdem käme es in diesem Fall zu einer spürbaren Verlagerung von Investitionen von West nach Ost. Geht man hingegen von einer Reindustrialisierung nicht aus, dann resultieren aus der Entwicklung Ostdeutschlands gleichwohl keine weiteren expansiven Effekte für den Westen. Daß der westdeutsche Handelsbilanzüberschuß gegenüber Ostdeutschland ständig weiter steigt, ist unrealistisch. Indessen belastet den Westen dann die ständige Zahlung von Finanztransfers in Höhe von etwa 5 vH des westdeutschen BIP.

— Wenn die *Finanzpolitik* die öffentliche Nettoneuverschuldung von etwa 7 vH des BIP 1993 (einschließlich Schattenhaushalte, Bahn und Post) bis zum Jahr 2000 halbieren will, dann würde das Wachstum ebenfalls um knapp einen halben Prozentpunkt jährlich gedämpft. Allein die im »Föderalen Konsolidierungsprogramm« vorgesehenen Steuererhöhungen würden das Wachstum um 1,5 vH des nominalen Sozialprodukts senken[18]. Um die hohen Standards des *Maastricht-Vertrages* zur Europäischen Währungsunion zu erfüllen, wird das Ziel der Verminderung der Nettoneuverschuldung hoch angesiedelt. Die Bundesbank wird mit der Drohung eines hohen Zinsniveaus weiterhin Druck auf die Regierung und die Tarifparteien ausüben.

— Da in den vergangenen Jahren ein hohes Produktionspotential in Westdeutschland aufgebaut wurde, sind zusätzliche Erweiterungsinvestitionen kaum noch erforderlich. Vielmehr dominieren Rationalisierungs- und Ersatzinvestitionen, so daß nicht nur die investive Nachfrage schwach bleibt, sondern über den Beschäftigungsabbau auch die konsumtive der privaten Haushalte. Die sehr hohe Unterbeschäftigung führt dazu, daß nennenswerte Bruttoreallohnsteigerungen kaum durchsetzbar sind, und wegen der steigenden Steuern und Abgaben bleibt netto den Arbeitnehmern nicht viel übrig. Dies schwächt das Wachstum der Inlandsnachfrage. Der kommende Aufschwung wird schwach bleiben, Überkapazitäten werden über einen längeren Zeitraum existieren, etwa so wie in der ersten Hälfte der 80er Jahre.

— Wenn in der Folge der staatlichen Finanzkrise der Druck auf bislang staatlich *protektionierte Branchen* wie die Landwirtschaft, den Kohlenbergbau, den Schiffbau etc. anhält, dann kann es hier zu abruptem Beschäftigungsabbau kommen, der vermutlich auch mittelfristig kaum durch neue Beschäftigungsmöglichkeiten aufgefangen werden kann.

— Ein großer, ja sogar ein wachsender Teil der Staatsausgaben wird für *konsumtive Zwecke* verwendet werden müssen: Einerseits steigen die staatlichen Zinsausgaben, um die Staatsschulden zu bedienen; andererseits nehmen trotz Sparmaßnahmen die Sozialausgaben zu, insbesondere die Kosten und Folgekosten der Arbeitslosigkeit, wenn über 6 Mio. Personen faktisch erwerbslos sind. So erweisen sich die Sparversuche zwar nicht vollständig, aber zu einem großen Teil gesamtfiskalisch als erfolglos: Durch das Sparen werden an anderer Stelle, insbesondere in den Systemen der sozialen Sicherung, neue Löcher aufgerissen.

— Wegen des schärferen *globalen* und *europäischen Wettbewerbs* wird es nicht mehr in dem Maße wie früher zu hohen und steigenden Außenhandelsüberschüssen kommen, die Konjunktur und Wachstum ankurbeln. Es erscheint sehr fraglich, ob allein durch einen Rationalisierungsschub im Zuge der Rezession die frühere Wettbewerbsposition zurückgewonnen werden kann. Wenn es in erster Linie an der Innovationsfähigkeit in verschiedenen Bereichen mangelt, dann sind Maßnahmen zur Verbesserung der preislichen Wettbewerbsfähigkeit unzulänglich. Die deutschen Exporte werden demzufolge etwas langsamer als das Welthandelsvolumen wachsen. Nach Abschluß der *Uruguay-Runde* des *GATT* dürfen die davon ausgehenden Wachstumsimpulse für die Weltwirtschaft nicht überschätzt werden, ähnlich wie die seinerzeit vom EG-Binnenmarkt erhofften Wachstumskräfte: Die Liberalisierung des Welthandels führt in erheblichem Maße nur zu einem Nullsummenspiel, in dem Länder gewinnen, was andere verlieren; außerdem braucht der dadurch ausgelöste Strukturwandel Zeit, denn Ersatzbeschäftigung für wegfallende Arbeitsplätze in bislang protektionierten Bereichen zu schaffen, ist langwierig.

Die von Prognos vorausgesagte *Beschäftigungsentwicklung* in Westdeutschland erscheint annähernd realistisch. Bei einem schwächeren Wachstumstrend würde auch die Produktivität langsamer wachsen und die Beschäftigung kaum viel geringer ausfallen. Allerdings dürfte die für nach dem Jahr 2000 erwartete Entlastung des Arbeitsmarktes geringer ausfallen, denn die Zuwanderungstendenzen dürften gerade auch längerfristig eher anschwellen. Wenn im ersten Jahrzehnt des neuen Jahrhunderts einige osteuropäische Länder der EG beitreten sollten, dann wird Freizügigkeit institutionalisiert. Längerfristig ist auch davon auszugehen, daß die Süd-Nord-Wanderung aus der Dritten Welt ein viel stärkeres Gewicht bekommt. Allerdings ist sehr unsicher, wie stark die Wachstumseffekte sein werden, die von der Zuwanderung in diesem und im nächsten Jahrzehnt ausgehen.

Zuwanderung von vor allem jüngeren, teilweise gut qualifizierten Arbeitskräften bedeutet nicht nur mehr Nachfrage, sondern auch den Zustrom besonderer »Humanressourcen«, die es zuvor nicht gab. Engpässe am Arbeitsmarkt werden beseitigt, etwa im Bergbau, im Baugewerbe, in den Krankenhäusern und bei der Müllabfuhr. Generell muß die Ausländerbeschäftigung stärker komplementär als substitutiv zur Beschäftigung von Inländern angesehen werden. Beispielsweise wäre der Aufschwung der westdeutschen Gastronomie mit vielen Arbeitsplätzen in den letzten Jahrzehnten ohne Immigration von Italienern, Griechen, Chinesen etc. kaum möglich gewesen. In der Vergangenheit hat dieser Effekt, Untersuchungen des RWI zufolge, eine große Bedeutung gehabt: Demnach wuchs das Sozialprodukt in Westdeutschland von 1988–92 um gut einen Prozentpunkt schneller, als es ohne Zuwanderung der Fall gewesen wäre. Fiskalisch hat die Zuwanderung mehr Erträge erbracht als Kosten verursacht[19].

Die Arbeitsmarktentwicklung fällt in der Prognos-Prognose auch deshalb ungünstig aus, weil die Tendenz zur Arbeitszeitverkürzung sich abschwächt. Die Widerstände der Unternehmen werden größer, und die Lohninteressen der Beschäftigten haben wieder größeres Gewicht. Sank die durchschnittliche Arbeitszeit je Erwerbstätigen noch in den 70er Jahren um gut 1 vH, so waren es in den 80er Jahren nur noch 0,7 vH. Weniger Arbeit konzentriert sich so auf weniger Menschen.

Die zumindest bis Ende der 90er Jahre extrem hohe Arbeitslosigkeit im Ost- und Westteil der Republik stellt einen Sprengsatz für das politische und ökonomische System dar, der in seinen vielfältigen Langfrist-Wirkungen viel zu wenig beachtet wird. Die Arbeitslosen werden regelrecht ausgesiebt, die jüngeren, besser qualifizierteren haben Vermittlungschancen, die Schwächeren rutschen in die Dauerarbeitslosigkeit. Je länger sie arbeitslos sind, desto schwerer werden sie vermittelbar, denn ihre Qualifikationen werden entwertet. Die Arbeitslosigkeit dieser Gruppen verfestigt sich, ganz unabhängig von der Konjunktur. Viele werden aus der Arbeitslosenversicherung ausgesteuert und geraten dadurch in die Armutszone und werden sozialhilfeabhängig. Andere Gruppen sehen sich gezwungen, ungeschützte Arbeitsplätze ohne Sozialabgaben, ohne Kündigungsschutz mit niedrigen Qualifikationsanforderungen anzunehmen.

Der Arbeitsmarkt spaltet sich: Im oberen Segment scheint die Welt heil zu sein, die Arbeitsmarkt-Insider haben relativ sichere, gut bezahlte Arbeitsplätze, da sie als ihren Besitzstand verteidigen, die anderen im unteren Segment bleiben auf der Verliererseite und haben nur geringe Chancen auf ein reguläres Arbeitsverhältnis. Im unteren Arbeitsmarkt-Segment arbeitet ein Großteil der Frauen, der Immigranten und der Unqualifizierten. Das ist der gespaltene Arbeitsmarkt der »Zweidrittel-Gesellschaft«.

Schließlich führt andauernde Arbeitslosigkeit zu großen Verwerfungen auch in anderen gesellschaftlichen Bereichen, insbesondere im Bildungssystem. Der Zustrom in Einrichtungen des Bildungswesens, deren Zugang offen ist und die bessere Arbeitsmarktchancen versprechen, nimmt zu. Die Hochschulen geraten unfreiwillig in die Funktion eines arbeitsmarktpolitischen Überlaufgefäßes, das bildungspolitisch kontraproduktiv und zudem teuer ist. Auf dem Arbeitsmarkt kommt es zu Verdrängungsketten: besser qualifizierte Arbeitskräfte verdrängen andere, obwohl sie für die geforderten Tätigkeiten überqualifiziert sind. Je höher die Unterbeschäftigung ist, desto mehr Qualifikationen werden seitens der Anbieter von Arbeitskraft nachgefragt, damit sie ihre individuelle Position in der Warteschlange verbessern können. Aber die Warteschlange wird dennoch länger. Diejenigen, die relativ gesicherte Arbeitsplätze im oberen Segment des Arbeitsmarktes haben, »kleben« verständlicherweise an ihren Positionen, so daß die für eine optimale Arbeitskräfteallokation erforderliche Fluktuation von Arbeitskräften zu gering ist. So bekommen die Arbeitskräfte nicht die zu ihnen am besten passenden Arbeitsplätze und die Unternehmen nicht die gewünschten Personen, die sie bei funktionierenden Arbeitsmärkten bekämen.

Andauernde Arbeitslosigkeit in der zu erwartenden Dimension verändert die Basisstruktur der Gesellschaft. Die Gesellschaft kann ihre Mitglieder nicht mehr integrieren, sie zerfällt immer mehr in Fragmente. Neue und viel größere individuelle und kollektive sozialpsychologische Probleme entstehen, politischer Radikalismus, Fundamentalismus und Irrationalismus bekommen Auftrieb. Die Verteilung von Macht verändert sich, der Abstand zwischen oben und unten wird viel größer und schafft neue Spannungen. Der Sozialstaat, wie er sich in der alten Bundesrepublik über Jahrzehnte hinweg entwickelt hat, steht auf der Kippe.

7.4 Verfestigung regionaler Unterschiede oder Angleichung der Lebensverhältnisse?

In der Wirtschaftstheorie wird seit langem die Frage theoretisch und empirisch untersucht, ob *strukturschwache* Regionen oder Länder den Entwicklungsrückstand gegenüber prosperierenden Regionen aufholen können oder ob sich die Unterschiede verfestigen. Die Angleichungsthese vertritt in erster Linie die liberalistische *klassische* und *neoklassische* Theorie, die den Selbstheilungs- und Gleichgewichtskräften des Marktsystems vertraut. Demnach resultiert die Möglichkeit zum Aufholen vor allem aus niedrigeren Löhnen, arbeitsintensiverer Produktion und Konzentration der Produktion auf diejenigen Bereiche, in denen die schwächeren Regionen relativ besser sind. Dadurch gelingt es diesen Regionen bzw. Ländern, Preisvorteile im Wettbewerb mit den wohlhabenderen Regionen zu erringen. Ein Teil des Kapitals aus den starken Regionen wird demzufolge in ärmere Regionen wandern, wenn sich hier bessere Renditemöglichkeiten bieten. Diese Theorien, die ursprünglich auf den Außenhandel bezogen wurden (vor allem bei David Ricardo), wurden dann mit einer Reihe von Modifikationen auf die Regionalökonomie übertragen.

Demgegenüber steht die vor allem auf G. Myrdal zurückgehende Theorie »zirkulärer Verursachung«[20], derzufolge sich regionale Unterschiede in Marktwirtschaften polarisieren und verhärten. Dadurch entsteht ein *Teufelskreis der Unterentwicklung*, aus dem schwache Regionen ohne massive Regionalpolitik kaum herauskommen können. Insbesondere kommt es zu Abwanderungsprozessen wie auch zu Kapitalabfluß aus den strukturschwachen Regionen, während die starken Regionen über große Agglomerationsvorteile (Fühlungs- und Kommunikationsvorteile, geringere

Transportkosten, gute Infrastruktur, großes Potential an technischem Wissen und »Humanressourcen«) verfügen, die sie ständig ausbauen können[21]. Gerade unter der Bedingung, daß das Tempo des wissenschaftlich-technischen Wandels und dessen Umsetzung in Produkte die Akkumulation von Kapital wesentlich bestimmt, sind die bereits hochentwickelten Regionen die Gewinner im interregionalen Wettbewerb. Nur sehr langfristig ergeben sich möglicherweise Verschiebungen.

Die empirische Überprüfung der beiden hier sehr grob skizzierten Theorien kommt zu nicht ganz eindeutigen Ergebnissen. Für die USA wurde eine über lange Zeiträume recht stabile Industriekonzentration in den gleichen Regionen konstatiert; wo bereits viel Industrie ist, wurde auch neue Industrie angesiedelt[22]. Insbesondere eine gründliche Untersuchung von Barro/Sala-i-Martin zur Regionalentwicklung in den USA von 1880 bis 1988 und von 74 europäischen Regionen von 1950 bis 1985 kommt zu dem Ergebnis, daß sich sehr langfristig eine Tendenz zur Verminderung der regionalen Unterschiede im Pro-Kopf-Einkommen ergibt[23]. Allerdings galt dies durchaus nicht für alle untersuchten Regionen und Perioden, und der Aufholprozeß dauerte mehrere Jahrzehnte.

Blanchard und Katz konnten demgegenüber nachweisen, daß derartige Ergebnisse wesentlich durch Abwanderung zustande kamen, so daß sich das scheinbar paradoxe Bild zeigte: Die schwachen Regionen verloren ständig Arbeitsplätze, holten aber beim Pro-Kopf-Einkommen auf. Wegfallende Beschäftigungsmöglichkeiten wurden selten voll durch neue in der gleichen Region kompensiert[24]. Andere Untersuchungen zu altindustriellen Problemregionen in Westeuropa und in den USA zeigen, daß Prozesse der Deindustrialisierung nur selten umgekehrt werden können. Wer strukturschwach geworden ist, hat gewissermaßen den letzten Zug verpaßt[25].

Genau dies scheint auch die Entwicklungsrichtung zu sein, die die neuen Bundesländer gehen. Dort, wo moderne neue Arbeitsplätze auf der Basis hoher Kapitalintensität und Arbeitsproduktivität entstehen, werden hohe Einkommen bezahlt. Aber diese produktive Basis ist viel zu klein zur Beschäftigung des gesamten Arbeitskräftepotentials. Die Deindustrialisierung ist eingetreten und nur sehr schwer umkehrbar. Insgesamt sind die Standortbedingungen in den neuen Bundesländern deutlich ungünstiger, trotz höherer Subventionen, als an den meisten attraktiven westlichen Standorten. Die Agglomerationstendenzen setzen sich durch –

und damit die *passive Sanierung*. Verstärkt wird dieser Prozeß durch die günstigen Transportverhältnisse und damit die niedrigen Transportkosten zwischen beiden Teilen Deutschlands, so daß es logistisch kaum von Nachteil für die Unternehmen ist, von westlichen Produktionsstandorten aus die ostdeutschen Märkte zu versorgen. Auch sind die Abwanderungshemmnisse zwischen den beiden Landesteilen nicht allzu groß.

So spricht vieles dafür, daß die Angleichung der Lebensverhältnisse sehr langfristig – etwa im Jahre 2010, wie Prognos projiziert – tatsächlich gelingt, obwohl sich die regionalen Ungleichgewichte zwischen Ost und West verfestigen. Nur durch eine sehr energische und beharrliche Regionalpolitik mit dem Einsatz von viel staatlichen Finanzen und der vollen Mobilisierung des »endogenen Entwicklungspotentials« der Regionen, soweit vorhanden, läßt sich der Niedergang aufhalten.

Anmerkungen

1 Der theoretische Bezugsrahmen ist die Exportbasistheorie. Vgl. hierzu J. Priewe, R. Hickel, Der Preis der Einheit, Bilanz und Perspektiven der deutschen Einheit, Frankfurt/M. 1991, S. 201 ff.

2 Im Interesse der Verkehrsvermeidung wäre eine geringere interregionale Arbeitsteilung, also ein größerer Grad der regionalen Selbstversorgung, wünschenswert. Hier geht es uns jedoch nicht um wünschenswerte Entwicklungsmuster, sondern um wahrscheinliche.

3 Derartige Prozesse beschreiben ökonomische Kettenreaktionen, gewissermaßen Schneeballeffekte. Entsteht beispielsweise eine zusätzliche Nachfrage nach Konsumgütern im Umfang von 1 Mio. DM, für deren Herstellung zusätzliche Produktionskapazitäten erforderlich sind, dann muß der Kapitalstock um etwa 3 Mio. DM zunehmen. Dadurch entsteht eine hohe Nachfrage nach Investitionsgütern. Um diese zu produzieren, müssen zusätzliche Arbeitskräfte eingestellt werden, die ihre Löhne überwiegend für Konsumgüter ausgeben werden. Abermals sind zusätzliche Produktionskapazitäten erforderlich.

4 Beide Vergleichszahlen beziehen sich auf Beschäftigte in Betrieben mit mehr als 20 Beschäftigten.

5 J. Priewe, R. Hickel, Der Preis der Einheit, a.a.O., S. 121 ff.

6 H. Siebert, The Big Bang with the Big Brother, *Kieler Diskussionsbeiträge* Nr. 211, Mai 1993, Kiel, S. 5.

7 Vgl. den Überblick bei A. Barth, Investitionsbedarf bis zum Jahr 2000. *IAB-Werkstattbericht* Nr. 12 vom 10. 8. 1992; ders., Produktivitätsentwicklung und Investitionsbedarf in Ostdeutschland – eine Modellrechnung. In: H. Hagemann (Hg.), Produktivitätswachstum, Verteilungskonflikte und Beschäftigungsniveau. Marburg 1993, S. 170 ff.

8 Vgl. F. Buttler, W. Klauder, Investitionsförderung – Schlüssel zur Lösung

des Beschäftigungsproblems. In: *Mitteilungen aus der Arbeitsmarkt- und Berufsforschung*, Heft 3/1992, S. 253 ff.

9 In Preisen von 1991. Vgl. Institut für Wirtschaftsforschung Halle, Deutschland 1993 und 1994: Gegenläufigkeiten zwischen Ost und West, Herbstgutachten 1993, Halle/Berlin, Dezember 1993, S. 44 (im folgenden IWH 1993).

10 Eigene Berechnungen nach *Ifo-Schnelldienst* 19/93, S. 3, und 24/93, S. 3.

11 Ein konstant bleibendes Außenhandelsdefizit (-überschuß) ist wachstumsneutral.

12 Vgl. Prognos AG, Deutschland-Report Nr. 1, Die Bundesrepublik Deutschland 2000 – 2005 – 2010 – Die Entwicklung von Wirtschaft und Gesellschaft, Basel 1993; IWH 1993, S. 66 ff.; A. J. Hughes Hallet, Y. Ma, East Germany, West Germany, and their Mezzogiorno-Problem: A Parable for European Economic Integration, in: *Economic Journal*, 1993.

13 Vgl. W. Klauder, Auswirkungen der politischen und wirtschaftlichen Entwicklung seit 1989 auf die Arbeitsmarktperspektiven. Ein quantitatives Szenario bis 2000 unter veränderten Rahmenbedingungen. In: *Mitteilungen aus der Arbeitsmarkt- und Berufsforschung*, Heft 1/1990, S. 22–33.

14 Vgl. D. Blaschke u. a., Der Arbeitsmarkt in den neuen Ländern – Zwischenbilanz und Herausforderungen. In: *Mitteilungen aus der Arbeitsmarkt- und Berufsforschung*, Heft 2/1992, S. 124 ff.

15 Vgl. Prognos AG, Deutschland-Report Nr. 1, a.a.O.; siehe auch Ch. v. Rothkirch, Langfristige Perspektiven der Arbeitsmarktentwicklung bis 2010. In: *Sozialer Fortschritt*, Heft 8/1993, S. 178 ff. – Siehe auch W. Klauder, Droht Dauerarbeitslosigkeit? Zu den mittelfristigen Arbeitsmarktperspektiven. In: *Herderkorrespondenz*, Heft 9/1993.

16 Ch. v. Rothkirch, Langfristige Perspektiven, a.a.O., S. 183.

17 St. Brakman, H. Garretsen, The Relevance of Initial Conditions for the German Unification, in: *Kyklos*, Vol. 46/1993, Fasc. 2, S. 163 ff.

18 U. Heilemann, Weniger Geld – Zu den mittelfristigen Aussichten der westdeutschen Wirtschaft. In: *RWI-Mitteilungen*, Jg. 44 (1993), S. 91; siehe auch D. Schewe, Folgerungen aus der Entwicklung der Arbeitskräftebilanz bis 2010. In: Sozialer Fortschritt, Heft 8/1993, S. 186 ff.

19 Vgl. den instruktiven Beitrag von A. Gieseck u. a., Wirtschafts- und sozialpolitische Aspekte der Zuwanderung in die Bundesrepublik. In: *Aus Politik und Zeitgeschichte*, Nr. B7/93, vom 12. 2. 1993, S. 29 ff.

20 Vgl. G. Myrdal, Economic Theory and Underdeveloped Regions, London 1957.

21 Vgl. M. Heine, Von der Peripherie zur Wirtschaftsmetropole und zurück. Grundzüge einer Theorie räumlicher Agglomerationsvorteile am Beispiel Berlins, Berlin 1989.

22 Vgl. P. R. Krugman, History and Industry Location: The Case of the Manufacturing Belt, in: *American Economic Review*, Papers and Proceedings, Vol. 81 (1991), S. 80 ff.

23 R. J. Barro, X. Sala-i-Martin, Convergence across States and Regions, in: *Brookings papers on Economic Activities*, Heft 1/1991, S. 107 ff.

24 O. J. Blanchard, L. F. Katz, Regional Evolutions, in: *Brookings Papers on Economic Activities*, Heft 1/1992, S. 1 ff.

25 Vgl. R. Hamm, H. Wienert, Strukturelle Anpassung altindustrieller Regionen im internationalen Vergleich, Berlin 1990.

Kapitel 8
Beschäftigungsorientierte Perspektiven der Wirtschaftspolitik

8.1 Die Herausforderungen

Das größte Folgeproblem der deutschen Einigung und der Rezession 1992–94 ist die hohe und hartnäckig anhaltende *Arbeitslosigkeit.* In Ostdeutschland liegt der Arbeitsplatzbedarf in den 90er Jahren, wie in *Kapitel* 7 dargestellt, bei etwa 2,5 Mio, in Westdeutschland bei etwa 3,5 Mio (jeweils einschließlich des Arbeitsplatzbedarfes für diejenigen, die in arbeitsmarktpolitischen Maßnahmen aufgefangen wurden[1]) – insgesamt fehlen in Deutschland auf längere Sicht etwa 6 Mio Arbeitsplätze, das sind 17 vH der 1993 existierenden Arbeitsplätze. Bezieht man die registrierten und verdeckten Arbeitslosen des Jahres 1993 auf die abhängigen Erwerbspersonen, so ergibt sich eine gesamtdeutsche Arbeitslosenquote von 15,4 vH[2] (Jahresdurchschnitt). Wird (in den alten Bundesländern) eine deutlich steigende Frauenerwerbsquote gewünscht, dann fällt das Defizit noch größer aus, weil das Arbeitskräfteangebot entsprechend größer ist. Die beschäftigungspolitische Herausforderung wird damit im Vergleich zu den 50er Jahren der alten Bundesrepublik deutlich: Damals wurden in einem Jahrzehnt unter historisch einmaligen Umständen 5 Millionen neue Arbeitsplätze geschaffen, vor allem durch hohes Wirtschaftswachstum.

Die heutige Arbeitslosigkeit ist höchst ungleich verteilt. In den neuen Bundesländern sind zwei Drittel der registrierten Arbeitslosen Frauen; deren Arbeitslosenquote (hier bezogen auf die registrierten Arbeitslosen) ist doppelt so hoch wie die der Männer. In den nächsten Jahren wird bei unveränderter Arbeitsmarktlage der Anteil der *Langzeitarbeitslosen* deutlich steigen. Die regionalen Ungleichgewichte werden sich verfestigen. Von einheitlichen Lebensverhältnissen in allen Regionen wird auf längere Zeit keine Rede sein können. Und die schweren Arbeitsmarktprobleme liegen beileibe nicht allein in den neuen Bundesländern. Je länger und stärker die Westwanderung im Osten Deutschlands anhält, je stärker sich der unternehmerische Standortwettbewerb zwischen den beiden Landesteilen herausbildet und je schwerer die Einigungslasten für Westdeutschland wiegen, je schwächer die wirtschaftliche Dynamik in den alten Bundesländern ausfällt, um so stärker nehmen die Probleme auf dem Arbeitsmarkt zu.

Aus Langfristarbeitslosigkeit wird Armut. Die sozialen Sicherungssysteme sind nicht geeignet, mit den Folgen hoher Dauerarbeitslosigkeit in der Dimension, die sich jetzt abzeichnet, fertigzuwerden. Die Auswirkungen auf die innere Kohäsion der Gesellschaft, auf Kriminalität, auf Gesundheit und Familien nehmen enorm zu. Psycho-soziale Entwurzelung großer Bevölkerungsschichten, nicht zuletzt die wachsende Gefahr politischen Rechtsextremismus sowie der Ausländerfeindlichkeit sind die Folgen. Je länger solche Wirkungen anhalten, desto schwerer werden sie beherrschbar. Diese Probleme sind in Westdeutschland seit zwei Jahrzehnten bekannt – aber jetzt haben sie für Deutschland insgesamt eine völlig neue Dimension. Deutschland gehört fortan innerhalb der Europäischen Union zu den Ländern mit der höchsten Arbeitslosigkeit.

Beschäftigungsabbau ist für Unternehmen und Gebietskörperschaften scheinbar kostengünstig. Volkswirtschaftlich ist Arbeitslosigkeit dagegen sehr teuer. 1991 kostete ein Arbeitsloser durchschnittlich in Westdeutschland 32 300 DM, in Ostdeutschland 17 000 DM[3]. Darin sind die Arbeitslosenunterstützungen der Bundesanstalt für Arbeit sowie die Einnahmeausfälle bei den öffentlichen Händen enthalten, nicht aber die Kosten der aktiven Arbeitsmarktpolitik. Wir schätzen die fiskalischen Kosten der Arbeitslosigkeit für das Jahr 1994 mit 3,74 Mio registrierten Arbeitslosen im Jahresdurchschnitt – so die Schätzung des Herbstgutachtens 1993 der Wirtschaftsforschungsinstitute – auf 115 Mrd. DM. Das sind immerhin 3,5 vH des gesamtdeutschen Bruttosozialproduktes, die von den Steuer- und Beitragszahlern finanziert werden müssen. Die entgangene Wertschöpfung ist noch viel höher.

Zu den Folgen der Vereinigung gehört auch eine ungleicher gewordene *Einkommensverteilung* in Deutschland. Im Zuge des vergangenen langen Aufschwungs und des Einigungsbooms ist die westdeutsche Lohnquote, der Anteil der Löhne und Gehälter am Volkseinkommen, kräftig gesunken. Zwar wird diese Umverteilung durch die Rezession, in der die Gewinne stärker sinken als die Löhne, wieder etwas korrigiert. Aber das starke Ungleichgewicht bleibt, insbesondere wenn man den Anstieg der Vermögenseinkommen einbezieht, die überwiegend den Selbständigen und den anderen höheren Einkommensschichten zufließen. Vergleicht man die Entwicklung der Nettolöhne und -gehälter mit dem Nettoeinkommen aus Unternehmertätigkeit und Vermögen, dann zeigt sich das Ungleichgewicht noch deutlicher, da die Kosten der Einheit bislang überwiegend den abhängig Beschäftigten aufgebürdet wurden. Nicht nur die Einkommensverteilung, sondern auch die Vermögensverteilung ist nach der Vereinigung ungleicher als vorher. Durch die Einigungsgewinne der Unternehmen, soweit sie investiv verwendet wurden, und die Eigentumsrestitution der Alteigentümer wurden vorwiegend die ohnehin Vermögenden noch vermögender.

Im Verlauf von Einigungskrise und Rezession haben die sozialen Probleme einen viel höheren Stellenwert als zuvor erhalten, insbesondere im Verhältnis zur Ökologieproblematik, aber auch im Verhältnis zu Nord-Süd-Spannungen. Insofern besteht die Gefahr einer Verengung der Problemwahrung auf »alte soziale Fragen«, während die eigentlichen Zukunftsfragen an der Schwelle zum neuen Jahrhundert verdrängt werden. Der Umweltschutz ist in Deutschland in eine Stagnationsphase geraten, teilweise fand Rückschritt statt. Der ökologische Umbau, der auf vorbeugende Schadensvermeidung setzt, rückte in weite Ferne. Die Einigungsprobleme haben zu einem Vorrang der Wirtschafts- vor der Umweltpolitik geführt. Auch hier stauen sich die Probleme.

Es scheint, als wäre die Herstellung von Vollbeschäftigung in Deutschland zu einer Utopie geworden. Wir plädieren dafür, an diesem Ziel uneingeschränkt festzuhalten und kurz-, mittel- und langfristige Strategien zur Zielerreichung zu entwerfen. Soziale Sicherheit ist ein wertvolles Gut, das in reifen, entwickelten Volkswirtschaften mit sozialstaatlichen Wertorientierungen der Bürger einen steigenden Stellenwert hat. Dabei muß das Ziel der Vollbeschäftigung gleiche Arbeitsmarktchancen für beide Geschlechter einbeziehen; dies erfordert eine wesentlich höhere Frauenerwerbsquote, als sie in den alten Bundesländern existiert. Vollbeschäftigung in einer international verflochtenen, offenen Volkswirtschaft impliziert auch eine hohe Ausländerbeschäftigung. Deutschland wird faktisch zu einem Einwanderungsland. Vollbeschäftigung in diesem Sinne ist in Deutschland kurzfristig, selbst bei größten Anstrengungen, nicht herstellbar. Notwendig ist ein längerfristig ausgerichteter *Beschäftigungsplan*, in dem die Politikbereiche, die

Rollenverteilung der Handlungsträger und die Handlungsebenen definiert sind. Ohne koordinierte Anstrengungen aller beschäftigungsrelevanten Akteure – vor allem Bund, Länder, Gemeinden, Bundesanstalt für Arbeit, Bundesbank, Tarifparteien – wird es keine nachhaltigen Erfolge geben können. Insofern ist ein breiter sozialer Konsens im Sinne eines »Beschäftigungspaktes« erforderlich.

Grundsätzlich kommen fünf Handlungsfelder für Beschäftigungspolitik in Frage:
- Konjunkturpolitik (Geld- und Fiskalpolitik),
- Politik zur Steigerung des Wirtschaftswachstums,
- Ausweitung der Produktion öffentlicher Dienstleistungen,
- beschäftigungsrelevante Arbeitszeitverkürzungen,
- Arbeitsmarktpolitik.

Konjunkturpolitik soll das Wirtschaftswachstum in der Rezession kurzfristig ankurbeln und die Normalauslastung der Produktionskapazitäten ermöglichen. Dadurch werden die Voraussetzungen für mehr Investitionen und einen konjunkturellen Aufschwung geschaffen. Die konjunkturelle Komponente der Arbeitslosigkeit liegt bei etwa 1 Mio. Arbeitsloser in Westdeutschland (dies entspricht in etwa dem Beschäftigungsrückgang von Mitte 1992 bis 1994). Kontrovers diskutiert wird nicht nur die Frage, ob Konjunkturpolitik überhaupt sinnvoll ist oder ob man stärker auf die »Reinigungskräfte« des Marktes vertrauen sollte, sondern auch, ob in einer Situation mit hoher Staatsverschuldung und Inflation antizyklische Geld- und Fiskalpolitik noch möglich ist.

Im Trend führt Wirtschaftswachstum nur dann zu mehr Beschäftigung, wenn es höher ist als der Zuwachs der Arbeitsproduktivität (Beschäftigungsschwelle). Sie dürfte in Zukunft bei etwa 2,5 vH liegen. Allerdings steigen die Folgekosten des Wirtschaftswachstums proportional zu diesem. Umweltverträgliches Wirtschaftswachstum fällt geringer aus als einfaches quantitatives, undifferenziertes Wachstum, da einzelne umweltschädigende Sektoren schrumpfen müssen. Wir halten eine Strategie des forcierten Wirtschaftswachstums, das über der Beschäftigungsschwelle liegt, für wirtschaftspolitisch – zumindest in den 90er Jahren – schwer erreichbar und ökologisch riskant. Selbst die angebotsorientierte Wachstumspolitik der 80er Jahre hat im Zeitraum 1982–89 nur ein durchschnittliches Wachstum des Bruttoinlandsprodukts von 2,1 vH zustande gebracht. Der eigentliche Wachstumsschub kam erst durch den gesamtwirtschaftlich problematischen Einigungsboom 1990–92. Die Zahl der Erwerbstätigen stieg zwar in der alten Bundesrepublik im Zeitraum 1982–1992 um 2,8 Mio., davon um etwa 1,8 Mio. von 1989 bis 1992. Über 1 Mio. des gesamten Beschäftigungszuwachses im Zeitraum 1985–91 ist den Arbeitszeitverkürzungen zuzurechnen[4].

Beschäftigungspolitisch allein oder überwiegend auf hohes Wirtschaftswachstum zu setzen, ist schon allein deshalb problematisch, weil das Tempo der zukünftigen Produktivitätssteigerungen gegenüber dem Wirtschaftswachstum eher hoch ausfallen wird. In den neuen Bundesländern ist wegen des großen technologischen Nachholbedarfes mit Wirtschaftswachstum allenfalls eine Beschäftigungsstabilisierung zu erwarten, jedoch kein Zuwachs. Allein Wachstum in beiden Landesteilen zu erreichen, das die Beschäftigung zu stabilisieren vermag, ist ein wirtschaftspolitischer Kraftakt, und zudem wäre dessen Umweltverträglichkeit noch zu prüfen.

Die neoklassisch ausgerichtete Wirtschaftswissenschaft rät zu *Lohnsenkungen* bzw. zum Einfrieren der Bruttolöhne in beiden Landesteilen für einen längeren Zeitraum sowie zu forcierter Haushaltskonsolidierung. Der Kern der neoklassischen Sichtweise ist denkbar einfach: Die Knappheitsrelationen zwischen Kapital und Arbeit haben sich in der Folge der deutschen Einigung grundlegend gewandelt – Arbeit ist viel reichlicher vorhanden, Kapital ist knapper geworden. Also muß der Preis für Arbeit, der Lohn, sinken, damit es wieder zu einem Arbeitsmarktgleichgewicht kommen kann. Diese Diagnose faßt Klaus-Dieter Schmidt vom Kieler Institut für Weltwirtschaft prägnant zusammen: »Dahinter steht die nicht wegzudiskutierende Tatsache, daß es irgendwo einen markträumenden Lohn gibt, bei dem alle Arbeitsuchenden beschäftigt sind. Allerdings ist nicht zu bestreiten, daß dieser Lohn in vielen Fällen sehr niedrig sein müßte, mitunter sogar unzumutbar niedrig.«[5]

Der wachstumspolitische Erfolg einer solchen Strategie wäre höchst ungewiß, da die inländische Binnennachfrage auf den Gütermärkten nachhaltig geschwächt würde. Allenfalls wäre stärkeres Wachstum durch steigende Außenhandelsüberschüsse infolge verbesserter preislicher Wettbewerbsfähigkeit denkbar. Dann würden jedoch Wachstum und Beschäftigung durch außenwirtschaftliches Ungleichgewicht erreicht, also auf Kosten des Auslands. Auch das Ausland würde über kurz oder lang mit Lohnzurückhaltung kontern, so daß es im Extrem zu einem sinnlosen Lohnsenkungswettlauf mit »Sozialdumping« käme. Auch aus sozial-, verteilungs- und umweltpolitischen Gründen ist dieser Ansatz abzulehnen.

Eine andere Variante der neoklassisch orientierten Wachstumsstrategie setzt auf die Expansion eines *deregulierten Niedriglohnsektors* durch untertarifliche Bezahlung, Aufhebung der Allgemeinverbindlichkeit von Tarifverträgen, Erleichterung des Kündigungsschutzes, untertarifliche Einstiegslöhne für Arbeitslose etc. Tatsächlich verfügen die meisten kapitalistischen Länder über ein großes Arbeitsmarktsegment mit Niedriglohnjobs, geringer Arbeitsproduktivität und geringer sozialer und rechtlicher Absicherung der Beschäftigten. In Deutschland existiert dieses Segment in stark eingeschränktem Umfang auch, jedoch vorwiegend in Form illegaler, aber tolerierter Schwarzarbeit sowie in Teilzeitarbeit unterhalb der Sozialversicherungs-Pflichtgrenze (Schattenwirtschaft). Deregulierung des Tarif-, Arbeits- und Sozialrechts würde vermutlich in erster Linie zu Umschichtungseffekten führen, weil reguläre Beschäftigung durch deregulierte ersetzt würde. Ferner würde, zumindest teilweise, Schwarzarbeit legalisiert. In gewissem Umfang würde auch die Beschäftigung ansteigen.

Allerdings war es bislang ein Markenzeichen des bundesdeutschen Sozialstaates, daß dieser Niedriglohnsektor nur schwach ausgebildet war und zudem tendenziell zurückgebildet wurde (beispielsweise Rückgang der Zahl der Hausangestellten, Abschaffung von Leichtlohngruppen). Arbeitsplätze in diesem Bereich schaffen – bei Vollzeitarbeit – kein existenzsicherndes Einkommen und gewährleisten keine sozialrechtlichen Mindeststandards. Beschäftigungsförderung durch Deregulierung, wenn sie denn überhaupt die Umschichtungseffekte überwiegt, sollte nicht durch sozialen Rückschritt erkauft werden. Allerdings ist der ökonomische Druck zur Lohnsenkung, verursacht durch die »industrielle Reservearmee« (Marx) der Arbeitslosen, enorm groß; viele Arbeitskräfte, insbesondere Arbeitslose, Ausländer, Einwanderer, Saisonarbeiter etc., wären wohl notgedrungen bereit, auch sehr schlechte Entlohnung in Kauf zu nehmen. Die Aufgabe ist, den drohenden Dammbruch am Arbeitsmarkt und dessen »Balkanisierung« zu verhindern. Aber viele erhoffen sich von einer solchen Entwicklung endlich den Durchbruch zur wahren Marktwirtschaft, die von staatlichen und tarifvertraglichen Fesseln befreit ist. Ökonomisch wäre eine solche Deregulierung auch kontraproduktiv, da die Arbeitsmotivation und Arbeitsproduktivität stark in Mitleidenschaft gezogen würden.

Ganz anders wäre eine Strategie des *Wachstums durch Innovation* zu beurteilen, soweit sie umweltverträglich oder sogar umweltfördernd ist. Hierdurch würde der entscheidende komparative Vorteil ausgespielt, den die deutsche Wirtschaft im globalen Wettbewerb besitzt, nämlich ein hohes Qualifikationspotential, das Forschung, Entwicklung und Innovationen ermöglicht. Im Lohnsenkungswettbewerb stünde die deutsche Wirtschaft auf verlorenem Posten, deshalb muß auf den Innovationswettbewerb gesetzt werden. Problematisch ist dabei allerdings, daß diese Strategie erst längerfristig Früchte tragen kann. Im Rahmen einer sinnvollen internationalen Arbeitsteilung können nicht alle vergleichbaren hochentwickelten Volkswirtschaften »auf das gleiche Pferd« setzen und damit weltweit Überkapazitäten schaffen, wie beispielsweise in der Stahl- und Automobilindustrie, im Schiffbau oder im Flugzeugbau. Hier setzt die Forschungs-, Technologie- und Industriepolitik an. Gelingt der Innovationswettbewerb nicht oder nur unzulänglich, dann bleibt, gleich ob man dies will oder nicht, nur der scharfe Preiswettbewerb mit Lohnsenkungskonkurrenz – oder Protektionismus, der jedoch stark exportorientierten Volkswirtschaften langfristig mindestens genauso viel schadet wie er nützt.

Mit Hilfe *regionaler Strukturpolitik* müßte das industrielle Entwicklungspotential in strukturschwache Regionen, also vorrangig in die neuen Bundesländer, gelenkt werden. Problematisch, aber wohl nicht voll vermeidbar wäre es, wenn die Regionalpolitik lediglich regionale Umlenkung (Ausgleichspolitik), aber keinen gesamtwirtschaftlichen Zuwachs bewirken würde (Wachstumspolitik). Ebenso wäre es problematisch, wenn durch Regionalpolitik für Ostdeutschland gesamtwirtschaftliche Überkapazitäten entstünden. Aber auch dies ist in der Regionalpolitik, nicht erst seit der deutschen Einigung, nicht gänzlich vermeidbar.

Auch könnten auf der Grundlage einer ambitionierten *Umweltpolitik* mehr Umweltschutzgüter produziert werden, die der Umwelt nützen und Arbeit schaffen. Allerdings kann es dabei durchaus Zielkonflikte zwischen beiden Zielen geben, beispielsweise wenn wegen Umweltproblemen mit dem Autoverkehr die Autoindustrie schrumpft, ohne daß ausreichend Substitutionsgüter produziert werden können.

Die durch Innovationen ermöglichten Produktivitätsfortschritte wirken nur dann beschäftigungssichernd (oder gar steigernd), wenn sie in Güternachfrage umgemünzt werden. Dies impliziert eine *verstetigte* Lohnpolitik, die nicht hinter dem Produktivitätsfortschritt zurückbleibt. Darüber hinaus sollte die Konjunkturpolitik die ständige und inflationsfreie Auslastung des vorhandenen Produktionspotentials sichern.

Neben der Wachstumspolitik, die vorrangig auf Industrie und produktionsorientierte Dienstleistungen ausgerichtet ist, kommt die Expansion *öffentlicher Dienstleistungen* für eine Beschäftigungsexpansion in Frage. Hier besteht ohne Zweifel ein großer Zukunftsbedarf, selbst dann, wenn im öffentlichen Sektor vorhandene Rationalisierungspotentiale besser als bisher für Personalumschichtung benutzt werden. Dringliche Bedarfe bestehen in solch arbeitsintensiven Bereichen wie der Kranken- und Altenpflege, Kinderbetreuungseinrichtungen, Schulen und Hochschulen, Weiterbildungsinstitutionen, Kulturangebot sowie bei den Finanzbehörden. Der überwiegende Teil dieser Ausgaben ist nicht sachinvestiver Natur.

Für unsere Fragestellung ist es unerheblich, ob es sich um direkte öffentliche Dienste oder um überwiegend staatlich finanzierte Sektoren in privatrechtlichen Organisationsformen handelt. Die meisten dieser Dienstleistungen werden von der Bevölkerungsmehrheit für außerordentlich dringlich gehalten, auch im Verhältnis zu anderen privaten und öffentlichen Gütern. Sie werden überwiegend nicht marktförmig angeboten und nachgefragt. Es ist schon ein Paradox, daß ein vergleichbar armes Land wie die DDR (dazu eine Volkswirtschaft mit Arbeitskräftemangel) sich eine im Verhältnis zur Bundesrepublik Deutschland geradezu üppige Ausstattung mit Kinderbetreuungseinrichtungen leisten konnte. Das bundesdeutsche Defizit an diesen »öffentlichen Gütern« entspringt einer nicht bedarfsgerechten Fehlallokation volkswirtschaftlicher Ressourcen. Es gibt keine rationalen kollektiven Mechanismen der Präferenzartikulation und -durchsetzung. Märkte versagen hier, und das parlamentarische System nimmt diese Aufgaben nur begrenzt wahr.

Beschäftigungsexpansion durch ein größeres öffentliches Dienstleistungsangebot muß durch Steuern oder andere Abgaben finanziert werden. Mithin würden andere öffentliche Ausgaben bzw. die Nachfrage nach privaten Gütern zurückgedrängt, oder aber die Sparquote der privaten Haushalte sinkt. Private wie öffentliche Investitionen sollten nicht verdrängt werden. Ein gesamtwirtschaftlicher positiver Beschäftigungseffekt kommt dadurch zustande, daß diese Dienstleistungen arbeitsintensiver als andere Produkte erzeugt werden, daß öffentliche Ausgaben hierfür beschäftigungswirksamer sind als viele andere, daß diese Dienstleistungen im Vergleich zu anderen Gütern nicht importiert werden können bzw. keine Vorleistungsimporte erfordern. Positive Netto-Beschäftigungseffekte kommen auch dann zustande, wenn in einer Situation eines keynesianischen »Gleichgewichtes bei Unterbeschäftigung« überschüssiges Sparen absorbiert und zur Finanzierung der Dienstleistungen verwendet wird. Damit hinge die Größe des Beschäftigungseffektes in hohem Maße von der Art der Finanzierung ab. Allerdings ist der makroökonomische Beschäftigungseffekt schwer kalkulierbar. Der Nettoeffekt dürfte wesentlich kleiner als der Bruttoeffekt sein.

Fallen die durch Wirtschaftswachstum und Zunahme öffentlicher Dienstleistungen induzierten Beschäftigungswirkungen relativ schwach aus bzw. benötigen sie Zeit, dann verbleiben nur *Arbeitszeitverkürzungen*, also die Verteilung der vorhandenen Arbeit auf mehr Menschen, und die Ausweitung eines Sektors öffentlich geförderter Arbeit (»Zweiter Arbeitsmarkt«) durch aktive Arbeitsmarktpolitik. Im Verhältnis zu anderen Politikbereichen kommt Arbeitszeitverkürzungen langfristig nach unserer Auffassung die zentrale Bedeutung zu, insbesondere dann, wenn die Möglichkeit und Sinnhaftigkeit hohen Wirtschaftswachstums skeptisch beurteilt wird. Die Arbeitsmarktpolitik hat den großen Vorteil, daß sie sich direkt an die Problemgruppen am Arbeitsmarkt adressiert und damit zielgruppenorientierter ist als alle anderen Politikinstrumente.

Im folgenden sollen die wichtigsten Politikbereiche knapp im Überblick skizziert werden. Zur ausführlichen Darstellung und Problematisierung sei auf die Fachliteratur verwiesen.

8.2 Aktive Konjunkturpolitik trotz hoher Staatsverschuldung

Die Bundesregierung behauptet, daß eine antizyklische staatliche Finanzpolitik als Weg aus der Rezession nicht in Frage komme, da das Ausgangsniveau der Verschuldung zu hoch sei. Bis Mitte des Jahres 1993 wurde noch die – auch vom Sachverständigenrat – vertretene Linie beherzigt, daß konjunkturbedingte Defizite in den öffentlichen Haushalten hinzunehmen seien und während der Rezession nicht konsolidiert werden dürften[6]. Bei der Vorbereitung des Bundeshaushaltes 1994 wurde jedoch diese keynesianische Minimalposition seitens der Bundesregierung fallengelassen – die *Verschuldung* sei einfach zu hoch.

Daher müßten auch in der Rezession Leistungsgesetze zurückgenommen werden, um konsumtive Staatsausgaben, insbesondere für sozialpolitische Zwecke, einzusparen und dadurch den Kapitalmarkt zu entlasten. Der Aufschwung wird durch die Selbstheilungskräfte des Marktes erwartet, ferner durch den Sog der voraneilenden Konjunktur anderer Länder, insbesondere der USA. Angesichts der hohen deutschen Staatsverschuldung und der Inflationsgefahren seien Finanz- und Geldpolitik blockiert, so daß von seiten des Staates keine expansiven ausgabensteigernden oder abgabensenkenden Impulse sowie von der Bundesbank keine nachhaltigen Zinssenkungen zu erwarten seien.

Bundeswirtschaftsminister Rexrodt hat betont, daß man auf automatische Stabilisatoren vertraue – etwa konsumstabilisierende steigende Arbeitslosenunterstüzung in der Krise – und darüber hinaus allenfalls für spätere Jahre geplante investive Maßnahmen vorziehen oder Ausgaben zugunsten investiver Projekte umschichten wolle. Darüber hinaus hofft er auf die belebende Wirkung deregulierender Maßnahmen wie die Flexibilisierung von Arbeitszeiten oder die Privatisierung der Arbeitsvermittlung[7]. Kreditfinanzierte Ausgabenprogramme seien nicht nur nicht finanzierbar, sondern ohnehin wirkungslos – die gängige These der Angebotsökonomen und Monetaristen. Faktisch läuft all dies auf *passives Abwarten* der Krise hinaus.

Wie ist es nun um die *Selbstheilungskräfte* in der Rezession bestellt? In der Tat, es gibt sie – aber sie sind in entwickelten Marktwirtschaften schwach, schwer kalkulierbar und zudem langsam. In einer normalen Rezession werden die Schrumpfungsraten beim Konsum und bei den Investitionen sukzessive kleiner, so daß sich die Produktion auf niedrigem Niveau stabilisiert. Dazu trägt bei, daß die Konsumausgaben der Arbeitslosen durch kreditfinanzierte Arbeitslosenunterstützung ebenso wie die meisten konsumtiven Staatsausaben, die gesetzlich festgeschrieben sind, nur in begrenztem Maße schrumpfen können. Auch die Investitionen der Unternehmen gehen nicht auf Null zurück, sondern »autonome« Investitionen, die relativ nachfrageunabhängig sind wie Ersatz-, Rationalisierungs- und Innovationsinvestitionen, werden trotz Krise weiter getätigt. Schon die Verlangsamung des Rückgangs des Konsums kann dazu beitragen, daß das Sozialprodukt wieder steigt.

Nach Schumpeter werden mutige Pionierunternehmen gerade in der Krise ihre Chancen wittern und Innovationen auf den Markt bringen. Da ferner die Löhne infolge der Arbeitslosigkeit langsamer steigen, würden die Unternehmen kostenmäßig entlastet, so daß die Unternehmensrenditen wieder anstiegen. Schließlich sinkt normalerweise in der Rezession der Preisauftrieb, so daß die Notenbank die Zinsen senken kann, wodurch private Investoren angereizt werden.

Aber all diese Faktoren sind ungewiß. Es besteht durchaus die Gefahr, daß sich die Rezession auf dem niedrigen Niveau der Talsohle verfestigt, ohne daß ein richtiger Aufschwung zustande kommt. Insbesondere wenn der Staat die automatischen Stabilisatoren schwächt, indem er auf konjunkturbedingte Steuer- und Abgabenausfälle mit Ausgabenkürzungen reagiert, bremst er die gesamtwirtschaftliche Nachfrage und verschlimmert die Konjunktur. Sinken zudem die Reallöhne, so sinkt auch die inländische Konsumkaufkraft. Ferner ist es unwahrscheinlich, daß sich die Rendite der Unternehmen in dieser Situation erhöht. Sie steigt in der Regel erst dann wieder, wenn die Kapazitätsauslastung infolge steigender Nachfrage zunimmt. Steigende Zinsen können zwar eine Hochkonjunktur abwürgen, sinkende Zinsen können jedoch für sich genommen einen Aufschwung nicht herbeiführen – sie sind eine notwendige, nicht aber eine hinreichende Bedingung für den Aufschwung.

In der bundesdeutschen Konjunkturgeschichte kam der untere Wendepunkt der Konjunktur meistens zustande durch die Steigerung der Exporte in Länder, die sich bereits in einer günstigeren Konjunkturphase befanden, oder durch aktive staatliche Finanzpolitik, die vorübergehend Budgetdefizite bewußt in Kauf nahm. Oder man spekulierte darauf, durch forcierte Modernisierung Überschüsse im Außenhandel zu erzielen. In den USA, die weniger außenhandelsabhängig als Deutschland sind, führte fast immer die mehr oder minder aktive Fiskalpolitik zum Aufschwung nach einer Rezession.

Ist nun möglicherweise die deutsche *Staatsverschuldung* so stark explodiert, daß die Gefahren weiter anschwellender Verschuldung, auch wenn es »nur« konjunkturelle Gründe sind, größer als die Vorteile sind? Ist eine Roßkur zur Eindämmung der Schuldenflut geboten, selbst auf Kosten der Konjunktur?

Bei einer *Abgabenquote* (Steuern und Sozialbeiträge in Relation zum Sozialprodukt) von knapp 45 vH, wie sie derzeit in Deutschland existiert, geht von dem Finanzgebaren des Staates ein gewichtiger Einfluß auf die gesamtwirtschaftliche Entwicklung aus, viel gewichtiger als bei einer Staatsquote von 10 oder 20 vH. Jeder Prozentpunkt, um den das Sozialprodukt langsamer wächst, führt zu nominalen Mindereinnahmen (Steuern und Sozialbeiträge) von rund 14 Mrd. DM (Bundesrepublik Deutschland insgesamt). Würde im Jahre 1993 das BSP wie im Vorjahr um 1,6 vH real wachsen und nicht um 1,3 vH schrumpfen (wie es 1993 der Fall war), und könnten dabei Unterstützungen für eine halbe Million Arbeitslose eingespart werden, dann hätten die staatlichen Finanzkassen (einschließlich Sozialversicherungen) rund 50 Mrd. DM Mehreinnahmen (ohne Berücksichtigung zusätzlicher indirekter Effekte).

Es ist noch nicht einmal eine aktive Konjunkturpolitik, sondern es wirkt lediglich konjunktur*neutral*, wenn der Staat im Fall einer Rezession dieses Defizit hinnimmt. Versucht er hingegen, das konjunkturbedingte Defizit durch Abgabensteigerung oder Ausgabenverkürzung zu vermindern, so drosselt er die gesamtwirtschaftliche Nachfrage und verschlechtert damit die Auslastung des Produktionspotentials. Ein Teil der Konsolidierungsbemühungen wird aufgefressen durch abermals verminderte Einnahmen bzw. steigende Ausgaben des Staates. Daher ist Schuldenkonsolidierung in der Krise kontraproduktiv, und zwar unabhängig vom Ausgangsniveau der Staatsverschuldung.

Die Hinnahme der konjunkturbedingten Staatsverschuldung wirkt auch nicht inflationär. Nachfrageinflation ist bei schlechter Kapazitätsauslastung nicht möglich, verteilungskampfbedingte Inflation unwahrscheinlich, da die Spielräume für Kostenüberwälzungen der Unternehmen gering sind. Ebenso sind in dieser Situation Zinssteigerungen mit der Folge einer Verdrängung privater Investoren am Kapitalmarkt unwahrscheinlich, zumal die privaten Investoren ohnehin wenig investieren. Wird hingegen in der Rezession konsolidiert, dann sinkt zugleich wegen des negativen Nachfrageimpulses das Sozialprodukt, und damit schrumpfen auch die Ersparnisse, wodurch ebenfalls ein Druck auf den Kapitalmarkt ausgeübt wird.

Daraus folgt: Das Akzeptieren konjunkturbedingter Defizite führt nicht zu größerer Anspannung der Kapitalmärkte als die rezessionsverstärkende Schuldenkonsolidierung. Allerdings sollte das konjunkturbedingte Defizit im nachfolgenden Aufschwung abgebaut werden, um die Schuldendienstlast des Staates abzubauen.

Dadurch würde dann zweifellos die Konjunktur gebremst, was aber in einer günstigen Konjunkturphase zu verkraften ist. Es gibt also keinen volkswirtschaftlich überzeugenden Grund, konjunkturelle Defizite in der Rezession zu konsolidieren.

Zuzustimmen ist James Tobin, keynesianischer Nobelpreisträger, der den US-Präsidenten Clinton bei seinen Versuchen zu aktiver Konjunkturpolitik trotz hoher US-Haushaltsdefizite unterstützt: »Der Abbau staatlicher Defizite ist kein Selbstzweck. Dessen Logik besteht darin, Produktivität, Reallöhne und Lebensstandard unserer Kinder und deren Kinder zu steigern. Wenn die Maßnahmen zum Schuldenabbau in der Gegenwart das Bruttoinlandsprodukt vermindern, Arbeitslosigkeit erhöhen und zukunftsorientierte Aktivitäten von Regierung, Unternehmen und privaten Haushalten einschränken, dann fördern sie die Ziele nicht, die sie verfolgen sollen, sondern behindern sie.«[8]

Die Vorstellung, trotz Rezession Budgetdefizite in einer gewaltigen Roßkur abzubauen, um damit Spielraum für Zinssenkungen zu schaffen, die ihrerseits Investitionen induzieren, beruht auf gefährlichen Denkfehlern. J. Tobin hält es für eine Selbsttäuschung, expansive Geldpolitik durch Austeritätspolitik beim staatlichen Finanzgebaren zu erzwingen. Selbst wenn alle Kettenglieder der Argumentation zuträfen, würden durch die Konsolidierung Konjunkturschäden entstehen, die durch die Investitionsbelebung wieder ausgeglichen würden – ein Nullsummenspiel. Zudem sind alle Argumentationsteile brüchig: Es ist fraglich, ob Konsolidierung in der Rezession überhaupt gelingt, da das Stopfen eines Loches zum Entstehen anderer Löcher führt. Dies läßt sich als das *Schuldenparadox* bezeichnen[9]:

— Das Streichen von Staatsausgaben in der Rezession mit dem Ziel der Verminderung der Nettoneuverschuldung führt zu einem geringeren Sozialprodukt mit geringeren Steuereinnahmen, so daß das Defizit (je nach Höhe des sog. Budgetmultiplikators) gar nicht kleiner wird[10].

— Selbst wenn die Konsolidierung gelänge, folgt daraus noch keine Zinssenkung, denn die Zinsentwicklung ist auch von zahlreichen anderen Determinanten abhängig; beispielsweise gaben die deutschen Kapitalmarktzinsen seit 1991 deutlich nach, obwohl die öffentlichen Schulden weiter explodierten. Wie bereits erwähnt, Konsolidierung zum falschen Zeitpunkt senkt das Sozialprodukt und die Ersparnisse, mithin das Kapitalmarktangebot.

— Mithin folgt aus einer Zinssenkung nicht automatisch eine Investitionszunahme. Schließlich muß auch politisch den voreiligen Konsolidierungseiferern entgegengehalten werden: Als Konsolidierungsmasse werden in erster Linie »unproduktive« konsumtive Ausgaben gewählt, wenn man von Steuererhöhungen absieht. Dies muß zu dramatischem Sozialabbau führen, der schwere sozialpolitische Schäden und gesellschaftspolitische Erschütterungen verursacht.

Eine passive Stabilisierungspolitik durch das bloße Hinnehmen konjunkturbedingter Defizite wirkt lediglich konjunkturneutral[11]. Die Wirksamkeit der Konjunkturpolitik könnte nachhaltig gesteigert werden, wenn einerseits Finanz- und Geldpolitik gleichgerichtet und andererseits aktive investive Ausgabenprogramme sowie aktive Arbeitsmarktpolitik gefördert werden[12]. In Deutschland haben sich – zumindest bis 1993 – expansiv wirkende Finanzpolitik und restriktiv wirkende Geld- (und Währungs-)politik gegenseitig konterkariert. Dies ist für die öffentlichen Hände teuer und für die Konjunktur ohne positive Wirkung. Um die Blockade aufzuheben, sind weitaus stärkere Zinssenkungen nötig, als die Bundesbank seit dem Herbst 1992 mit ihren Trippelschritt-Senkungen praktizierte. Dazu müßte sich die Bundesbank von einer alleinigen Geldmengenorientierung ihrer Geldpolitik endlich lösen.

Anstelle des passiven Hinnehmens konjunkturbedingter Budgetdefizite wäre es ratsam, wenigstens einen Teil dieser nicht sinnvoll vermeidbaren öffentlichen Kreditaufnahme für die aktive Konjunkturbekämpfung zu verwenden, sei es für investive Ausgaben, sei es für aktive qualifikationsfördernde Arbeitsmarktpolitik. Das Vorziehen von für spätere Jahre geplanten investiven Programmen, wie es auch die Bundesregierung vorsieht, geht in die richtige Richtung. Zu denken wäre auch an erhöhte Finanzzuweisungen an die Gemeinden, die in Rezessionsphasen prozyklisch ihre Investitionen senken, weil ihre institutionell vorgegebenen Handlungsspielräume nicht einmal eine konjunkturneutrale Finanzpolitik zulassen. Durch eine solche *antizyklische Finanzpolitik* würde die Verschuldung nicht höher ausfallen als bei passiver Stabilisierungspolitik durch bloße Hinnahme konjunkturbedingter Defizite.

Grundsätzlich kommen auch größere kreditfinanzierte Ausgabenprogramme[12a] in Frage, welche die öffentliche Verschuldung zunächst über die konjunkturbedingten Defizite hinaus erhöhen, mittelfristig aber zu einer weitgehenden oder vollständigen Selbstfinanzierung führen. Aus den zwiespältigen Erfahrungen mit keynesianischen Ausgabenprogrammen lassen sich für die deutsche Situation die folgenden Lehren ziehen:

a) Sie machen nur Sinn, wenn sie von einer »akkommodierenden« Geldpolitik begleitet werden, die auf Expansion umschaltet.

b) Wenn bereits die Ausgangssituation durch unakzeptabel hohe Inflation gekennzeichnet ist und eine leichte parallele Inflationsbeschleunigung nicht auszuschließen ist, sollte komplementär eine Einkommenspolitik durchgesetzt werden, welche die Verteilungsansprüche der gesellschaftlichen Gruppen moderiert und zudem die Expansion der administrierten Preise eindämmt.

c) Bereits bei der Initiierung derartiger Programme sollten Art und Zeitpunkt der späteren Schuldenkonsolidierung festgelegt werden, wie es beispielsweise auch von der Clinton-Administration vorgesehen wird.

d) Die Ausgabenschwerpunkte des Programms sollten eindeutig investiv und mittelfristig ausgerichtet werden und sich an einer Linie der mittelfristigen Verstetigung orientieren. Dadurch würde auch eine hektisch-kurzfristige »Stop- and Go«-Politik vermieden.

e) Die positiven konjunkturellen Wirkungen sowie die Selbstfinanzierungseffekte derartiger Programme kommen nur zustande, wenn hohe Multiplikatoreffekte im Inland auftreten, was jedoch beim Alleingang einer hochgradig außenhandelsabhängigen Volkswirtschaft unwahrscheinlich ist. Daher ist eine EG-weit koordinierte Konjunkturpolitik notwendig, wie sie etwa auch auf verschiedenen EG-Gipfeltreffen verbal beschlossen wurde; vor allem aufgrund des Widerstands der deutschen Bundesregierung waren die Programme miniaturhaft klein, so daß sie weitgehend wirkungslos bleiben.

Insgesamt sind diese fünf Voraussetzungen für größere keynesianische Beschäftigungsprogramme relativ hochgesteckt und politisch schwer zu realisieren. Gleichwohl sind sie im Interesse aller EG-Länder wie auch im Interesse der Weltwirtschaft anzustreben. Ein einheitlicher Binnenmarkt erfordert tendenziell nicht nur eine gleichgerichtete Geld- und Währungspolitik, sondern auch eine koordinierte Konjunkturpolitik, jedenfalls wenn sich die Politik nicht auf die passive Devise »Warten auf den Markt« einlassen will.

Angesichts der Renaissance der monetaristischen und angebotsorientierten wirtschaftspolitischen Doktrin ist keynesianische Konjunkturpolitik in Verruf geraten. Zweifellos haben auch deren Mißerfolge, die falsche und inkonsequente Anwendung sowie deren faktische Indienstnahme für die US-Wirtschaftspolitik unter Reagan und Bush das Unbehagen am Keynesianismus verstärkt. Jedoch hat die liberalistische Fundamentalkritik keinen Bestand, welche keynesianischen Staatsinterventionen weder kurz- noch langfristige Wirkungen auf reale Größen wie Produktion und Beschäftigung zutraut, sondern lediglich hektische Destabilisierung und Inflation befürchtet. Auch ist die monetaristische Auffassung, daß konsequente Anti-Inflationspolitik gepaart mit abwartendem und ausdauerndem Vertrauen in die langsamen Selbstheilungskräfte eines deregulierten Marktsystems die beste Rezeptur gegen gesamtwirtschaftliche Ungleichgewichte sei, nach dem Ende von »Reaganomics« und »Thatcherism« in Mißkredit geraten. Die marktradikale Angebotsökonomie hat ihre Unschuld verloren, am nachhaltigsten in Großbritannien. In Zukunft geht es allein um die schwierige Frage nach der angemessenen Ausgestaltung einer keynesianischen Globalsteuerung, die aus den Lehren der Vergangenheit konstruktive Schlüsse zieht.

8.3 Neue Industriepolitik und ökologischer Umbau

Längerfristig, also unabhängig von der konjunkturellen Entwicklung, hängt das erzielbare Wirtschaftswachstum vom Ausmaß des technischen Wandels und den verfügbaren personellen, sächlichen und natürlichen Ressourcen ab. Sollen die Grenzen der Belastbarkeit der Natur nicht überschritten werden, dann ist einerseits ständiger umwelttechnischer Fortschritt (»Effizienzrevolution«) notwendig. Andererseits sind Wachstumsbegrenzungen unvermeidbar[13]. Innerhalb dieser durch Umweltqualitätsziele abzusteckenden Grenzen ist selektives Produktionswachstum möglich; hinzu kommen muß aber auch das Schrumpfen umweltschädigender Produktion sowie der Aufbau von umweltverträglichen Substitutionsproduktionen. Unter den Bedingungen von harter Weltmarktkonkurrenz, starkem technologischem Wandel und ständig drohenden krisenhaften Produktionszusammenbrüchen mit fatalen sozialen Folgen entsteht eine scheinbar *paradoxe Doppelaufgabe* für die Wirtschaftspolitik: Einerseits muß sie ständig die latent lahmende Produktions- und Innovationsdynamik der Privatwirtschaft antreiben, andererseits muß sie Gefahren ökologischer Entgrenzungen durch umweltschädigende Akkumulationsdynamik bekämpfen, die durch die »animal spirits« (Joan Robinson) des Gewinnstrebens entstehen.

In Deutschland besteht zum einen die Aufgabe des umfassenden *ökologischen Umbaus* der Produktion, indem die technologische Basis der Produktion umgestellt wird und versorgender, dem Verursacherprinzip gerecht werdender Umweltschutz betrieben wird. Andererseits bestehen erhebliche Innovationsschwächen in der deutschen Industrie (vgl. *Kap. 2.2*), die eine schlichte Fortsetzung der bisherigen Entwicklungstrends nicht zulassen – es sei denn, man nähme ein deutliches Zurückfallen im internationalen Wettbewerb in Kauf und riskierte längerfristig die Erosion der industriellen Basis Westdeutschlands. Es wäre dabei nicht beruhigend, wenn auf die »reinigende« Wirkung der Wirtschaftskrise vertraut würde, die die Privatwirtschaft vermeintlich wieder fit macht. Ebensowenig ist der Hinweis hilfreich, daß es in der Vergangenheit in regelmäßigen Abständen technologiepolitische Kassandra-Rufer gegeben hätte, aber die Karawane gleichwohl weitergezogen sei. Die Krise geht tiefer. Die gegenwärtige Arbeitslosigkeit ist eben – nicht nur in den neuen Bundesländern – *auch* Resultat innovationspolitischer Versäumnisse der Vergangenheit, und für die zukünftig zu erwartenden Beschäftigungsprobleme gilt dies erst recht.

Die bisherige hohe internationale Wettbewerbsfähigkeit der deutschen Wirtschaft beruhte hauptsächlich auf zwei starken exportorientierten Industriekomplexen: dem Fahrzeug- und Maschinenbau sowie der chemischen und pharmazeutischen Industrie[14]. Zwar ist die deutsche Produktionspalette vielseitig, jedoch ragen diese beiden Bereiche heraus. Sie haben eine enorme beschäftigungspolitische Bedeutung. Nur teilweise handelt es sich dabei um Hochtechnologie, eher um höherwertige Technologie, die historisch auf dem geschickten »Ausbalancieren von Ingenieurkunst und Facharbeiterpotential« (Frieder Naschold) beruht. Beide Bereiche stehen nicht nur unter starkem Wettbewerbs- und Innovationsdruck, sondern sie sind auch ökologisch höchst problematisch und daher Gegenstand umweltpolitischer Umbau-Überlegungen. Wir konzentrieren uns hier allein auf die wirtschaftlichen Fragen.

Insbesondere der Fahrzeug- und Maschinenbau droht zwischen die Mühlsteine der internationalen Konkurrenz von Hochtechnologie- und Schwellenländern zu geraten[15]. Wie fragil insbesondere die deutsche wie auch insgesamt die europäische Autoindustrie ist, liegt auf der Hand: Sie hat einen kräftigen, andauernden Kosten- und Produktivitätsnachteil gegenüber der japanischen Konkurrenz, den sie im Grunde nur dank Euro-Protektionismus (qua Selbstbeschränkung der Japaner) verkraftet; namhafte Konzerne sind in extremer Weise vom »Glück« der Modellpolitik bei einzelnen Fahrzeugen abhängig. All dies wird in Politik, Wirtschaft und Gewerkschaften zu wenig wahrgenommen, obwohl es um Millionen von Arbeitsplätzen geht. Auch in anderen Industriebranchen bestehen ähnliche Probleme. Neue Wachstumsbranchen sind nicht in Sicht, sieht man einmal von der Umweltschutz-Industrie ab. Wenn die Industrie stagniert oder schrumpft, wird auch das Wachstum der meisten produktionsorientierten Dienstleistungssektoren schwach bleiben.

Die Wirtschaftskrise ist eingebettet in eine länger anhaltende *ökologische Krise*. Zukunftsweisende Lösungen, die mehr sein wollen als nur das Erreichen einer vorderen Position im globalen Kopf-an-Kopf-Wettbewerb, der letztlich zu einem globalen umweltzerstörerischen Technologiewettlauf wird, müssen beiden Herausforderungen gerecht werden, der ökonomischen und der ökologischen. Zu diesem Zweck muß ein grundlegender ökologischer Umbau der Industriegesellschaft in Verbindung mit einer weitreichenden neuen Industriepolitik in Angriff genommen werden. Niemand hat hierfür fertige Konzeptionen; von anderen Ländern kann man nur sehr bedingt etwas lernen. Eigenständige neue Wege sind gefragt.

Die meisten Unternehmen wie auch die Unternehmensverbände reagieren auf die Herausforderungen *defensiv*. Die Innovationsrückstände sollen durch Lohnzurückhaltung, Sozialabbau, Steuersenkungen und Subventionen kompensiert werden, Absatzprobleme werden durch Schrumpfung – analog zu den Treuhand-Unternehmen – gelöst: »outsourcing«, Verringerung der Fertigungstiefe, Druck gegenüber den Zulieferern, Verkleinerung der Produktpalette, Verminderung der Produktdiversifizierung. Die Unternehmen konzentrieren sich auf ihre Stärken und damit ihre marktbeherrschenden Positionen, während die Schwächen – etwa im Management, in der Risikobereitschaft, bei Produktinnovationen, beim Einstieg in ostasiatische Märkte – kaum angegangen werden. Verfahrensinnovationen, die nur der Kostensenkung und Rationalisierung dienen, dominieren gegenüber Produktinnovationen. Weitverbreitetes *over-engineering*, beruhend auf spezialisierten und hochgezüchteten Ingenieurqualifikationen, überwiegt gegenüber der systematischen kundenorientierten Markterkundung und -erschließung.

Anlagefähige Überschüsse wurden jahrelang auf den Geld- und Kapitalmärkten geparkt, spekulativ verwendet oder zur Machtausdehnung durch Unternehmenskonzentration, aber viel zu wenig für innovative Investitionen und Produktdiversifikation genutzt. Kleinere Firmen haben zu lange zu viele Gewinne ausgeschüttet und dem privaten Konsum der Eigner zugeführt. Es gibt auch Unternehmen (wie etwa das Volkswagenwerk), in denen die Löhne zu Lasten von Zukunftsaufgaben kurzsichtig erhöht wurden. In der Krise müssen dann die Investitionsfonds zum Ausgleich laufender Verluste verwendet werden, oder es müssen Liquiditätskredite aufgenommen werden, die die zukünftige Investitions- und Innovationsfähigkeit belasten. Es gibt offenbar in den Unternehmen, insbesondere in den großen Konzernen, einen Mangel an strategischer innovativer Unternehmenspolitik.

Dies ist nicht allein durch die makroökonomischen Rahmenbedingungen – Entwicklung der gesamtwirtschaftlichen Nachfrage, hohe Zinssätze etc. – erklärbar, sondern auch Resultat bestimmter festgefügter institutioneller Strukturen und dominierender Wertorientierungen beim Management und den Kapitaleignern. Die Vorstellung, es gäbe in den Unternehmen kaum wirkliche Handlungsspielräume, weil alles einer betriebswirtschaftlichen Sachlogik untergeordnet sei, entspricht nicht der Wirklichkeit. Die Bandbreite unterschiedlicher Unternehmenspolitiken zwischen den und innerhalb der Branchen sowie zwischen verschiedenen Ländern macht dies deutlich.

Was die ökologischen Herausforderungen angeht, so tendieren die meisten Unternehmen ebenfalls zur defensiven Reaktion. Man fordert eine Pause im Umweltschutz oder die Senkung umweltpolitischer Standards. Allenfalls wird Umweltschutz als Werbemittel oder als Marktlücke entdeckt, beispielsweise im Bereich der Abfallentsorgung. Grundlegende Produkt- und Verfahrensinnovationen im Sinne vorbeugenden, integrierten Umweltschutzes werden eher von Außenseitern vorangetrieben.

Wie reagierten die staatliche Forschungs- und Technologiepolitik und die (faktisch durchaus existierende) Industriepolitik? Sie versteifte sich auf die traditionelle Arbeitsteilung zwischen Staat und Wirtschaft und gab den Anspruch einer staatlichen *Strukturgestaltung* weitgehend auf. Demnach hat der Staat für innovationsfördernde Rahmenbedingungen zu sorgen, Hemmnisse für Forschung und Innovation zu beseitigen, die allgemeine Forschung zu betreiben und dabei die indirekte Forschungsförderung anzuwenden. Die eigentliche Strukturgestaltung bleibt damit den Unternehmen überlassen, in Deutschland wohl vorrangig den technologisch führenden Großunternehmen in Verbindung mit den Großbanken.

Schwerpunktmäßig hat sich die Forschungspolitik auf Großtechnologien konzentriert, die vorwiegend einem exklusiven Kreis von Großunternehmen zugute kam. Die Wirtschaftspolitik nimmt sich im Bereich der sektoralen Strukturpolitik vorrangig der traditionellen Schrumpf-Branchen an, etwa des Steinkohlenbergbaus, der Stahlindustrie, des Schiffbaus oder der Landwirtschaft. Dies ist dann durchaus zu begrüßen, wenn diese Industriepolitik der sozialen Abfederung von unvermeidbaren Schrumpfprozessen dient, wenn aus übergeordneten Gründen Industriestrukturen erhalten werden sollen oder wenn der Schrumpfprozeß mit Innovationen oder Produktdiversifizierungen gekoppelt ist.

Darüber hinaus aber ist *innovative Industriepolitik* in Deutschland kaum vorhanden. Wenig rühmliche großtechnologische Ausnahmen sind vor allem die Luftfahrzeug- und Raumfahrtindustrie sowie die Energieerzeugung durch Kernkraft. Insgesamt hat sich die folgende Arbeitsteilung eingespielt: Die Wirtschaftspolitik ist für die strauchelnden Schrumpfbranchen zuständig, wenn auch widerwillig und entgegen dem ordnungspolitischen Credo, die Forschungspolitik für die Innovationen. Auf Länderebene wurde die Arbeitsteilung teilweise reproduziert, aber es gibt auch Ansätze innovativer Industriepolitik der Länder. In den vergangenen Jahren kam der Forschungspolitik insgesamt, was das Ausgabenvolumen angeht, sogar ein leicht abnehmender Stellenwert zu. Zunehmend werden Stimmen laut, die den Rückzug des Staates aus der Technologiepolitik fordern – weniger sei mehr, denn ordnungspolitisch seien in erster Linie die Unternehmen für Innovationen zuständig, und sie allein seien auch nur dazu fähig. Die Herstellung von mehr nationalem und internationalem Wettbewerb würde schon von allein die Innovationsdynamik ankurbeln, wenn sich der Staat auf Rahmensetzung und Hemmnisbeseitigung konzentrierte[16].

Die Argumente gegen eine neue Industriepolitik, wie sie etwa auch im Vertrag von Maastricht gefordert wird, sind altbekannt: Industriepolitik würde den Wettbewerb mindern und verfälschen, zu Subventionswirtschaft und Protektionismus führen und Überkapazitäten schaffen; der Staat dürfe sich nicht anmaßen, besser als »die Märkte« zu wissen, welche Industrieproduktion in Zukunft angeboten und nachgefragt würde. Daher sei die klassische liberale Arbeitsteilung zwischen Staat und Privatwirtschaft wiederherzustellen und auf uneingeschränkten Freihandel zu setzen. Diese Argumentation bedient sich vor allem der klassischen Außenhandelstheorie und der neoliberalen Theorie marktwirtschaftlicher Ordnungen[16a]. Dem läßt sich, theoretisch und empirisch gestützt, folgendes entgegenhalten[17]:

— Läßt man in der – hochgradig abstrakten – klassischen Außenhandelstheorie einige realitätsferne Prämissen fallen, dann zeigt sich, daß Freihandel nicht immer zu optimalen Ergebnissen führt: etwa wenn man die Annahme vollständigen Wettbewerbs durch die *unvollständiger Konkurrenz*[18] ersetzt, mit zunehmender Unternehmensgröße sinkende Stückkosten unterstellt und »positive externe Effekte« der Produktion in Form von Lern- und Synergieeffekten bei technologischer Innovation annimmt. Unter bestimmten Bedingungen kann dann eine strategische Handels- und Industriepolitik, die auf staatlichen Subventionen beruht, sinnvoller als Freihandel sein, wie die »Theorie der strategischen Handelspolitik« gezeigt hat. Beispielsweise könnte dann der subventionsgestützte Aufbau von strategisch bedeutsamen Hochtechnologiebranchen in einem Land sinnvoll sein, um nicht in der gesamten Technologieentwicklung von konkurrierenden Ländern abgehängt zu werden.

— Da Innovationen hohe *positive externe Effekte* in Form von positiven volkswirtschaftlichen Erträgen auslösen, die nicht nur dem innovierenden Unternehmen zugute kommen und häufig erst sehr langfristig anfallen, werden Unternehmen ohne staatliche Forschungsunterstützung systematisch zu wenig Innovationen hervorbringen. Dies gilt um so mehr, wenn risikovermeidende Großunternehmen dominieren, die sich weit von Schumpeters Leitbild des »dynamischen Unternehmers« entfernt haben.

— Wenn sich jedes Land auf seine »*komparativen Vorteile*« konzentriert, sich also vorrangig auf das spezialisiert, was es relativ am besten kann, und sich dann dem internationalen Wettbewerb stellt, dann besteht die Gefahr, daß sich die ähnlich strukturierten hochentwickelten Länder in die gleiche Richtung spezialisieren und dadurch ein unfruchtbarer Technologiewettlauf mit Überkapazitäten entsteht. Aus dem Technologiewettlauf würde alsbald ein internationaler Subventionswettlauf. So sind nationale und internationale industriepolitische Strategien erforderlich, um eine sinnvolle internationale Arbeitsteilung zu ermöglichen.

— Ein im globalen Vergleich relativ kleines Land wie Deutschland ist nicht in der Lage, in allen Industriezweigen auf der vollen Produktpalette *Spitzenleistungen* zu erbringen. Nicht in allen Bereichen können gleichzeitig die vorhandenen riesigen technologischen Potentiale erschlossen werden, allein schon wegen der begrenzten binnenwirtschaftlichen Ressourcen. Im Zuge der europäischen Integration und des globalen Wettbewerbs sind neue Spezialisierungen und Schwerpunktsetzungen erforderlich. Die Festlegung dieser Schwerpunkte kann wegen der ernormen volkswirtschaftlichen Konsequenzen nicht allein den Unternehmen überlassen werden. Dies gilt insbesondere auch für die Einbeziehung der Aspekte der Risikobewertung, der Sozial- und Umweltverträglichkeit und der sozialen Folgen überhaupt.

— Hinsichtlich der Beurteilung der *volkswirtschaftlichen Förderungswürdigkeit* bestimmter Schlüsseltechnologien und bestimmter Industriezweige ist der Staat durchaus »weiser« als »der Markt«, also die Unternehmen. Denn er bewertet nach anderen als rein betriebswirtschaftlichen Gesichtspunkten, die die Unternehmen zweifellos besser beurteilen können. Natürlich übernimmt der Staat damit wirtschaftliche Verantwortung und Risiken. Er kann sich irren. Risikofreie Strukturgestaltung ist weder privatwirtschaftlich noch gemischtwirtschaftlich möglich. Erfolgversprechend ist nicht die Vermeidung von Risiken, indem überhaupt keine innovative staatliche Industriepolitik betrieben wird, sondern die Risikominimierung, die enge Abstimmung zwischen Staat, Wirtschaft und Gesellschaft und die Fähigkeit, aus Fehlern zu lernen und Fehlentwicklungen zu stoppen.

— Die Erschließung wichtiger technologischer Zukunftspotentiale erfordert über die Erforschung von Schlüssel- und anderen Technologien hinaus ein Maßnahmenbündel zur Schaffung geeigneter rechtlicher und wirtschaftlicher *Rahmenbedingungen*, zur Risikovermeidung, zur Markteinführung etc. Beispielsweise machte das Wachstum der Autoindustrie als einem Hauptpfeiler der deutschen Wirtschaftsstruktur eine genau abgestimmte Verkehrs- und Infrastrukturpolitik, eine spezifische Luftreinhaltepolitik, Gesetze, Verordnungen, Normen, internationale Abkommen (etwa zur japanischen Selbstbeschränkung) notwendig. Der komplexe Charakter von Zukunftstechnologien fordert eine noch weitaus größere »staatliche Entwicklungsfunktion« für neue Technologien und neue Industriezweige heraus. Dies gilt insbesondere für ökologisch relevante Technologiepotentiale.

– *Industriepolitik* und *Wettbewerb*, auch im internationalen Maßstab, schließen sich nicht zwangsläufig aus. Vielfach ist internationaler Wettbewerb sogar erst auf der Basis von Industriepolitik möglich. Im *Vertrag von Maastricht* wird die Vereinbarkeit von Industriepolitik und Wettbewerb geradezu gefordert. Industriepolitik setzt vor allem im vorwettbewerblichen Bereich ein, wie insbesondere die japanische Industriepolitik eindrucksvoll demonstriert. Die Entwicklung von neuen »science-based industries«, in denen zahlreiche potente Unternehmen miteinander national und international im Wettbewerb stehen, erfordert durchaus gemeinschaftliche industrieweite private wie auch staatliche Aktivitäten.

Dies gilt um so mehr, als es mit der Entwicklung neuer Technologien um zukünftige Wettbewerbsmärkte geht, die noch gar nicht existieren, weil erst deren Voraussetzungen geschaffen werden müssen. Noch gibt es weder das innovative Angebot noch die dazugehörige Nachfrage. Sie müssen erst in einem langsamen Prozeß erzeugt werden. Zukünftiger Wettbewerb erfordert also heute staatliche Koordinierung sowie gemeinschaftliche industrieweite Aktivitäten. Je bedeutender Wissenschaft und Technik für die wirtschaftliche Entwicklung werden, um so wichtiger ist dieses anzustrebende neue Verhältnis von Staat und Markt, Planung und Wettbewerb, gesellschaftlicher und privatwirtschaftlicher Produktion.

– Forschung und Technologiepolitik bestimmen die *Gebrauchswerte* der Industrieprodukte von morgen und übermorgen. Sie sind für die Lebensqualität der Zukunft von enormer Bedeutung. Nur im frühen Entwicklungsstadium kann auf sie wirksam Einfluß genommen, können Weichenstellungen vorgenommen werden. Spätere Nachfrager sind größtenteils zur bloßen Akzeptanz verdammt, weil die Verwertungsinteressen des investierten Kapitals gegenüber den Interessen der Konsumenten meist durchgesetzt werden. In diesem Sinne schafft sich das Angebot die gewünschte Nachfrage. So gesehen steuert nicht die Nachfrage die Produktion, wie die klassische Theorie der Märkte suggeriert, sondern die Forschungs- und Entwicklungsaktivität[19].

Beispielsweise konnte bislang niemand auf den Automärkten ein Auto nachfragen, das nur drei Liter Sprit auf 100 km verbraucht, weil die unternehmens- und technologiepolitischen Weichen falsch gestellt waren. Um Produkte und Gebrauchswerte zu entwickeln, die besonders dringlichen gesellschaftlichen Bedarf der Gegenwart und Zukunft decken, ist ein breiter gesellschaftlicher Dialog über Prioritäten der Forschungs- und Technologieentwicklung nötig, der Nicht-Experten und Nutzer einbezieht. Dies wäre eine wichtige demokratische Aufgabe vorwettbewerblicher innovativer Industriepolitik.

Daraus läßt sich folgern: Innovationsorientierte Industriepolitik ist notwendig, wenn die Innovationsschwächen in Deutschland überwunden werden sollen und die enormen – übrigens von großen Teilen der Öffentlichkeit unterschätzten – Technologiepotentiale des 21. Jahrhunderts gesellschaftlich verantwortungsvoll selektiv erschlossen werden sollen. Wir verstehen unter einer solchen Industriepolitik die indirekte – oder u. U. auch direkte – staatliche Einflußnahme auf Produktion, Absatz, Exporte und Importe, Investitionen und Innovationen in einer strategisch wichtigen Branche zwecks gezielter Innovationsförderung. Unter den Anhängern von Industriepolitik gibt es nun die verschiedensten, häufig sehr schwammigen Vorstellungen und Konzeptionen.

Aus *Japan* kann man die Fähigkeit von Staat und Wirtschaft lernen, strategisch wichtige Schlüsselsektoren im übergreifenden Konsens zwischen konkurrierenden Unternehmen und Staat zu identifizieren und langfristig im vorwettbewerblichen Bereich zu entwickeln. Dies gilt nicht nur für die Innovationen selbst, sondern vor allem für die Umsetzung am Markt. Dabei spielte offenbar die beharrliche und äußerst intensive Kommunikation zwischen allen Akteuren eine wichtigere Rolle als der staatliche Einsatz von Geld und Recht zur Wirtschaftsförderung. Aus der (west-)deutschen Innovationsdynamik in der Vergangenheit kann man lernen, daß innovative kleine und mittlere Unternehmen wichtig sind, also eine zu zentralistische und zu stark auf Großunternehmen fixierte Industriepolitik zu vermeiden ist, wie sie eher in Frankreich Tradition hat. Am wenigsten kann man in dieser Hinsicht von den USA lernen. Letztlich muß in Deutschland eine eigenständige industriepolitische Konzeption gefunden werden.

Für die Entwicklung einer neuen innovativen Industriepolitik halten wir die folgenden Gesichtspunkte für wichtig:[20]

Ökologischer Umbau: Die grundlegende Ökologisierung der Produkte und Produktionsverfahren und damit die Durchsetzung des seit der Industrialisierung hintangestellten umwelttechnischen Fortschritts ist die wohl größte technologiepolitische Herausforderung am Ende des 20. Jahrhunderts. Hier gilt es die Weichen endlich umzustellen. Wir halten den ökologischen Umbau der zentralen umweltbelastenden Sektoren, die für die bisherige Wirtschaftsstruktur Deutschlands eine motorische Funktion hatten, für die entscheidende Aufgabe einer neuen innovatorischen Industriepolitik. Hierzu bedarf es einer Vielzahl umweltökonomischer Instrumente im Rahmen eines »policy-mix«, vor allem bedarf es einer grundlegenden ökologische Steuerreform.

Im Zentrum steht der schrittweise ökologische Umbau der Autoindustrie und des Verkehrswesens, der chemischen Industrie, die umweltverträgliche Substitute entwickeln muß, der Energiewirtschaft, die auf Energieeinsparung und regenerative Energiequellen setzen muß, sowie der Landwirtschaft und der Nahrungsmittelindustrie. Wichtig ist aber auch der nachsorgende Umweltschutz zur Altlastensanierung, die Abfallvermeidung sowie die Schaffung weitgehend geschlossener Stoffkreisläufe. Die Umweltpolitik kommt nur voran, wenn sie sich zur *ökologischen Wirtschaftspolitik* wandelt, die ökologischen Strukturwandel forciert. Voraussetzung sind sowohl neue forschungs- und technologiepolitische Anstrengungen als auch eine Fülle von Maßnahmen zur Markteinführung, Beseitigung von Hemmnissen, Infrastrukturmaßnahmen etc.

Im Umweltschutz im engeren Sinne waren 1990 direkt und indirekt 550000 Personen in Westdeutschland beschäftigt, 130000 in Ostdeutschland. Im Jahre 2000 werden allein bei einer bloßen Fortschreibung der Trends der Vergangenheit 1,13 Mio. Personen hier arbeiten, 790000 im Westen und 340000 im Osten des Landes[21]. Diese Angaben sind insofern problematisch, als bei einer durchgreifenden Ökologisierung der Produktion Umweltschutzaktivitäten von produktiver Tätigkeit kaum noch zu unterscheiden sein werden. Würde der ökologische Umbau engagiert in Angriff genommen, dürfte der Beschäftigungszuwachs wesentlich größer sein, selbst wenn man in Rechnung stellt, daß in manchen Bereichen aus ökologischen Gründen auch geschrumpft werden muß sowie Verdrängungsprozesse aus Gründen der Knappheit von Produktionsfaktoren stattfinden.

In welchem Ausmaß ökologische Produktion letztlich Mehrbeschäftigung schafft, ist jedoch offen. Nicht zuletzt hängt dies auch davon ab, wie hoch das aufgrund ökologischer Effizienzsteigerung ermöglichte umweltverträgliche Wirtschaftswachstum sein kann, das die ökologisch verantwortbaren Wachstumsgrenzen nicht überschreitet. Kurz- oder mittelfristig könnte es sogar zu einer Wachstumssteigerung kommen, wenn alte umweltschädigende Investitionsgüter durch umweltschonende ersetzt werden (Ersatzinvestitionen). Wachstumsimpulse entstünden insbesondere auch durch Exporte von Umweltschutztechnologien, wenn in der europäischen Union oder in anderen Ländern mehr Umweltschutz durchgesetzt würde. Daß dies letztlich nur eine Frage der Zeit ist, dürfte sicher sein.

Exporte von Umweltschutzgütern sind aber in größerem Maße nur möglich, wenn sie auch im Herstellerland angewendet werden. Eine stark ausgebaute deutsche Weltmarktposition läßt sich nur erreichen, wenn Deutschland im internationalen Maßstab, auch innerhalb der Länder der Europäischen Union, Vorreiter im Umweltschutz wird, also auch nationale Alleingänge riskiert. Bereits jetzt existieren gute Voraussetzungen, da der deutsche Weltmarktanteil bei international gehandelten Umweltschutzgütern beträchtlich ist. Ob freilich die Umweltschutzindustrie jemals die struktur- und beschäftigungspolitische Bedeutung der Automobilindustrie oder anderer großer Branchen wird einnehmen können, ist fraglich.

Hochtechnologieförderung: So notwendig Industriepolitik zum ökologischen Umbau der Wirtschaft ist, so ist sie doch unzulänglich, wenn es um die Innovationssteigerung der gesamten Volkswirtschaft geht. Insofern muß die seit langem diskutierte Frage entschieden werden, ob und wie der deutsche Rückstand bei Hochtechnologien aufgeholt werden kann. Vieles spricht dafür, den zentralen Ansatzpunkt nicht in der kompletten, flächendeckenden Produktion jener strategischen Schlüsselindustrien zu sehen, die in Deutschland am schwächsten vertreten sind, nämlich der Mikroelektronik. Dies ist bekanntlich die Forderung von K. Seitz, dem prominentesten Vertreter der Konzeption aktiver Industriepolitik in Deutschland[22]. Besser wäre es, die bisherigen Stärken der deutschen Industrie im Bereich höherwertiger Technologien gezielt weiter auszubauen als auf das gleiche Pferd zu setzen, auf das Japan und die USA bereits gesetzt haben.

Diese Frage müßte im Kontext der europäischen Technologiepolitik gelöst werden. In jedem Fall sollten selektiv Hochtechnologiekomplexe, die als strategisch erfolgversprechend bewertet werden und für die gute Voraussetzungen in Deutschland bestehen, identifiziert und systematisch entwickelt werden. Aber die Hochtechnologieförderung darf nicht nur Forschungsförderung sein, sondern sie muß auch die wirtschaftliche Umsetzung einbeziehen. Vielfach mangelt es gar nicht so sehr an Ideen und »Inventionen«, aber an der Herstellung von Prototypen und Demonstrationsanlagen, an der Markteinführung und systematischer globaler Vermarktung.

Industrie- und technologiepolitischer Dialog: Um geeignete Kandidaten für Schlüsseltechnologien zu selektieren und zu entwickeln, bedarf es, wie in Japan, des Staates als Kommunikators und Moderators im gesellschaftlichen Dialog. Dabei sind die volkswirtschaftlichen Zukunftschancen auszuloten, aber auch der gesellschaftliche Bedarf kritisch und offen zu diskutieren. Risikoforschung und soziale Technikbewertung sowie Technikfolgenabschätzung müssen dabei ein viel größeres Gewicht erlangen. Behutsame Technologiepolitik ist gefragt, nicht Wettlauf um die Zeit. So gesehen ist aktive strukturgestaltende Technologiepolitik auch ein Korrektiv privatwirtschaftlicher Innovationsdynamik[23].

Globalisierung der Märkte: Um den neuen Herausforderungen der Weltwirtschaft gerecht zu werden, muß der traditonell auf Europa zentrierte Aktionsradius deutscher Unternehmen erweitert werden. Die Globalisierung der Märkte ist unausweichlich, Marktwirtschaft ist zur Weltmarktwirtschaft geworden. Allerdings darf dies nicht heißen, blind auf globalen Freihandel zu setzen. Globale Märkte bedürfen der internationalen Regulierung, weil ansonsten nationale Rahmenbedingungen zur Durchsetzung sozialer und ökologischer Standards unterlaufen und zerstört werden können. So ist es beispielsweise sinnvoll und dringend notwendig, ökologische Regeln für den Welthandel im Rahmen des *GATT*[24] festzulegen. Solange es keine anspruchsvollen Regelwerke gibt, sind sozialpolitisch und ökologisch begründete Import- und Exportbeschränkungen nicht nur legitim, sondern geradezu geboten. Trotzdem besteht kein Zweifel, daß der internationale Güteraustausch, insbesondere der zwischen den drei hochindustrialisierten Zentren der Weltwirtschaft, langfristig zunehmen wird und sich neue Muster der Weltarbeitsteilung einspielen werden. Dies betrifft insbesondere den Güteraustausch zwischen Europa und Ostasien einschließlich China.

Damit mehr deutsche und westeuropäische Unternehmen als »global players« am Weltmarkt agieren können, bedarf es nicht einfach größerer Unternehmenseinheiten, wie voreilig geschlußfolgert werden könnte. Freilich, in manchen Branchen wird dies unvermeidlich sein. Vor allem aber kommt es auf neue Unternehmensstrategien an: die langfristige und systematische Ausrichtung auf neue Absatzregionen, die Bereitschaft, als Außenseiter mit kleinem Marktanteil in überseeische Märkte durch echten Leistungswettbewerb einzudringen, eine stärkere Kunden- und Nachfrageorientierung, eine höhere Risikobereitschaft sowie flexibleres Lernen aus Irrtümern, die unvermeidlich sind. Dies schließt auch neue Standortstrategien der Unternehmen mit marktnaher Auslandsproduktion ein. Dies wäre dann – und nur dann – aus inländischer Sicht beschäftigungspolitisch unbedenklich, wenn gleichzeitig an deutschen Produktionsstandorten verstärkt innoviert und von hier exportiert würde. Exportsteigerung und teilweise Auslandsproduktion schließen sich dann nicht nur nicht aus, sondern werden sich zunehmend bedingen.

Die globale Ausrichtung der Unternehmens- und Absatzstrategien ist in Deutschland auch deshalb defizitär, weil die Klein- und Mittelbetriebe ein starkes Gewicht haben. Durch verstärkte *Unternehmenskooperationen* – auch im europäischen Maßstab – und neue Absatzstrategien können im Prinzip auch diese Unternehmen am globalisierten Wettbewerb teilnehmen, ohne daß es zwangsläufig zu Unternehmenszusammenschlüssen kommen muß. Eurozentrismus und schlichtes mittelständisches Konkurrenzdenken haben jedoch viel zu lange derartige Strategien behindert.

Der Staat kann diese Globalisierungstendenz direkt und vor allem indirekt unterstützen: durch handelspolitischen Dialog und Moderation, Förderung von Unternehmenskooperation und Unterstützung »strategischer Allianzen«, durch Bürgschaften, Messen, Unterstützung des Auslandsmarketing und (reziproken) Abbau von tarifären und nicht-tarifären Handelshemmnissen. Insoweit ist eine gezielte Außenhandelspolitik erforderlich. Dabei geht es nicht um eine neomerkantilistische Förderung der Erzielung von Außenhandelsüberschüssen durch schlichte Protektion heimischer Industrie, sondern um die Entwicklung neuer wettbewerblicher Unternehmensstrategien, die sich ohne die ordnende Hand des Staates nicht oder nur verzögert herausbilden würden. Die Globalisierung der Märkte sollte nicht auf Kosten des gesamtwirtschaftlichen Ziels des außenwirtschaftlichen Gleichgewichts (im Sinne einer ausgeglichenen Leistungsbilanz) erreicht werden. Angesichts der schärferen Weltmarktkonkurrenz ist dies auf absehbare Zeit aber auch nicht zu befürchten.

Die hier skizzierte neue Industriepolitik sollte nicht einfach als Entwicklungsrichtung für Westdeutschland verstanden werden. Sie ist auch für die Reindustrialisierung Ostdeutschlands zentral, wenngleich dort eine spezielle strukturpolitische Strategie erforderlich ist. Diese könnte auch als eine Art »Großexperiment« für die Erneuerung der westdeutschen Industriestruktur begriffen werden.

8.4 Eine Strategie zur innovativen Reindustrialisierung Ostdeutschlands

Neue Strategien nach dem Fehlstart

Wenngleich eine allgemeine Wachstumspolitik zur Lösung der gesamtdeutschen Beschäftigungsprobleme unzureichend ist, so bedarf es doch eines gezielten kräftigen Wirtschaftswachstums in den neuen Bundesländern, um eine sich selbst tragende Wirtschaftsstruktur aufzubauen, die ein Minimum an stabiler Beschäftigung sichert und die Abhängigkeit von Transfers abbaut. Aber auch hier gilt, daß allein über eine Strategie forcierten Wachstums die ostdeutschen Beschäftigungsprobleme nicht lösbar sind, wie die verschiedenen Langfristprognosen gezeigt haben.

Aufgrund der strategischen Weichenstellungen bei der Herstellung der deutschen Einheit und der zahlreichen wirtschaftspolitischen Fehlentscheidungen entstand ein regelrechter Fehlstart, der nur noch mühsam und nur auf längere Sicht korrigierbar ist. Wenn die Entstehung einer deutschen Spielart des süditalienischen »mezzogiorno« nicht hingenommen werden soll, sind grundlegende Veränderungen zahlreicher Fachpolitiken erforderlich. Um eine neue Aufbaustrategie für Ostdeutschland zu entwickeln, ergeben sich hohe Anforderungen an die staatliche Koordinations- und Planungsfähigkeit.

Es gibt auch jetzt keinen »Königsweg«; es gibt auch keine einzelne Fachpolitik – z. B. die Tarifpolitik oder die Regionalpolitik – und keine einzelne Ebene der politischen Zuständigkeiten – z. B. die Landesregierungen oder der Bund –, auf die allein oder auch nur vorrangig zu setzen wäre. Es kommt auf eine kluge integrative und langfristig ausgerichtete *Strategie* an. Fatal wäre es, wenn man die ostdeutsche Entwicklung, nachdem die Treuhand ihre »operative« Arbeit erledigt hat und der Länderfinanzausgleich steht, im wesentlichen den neuen Ländern überließe und der Bund sich auf den schrittweisen Rückzug begäbe. Ohne neue Bundesinitiativen wird es hingegen keine neuen Weichenstellungen geben.

Nicht nur ein langer Atem ist notwendig, sondern auch die Bereitschaft, neue Wege zu gehen, Experimente zu wagen und von dem Modell der alten Bundesrepublik in vielen Punkten Abschied zu nehmen. Was sich bislang in Ostdeutschland abzeichnet, ist ja in vielen Bereichen – im günstigsten Fall – eine blasse Kopie der Wirtschaft der alten Länder. Man hat sich viel zu sehr an der nachholenden Modernisierung orientiert und dabei verkannt, daß das, was es einzuholen gilt, längst reformbedürftig ist. Man hat mit dem Modell Westdeutschland auch unbesehen all dessen Schwächen und Defizite übernommen. Das schon im Rahmen der Standortdiskussion für die alten Bundesländer beklagte Innovationsdefizit existiert potenziert im Osten. So ist es zu einer ausgesprochen innovationsschwachen ostdeutschen Wirtschaftsstruktur gekommen, der eine eigenständige Dynamik weitgehend fehlt, die indessen stark abhängig von Entscheidungs- und Innovationsprozessen im Westen des Landes ist – eine »*Dependenzökonomie*«. Hier liegen damit auch wichtige Ansatzpunkte für Reformen.

Ostdeutschland muß nun – und das nicht unverschuldet – einen besonders mühsamen und bitteren zweiphasigen Lernprozeß durchmachen: Zunächst wurde unkritisch westdeutsche »Marktwirtschaft« gelernt und propagiert, jetzt muß man den Sieger entzaubern, seine Schwächen entdecken und das soeben Aufgebaute gleich wieder umbauen. Die »Westimporte« sind vielfach Auslaufmodelle – und dies gilt nicht nur für Produkte und Produktionsverfahren, sondern auch für unternehmerische und politische Problemlösungsformeln. Wer aufmerksam ist, kann dies in Ostdeutschland schneller als im Westen der Republik lernen, denn der Problemdruck ist hier größer und Beharrungstendenzen infolge von Gewöhnung geringer. Solche Lernprozesse wären erste notwendige Schritte für Veränderungen. Ein höheres Maß an kollektiver Lernfähigkeit, an Bereitschaft und Fähigkeit, Fehlentwicklungen rasch zu erkennen und grundlegend zu korrigieren, wäre ein enormer »Standortvorteil« des Ostens gegenüber dem unbeweglichen Westen Deutschlands, der zur Selbsterneuerung nur im Schneckentempo fähig ist. An die Stelle der nachholenden Modernisierung müßte eine Innovationsstrategie treten.

Günstigere Ausgangsbedingungen sind nach dem Fehlstart insofern entstanden, als der dogmatische und illusionäre Glaube an die Heilungskräfte der Marktmechanismen selbst bei eingefleischten Wirtschaftsliberalen – wenigstens in weiten Bereichen, und nur, was Ostdeutschland betrifft – verflogen ist. Man ist zu pragmatischen Abweichungen von alten ordnungspolitischen Leitbildern eher bereit. So verlautbarte Bundeswirtschaftsminister Rexrodt, allerdings sehr spät: »Was die neuen Bundesländer angeht, machen wir, bezogen auf die industriellen Kerne, Industriepolitik. Eine Industriepolitik, die – an ordnungspolitischen Maßstäben gemessen – bedenklich ist. Das generelle Gebot, in der Industriepolitik zurückzustecken, gilt für die neuen Länder nur bedingt.«[25] Freilich reicht das neue Credo allein noch nicht für eine strukturpolitische Strategie für Ostdeutschland, und noch lange nicht für eine Innovationsstrategie.

Im Zentrum der Überlegungen für neue Weichenstellungen muß die *Reindustrialisierung* Ostdeutschlands stehen – der Aufbau wettbewerbsfähiger, subventionsfreier und innovationsdynamischer Industrien, die auch eine leistungsfähige regionale Exportbasis sichern. Ohne eine für Ostdeutschland maßgeschneiderte Industriepolitik wird dies nicht gelingen. Diese muß auf einen regional vernetzten Industrie-Dienstleistungs-Komplex abzielen mit Zulieferbetrieben in der Region. Forschung, Entwicklung sowie Entscheidungszentralen müssen hier lokalisiert sein. Soweit es sich um Tochterunternehmen handelt, müssen diese eine gewisse Selbständigkeit gegenüber den Stammhäusern erlangen.

Allein die Hoffnung auf die Entwicklung mittelständischer Strukturen ist trügerisch, es kommt auch auf die Existenz leistungsfähiger Großunternehmen an. Von zentraler Bedeutung ist die Gewinnung und Schaffung neuer Absatzmärkte. Dabei kommt es sowohl auf regionale Importsubstitution als auch auf Steigerung regionaler Exporte an, sowohl nach Westdeutschland als auch ins Ausland. Wettbewerbsfähigkeit allein reicht nicht. Notwendig ist Wettbewerbsüberlegenheit, um neue Märkte zu erobern, alte zurückzugewinnen und westliche Konkurrenten zu verdrängen. Anfänglich wird der innovative industrielle Kern klein sein. Entscheidend ist nicht seine Anfangsgröße, sondern seine Dynamik.

Um eine innovationsorientierte Industriepolitik zu entwickeln, ist es notwendig, die Schwächen der Konkurrenten zu diagnostizieren und gezielt auszunutzen: beispielsweise vielfach Mängel in der Produktqualität, mangelnde Produktinnovationen, Langsamkeit der Umsetzung von Neuerungen, unzulängliche Kundenorientierung dominierender Anbieter, mangelnde Flexibilität starrer Großunternehmen, die viel zu lange auf ihre Marktmacht, ihren Namen und die Treue ihrer Abnehmer gesetzt haben, starre Organisationsstrukturen, autoritäre Kommando-Hierarchien in den Unternehmen etc. Die Rezession demonstriert, daß westdeutsche führende Unternehmen viel mehr Achillesfersen haben, als diejenigen im Osten glaubten, die sie blauäugig als siegende Weltmeister glorifizierten. Selbstgefälligkeit und Arroganz jener besserwissenden »Wessis«, die sich selbst zum Maßstab des Ostens und der Welt machten, haben vielfach nur die eigenen Schwächen kaschiert.

Insofern kann Ostdeutschland viel mehr von japanischen, südostasiatischen, erfolgreichen US-amerikanischen Unternehmensstrategien oder auch von europäischen Außenseiter-Unternehmen lernen als von der Mehrheit der westdeutschen. Wer auf die risikoscheuen »Flaggschiffe« der westdeutschen Industrie setzt, setzt auf die Trägheit derjenigen, die bereits eine marktbeherrschende Stellung haben. Ostdeutschland braucht dagegen den innovativen Außenseiterwettbewerb. Ob sich dieser in den ostdeutschen »Ländern der Tochterunternehmen« freilich gut entfalten kann, ist fraglich: »Verlängerte Werkbänke« sind alles andere als Pionierunternehmen.

Präzise diagnostiziert Frieder Naschold die Innovationsträgheit der deutschen Industrie:

»Auffällig ist bei den meisten Unternehmen die Zurückhaltung gegenüber weiterreichenden und innovativen Investitionen in den neuen Bundesländern. Die Entwicklungsstrategien japanischer Firmen bilden hier einen scharfen Kontrast zu den Bemühungen deutscher Firmen. Im Rahmen einer Forschungsreise im Mai 1991 hatte ich u. a. längere Gespräche mit dem FuE-Vorstand der Mitsubishi Electric Company, der laut Ifo produktinnovativsten Firma der Welt. Deutlich wurde hier die langfristige Ausrichtung der Strategien, das volle Engagement in der Produktinnovation und Produktversifikation, die Konzentration auf Zukunftsmärkte auch des Ostens, die antizyklischen Investitionen selbst in der Baisse. Demgegenüber zeigen die deutschen Unternehmen vor allem in den neuen Bundesländern den Trend zur Expansion in den bestehenden Märkten, zudem eine defensive Einstellung gegenüber Produktdiversifikation und eine ausgeprägte Risikoscheu gegenüber Zukunftsmärkten. Herrschen solche Verhaltenssyndrome in den Unternehmensstrategien auch und vor allem in den neuen Bundesländern vor, so sind die Chancen für eine qualitative Re-Industrialisierung und für den Erhalt und die Stabilisierung der Forschung aussichtslos.«[26]

Ansatzpunkte für ein Aufbauprogramm

Die folgenden Vorschläge zeigen in groben Umrissen die Ansatzpunkte für eine Strategie der innovativen Reindustrialisierung in Ostdeutschland. In Verbindung mit einem öffentlichen Infrastrukturprogramm, produktiver Arbeitsförderung und radikalen Arbeitszeitverkürzungen (siehe die nachfolgenden Kapitel) stellt sie den Kern eines beschäftigungsorientierten Aufbauprogramms für Ostdeutschland dar[27].

1) Forschungs- und Technologiepolitik: Nach dem dramatischen Abbau des ostdeutschen F&E-Potentials hat kein angemessener Neuaufbau stattgefunden. Zwar gibt es inzwischen vielfältige Fördermaßnahmen des Bundesministers für Forschung und Technologie (BMFT) sowie der Länder, aber sie sind zersplittert, unkoordiniert, kurzatmig, intransparent und zu schwach dosiert. Besonders dramatisch ist dabei die industrienahe Forschung zusammengeschrumpft, woran die Treuhand aufgrund kurzfristiger (kurzsichtiger) Orientierung und dem Vertrauen in die Aktivitäten der Investoren maßgeblich Anteil hat. Um das Grundproblem anzugehen, nämlich industrienahe zukunftsorientierte Forschung und Entwicklung bei kaum noch vorhandener Industrie zu betreiben, bedarf es ganz anderer technologiepolitischer Ansätze als in der alten Bundesrepublik. Innovationen sind stets riskant und erfordern Risikokapital. Angesichts der (west-)deutschen Innovationsschwächen ist mehr technologieorientiertes Risikokapital erforderlich, ganz besonders in Ostdeutschland bei vorwiegend eigenkapitalschwachen Unternehmen.

Insofern braucht Ostdeutschland eine viel stärkere forschungs- und technologiepolitische staatliche Aktivität als Westdeutschland. Wenn der Staat ebenso wie die meisten Unternehmen das Eingehen von Forschungsrisiken scheut (»Wettbewerb statt Industriepolitik«), anstatt unternehmerische Risikoabstinenz zu bekämpfen und zu kompensieren, dann wird die Innovationsträgheit nur noch verfestigt. Das bloße Vertrauen in innovationsschaffenden Wettbewerb und unternehmerische Pionieraktivitäten verkennt, daß Schumpeters dynamischer Unternehmer-Kapitalismus längst einem eher risikoscheuen, statischen und in weitem Maße bürokratischen Manager-Kapitalismus mit schwachen Innovationsanreizen gewichen ist. Die Beschwörung des dynamischen Unternehmers für die wirtschaftliche Renaissance Ostdeutschlands steht in krassem Gegensatz zur Deindustrialisierung, zur Technologiebrache und der Dominanz »verlängerter Werkbänke«.

Wir halten die folgenden forschungs- und technologiepolitischen Ansatzpunkte für eine Reindustrialisierungsstrategie, die aus industriellen Kernen *innovative Kerne* entwickelt, für bedenkenswert[28]:

— bessere Förderung der Forschungs-GmbHs als selbständiger industrienaher Forschungsgruppen (Sicherung einer mittelfristigen Grundfinanzierung);

— Ausweitung der Programme zur Finanzierung von F&E-Personal in der Industrie (Einbeziehung von Großbetrieben, höhere, mittelfristige und degressive Zuschüsse);

— Verzahnung der viel stärker innovationsorientiert auszurichtenden Gemeinschaftsaufgabe *»Verbesserung der regionalen Wirtschaftsstruktur«* (GA) (siehe unten) mit der Forschungspolitik von Bund und Ländern;

— Ausbau regional und sektoral angelegter Technologietransferstellen;

— Herstellung von Transparenz, finanzieller Merklichkeit, Praktikabilität, Planungssicherheit und mittelfristiger Auslegung der verschiedenen F&T-Programme;

— Ausweitung der institutionellen außeruniversitären Forschung in den neuen Bundesländern, auch durch Verlagerung von Forschungseinrichtungen;

— strengere Regelungen zur Verhinderung der Diskriminierung ostdeutscher Antragsteller bei staatlichen Forschungsprogrammen;

— Bekämpfung diskriminierenden Verhaltens westlicher Unternehmen gegenüber ostdeutschen[29], auch dann, wenn die rechtlichen Voraussetzungen für das Tätigwerden der Kartellbehörden nicht gegeben sind.

Innovationen können zwar staatlich gefördert, aber nicht verordnet werden. Daher kommt es in hohem Maße darauf an, ob sich – nicht nur in Ostdeutschland – in stärkerem Maße als bisher Innovationsmanagement in den Unternehmen durchsetzen wird. Dies erfordert andere, produktivere Organisationsstrukturen, mehr Selbständigkeit und Kreativität, Beschleunigung der Umsetzung von Ideen und Erfindungen in Produkte, Produktionsverfahren und Vermarktung. Hier sind offenbar weitreichende Organisationsreformen in den Unternehmen erforderlich. Unter dem Druck ohnehin unvermeidbarer Restrukturierung der ostdeutschen Betriebe sollten die Chancen zur grundlegenden Neuordnung genutzt werden. Hier kann der Staat kaum unterstützend eingreifen. Für Gewerkschaften und Betriebsräte wäre es allerdings eine wichtige Aufgabe, trotz fehlender wirtschaftlicher Mitbestimmung innovationsorientierte Unternehmensstrategien einzufordern und das Management dahingehend zu kontrollieren. Das Beharren auf besitzstandswahrender defensiver Abwehr von sozialen Verschlechterungen wäre gerade jetzt untauglich.

Eine weitere innovationspolitisch wichtige Frage ist, wie unternehmensinterne Entscheidungen in mehrbetrieblichen Unternehmen mit Töchtern in Ostdeutschland zugunsten stärkerer Innovation in Ost-Betrieben veranlaßt werden können. Staatliche Institutionen haben hier keine direkten Handlungsmöglichkeiten, sieht man von der höheren finanziellen Forschungsförderung im Osten einmal ab. Indirekt könnten jedoch staatlich moderierte Technologieforen und Strategiediskussionen zwischen den wichtigen Akteuren – Unternehmen, Gewerkschaften, Wissenschaft – eine große Rolle spielen.

2) Treuhandanstalt-Nachfolge: Die Aufgaben und Probleme, die die Treuhand nach dem geplanten Ende ihrer Tätigkeit ab 1995 hinterläßt, sind umfangreich und von weitreichender Bedeutung für die wirtschaftliche Entwicklung Ostdeutschlands. Sie erfordern andere wirtschaftspolitische und organisatorische Konsequenzen als bislang von der Bundesregierung geplant. Wir halten die Fortexistenz der THA in neuer Form und aufgrund eines neuen Gesetzes zunächst bis 1998 für sinnvoll. Die »*Neue Treuhandanstalt*« sollte die folgenden Aufgaben wahrnehmen und dabei ausdrücklich einen industrie- und regionalpolitischen Auftrag zum Aufbau moderner industrieller Kerne – in Kooperation mit den Ländern – erhalten:

— unternehmerische Holding für die Management-KGs mit strukturpolitischen Akzenten, soweit diese Funktion nicht auf die Länder übergeht;

— aktive Beteiligungsführung der noch nicht pivatisierten und nicht an die Länder abgegebenen Unternehmen und deren spätere Privatisierung;

— Vertragscontrolling gegenüber den privatisierten Unternehmen, vor allem in bezug auf die vereinbarten Beschäftigungs- und Investitionszusagen.

Sofern Verträge nicht eingehalten werden, sind nicht nur – wie geplant – Fall für Fall Nachverhandlungen durchzuführen, sondern gegebenenfalls auch Vertragsänderungen mit industriepolitischen Auflagen und finanzieller Nachbesserung aus dem Budget der *Neuen Treuhandanstalt* auszuhandeln. Diese Tätigkeit sollte sich als aktive Sanierungsbegleitung nach der Privatisierung verstehen. Bei nicht behebbarer Abweichung zwischen Realität und vertraglichen Abmachungen sollte die Neue Treuhandanstalt die Firmen in ihre Obhut zurücknehmen, Sanierungskonzepte entwikkeln und ihre Umsetzung betreuen sowie eine spätere Privatisierung durchführen. Sie darf sich nicht auf das Einklagen von »Pönalen« (Strafgebühren für nicht eingehaltene Zusagen) beschränken, schon gar nicht auf das achselzuckende Hinnehmen etwaiger vertragsabweichender Entwicklungen, wie es beispielsweise in der regionalen Wirtschaftsförderung bei der Gemeinschaftsaufgabe »Verbesserung der regionalen Wirtschaftsstruktur« gang und gäbe ist. Nicht eingehaltene Arbeitsplatz- und Investitionszusagen können unter Umständen durch Kompensation geheilt werden, beispielsweise wenn Vorleistungsgüter oder Investitionsgüter in größerem Umfang als bisher bei Firmen aus den neuen Bundesländern gekauft werden. Hier sollten industriepolitische *Kompensationsregeln* entwickelt werden.

Die alte Treuhandanstalt sollte ihre Unternehmen, und zwar sowohl die Management KGs als auch ihre anderen Firmen, soweit sie vollständig im Territorium eines neuen Bundeslandes liegen, den jeweiligen Landesregierungen zur eigentumsmäßigen Übernahme anbieten. Dies schließt die Übergabe einer ausreichenden Finanzausstattung ein, mindestens in dem Umfang, wie sie auch privaten Investoren bei »negativen Kaufpreisen« gewährt würde. Die Länder können dann, falls gewünscht, die Beteiligungsführung dieser Unternehmen durch eigens aufzubauende Länder-Industrie-Holdings selbst übernehmen. Hierbei können die verschiedenen Länder-Agenturen, beispielsweise ATLAS in Sachsen, sinnvoll integriert werden. Die Länder bzw. deren Holdings entscheiden dann eigenverantwortlich über Sanierung, Privatisierung oder Stillegung. Die Länder können auch die Neue Treuhandanstalt beauftragen, in ihrem Auftrag die Beteiligungsführung dieser Unternehmen, in deren Besitz sie dann sind, weisungsgebunden zu übernehmen.

Die Neue Treuhandanstalt würde gegenüber der jetzigen Anstalt stark verkleinert. Die anderen, hier nicht aufgeführten Aufgaben der THA sollten dann, wie geplant, ausgegliedert und von eigenständigen Organisationen bearbeitet werden. Bei der Neuen Treuhandanstalt ist ein starker Ländereinfluß sicherzustellen. Der Verwaltungsrat sollte mehrheitlich von den Ländern besetzt werden, dem Bund käme nur die Rechtsaufsicht zu. Der Vorstand der Neuen Treuhandanstalt würde einvernehmlich von den neuen Ländern bestellt. Die Fachaufsicht würde gemeinschaftlich von den neuen Ländern sowie dem Land Berlin wahrgenommen. Der Bund stellt der Neuen Treuhandanstalt bis 1998 ein feststehendes Budget in Höhe von – wie geplant – 52 Mrd. DM abzüglich des Finanzbedarfs der anderen ausgegliederten THA-Nachfolgeorganisationen zur Verfügung (siehe *Kapitel 1.4*). Die Länder können über Eigenmittel oder Mittel der Gemeinschaftsaufgabe »Verbesserung der regionalen Wirtschaftsstruktur« sowie über Zuschüsse aus dem Europäischen Regionalfonds (EFRE) die Sanierung unterstützen. 1998 wird entschieden, welche Restaufgaben verblieben sind und in welcher Form sie bearbeitet werden sollen.

Diese Konstruktion hätte den Vorteil, die in der THA vorhandenen Erfahrungen und Qualifikationen zu nutzen, organisatorisches Revirement zu minimieren und gleichzeitig den Einfluß der Länder, die ja hauptsächlich für die regionale Wirtschaftspolitik zuständig sind, zu sichern.

Die *Treuhand-Liegenschaftsgesellschaft (TLG)*, die die nicht betriebsnotwendigen Grundstücke verwaltet und verwertet, und die *Bodenverwertungs- und -verwaltungsgesellschaft (BVVG)*, zuständig für die land- und forstwirtschaftlichen Flächen, sollten ebenfalls unter die gemeinschaftliche Fachaufsicht der neuen Länder gestellt werden, während die Rechtsaufsicht dem Bund zukäme. Ferner ist eine parlamentarische Kontrolle dieser Gesellschaften durch Vertreter der Länderparlamente vorzusehen. Eine reine Privatisierung der Folgeaufgaben der THA, die im Kern hoheitliche Aufgaben sind, hätte fatale Folgen. Die Tätigkeit beider Gesellschaften berührt zentrale Fragen der Landesentwicklung, etwa die Landwirtschaftspolitik und die Entwicklung des ländlichen Raums sowie die Grundlagen der Stadtentwicklung, so daß die föderale Aufgabenverteilung geradezu einen dominierenden Ländereinfluß gebietet.

3) Regionale Wirtschaftspolitik und Gemeinschaftsaufgabe: Die Institution *Verbesserung der regionalen Wirtschaftsstruktur (GA)* stellt in den alten Bundesländern das Hauptinstrument der regionalen Strukturpolitik dar. Durch Investitionszuschüsse und Investitionszulagen können Investitionen der gewerblichen Wirtschaft in den neuen Bundesländern bis zu 35 vH subventioniert werden. Hinzu kommen Sonderabschreibungen und Bürgschaften, so daß im Höchstfall etwa die Hälfte der Investitionen staatlich finanziert wird. Von 1991 bis zum 31.10.1993 wurden in den neuen Ländern im Umfang von etwa 29 Mrd. DM Investitionszuschüsse und -zulagen gewährt[30]. Ab 1995/96 steht eine Neuordnung der Regionalförderung in den neuen Bundesländern an, weil dann wichtige Fördermaßnahmen auslaufen.

Die GA ist bereits seit langem wegen ihrer geringen Effizienz, ihrer viel zu geringen Innovationsorientierung und der hohen Mitnehmereffekte kritisiert worden. Ihre primäre Wirkung besteht im günstigsten Fall darin, Investitionen, die ohnehin vorgenommen werden, in Fördergebiete zu lenken. Dabei handelt es sich häufig um Investitionen, deren regionaler Ausstrahlungseffekt nicht allzu groß ist. Es überwiegt das regionalpolitische Ausgleichsziel (ausgeglichene Lebensverhältnisse), nicht das Innovations- und Wachstumsziel. Allenfalls, so resümiert die Wirkungsforschung, kann eine Art ruinöser Konkurrenz der starken gegenüber den schwachen Regionen abgewehrt werden[31].

Für die Problemlage der neuen Bundesländer, die pauschal zum Fördergebiet erklärt wurden, ist die GA eigentlich nicht besonders gut geeignet – sie wurde auch nicht zur Bewältigung von Transformationsproblemen geschaffen. Notwendig wäre eine stärker wachstums- und innovationsorientierte Regionalförderung[32]. Investitionsförderung ist nicht per se bereits Innovationsförderung. Häufig werden vorrangig kapitalintensive Produktion, nicht aber qualifikationsintensive oder technologie- und wissenschaftsintensive Produktionen gefördert. In den neuen Bundesländern wurde zudem die Förderbedingung »Investitionen für den überwiegend überregionalen Absatz« so weit ausgelegt, daß nahezu jede Investition darunter fällt, auch die für lokale Produktion.

Generell sollte die Bedeutung der GA in ihrer jetzigen Form nicht überschätzt werden: In den alten Bundesländern wurden gemäß der Förderantragsstatistik der GA in den fünf Jahren 1987–91 jährlich nur 49 000 zusätzliche Arbeitsplätze geschaffen – nicht ermittelt wurde, ob die Förderanträge realisiert worden sind; wurden sie tatsächlich realisiert, dann führte dies in der Regel zu geringeren Arbeitsplatzzuwächsen in den Nicht-Förderregionen[33]. Die GA ist ausgesprochen bürokratisch nach formalen Regeln strukturiert. Sie setzt nicht an der präzisen Diagnose der Probleme der in der Region existierenden Unternehmen sowie der regionalen Strukturprobleme an.

In Zukunft sollte die GA, was Ostdeutschland angeht, in folgende Richtung reformiert werden:

– Im Rahmen der GA sollte auf der Ebene der regionalen Förderprogramme (also der Länderebene) ein kontinuierlicher *industriepolitischer Dialog* der wichtigsten Akteure institutionalisiert werden. Im Zentrum steht dabei weniger die Ansiedlungswerbung, sondern die Entfaltung vorhandener regionaler Entwicklungspotentiale durch finanziell unterstützte Koordination der strategischen Unternehmensplanung zwischen den regional bedeutsamen Firmen. Damit soll die vorwettbewerbliche Kooperation unter den Firmen unterstützt und die Bildung strategischer Allianzen gefördert werden. Für die Regionalentwicklung ist nicht der Wettbewerb zwischen ostdeutschen Unternehmen wichtig, sondern deren kooperative Stärkung im überregionalen Wettbewerb. Die Rolle der staatlichen Akteure sollte sich nicht auf das Moderieren des Dialoges beschränken, sondern es sollten regionale Entwicklungsengpässe identifiziert, nach Prioritäten gewichtet und gezielt finanziell gefördert werden.

– Es sollte eine *stärkere Konzentration der Fördermittel* auf Schwerpunktregionen und -orte erfolgen, also auf industrielle Kerne bzw. Standorte mit hoher regionalpolitischer Bedeutsamkeit. Auch sollte die Förderung stärker auf Industrieunternehmen mit Fernabsatz, also auf die regionale Exportbasis, konzentriert werden. Kleinbetriebe mit ausschließlich lokaler Produktion sollten durch andere Programme – Eigenkapitalhilfe, Existenzgründungsprogramme etc. – unterstützt werden.

– Die Entstehung von *Überkapazitäten* bei erschlossenen Gewerbe- und Industrieflächen sollte verhindert werden. Durch die Ansiedlungskonkurrenz der Gemeinden und Kreise werden zu viele Erschließungsmaßnahmen gefördert und damit Mittel vergeudet.

– Die hohen *Fördersätze* sollten reduziert werden. Wichtiger als die Investitionszulage von derzeit 8 vH, auf die Rechtsanspruch besteht, sind die Investitionszuschüsse, die auf Antrag nach Ermessen der Behörden gewährt werden können. Hiermit ist eine stärkere Einflußnahme und Schwerpunktbildung der Landespolitik möglich. Die bisherigen extrem hohen Fördersätze führen zu hohen Mitnahmeeffekten und sind verteilungspolitisch kaum zu rechtfertigen.

— Für die neuen Bundesländer sollte ein Sonderprogramm »*Förderung der Zulieferindustrie*« aufgelegt werden. Damit sollten gezielt Vernetzungen zwischen ostdeutschen Firmen, die fernabsatzorientiert sind, und regionalen Zulieferern ausgebaut werden.

— Ein *zweites Sonderprogramm* für die neuen Bundesländer in Form eines »offenen Fördertopfes« sollte aufgelegt werden, mit dem freihändig regionale Entwicklungsprojekte sowohl bei investiven als auch bei personellen Ausgaben befristet gefördert werden.

— Mit einem *dritten Sonderprogramm* sollten existenzgefährdete Betriebe, insbesondere Management-Buy-Outs, mit Risikokapitalhilfen, Bürgschaften, zinsgünstigen Liquiditätskrediten und Zuschüssen für den Ankauf von Lizenzen gefördert werden, wenn geeignete Unternehmenskonzepte vorliegen.

— Mit einem *vierten Sonderprogramm* sollten personell und investiv sektoral ausgerichtete Marketingagenturen und ebenso sektoral ausgerichtete Technologieberatungs- und -transferstellen geschaffen bzw. vorhandene ausgebaut werden. Bislang beschränkt sich die GA auf investive Maßnahmen. Im professionellen Marketing haben Klein- und Mittelbetriebe Defizite. Besonders das Auslandsmarketing sollte gefördert werden, und zwar mit Länderschwerpunkten, in denen deutsche Unternehmen bislang nur schwach vertreten sind. Hier müssen also Pionierfunktionen wahrgenommen werden. Die Technologiestellen sollten Verfahrens- und Produktinnovationen sowie Produktdiversifikation fördern. Beide Institutionen sollen zusammen mit den regionalen Wirtschaftsförderungsgesellschaften die Unternehmenskooperation in der Region fördern, um den überregionalen Absatz auszuweiten und Importsubstitution zu erleichtern. Eine sektorale Spezialisierung ist notwendig, um sich professionell und praxisnah spezialisieren zu können.

— *Treuhand-Unternehmen* sollten ebenso wie Beschäftigungs- und Qualifizierungsgesellschaften grundsätzlich förderungsfähig werden.

— Die Maßnahmen der GA sollten stärker mit den Instrumenten der *Arbeitsmarktpolitik*, insbesondere mit Lohnkostenzuschüssen nach § 249h AFG (siehe *Kapitel 7.5*), abgestimmt werden.

Insgesamt ist die regionale Wirtschaftsförderung zu stark auf die pauschale Investitionsförderung und zu wenig auf die gezielte Innovations- und Absatzförderung ausgerichtet. Sinnvoll wäre daher die stärkere Konzentration der Fördermittel auf »offene Töpfe«, mit denen dann geeignete Projekte mit großer regionaler Ausstrahlung massiv gefördert werden könnten. Die verschiedenen Programme sind entsprechend zu gewichten.

4) Investitionsförderung: Um ein hohes Wirtschaftswachstum in den neuen Bundesländern zu gewährleisten, bedarf es kontinuierlich hoher privater Investitionen. Trotz erheblicher Zuwachsraten sind diese zu niedrig, um auf einen Reindustrialisierungspfad zu führen. Die staatlichen Investitionsanreize können kaum weiter gesteigert werden, die »Grenzeffizienz« von Investitionszuschüssen und -abgaben nimmt ab. Daher sollten westdeutsche Unternehmen der gewerblichen Wirtschaft ab einer bestimmten Größenordnung verpflichtet werden, eine *Investitionshilfeabgabe* zur Finanzierung der ostdeutschen Wirtschaftsförderung zu zahlen, sofern sie nicht in bestimmtem Umfang in den neuen Bundesländern direkt oder über Beteiligungsfonds investieren (zur ausführlichen Erläuterung vgl. *Kapitel 5*). Die Investitionshilfeabgabe kann zu geringeren Investitionen in den alten Bundesländern führen.

Eine andere, ergänzende Form der indirekten staatlichen Kapitallenkung bestünde darin, den *Banken* Industriebeteiligungen bis zu einer bestimmten Schwelle aus wettbewerbs- und ordnungspolitischen Gründen zu untersagen, es sei denn, sie beteiligen sich direkt oder indirekt an Unternehmen in strukturschwachen Regionen, vorzugsweise in Ostdeutschland. Die bisherigen Industriebeteiligungen sollten in der Weise verkauft werden, daß eine breite Anteilsstreuung erreicht wird. Denkbar wären auch Vorzugskonditionen für ostdeutsche Bürger, die bei der Währungsumstellung ungünstig umtauschen mußten und die laut Treuhandgesetz eigentlich an den einst erwarteten Veräußerungserlösen teilhaben sollten. Es käme voraussichtlich zu einer strukturpolitisch erwünschten Umschichtung der Industriebeteiligungen der Großbanken. Gravierende schädliche Folge- und Nebenwirkungen sind nicht zu erwarten.

Die deutschen Banken verdienen nicht nur an den »Einheitsschulden«, sondern sie haben sich nur in ungewöhnlich zurückhaltendem Umfang an dem Kauf von Treuhand-Unternehmen bzw. an anderen ostdeutschen Unternehmen beteiligt. Offensichtlich bevorzugen sie westliche Industriebeteiligungen mit geringem Risiko. Das Engagement im Rahmen verschiedener Beteiligungsfonds blieb schwach. Von Mangel an anlagesuchendem Kapital kann im Durchschnitt der westdeutschen Banken keine Rede sein. Diese

Form der Kapitalmobilisierung für den Aufbau in Ostdeutschland dürfte Investivlöhnen vorzuziehen sein. Gleichwohl sollten auch Investivlöhne, wenn sie an überbetriebliche Investitionsfonds gekoppelt sind, kein Tabu sein. Daß zusätzliches privates Kapital in Ostdeutschland für eine Reindustrialisierung erforderlich ist, dürfte unstrittig sein.

5) Absatzförderung[34]: Um ostdeutschen Unternehmen den Markteintritt zu erleichtern, sollten gezielte Vermarktungshilfen durch verbindliche Absatzquoten (local-content-Klauseln) gewährt werden, beispielsweise nach dem folgenden Muster:

a) Die Gebietskörperschaften und öffentliche Unternehmen in allen Bundesländern werden verpflichtet, bei der Beschaffung von Gütern und Dienstleistungen einen bestimmten Anteil von ostdeutschen Produzenten zu beziehen.

b) Private Investoren, die Mittel aus der Gemeinschaftsaufgabe Verbesserung der regionalen Wirtschaftsstruktur oder aus anderen Förderprogrammen erhalten, sollten verpflichtet werden, einen Teil der benötigten Investitionsgüter in Ostdeutschland zu erwerben.

c) Firmen, die Treuhand-Unternehmen kaufen und dafür von der Investitionshilfeabgabe in Westdeutschland freigestellt werden, werden ebenfalls verpflichtet, einen Teil der benötigten Investitionsgüter aus ostdeutscher Produktion zu beziehen. Wer sich derartigen Auflagen entziehen will, muß eine Abgabe zahlen. Die Quoten sollten befristet sein. Sie mindern zwar die betriebswirtschaftliche Effizienz, jedoch schützen sie während der Auf- und Umbauphase ostdeutsche Industrieproduktion. Bei der Europäischen Gemeinschaft müßten entsprechende befristete deutsche Sonderregelungen durchgesetzt werden.

Eine andere Form der Absatzförderung wurde vom *Bundesverband der Deutschen Industrie (BDI)* vorgeschlagen: eine Mehrwertsteuerpräferenz für ostdeutsche Industriefirmen. Analog zur steuerlichen Begünstigung der Landwirtschaft können ostdeutsche Industrieunternehmen von der Abführung der Mehrwertsteuer befreit werden; allerdings verlieren sie dann die Möglichkeit des Vorsteuerabzugs[35]. Dadurch wird die ostdeutsche Wertschöpfung begünstigt. Allerdings würden Exporte nicht gefördert; ferner sind Mitnehmereffekte zu erwarten. Gleichwohl ist dieses Modell günstiger als die traditionelle Berlin-Förderung. Eine etwas andere Variante wäre eine Subventionierung der ostdeutschen Wertschöpfung (Wertschöpfungspräferenz)[36], wie sie seitens des BDI diskutiert wird.

Eine besondere Form der Nachfrageförderung für ostdeutsche Industrieprodukte ist so lange nötig, bis die Sanierungs- und Innovationsprozesse Früchte tragen und ein hoher Grad an Wettbewerbsfähigkeit erreicht ist. Erst dann ist die Zeit für ungeschützten Wettbewerb gekommen.

Zweifellos ist Industrie- und Strukturpolitik für Ostdeutschland teuer. Ist sie erfolgreich, dann können die volkswirtschaftlichen Folgekosten der Deindustrialisierung, insbesondere die hohen West-Ost-Finanztransfers, eingespart werden. Letztlich müssen aber die Kosten, die für die Reindustrialisierung aufgewendet werden sollen, *politisch* bewertet werden: Was ist der Gesellschaft eine stabile ökonomische Basis in den neuen Bundesländern wert? Die billigste Lösung wäre die Senkung der Folgekosten des ostdeutschen Fiaskos: Absenkung der Lohnersatzleistungen, Kürzung von Sozialtransfers, Minderung des sozialstaatlichen Anspruchsniveaus etc. Dies nicht hinzunehmen ist eine Wertentscheidung, die politischer Mehrheiten in West und Ost bedarf.

8.5 Aktive Arbeitsmarktpolitik – Ausweitung des »Zweiten Arbeitsmarktes«

Je höher die Arbeitslosigkeit steigt, desto mehr produktive Ressourcen der Gesellschaft – Qualifikationspotential, Kosten der Arbeitslosigkeit – werden vergeudet, von den sozialen und psychischen Problemen einmal abgesehen. Daher liegt es nahe, *Arbeit statt Arbeitslosigkeit* zu fördern, also aktive Arbeitsmarktpolitik mit dem Ziel des möglichst produktiven Einsatzes der Arbeitslosen gegenüber passiver finanzieller Unterstützung der Arbeitslosen auszubauen. Die Geschichte dieser Grundidee ist alt. In der modernen Arbeitsmarktpolitik gibt es seit Anfang der 80er Jahre in Deutschland Initiativen für die Schaffung eines gemeinnützigen »dritten Sektors« – weder Staat noch Privatwirtschaft –, der Langfristarbeitslosen sinnvolle, staatlich geschützte Beschäftigung bietet. Je höher die fiskalischen Kosten der Arbeitslosigkeit sind, desto leichter ist die Selbstfinanzierung für Maßnahmen aktiver Arbeitsmarktpolitik[37].

Die klassischen Instrumente aktiver Arbeitsmarktpolitik in

Deutschland sind *Fortbildung und Umschulung (FuU)* und *Arbeitsbeschaffungsmaßnahmen (ABM)*. Insofern läge es nahe, beide Instrumente zu Lasten der Zahlung von Arbeitslosenunterstützungen auszubauen. In der Tat wurde die Arbeitsmarktpolitik in den neuen Bundesländern bis 1992 massiv ausgeweitet, insbesondere in den Bereichen Kurzarbeit (einschließlich Kurzarbeit Null), FuU, ABM und Altersübergangsgeld. Diese Instrumente wurden auch zum Aufbau von *Beschäftigungs- und Qualifizierungsgesellschaften (BQG)* eingesetzt; hier waren Ende 1991 108 000 Personen in ca. 330 Gesellschaften tätig[38]. Auf dem Höhepunkt 1992 gab es in Deutschland 485 000 ABM und 668 000 Personen in Vollzeit-FuU[39]. Ab 1993 wurde die aktive Arbeitsmarktpolitik, vor allem vor dem Hintergrund der Finanzierungsprobleme der Bundesanstalt für Arbeit, kräftig zurückgefahren. Auch in den alten Bundesländern wurde die aktive Arbeitsmarktpolitik, ohnehin vergleichsweise schwach entwickelt, geschrumpft. Neben der Kritik an den hohen Kosten der Arbeitsmarktpolitik wird bemängelt, daß

— die Arbeitslosen Anreize erhalten, die eigenen Anstrengungen zur Arbeitsplatzsuche und die Mobilitätsbereitschaft zu reduzieren,

— ihr Lohnanspruchsniveau gestärkt würde,

— viele Maßnahmen zu Wettbewerbsnachteilen für private Unternehmen führten und insgesamt zu viele Mittel gebunden würden, die der investiv und innovativ ausgerichteten Wirtschaftsförderung fehlten.

Andere Kritiker betonen, daß

— die aktive Arbeitsmarktpolitik unter dem fiskalpolitisch begründeten »stop-and-go« Schaden nehme,

— produktiv ausgerichtete Maßnahmen wegen der institutionellen Abschottung von der Strukturpolitik nur sehr begrenzt möglich seien,

— es gerade bei produktiv oder investiv ausgerichteten Maßnahmen zu Umschichtungseffekten komme, indem reguläre öffentliche Aufgaben zunehmend durch Arbeitsförderungsmittel finanziert würden,

— mit Hilfe der Arbeitsmarktpolitik kaum Dauerarbeitsplätze entstünden, dafür jedoch ein Segment eines »minderwertigen« zweitklassigen Arbeitsmarktes mit einem Niedriglohnniveau, so daß es mit Hilfe der Arbeitsmarktpolitik zu einer völligen Spaltung des Arbeitsmarktes komme.

Offenbar werden zu viele Hoffnungen in und Ansprüche an die Arbeitsmarktpolitik gestellt, die sie unmöglich erfüllen kann. Ihre entscheidenden Vorteile vor anderen Politikbereichen liegen darin, daß sie Arbeitslosen ein Mindestmaß an sozialer Absicherung gewähren kann, daß sie relativ zielgruppengenau ausgerichtet ist, daß sie der Qualifikationssicherung der Betroffenen dienen kann und daß sie dabei wichtige Aufgaben, die im öffentlichen Interesse liegen, erledigen kann. Für sich genommen ist sie aber nicht in der Lage, rentable bzw. kostendeckende Arbeitsplätze zu schaffen. Je produktiver die Arbeitsmarktpolitik ausgerichtet ist, desto mehr gerät sie in die Nähe jener Aufgaben, die üblicherweise Regelaufgaben der öffentlichen Hand sind oder sein sollten oder die privatwirtschaftlich profitabel sind. Mithin muß bei einer stärker produktiv oder investiv ausgerichteten Arbeitsmarktpolitik viel mehr auf die Vermeidung von Mitnehmer-, Umschichtungs- und Verdrängungseffekten geachtet werden.

Aktive Arbeitsmarktpolitik ist teurer als Zahlung bloßer Lohnersatzleistungen, der Selbstfinanzierungseffekt bei Arbeitsbeschaffungsmaßnahmen ist mit etwa zwei Dritteln zwar hoch[40], aber er liegt doch deutlich unter 100 %, so daß Zusatzfinanzierung notwendig ist, die wiederum zu Minderausgaben an anderer Stelle führt. Freilich wird dabei die geleistete Wertschöpfung, sofern sie zustande kommt, außer acht gelassen. Die gesellschaftlich billigste – und zugleich unsozialste – Variante ist passive Arbeitsmarktpolitik mit Kürzung der Unterstützungssätze. Man kann mithin eine aktivere Arbeitsmarktpolitik nicht allein mit Kostenargumenten begründen. Eine Ausweitung aktiver Arbeitsmarktpolitik gewährleistet, daß die erforderlichen Zusatzkosten sozial- und wirtschaftspolitisch hier beschäftigungswirksamer als in anderen Verwendungsarten eingesetzt werden. Insofern konkurriert die aktive Arbeitsmarktpolitik, die in ausgeweiteter Form einen größeren Teil des Sozialproduktes bzw. der Steuer- und Beitragseinnahmen beanspruchen würde, mit anderen auf Beschäftigungssteigerung ausgerichteten Politikbereichen, aber auch mit privaten Konsumausgaben.

Da diese anderen Politiken, etwa die Regionalpolitik oder die Forschungs- und Technologiepolitik, aber meist unklare, ungezielte, zweifelhafte oder nur langfristige Beschäftigungswirkungen haben, sollten einer aktiveren Arbeitsmarktpolitik, die produktiver, leistungsorientierter und längerfristiger konstruiert ist, Chancen gegeben werden, insbesondere wenn sie stärker mit strukturpolitischen Aufgaben verknüpft wird. Allerdings soll und darf aktive Arbeitsmarktpolitik diese anderen Politikbereiche nicht verdrängen. Sie sollte statt dessen auf Kosten privater konsumtiver Ausgaben finanziert werden, also durch Beiträge bzw. Steuern.

Aktive Arbeitsmarktpolitik ist dann nicht nur als Brücke bis zum irgendwann erreichten Ufer eines höheren regulären Beschäftigungsplateaus gedacht, sondern als langfristige Schaffung eines öffentlich geförderten Arbeitsmarktes. Dieser sollte jedoch vorrangig nicht Gruppen von Arbeitslosen aufnehmen, die auf Dauer hier tätig sind, sondern versuchen, diese ständig in den ersten Arbeitsmarkt zurückschleusen, um sodann neue, aus dem ersten Arbeitsmarkt herausfallende Gruppen aufzunehmen. Insofern hat er eine Rotationsfunktion. Um ihn produktiv auszurichten, muß freilich eine allzu große Fluktuation vermieden werden. Man darf von ihm nicht maximale Leistungsorientierung und zugleich ein hohes Vermittlungstempo in den ersten Arbeitsmarkt fordern. Er ist und bleibt eine Notlösung für Perioden großer Unterbeschäftigung. Ein solcher öffentlich geförderter zweiter Arbeitsmarkt wäre nicht völlig abgetrennt von den regulären Arbeitsmärkten in der Privatwirtschaft und im öffentlichen Sektor, sondern vielfältig mit diesen verkoppelt. Insofern ist der Begriff »zweiter Arbeitsmarkt« mißverständlich. Es soll ja gerade der Arbeitsmarktspaltung und -segmentierung entgegenwirken. Damit kann er in gewissem Maße auch die Funktion der »industriellen Reservearmee« der Arbeitslosen außer Kraft setzen, die auf Lohnsenkung und Verschlechterung der Arbeitsbedingungen unter der Übermacht der Arbeitgeber auf extrem ungleichgewichtigen Arbeitsmärkten hinausläuft.

Angesichts der neuen Dimension der Arbeitslosigkeit in Deutschland halten wir eine weitaus aktivere Arbeitsmarktpolitik als bisher für notwendig. Die verschiedenen Bausteine können wie folgt umrissen werden[41]:

— Grundsätzlich gilt: Vorrang *aktiver, produktiver Arbeitsförderung* von Arbeitslosen vor Lohnersatzzahlung, Verstetigung der aktiven Arbeitsmarktpolitik, Nachrangigkeit des »Zweiten Arbeitsmarktes« gegenüber dem »Ersten Arbeitsmarkt«.

— Im Zentrum steht die *Ausweitung von Arbeitsbeschaffungsmaßnahmen* auf etwa 1 Mio., also etwas mehr als eine Verdoppelung gegenüber dem Höchststand von 1992. Die Laufzeit der Maßnahmen könnte verlängert werden. Vorrangig sollten Langzeit-Arbeitslose eingesetzt werden. Für Frauen, namentlich in den neuen Bundesländern, sollte eine feste Quote von ABM vorgesehen werden. ABM-Projekte können auch verstärkt an Beschäftigungs- und Qualifizierungsgesellschaften (BQG) gebunden werden. An den bisherigen Regelungen für AB-Maßnahmen gemäß Arbeitsförderungsgesetz sollte weitgehend festgehalten werden. Die Aufgaben sollen im öffentlichen Interesse liegen, sachlich bzw. während des vorgesehenen Zeitraums zusätzlich sein. Besteht Zweifel am Kriterium der Zusätzlichkeit, dann kann der Finanzierungszuschuß der Bundesanstalt für Arbeit abgesenkt werden. Da es sich vielfach um öffentliche Aufgaben handelt, die sachlich nicht zusätzlich, aber zeitlich infolge Finanzknappheit vorgezogen werden, sollten die Träger bzw. die Bundesländer in stärkerem Maße als Nutznießer in die Finanzierung einbezogen werden.

– Die projektförmige Ausweitung von ABM erfordert stabile und qualifizierte *Trägerstrukturen*, die analog zu öffentlichen Planstellen zu finanzieren sind. Ohne professionelles, kontinuierliches Management lassen sich Trägergesellschaften mit leistungsorientierter Tätigkeit nicht stabilisieren. Dies gilt ebenfalls für BQG. Um die investive Ausrichtung zu gewährleisten, bedarf es erheblicher Sachkostenzuschüsse. BQG sollten im Rahmen der Gemeinschaftsaufgabe »Verbesserung der regionalen Wirtschaftsstruktur« (GA) antragsberechtigt werden. Um die Trägerlandschaft und die Sachkosten zu finanzieren, sind spezielle Programme der Länder aufzulegen. Die Länder sollten hierfür auch Mittel der GA verwenden können – dies impliziert eine Öffnung der bislang zu starren Wirtschaftsförderung. Finanzschwache Länder sollten – unabhängig vom Länderfinanzausgleich – Bundeszuschüsse aus einem Sonderprogramm erhalten.

– BQG und andere Trägerorganisationen können *erwerbswirtschaftlich* ausgerichtet sein, sie sollten also Gewinne erzielen können. Allerdings müssen die Gewinne im Unternehmen verwendet werden. Besteht Verdacht auf Wettbewerbsverzerrung, dann sollte – wie bisher auch – eine Stellungnahme der Handels- oder Handwerkskammer zur wettbewerblichen Unbedenklichkeit eingeholt werden.

– BQG können eine wichtige *Auffangfunktion* in Krisenregionen wahrnehmen, und zwar vor allem durch Fortbildung und Umschulung sowie die Durchführung von Infrastruktur- und Umweltschutzmaßnahmen im weitesten Sinne. Die Hoffnungen auf rentable, selbständige lebensfähige Ausgründungen aus BQG in relevantem Ausmaß haben sich nicht realisieren lassen.

– Die ABM-Löhne sollten *Tariflöhne* sein. Auf Wunsch der Betroffenen können Arbeitszeit und Lohn proportional vermindert werden. Bei deutlich unterdurchschnittlicher Leistungsfähigkeit der Arbeitnehmer, die durch die Trägerorganisationen festgestellt wird, kann die Entlohnung auf maximal 80 vH des Tariflohnes abgesenkt werden. Sofern eigene ABM-Tarife ausgehandelt werden, sollten sie sich jedoch an den Branchentarifen für regulär Beschäftigte ausrichten müssen.

— Langfrist-Arbeitslose, die länger als zwei Jahre bereits arbeitslos gemeldet sind, erhalten einen *Rechtsanspruch* auf eine qualifikationsgerechte, befristete AB-Maßnahme. Freilich können sie nicht zu AB-Maßnahmen verpflichtet werden. Nehmen sie das ABM-Angebot nicht an, entstehen ihnen keine finanziellen Nachteile.

— Der Einsatz von *Lohnkostenzuschüssen* nach § 249 h Arbeitsförderungsgesetz sollte auf die alten Bundesländer und Westberlin ausgeweitet werden. Der Lohnkostenzuschuß soll im Verhältnis zum Arbeitslosengeld kostenneutral sein in dem Sinne, daß dem Bund und der Bundesanstalt für Arbeit keine zusätzlichen fiskalischen Kosten entstehen. Demnach müßte der Zuschuß gegenüber der bisherigen Praxis – die Bundesanstalt erstattet bislang etwa ein Drittel der Maßnahmekosten, monatlich DM 1300,- – verdoppelt werden. Lohnersatzleistungen werden unbeschränkt deckungsfähig mit Lohnkostenzuschüssen nach § 249 h. Für die Entlohnung gilt das gleiche wie für Arbeitnehmer in ABM. Der Einsatzbereich wird über den Umweltschutz, soziale Dienste und Jugendhilfe (derzeitiger Geltungsbereich) hinaus erweitert. Auch private Unternehmen kommen ohne Einschränkung in Frage. Private Unternehmen erhalten nur dann Lohnsubventionen, wenn sie in Regionen mit überdurchschnittlicher Arbeitslosigkeit lokalisiert sind und der Arbeitsverwaltung nachweisen, daß sie auf der Grundlage eines Unternehmenskonzeptes die entsprechenden Arbeitsplätze ohne die Lohnsubventionen nicht erhalten bzw. schaffen können.

Diese Lohnkostenzuschüsse für private Unternehmen nehmen von Jahr zu Jahr ab (degressive Staffelung), sie sind auf maximal drei Jahre befristet. Der Kreis der Anspruchsberechtigten wird auf von Massenentlassungen bedrohte Arbeitnehmer erweitert. Auch Arbeitnehmer in Unternehmensneugründungen kommen in Frage. Wenn die Vergabe derartiger Lohnkostensubventionen ohne Mitnehmereffekte erfolgen soll, werden an die Arbeitsverwaltung hohe Kontrollanforderungen gestellt[42]. Damit könnte eine bessere Verzahnung von Arbeits- und Wirtschaftsförderung erreicht werden. Letztere ist bislang einseitig an der Investitionsförderung ausgerichtet und wird damit den Umstellungsproblemen krisengefährdeter Unternehmen nicht gerecht.

— In strukturschwachen Regionen mit hoher Arbeitslosigkeit werden mit Unterstützung des Landes *regionale Entwicklungsprogramme* aufgestellt. In diesem Rahmen sollten ABM, Lohnkostenzuschüsse sowie andere arbeitsmarktpolitische Instrumente mit Priorität eingesetzt werden, und zwar so, daß sie mit der Wirtschaftsförderung gemäß GA (und auch der Technologiepolitik des Landes) abgestimmt werden. Bei einer derartigen Programmsteuerung können BQG und andere Trägergesellschaften gezielt in Engpaßsektoren für möglichst produktive Zwecke eingesetzt werden. Dabei können auch private Unternehmen mit großer regionaler Ausstrahlung (z. B. »industrielle Kerne«) gezielt gefördert werden.

— Zeitlich befristete *Lohnkostenzuschüsse* zur Einstellung schwer vermittelbarer Arbeitsloser (vorwiegend Ältere und Langzeitarbeitslose) an private Unternehmen, öffentliche Dienststellen oder gemeinnützige Träger werden verstärkt angeboten. Der Lohnkostenzuschuß stellt einen »Leistungsminderungsausgleich« dar (siehe § 97 Arbeitsförderungsgesetz und das – auslaufende – Langzeitarbeitslosenprogramm der Bundesregierung).

— Beschäftigungssichernde *Arbeitszeitverkürzungen* in der Privatwirtschaft sollten unter bestimmten Bedingungen mit befristeten Lohnkostensubventionen gefördert werden, insbesondere wenn Arbeitslose eingestellt werden[43]. Dies gilt für Teilzeitarbeit, längere Beurlaubungsphasen (»Sabbaticals«), u. a. für Zwecke der Weiterbildung, Vorruhestand und Altersteilzeit, Elternurlaub, evtl. auch für andere Formen der Arbeitszeitverkürzung. Bislang wurden mit dem Vorruhestand und der Kurzarbeit lediglich zwei Formen von Arbeitszeitverkürzungen öffentlich gefördert.

— Die Arbeitsmarktpolitik sollte *dezentralisiert* werden. Den Landesarbeitsämtern werden globale Etats zugewiesen, deren Einzeltitel weitgehend gegenseitig deckungsfähig sind.

— Die *Zusatzkosten*, die die Aktivierung der Arbeitsmarktpolitik gegenüber der passiven Gewährung von Lohnersatzleistungen erfordert, machen rund ein Drittel aus. Sie sollten durch Bundeszuschüsse, EG-Mittel, Zuschüsse der Länder und Gemeinden sowie durch eine Arbeitsmarktabgabe für alle Erwerbstätigen, also auch Beamte und Selbständige, aufgebracht werden (vgl. *Kapitel 5*). Eine allgemeine Arbeitsmarktabgabe ist durchaus mit der

Verfassung vereinbar[44]. Da die Länder und Gemeinden Nutznießer einer stärker produktiv ausgerichteten aktiven Arbeitsmarktpolitik sind, müssen sie sich darauf einstellen, einen größeren Teil ihrer Etats als bisher für dieses Aufgabenfeld bereitzustellen.

Das Ziel dieser arbeitsmarktpolitischen Neuausrichtung ist einerseits, die aktive gegenüber der passiven Arbeitsmarktpolitik auszuweiten. 1993 befanden sich im Jahresdurchschnitt ca. 2,3 Mio. Personen in den verschiedensten arbeitsmarktpolitischen Maßnahmen[45] (»verdeckte Arbeitslosigkeit«), die aber nicht alle der aktiven Arbeitsmarktpolitik im engeren Sinn zugerechnet werden können (wie z. B. Altersübergangsgeld, Kurzarbeit). Insofern geht es nicht nur um die Reduktion der Zahlung von Lohnersatzleistungen, sondern andererseits auch um die Konzentration der anderen arbeitsmarktpolitischen Maßnahmen auf möglichst produktive Tätigkeiten.

8.6 Arbeitszeitverkürzungen: Alle arbeiten kürzer – auch ohne vollen Lohnausgleich

Könnte man die 1993 in Ost- und Westdeutschland vorhandene Arbeit aller 31,4 Mio. Arbeitnehmer auf alle Arbeitsuchenden verteilen, also auch auf die rund 6 Mio. Arbeitslosen, dann ergäbe sich rechnerisch eine durchschnittliche tarifliche Arbeitszeit von 32,4 Stunden in der Woche: Alle würden arbeiten, aber statt 38 bzw. 40 tariflich vereinbarten Wochenstunden in den alten bzw. den neuen Bundesländern würde 15 vH weniger gearbeitet werden[46]. Natürlich ist diese Rechnung fiktiv – aber die dahinterstekkende Grundidee ist ebenso alt wie einfach und richtig: Wenn die Wirtschaft nicht genügend Arbeitsplätze anbietet, läßt sich durch *solidarische Arbeitsverteilung* auf alle, die Arbeit suchen, die Zahl der Beschäftigten gesamtwirtschaftlich steigern.

In der Wirtschaftstheorie wurde der gesamtwirtschaftliche Beschäftigungsgrad in Abhängigkeit von allen möglichen Faktoren interpretiert, vor allem – in der Neoklassik – von den Löhnen und – im Keynesianismus – von der Güternachfrage, aber nie von der Arbeitszeit. Sie wurde als konstant vorausgesetzt. Arbeitszeitreduktion wurde allenfalls als sozialpolitisches Anliegen betrachtet, ohne Auswirkungen auf die Beschäftigung. Empirische Studien haben inzwischen zwar gezeigt, daß die Zusammenhänge wesentlich komplizierter sind als in der obigen Modellrechnung, jedoch gibt es – den meisten Untersuchungen zufolge – einen positiven Zusammenhang zwischen verkürzter Arbeitszeit und Beschäftigung. Allerdings ist nicht jede Arbeitszeitverkürzung (AZV) per se bereits beschäftigungssteigernd. Es kommt ganz auf die Bedingungen, die Formen, die Kosten und die Art der betrieblichen Umsetzung an.

Grundsätzlich gilt folgende Erfahrung: Kostenneutrale Arbeitszeitverkürzungen, die also weder die Lohnstückkosten noch die Kapitalstückkosten (etwa über verkürzte Betriebsnutzungszeiten) erhöhen, lösen bei Verfügbarkeit von ausreichend qualifizierten Arbeitskräften einen Beschäftigungszuwachs in der Größenordnung von 50–66 vH der prozentualen Arbeitszeitreduktion aus. Das heißt: Ein Drittel bis die Hälfte der AZV führen zu Produktivitätseffekten. Über kostenneutrale AZV hinausgehende Kostensteigerungen eines Paketes aus weniger Arbeitszeit und mehr Lohn, wodurch Lohnstückkosten und Lohnquote steigen, könnten im Rahmen einer Umverteilungsstrategie der Gewerkschaften durchaus auch zu erheblicher Beschäftigungssteigerung führen; dann sind aber Aussagen über den Beschäftigungseffekt schwerer im vorhinein zu treffen, da viele andere Faktoren zusätzlich berücksichtigt werden müssen.

Die verschiedenen für Deutschland vorliegenden Studien zu den Beschäftigungswirkungen von AZV gehen methodisch sehr unterschiedlich vor und kommen zu sehr unterschiedlichen Ergebnissen[47]. Die u. E. gründlichsten, auf ökonometrischen Modellen beruhenden Studien stammen vom Deutschen Institut für Wirtschaftsforschung (DIW). Dessen neueste Untersuchung ermittelte für den Zeitraum 1985–91 in den alten Bundesländern einen Beschäftigungseffekt aller AZV der verschiedensten Varianten von mehr als 1 Mio. Personen[48]. Die Arbeitszeit wurde in diesem Zeitraum um 7,1 vH vermindert, die Beschäftigung stieg infolge der AZV um 3,9 vH, der dadurch induzierte Produktivitätseffekt lag bei 3,6 vH. Mithin wurden rund 50 vH der AZV beschäftigungswirksam umgesetzt. Die Lohnstückkosten sind weniger stark als bei reiner Lohnpolitik ohne AZV gestiegen. Infolge der AZV fiel also die allgemeine Tariflohnerhöhung schwächer aus.

Die Kritiker von AZV erheben vor allem die folgenden Einwände[49]:

— AZV würden tendenziell die Betriebszeiten verkürzen, so daß die Kapitalstückkosten stiegen, was die internationale Wettbewerbsfähigkeit sowie die Flexibilität der Unternehmen gefährde.

— AZV seien mittelstandsfeindlich. Kleine und mittlere Betriebe hätten große Probleme bei der betrieblichen Umsetzung.

— AZV verstärken Qualifikationsengpässe, wodurch Produktionseinschränkungen entstehen könnten.

— AZV würden in besonderer Weise die Rationalisierungsintensität steigern.

— Das Wachstum des privaten Verbrauchs und damit der Güternachfrage würde geringer ausfallen als bei Lohnerhöhungspolitik ohne AZV.

— Selbst wenn die AZV einen Beschäftigungseffekt hätten, dann sei dieser sehr gering. Lohnzurückhaltung und mehr betriebliche Flexibilisierungsmöglichkeiten seien für die Beschäftigung viel wichtiger.

Einige dieser Einwände sind widersprüchlich, andere nicht stichhaltig. Wenn beispielsweise AZV vorwiegend durch Rationalisierungsschub aufgefangen werden, entstehen für die Unternehmen Kosten- und internationale Wettbewerbsvorteile; Qualifikationsengpässe können in dem Maße nicht entstehen. Oder: Bei einer lohnkostenneutralen AZV expandiert die gesamtwirtschaftliche Lohnsumme genauso schnell oder langsam wie bei reiner Lohnerhöhungspolitik, so daß die Nachfrage keinen Schaden nimmt. Die Lohnsumme würde nur auf mehr Menschen verteilt.

Zutreffend ist allerdings, daß – bezogen auf Verkürzungen der Wochenarbeitszeit – in kleinen und mittleren Einschichtbetrieben erhebliche Umsetzungsprobleme entstehen können. Hier sind die Möglichkeiten der Entkoppelung von Arbeits- und Betriebszeiten gering. Allerdings ist hier häufig auch die Fähigkeit zu professionellem Personalmanagement und zur Herstellung dynamischer Organisationsstrukturen schwach ausgeprägt. Dies macht bereits deutlich, daß die beschäftigungswirksame Umsetzung von AZV viel mehr professionelles Personal- und Arbeitszeitmanagement, auch in Großbetrieben, erfordert als ursprünglich angenommen. Dies kann aber auch als Chance für die Betriebe begriffen werden, ihre traditionellen Organisationsformen zu überprüfen.

In den Tarifverträgen zur AZV in der Metallindustrie in den 80er Jahren wurde ausdrücklich vereinbart, daß die Auslastung der betrieblichen Anlagen nicht vermindert werden solle. Vielfach wurden gesonderte betriebliche Vereinbarungen zur Aufrechterhaltung der Betriebsnutzungszeiten abgeschlossen. Nur dort, wo dies technisch schwierig oder teuer ist, gibt es reale Probleme.

Ein anderes Hemmnis für die beschäftigungswirksame Implementierung von AZV zeigt sich vor allem bei Angestelltenarbeit im Dienstleistungssektor sowie im öffentlichen Dienst: Die Arbeit wird übermäßig verdichtet, also das gleiche Pensum in der verkürzten Zeit abgefordert, oder das Dienstleistungsangebot wird einfach vermindert – die Beschäftigungseffekte bleiben aus. In großen Bereichen waren AZV ein Stimulans zur allfälligen Beseitigung von »Rationalisierungsnischen«; darüber hinaus führten sie zu übermäßigen Arbeitsbelastungen und zu hohem Leistungsdruck. Bei vielen Arbeitnehmern hat dies zu arbeitszeitpolitischer Verdrossenheit geführt: »Arbeitszeitverkürzungen bringen nichts« heißt dann die ebenso einfache wie irreführende Schlußfolgerung. Hier sind komplementär zur AZV betriebliche Personalplanung und mehr betriebliche Mitbestimmung der Betriebs- und Personalräte, aber auch der Beschäftigten am Arbeitsplatz gefordert. Je stärker Dienstleistungsarbeit planmäßig durchrationalisiert worden ist, so darf man vermuten, desto weniger können in Zukunft beschäftigungswirksame AZV durch weitere Arbeitsverdichtung abgewehrt werden. Daher ist bei zukünftigen AZV eher mit einem stärkeren Beschäftigungseffekt zu rechnen.

Ein großes Problem stellt die Frage dar, was *kostenneutrale* AZV in der Praxis sind. Im Grunde kann erst im nachhinein beurteilt werden, welche Kosten wirklich entstehen, nämlich wenn die Tarifvereinbarungen in den Betrieben umgesetzt worden sind. Erst wenn die Beschäftigungs- und Rationalisierungseffekte bekannt sind, weiß man, ob die Vereinbarungen kostenneutral waren. Dies schafft große Unsicherheiten bei beiden Tarifpartnern. Reine Tarifpolitik ist leichter kalkulierbar und dem üblichen Tarifpoker viel leichter zugänglich.

Dies Problem wird noch potenziert, wenn sich Gewerkschaften auf AZV ohne (oder ohne vollen) Lohnausgleich einlassen, dafür aber größere Verkürzungsschritte vereinbaren. Da Beschäftigungsvolumina in den meisten Fällen tarifvertraglich nicht direkt regelbar sind, sondern nur Lohn und Arbeitszeit, besteht für die Gewerkschaften, aber auch für die Unternehmensverbände, Unsicherheit über den vollen Umfang von Leistung und Gegenleistung. Hier sollte überlegt werden, ob Nachbesserungsklauseln im Rahmen späterer Korrekturvereinbarungen abgeschlossen werden können.

Beispielsweise hat es sich für die Gewerkschaften als ungünstig erwiesen, längerfristige Stufenverträge zur Durchsetzung der 35-Stunden-Woche in Verbindung mit Lohnzuwächsen zu vereinbaren, nachdem die durch AZV induzierten Produktivitätssteigerungen größer als erwartet ausfielen und dann auch noch die Konjunktur stärker boomte als zuvor vermutet. So haben diese Vereinbarungen – neben anderen Faktoren – dazu beigetragen, daß die Einkommensverteilung in Schieflage zuungunsten der Löhne geriet[50].

Daß AZV nicht in stärkerem Maße zur Beschäftigungssicherung durchgesetzt wurden, lag nicht nur am Widerstand der Unternehmen, sondern auch an einem Tabu bei den Gewerkschaften: Der »*volle Lohnausgleich*«, meist verstanden als Sicherung der Nominal- oder auch der Reallöhne, sollte nicht in Frage gestellt werden. Demnach steht bei produktivitätsorientierter Arbeitszeitpolitik nur der laufende Produktivitätszuwachs von 2–3 vH jährlich zur Finanzierung der AZV zur Verfügung. Größere Schritte der AZV, die vermutlich beschäftigungswirksamer wären, sind damit aber nicht möglich. Läßt man das Tabu des vollen Lohnausgleichs fallen, dann käme zu dem erwähnten produktivitätsorientierten Verteilungsspielraum noch der durch Lohneinbußen ermöglichte Spielraum hinzu.

Verzichten die Arbeitnehmer beispielsweise auf 10 vH ihres vereinbarten Lohnes und verwenden diesen Verzicht in Verbindung mit der Produktivitätskomponente für AZV, dann liegt der Verteilungsspielraum bei 12–13 vH. Damit könnte lohnstückkostenneutral bei einer angenommenen Beschäftigungswirksamkeit der AZV von 50 vH eine Wochenarbeitszeitverkürzung von etwa 10 Stunden (ca. 25 vH) finanziert werden. Die in dieser Modellrechnung entstehende 28-Stunden-Woche (in den alten Bundesländern) mit einem Beschäftigungseffekt von 2,7 Mio Beschäftigten müßte allerdings bei einer unterstellten Inflationsrate von 4 vH mit einem (Brutto-) Reallohnverlust von etwa 14 vH erkauft werden.

Daß das Prinzip des vollen Lohnausgleichs in den Gewerkschaften eine große Rolle spielt, hat viele nachvollziehbare Gründe. Die unteren Einkommensschichten, die Mehrheit der Gewerkschaftsmitglieder, werden Probleme haben, Verluste bei den Monatseinkommen zu verkraften. So ist bei der Mehrheit der Gewerkschaftsmitglieder die Präferenz für Lohnerhöhungen wohl größer als die für nachhaltige Arbeitszeitverkürzungen. Die Politik der Arbeitszeitverkürzung mit vollem Lohnausgleich nährte bei vielen die Illusion, daß ein Entweder-Oder zwischen Lohn und Freizeit gar nicht existiert, sondern die verkürzte Arbeitszeit zum Lohnzuwachs hinzukomme.

Schließlich wäre, wie erwähnt, die unternehmerische Gegenleistung für den Lohnverzicht in ihrem genauen Umfang unsicher. Unmittelbar spürbar aber ist der – freiwillige – Lohnverzicht. Und sicherlich ist die Solidarität der Gewerkschaften und ihrer Mitglieder mit den Arbeitslosen begrenzt.

Angesichts des Ausmaßes der Arbeitslosigkeit in Deutschland sollten die Gewerkschaften ihr bisheriges Lohnausgleichsprinzip überdenken und neue, konsequentere Modelle der AZV erwägen, die etwa lediglich tariflichen Lohnausgleich für die unteren Lohngruppen vorsehen. Bei den Lehrern in Brandenburg und in anderen neuen Bundesländern, beim Volkswagenwerk sowie im Steinkohlenbergbau wurden erstmals in größerem Umfang AZV ohne vollen Lohnausgleich mit erheblichen Beschäftigungseffekten vereinbart, meist unter dem unmittelbaren Druck andernfalls unvermeidbarer Massenentlassungen. Nachdem die gewerkschaftliche Diskussion nach Abschluß der 35-Stunden-Stufenpläne bei Metall und Druck und im Zuge des Einigungsbooms nahezu verstummt war, finden neue Arbeitszeitmodelle mit viel stärkeren AZV mit teilweisem Einkommensverzicht zunehmend Gehör. Detlef Hensche, der Vorsitzende der IG Medien, hat die wohl weitreichendsten Vorschläge entwickelt[51].

Die tariflichen und tatsächlichen Arbeitszeiten sind in den einzelnen Tarifbereichen in Deutschland recht unterschiedlich[52]. Die durchschnittliche tarifliche Arbeitszeit liegt in Westdeutschland bei 38,1 Stunden, in Ostdeutschland bei 40,1 Stunden. Seitens der IG Metall und der IG Medien (Druckindustrie) wurde bereits die 35-Stunden-Woche in Stufenplänen bis 1995 vereinbart. In der chemischen Industrie wird noch 39 Stunden gearbeitet, wenngleich 37,5 bereits vereinbart sind, und im öffentlichen Dienst trat ein Stillstand bei 38,5 Wochenstunden ein. Der durchschnittliche Jahresurlaub lag 1993 im Westen bei 30,9 Tagen, im Osten bei 28,4 Tagen. Im Durchschnitt wurden in Westdeutschland pro Tag pro Arbeitnehmer 1,35 Überstunden geleistet, im Osten 1,0 Überstunden. Der Anteil der Teilzeitarbeit an allen Beschäftigungsverhältnissen stieg im Westen auf 16,4 vH (Frauen: 36,5 vH), im Osten liegt die Quote dagegen noch bei 9,7 vH (Frauen 19,1 vH).

In der IG Metall wird gefordert, die 35-Stunden-Woche bereits vor 1995 zu realisieren, gegebenenfalls bei Verzicht auf vereinbarte Lohnzuwächse. Bei drohendem Arbeitsplatzabbau, so die Diskussion, sollten per Tarifvertrag die Arbeitgeber verpflichtet werden, reduzierte Arbeitszeiten, Teilzeitarbeit etc. anzubieten, über die die Beschäftigten individuell frei entscheiden können. Bei der Gewerkschaft Handel, Banken und Versicherungen läuft ein Modellversuch, bei dem die Beschäftigten bei einer Regelarbeitszeit von 35 Wochenstunden zwischen 25 und 40 Stunden wählen können – wer kürzer arbeitet, bekommt Lohnabzüge, wer länger, erhält Überstunden gutgeschrieben. Die IG Bergbau und Energie will die 4-Tage-Woche ohne vollen Lohnausgleich im Bergbau realisieren. Einer der gewerkschaftlichen Schrittmacher in der Arbeitszeitpolitik, die IG Metall, hat bislang die Strategie verfolgt, längerfristig mit kollektiven Arbeitszeitvereinbarungen nicht weiter unter die 35-Stunden-Wochen zu gehen, sondern in den nächsten Schritten stärker individuellen Arbeitszeitwünschen einzelner Beschäftigungsgruppen nachzukommen[53]. In Tarifverträgen ist die 35-Stunden-Woche bei IG Metall und IG Medien bis 1998 festgeschrieben. Für Ostdeutschland fordert die IG Metall die 38- bzw. 37-Stunden-Woche. Neuerdings fordert die IG Medien die 30-Stunden-Woche.

Das Spektrum der Meinungen im Arbeitgeberlager ist groß. Manche fordern Arbeitszeitverlängerung, viele sind vorrangig an Arbeitszeitflexibilisierung interessiert und würden dabei auch AZV in Kauf nehmen, andere Unternehmen – und nicht nur kleine Außenseiter – betätigen sich als »Zeitpioniere« und experimentieren mit völlig neuen Arbeitszeitmodellen. Beim Volkswagenwerk wurden mit dem Einstieg in die 4-Tage-Woche ohne Lohnausgleich 30 000 betriebsbedingte Kündigungen für zwei Jahre verhindert. Die von der Bundesregierung im Rahmen der »Standortdebatte« favorisierte *Arbeitszeitverlängerung* ist volkswirtschaftlich schwer nachvollziehbar[54]. Sie zielt offenbar in erster Linie auf Senkung der Lohnstückkosten über den Umweg verlängerter Arbeitszeiten. Wie uneinheitlich die öffentlichen Arbeitgeber handeln, zeigen die beschlossenen Arbeitszeitverlängerungen für Lehrer in den meisten alten Bundesländern und umgekehrt die verkürzten Lehrerarbeitszeiten (ohne Lohnausgleich) in vier neuen Bundesländern. Dort wurde die Entlassung von insgesamt 14 000 Lehrern verhindert[55].

Fest steht, Verbände, Wissenschaft und Öffentlichkeit stehen vor einer neuen Arbeitszeitdebatte – sie wäre angesichts von 6 Millionen Erwerbslosen dringender denn je geboten. Wir möchten dazu die folgenden Vorschläge machen[56]:

— Könnte man in allen Branchen sowie im öffentlichen Dienst

kurzfristig die *tarifliche 35-Stunden-Woche* einführen (zunächst nur in den alten Bundesländern), dann ergäbe sich bei nominalem Lohnausgleich – jeder verdient trotz verkürzter Arbeitszeit das gleiche wie zuvor – eine Mehrbeschäftigung von 1,065 Mio. Personen. Die volkswirtschaftliche Lohnsumme stiege um 5,0 vH. Zur normalen jährlichen Produktivitätssteigerung käme die durch AZV induzierte hinzu, da erfahrungsgemäß die AZV nur zur Hälfte durch Mehrbeschäftigung aufgefangen wird. Eine derartige AZV könnte kostenneutral in relativ kurzer Zeit durchgeführt werden.

– Würden die *tariflichen Wochenarbeitszeiten* in Ostdeutschland von 40 Wochenstunden auf 38 – den derzeitigen westlichen Stand – gesenkt, dann würden unter den gleichen Annahmen wie in Westdeutschland 150 000 Arbeitnehmer zusätzlich eingestellt. Bei vollem nominalen Lohnausgleich würden die Lohnkosten in den neuen Bundesländern um nicht mehr als 3 vH ansteigen. Die 35-Stunden-Woche brächte in Ostdeutschland 418 000 Neueinstellungen mit einer Lohnkostensteigerung bei vollem Lohnausgleich von 8,3 vH. Allerdings sind die Beschäftigungseffekte in Ostdeutschland relativ ungewiß, da nicht genau bekannt ist, wie stark die vorhandenen Belegschaften ausgelastet und Produktivitätssteigerungen durchsetzbar sind.

– Das Ausmaß der *Überstunden* in Westdeutschland entspricht einem Arbeitskräfteäquivalent von 725 000, in Ostdeutschland von 120 000. Könnte durch ein verändertes Arbeitszeitgesetz oder durch Einsprüche der Betriebsräte durchgesetzt werden, daß die Hälfte der Mehrarbeit durch Freizeit abgegolten werden muß und der dadurch entstehende Arbeitsausfall zu zwei Dritteln durch Neueinstellungen aufgefangen wird, dann entstünde in den westlichen Bundesländern ein Beschäftigungseffekt von 483 000, in den östlichen von 80 000. Die betriebliche Beschäftigungsflexibilität bliebe ungeschmälert. Für die Unternehmen entstünden Kostenvorteile.

– H. Seifert vom Wirtschafts- und sozialwissenschaftlichen Institut des DGB schlägt vor, die von den Unternehmen geleisteten hohen Geldzuschläge für Wochenend- und Nachtarbeit (teilweise) in *Freizeitausgleich* umzuwandeln[57]. 1991 arbeiteten 33,9 vH der Beschäftigten samstags, 16,6 vH sonntags und 13,1 vH nachts (alte Bundesländer). Bei vollem Freizeitausgleich entstünde eine Nachfrage nach 600 000 zusätzlichen Arbeitskräften in Westdeutschland, in Ostdeutschland wären es 140 000.

– In einzelnen Branchen, auch in einzelnen Betrieben, könnten

– ähnlich wie beim Volkswagenwerk – AZV in großen Schritten *kostenneutral mit Lohnabschlägen* durchgeführt werden. Der volle Lohnausgleich ließe sich dabei auch auf die unteren Lohngruppen beschränken, indem hierfür der Verteilungsspielraum, bestehend aus dem jährlichen Produktivitätszuwachs einschließlich dem induzierten Produktivitätszuwachs, sowie eingesparte Sozialplanmittel verwendet werden[58]. Ergänzend könnte auch vorübergehend Kurzarbeitergeld hierfür eingesetzt werden, eventuell auch spezielle Lohnsubventionen für AZV (siehe unten und *Kapitel 8.5*). Regelungen ohne Lohnausgleich können auch vorübergehend nur für einen vereinbarten Zeitraum, also reversibel, abgeschlossen werden. Allerdings sollten sie nicht an die Stelle von Kurzarbeit treten.

– Durch ein neues *Vorruhestandsgesetz* könnte man an die Regelung von 1984, die bis 1988 befristet wurde, anknüpfen[59]. Damals wurde Arbeitnehmern ab 58 Jahren die Möglichkeit zum Vorruhestand gegeben, wenn ein entsprechender Tarifvertag bzw. die Bereitschaft des Arbeitgebers bestand. 70 vH der Arbeitnehmer, die die Möglichkeit dazu hatten, nahmen den Vorruhestand in Anspruch (bis Ende 1987 140 000), und die Wiederbesetzungsquote bei den Arbeitsplätzen wird auf 50 vH geschätzt. Für den öffentlichen Dienst kam eine Vorruhestandsregelung damals nicht zustande. Sie könnte hier weitgehend kostenneutral sein.

– Es sollten Möglichkeiten für individuelle AZV *ohne vollen Lohnausgleich* angeboten werden, und zwar in den verschiedensten Formen (»optionale Arbeitszeitverkürzungen«). Wenn attraktive Konditionen geboten und Vorsorge gegen eventuelle Nachteile getroffen wird, dürfte mit großer Inanspruchnahme gerechnet werden. Dadurch entsteht Nachfrage nach Ersatzarbeitskräften. In Frage kommen vor allem die folgenden Varianten:

- *Teilzeitarbeitsplätze* mit individuell wählbaren Wochenarbeitszeiten könnten in großem Umfang angeboten werden. Möglicherweise ließe sich ein Recht auf Teilzeitarbeit in Verbindung mit einem Rückkehrrecht auf Vollzeit tarifvertraglich vereinbaren. Eventuell könnten Ausgleichszahlungen zur Verminderung rentenrechtlicher Einbußen gewährt werden. Diskriminierung von Teilzeit-Arbeitenden, übermäßige Leistungsverdichtung und andere Nachteile müßten allerdings abgebaut werden[59a]. Anfang der 80er Jahre wurde in Westdeutschland das Potential an teilbaren Vollzeitarbeitsplätzen auf 1,1 Mio. geschätzt[60]. Um in Ostdeutschland die wesentlich höhere West-Teilzeitquote zu erreichen, müßten zusätzlich rund 400 000 Teilzeit-Arbeitsplätze geschaffen werden. Tatsächlich existiert in dieser Größenordnung auch eine potentielle Nachfrage nach derartigen Arbeitsplätzen[61].

• Durch tarifliche oder gesetzliche Verbesserungen beim *Elternurlaub* ließe sich Erwerbsarbeit und Kindererziehung für beide Geschlechter besser vereinbaren. Dies muß nicht unbedingt auf vollständige Arbeitsunterbrechung hinauslaufen, sondern kann auch als variable Teilzeitarbeit mit Zeitkonten organisiert werden. Bei wahlweiser Vollfreistellung sollte das Arbeitsverhältnis ruhen[62]. Elternurlaub sollte nicht nur – wie der gesetzliche Erziehungsurlaub – auf die ersten drei Jahre nach der Geburt eines Kindes beschränkt werden. Wesentliche Fortschritte in diesem Bereich werden aber sicherlich nur erreicht, wenn auch die Einkommenssicherung in der Phase des Elternurlaubs verbessert wird.

Hier könnte eine staatliche bedarfsorientierte und damit einkommensabhängige Mindestsicherung greifen oder aber eine tarifvertragliche Regelung, mit der ein *Fonds* für Elternurlaubsgeld finanziert wird. In dem Maße, wie Elternurlaub in Anspruch genommen wird, können zusätzliche Arbeitskräfte eingestellt werden. Es ist schwer einzusehen, daß aus arbeitsmarktpolitischen Gründen Vorruhestand durch staatliche Zuschüsse subventioniert wird (wenigstens zeitweise), aber Minderarbeit oder Arbeitsunterbrechung aus Erziehungsgründen nicht. Zumindest das arbeitsmarktpolitische Argument gilt für beide Fälle.

• Durch Förderung von *Langzeit-Urlaub* (»Sabbaticals«) aufgrund tarifvertraglicher Regelungen könnte auf freiwilliger Basis das Arbeitsverhältnis für einen bestimmten Zeitraum, etwa 3–12 Monate, ruhen. Dieser Langzeit-Urlaub kann bei vollständigem Einkommensausfall oder bei Garantie eines Mindesteinkommens in Anspruch genommen werden. Nur in diesem Fall wäre mit größerer Akzeptanz bei den Beschäftigten zu rechnen, wodurch der arbeitsmarktpolitische Stellenwert stiege. Zu diesem Zweck müßte ein tarifvertraglich geregelter »Sabbat-Fonds« gebildet werden. Die Finanzierung dieses Fonds – wie auch des erwähnten Fonds für Elternurlaub – wäre dann Bestandteil der tarifpolitischen Verhandlungsmasse. Langzeit-Urlaub könnte für die verschiedensten individuell bestimmten Ziele verwendet werden: Weiterbildung, gesundheitliche Erholungsphase nach längerer Erwerbstätigkeit, gesellschaftliches Engagement, Reisen etc.

Auch aus betrieblicher Sicht wäre er von nicht zu unterschätzender Bedeutung: Die Entwertung technisch-wissenschaftlichen Wissens durch Innovationen beschleunigt sich, immer seltener reicht eine berufliche Erstausbildung für das gesamte Erwerbsleben aus; angesichts der raschen »Vergreisung« der Alterspyramide der Erwerbstätigen in den nächsten Jahren sind weitaus mehr Weiterbildungsaktivitäten als in der Vergangenheit erforderlich. Höhere Leistungsanforderungen, Arbeitsverdichtung und Streßzunahme in der Arbeitswelt können zu merklichem Leistungsabfall nach längeren Erwerbsphasen führen, was sich unter anderem in höherer Streßempfindlichkeit, mangelnder Flexibilität und Belastbarkeit sowie in Motivationsmangel bemerkbar machen kann. Nicht nur bei Managern läßt sich der heimliche Wunsch nach befristetem Ausstieg aus dem Erwerbsleben feststellen.

— Generell ist es arbeitsmarktpolitisch sinnvoll, beschäftigungssichernde AZV mit *kostenneutralen Lohnsubventionen* zu fördern. Kostenneutralität bedeutet, daß die Lohnsubventionen die fiskalischen Kosten der andernfalls entstehenden bzw. weiter bestehenden Arbeitslosigkeit nicht überschreiten dürfen. Wenn die Zahlung von Kurzarbeitergeld arbeitsmarktpolitisch sinnvoll ist, dann gilt dies auch für andere Formen der AZV. Analog zum § 249 h AFG (siehe *Kapitel 8.5*) sollte ein neues arbeitsmarktpolitisches Instrument geschaffen werden. Lohnsubventionen, die befristet sein müßten, sollten insbesondere dann gewährt werden, wenn infolge von AZV Arbeitslose eingestellt werden[63]. Allerdings muß Vorsorge gegen Mitnehmereffekte getroffen werden.

Die vorgeschlagenen AZV wurden hier nur unter beschäftigungspolitischen Gesichtspunkten diskutiert. Darüber hinaus öffnen sie die Perspektiven für – letztlich mindestens ebenso wichtige – *gesellschaftliche Veränderungen*, die freilich nicht automatisch eintreten, aber doch ermöglicht werden: Bessere Vereinbarkeit von Erwerbsarbeit und »informeller« Arbeit im Haushalt, in der Familie und der Gesellschaft, und zwar für *alle* – Erwerbstätige und Arbeitslose, Frauen und Männer; Zurückdrängung und Begrenzung von unternehmerischen Verwertungsansprüchen an die abhängigen Arbeitskräfte; mehr selbstbestimmte Zeit im Leben und damit letztlich mehr Raum für die Entfaltung der Persönlichkeit. So gesehen sind Arbeitszeitverkürzungen in Verbindung mit Bemühungen, die neu gewonnene Zeit sinnstiftend zu nutzen, ein wichtiges Stück Gesellschaftsreform.

Anmerkungen

1 Für das 4. Quartal 1993 ermittelte der Sachverständigenrat für die alten Bundesländer 746 000 Personen in arbeitsmarktpolitischen Maßnahmen (Vollzeitäquivalent von Kurzarbeit, Arbeitsbeschaffungsmaßnahmen, Fortbildung und Umschulung, Leistungsempfänger nach § 105 AFG, Teilnehmer an Deutsch-Sprachlehrgängen, Empfänger von Vorruhestands- und Altersübergangsgeld). In Ostdeutschland waren es im gleichen Zeitraum 1,406 Mio. Personen. Hinzu kamen 2,276 Mio. registrierte Arbeitslose im Westen und 1,205 Mio. im Osten. Zusammen ergab dies – in der Terminologie des Rates – eine offene und verdeckte Arbeitslosigkeit von 5,748 Mio. Personen. Vgl. Sachverständigenrat zur Begutachtung der gesamtwirtschaftlichen Entwicklung, Jahresgutachten 1993/94, Tabelle 30. Im Jahre 1994 wird die Zahl über 6 Mio. steigen.

2 Berechnet nach Sachverständigenrat zur Begutachtung der gesamtwirtschaftlichen Entwicklung, Jahresgutachten 1993/94, *Tab. 26.*

3 Vgl. die Angaben bei Ch. Bergmann, Initiative für einen öffentlich geförderten Beschäftigungssektor (Zweiten Arbeitsmarkt). In: WSI-Mitteilungen, Heft 10/1993, S. 679.

4 Vgl. R. Zwiener, Verteilungsprobleme in Westdeutschland. In: *DIW-Wochenbericht* 31/93, S. 503.

5 K.-D. Schmidt, Investitions- oder Beschäftigungsförderung: Wie viele Arbeitsplätze schafft der Markt? In: *Sozialer Fortschritt*, Heft 8/1993, S. 184 f.

6 »Konjunkturbedinge Steuermindereinnahmen sind hinzunehmen. Sie dürfen jedoch nicht zum Vorwand genommen werden, um auf Dauer hohe Defizite zu rechtfertigen.« (Jahresgutachten 1992/93, Ziffer 335) Im Jahresgutachten 1993/94 plädieren die Sachverständigen jedoch für Konsolidierung trotz Rezession.

7 G. Rexrodt, Initiative für mehr Investitionen, Wachstum und Beschäftigung. In: *Wirtschaftsdienst*, Heft VII/1993, S. 339 ff.

8 J. Tobin, Thinking Straight About Fiscal Stimulus und Deficit Reduction. In: Challenge, March–April 1993, S. 15 (eigene Übersetzung).

9 Vgl. ausführlich: R. Hickel, J. Priewe, Finanzpolitik für Arbeit und Umwelt, Köln 1989, S. 168.

10 Vgl. dazu die Kritik des Deutschen Institutes für Wirtschaftsforschung an der Konsolidierungspolitik der Bundesregierung im Jahre 1993: Arbeitsgruppe öffentlicher Sektor, Sparhaushalt nicht konjunkturgerecht, in: *DIW-Wochenbericht* 26–27/93, S. 375 ff.

11 Ebenda, S. 168 ff.

12 Vgl. auch J. Kromphardt, Zur Ausgestaltung einer zeitgemäßen Globalsteuerung. In: *WSI-Mitteilungen*, Heft 7/1993, S. 409 ff.

12a Vgl. die Forderungen des DGB: Informationen zur Wirtschafts- und Strukturpolitik 9/93 vom 7. 6. 1993.

13 Vgl. J. Priewe, Ökologische Wachstumskritik. In: E. Stratmann, R. Hickel, J. Priewe (Hg.), Wachstum – Abschied von einem Dogma, Kontroverse über eine ökologisch-soziale Wirtschaftspolitik, Frankfurt/M. 1991, S. 141 ff.

14 Vgl. F. Meyer-Krahmer, Elemente einer künftigen Technologiepolitik. In: *Wirtschaftsdienst*, Heft 11/1993, S. 560.

15 Vgl. etwa das »Zeitgespräch« zum Thema »Deutschlands Zukunft als Standort der Automobilindustrie« mit Beiträgen von A. Diekmann, P.-R. Puf und H. Berg, in: *Wirtschaftsdienst*, Heft 10/1993, S. 507 ff.

16 Vgl. etwa E. Staudt, Innovation im Konsens ist Nonsens! In: *Wirtschaftsdienst*, Heft 11/1993, S. 563 ff.; D. Keller, Ch. Kreienbaum, Neue technologiepolitische Rezepte sind gefragt. In: *Wirtschaftsdienst*, Heft 11/1993, S. 568 ff.; G. Bletschacher, H. Klodt, Braucht Europa eine neue Industriepolitik? *Kieler Diskussionsbeiträge* Nr. 177, Kiel 1991; H. Siebert, Standortwettbewerb – nicht Industriepolitik, in: *Die Weltwirtschaft*, Heft 4/1992, S. 409 ff.

16a Vgl. G. Bletschacher, H. Klodt, Strategische Handels- und Industriepolitik, Tübingen 1992; H.-H. Härtel u. a., Neue Industriepolitik oder Stärkung der Marktkräfte? Strukturpolitische Konzeptionen im internationalen Vergleich, Hamburg 1986.

17 Vgl. etwa K. Seitz, Die japanisch-amerikanische Herausforderung. Deutschlands Hochtechnologie-Industrien kämpfen ums Überleben, 2. Auflage, Bonn 1991; F. Meyer-Krahmer, Innovationsökonomie und Technologiepolitik, Heidelberg 1993; U. Steger (Hg.), Industriepolitik. Eine Antwort auf die japanische Herausforderung? Frankfurt/M. 1993.

18 Oligopole sind Marktformen, in denen wenige Großunternehmen eingeschränkt konkurrieren. Es sind die dominierenden Formen des Wettbewerbs in entwickelten Marktwirtschaften.

19 K. Seitz kommentiert beispielsweise die japanische Telekommunikationsgesellschaft NTT treffend: »Nach bewährter japanischer Methode wartet [sie] nicht auf die Nachfrage, sondern schafft sie.« (Die japanisch-amerikanische Herausforderung, a.a.O., S. 88). – Auch etwa für die Entwicklungsgeschichte der bundesdeutschen Kerntechnik läßt sich nachweisen, daß sie nicht eine Reaktion auf vorhandene Nachfrage war, sondern Ergebnis von Unternehmensstrategien, die nach neuen Betätigungsfeldern Ausschau hielten. Vgl. J. Radkau, Aufstieg und Krise der deutschen Atomwirtschaft 1945–1975, Reinbek 1983, S. 33.

20 Vgl. u. a. F. Meyer-Krahmer, Elemente einer künftigen Technologiepolitik, a.a.O., S. 559 ff.; *Jahrbuch Arbeit und Technik* 1992, Schwerpunktthema: Industriepolitik, Bonn 1992; W. Fricke (Hg.), Industriepolitik in Europa: Zukunftssicherung durch Förderung von Hochtechnologien? Friedrich-Ebert-Stiftung, Bonn 1992; U. Dolata, Weltmarktorientierte Modernisierung. Die ökonomische Regulierung des wissenschaftlich-technischen Umbruchs in der Bundesrepublik, Frankfurt/M. 1992.

21 Vgl. J. Blazejczak, M. Gornig, Bedeutung des Umweltschutzes für die Beschäftigung in Deutschland. Ausblick auf das Jahr 2000. In: *DIW-Wochenbericht* 48/93, S. 699.

22 Vgl. K. Seitz, Für eine Hochtechnologiepolitik der Bundesregierung, in: *Wirtschaftsdienst*, Heft 5/1992, S. 231 ff.

23 Vgl. U. Dolata, Weltmarktorientierte Modernisierung, a.a.O., S. 364.

24 Das GATT ist das Allgemeine Zoll- und Handelsabkommen, das auf den Abbau internationaler Handelsbeschränkungen abzielt.

25 *Neue Zeit* vom 9. 3. 1993.

26 F. Naschold, Wirtschafts- und Wissenschaftsstandort Berlin, Wissenschaftszentrum Berlin, hekt. Manuskript, o. J., S. 19.

27 Ähnliche Überlegungen finden sich auch bei: D. Nolte u. a., Ein Aufbauprogramm für Ostdeutschland, in: *WSI-Mitteilungen*, Heft 10/1993, S. 635 ff., und: Arbeitsgruppe Alternative Wirtschaftspolitik, Memorandum '93, Köln 1993.

28 Vgl. K. Hornschild, Zur Situation der außeruniversitären und industriellen Forschung in den neuen Bundesländern, in: *DIW-Wochenbericht* 44/93, S. 643 ff.; H. Belitz u. a., Perspektiven der Forschung in der chemischen Industrie im Raum Halle, in: *DIW-Wochenbericht* 15/93, S. 187 ff.; H. Berteit, Bedingungen der Wiederbelebung. Zur Entwicklung der industrienahen Forschung in Ostdeutschland. In: *Forum Wissenschaft*, Heft 4/1993, S. 37 ff.; Sachverständigenrat zur Begutachtung der gesamtwirtschaftlichen Entwicklung, Jahresgutachten 1993/94, Wiesbaden 1993, Ziffer 420.

29 Beispielsweise haben die führenden westdeutschen Kühlschrankhersteller versucht, den Marktzutritt des umweltfreundlichen Kühlschrankherstellers aus Scharfenstein zu verhindern; der Verband Gesamttextil hat den Bundeswirtschaftsminister aufgefordert, Textilforschungseinrichtungen in Ostdeutschland nicht zu fördern. Vgl. H. Berteit, Bedingungen der Wiederbelebung, a.a.O., S. 40.

30 Institut für Wirtschaftsforschung Halle, Deutschland 1993 und 1994: Gegenläufigkeiten zwischen Ost und West, Herbstgutachten 1993, Halle/Berlin 1993, S. 107.

31 Vgl. R. Hamm, P. Klemmer, Neue regionalwirtschaftliche Problemlagen im vereinten Deutschland und der Beitrag ausgewählter Fachpolitiken zu ihrer Lösung – eine klassifizierende Übersicht. In: *RWI-Mitteilungen*, Heft 2, S. 125.

32 Siehe auch: R. Budde u. a., Übertragung regionalpolitischer Konzepte auf Ostdeutschland, Essen 1991.

33 Siehe 22. Rahmenplan der Gemeinschaftsaufgabe »Verbesserung der regionalen Wirtschaftsstruktur« für den Zeitraum 1993 bis 1996 (1997), *Bundestags-Drucksache* 12/4850, S. 13.

34 Vgl. die Vorschläge der Arbeitsgruppe Alternative Wirtschaftspolitik Memorandum '92, Köln 1992, S. 136 f.; J. Priewe, Von der Deindustrialisierung zum wirtschaftlichen Wiederaufbau Ostdeutschlands – alternative wirtschaftspolitische Überlegungen. In: R. Neubäumer (Hg.), Arbeitsmarktpolitik kontrovers, Darmstadt 1993, S. 297 ff.

35 Vgl. o. V.: Mehrwertsteuer-Präferenz-Ost: Gezielte Hilfe im Preiswettbewerb. In: *Informationsdienst des Instituts der deutschen Wirtschaft* 18 (1992) vom 19. 11. 1992, S. 8. – Siehe auch Sachverständigenrat zur Begutachtung der gesamtwirtschaftlichen Entwicklung, Jahresgutachten 1992/93, Bonn 1992, Ziffern 307-8.

36 Siehe K. Lichtblau, Privatisierungs- und Sanierungsarbeit der Treuhandanstalt, Köln 1993, S. 79 ff.

37 Vgl. J. Kühl, Aspekte des »Zweiten Arbeitsmarktes«. In: arbeit und beruf, Heft 4/1993, S. 111 ff., derselbe, Beschäftigungskreativität zwischen Staat und Wirtschaft. In: *arbeit und beruf*, Heft 8/1993, S. 230 ff.

38 Vgl. M. Kaiser, M. Otto, Was ABS-Gesellschaften bisher geleistet haben. In: *IAB-Werkstattbericht* Nr. 13 vom 21. 7. 1993.

39 Sachverständigenrat zur Begutachtung der gesamtwirtschaftlichen Entwicklung, Jahresgutachten 1993/94, Wiesbaden 1993, Tab. 30.

40 Ch. Bergmann, Initiative für einen öffentlich geförderten Beschäftigungssektor (Zweiten Arbeitsmarkt). In: *WSI-Mitteilungen*, Heft 10/1993, S. 682 ff. – Gelegentlich werden noch Multiplikatoreffekte hinzugerechnet, so daß eine gesamtfiskalisch volle Selbstfinanzierung rechnerisch erreicht wird. Multiplikatoreffekte würden freilich auch bei anderer Verwendung der Mittel eintreten, so daß sie nicht als zusätzliche Effekte bewertet werden dürfen.

41 Vgl. u. a. Chr. Bergmann, Initiative, a.a.O.; Antrag von SPD-Bundestagsabgeordneten auf »Ablösung des Arbeitsförderungsgesetzes durch ein Arbeits- und Strukturförderungsgesetz«, *Bundestags-Drucksache* 12/4294 vom 5. 2. 1993; F. Buttler, Ein zweiter Arbeitsmarkt ist unverzichtbar, in: Wirtschaftsdienst, Heft 6/1993, S. 283 ff. Neue Herausforderungen für die Arbeitsmarktpolitik. Kritische Bilanz des AFG und Thesen zu seiner Reform. Hekt. Manuskript, o. O., o. J., D. Bogai u. a., Arbeitsplatzförderung statt Lohnersatz. *IAB-Werkstattbericht* Nr. 7/1992; Ch. Müller, Auswege aus der Beschäftigungskrise. In: Jahrbuch für Arbeit und Technik 1993, Bonn 1993, S. 38 ff.

42 Vgl. die Überlegungen und Vorschläge für Lohnkostensubventionen in Ostdeutschland: R. Hickel, J. Priewe, Lohnsubventionen für den Osten. In: *die tageszeitung* vom 17. 11. 1992. – Siehe auch R. Bispinck, J. Priewe, Tarifpolitik in Ostdeutschland: Schnelle Lohnanpassung, Lohnzurückhaltung oder Lohnkostensubventionen? In: D. Nolte, H. Tofaute (Hg.), »Kahlschlag verhindern – industrielle Kerne erhalten«. *WSI-Materialien* Nr. 36, Düsseldorf 1993, S. 62 f.

43 Vgl. die Vorschläge von F. W. Scharpf, R. Schettkat, Arbeitszeitverkürzungen als flankierendes Instrument einer wachstumsorientierten Beschäftigungspolitik. In: H.-J. Krupp, B. Rohwer, K. W. Rothschild (Hg.), Wege zur Vollbeschäftigung, 2. Auflage, Freiburg 1987, S. 268 ff.; F. Maier, R. Schettkat, Beschäftigungspotentiale der Arbeitszeitpolitik, in: *Aus Politik und Zeitgeschichte* 3/90, S. 40.

44 Vgl. die Argumente bei W. Adamy, G. Bosch, M. Knuth, Arbeitsmarkt. In: M. Kittler (Hg.), Gewerkschaftsjahrbuch 1993, Köln 1993, S. 363 ff.

45 Vgl. Sachverständigenrat zur Begutachtung der gesamtwirtschaftlichen Entwicklung, Jahresgutachten 1993/94, a.a.O., Tab. 30.

46 Dabei wird unterstellt, daß die Arbeitszeitverkürzung voll beschäftigungswirksam wird. Die Ergebnisse beruhen auf den Basisdaten bei E. Spitznagel, Beschäftigungsförderung durch Veränderung der Arbeitszeitstruktur – eine wenig beachtete Option. In: *IAB-Werkstattbericht* Nr. 11 v. 25. 6. 1993, S. 6.

47 Vgl. die Beiträge von H. Seifert, R. Zwiener und J. Kromphardt in: P. Hampe, Zwischenbilanz der Arbeitszeitverkürzung, München 1993.

48 Vgl. R. Zwiener, Verteilungsprobleme in Westdeutschland. In: *DIW-Wochenbericht* 31/93 vom 16. 9. 1993, S. 501 ff.

49 Vgl. die Beiträge von J. Husmann/E. Neifer-Dichmann, R. Geer und H. K. Schneider in: P. Hampe (Hg.), Zwischenbilanz, a.a.O.

50 Vgl. R. Zwiener, Verteilungsprobleme, a.a.O., S. 502 ff.

51 Vgl. D. Hensche, Arbeit teilen? Für eine beschäftigungspolitische Offensive – Vorschläge zur Diskussion. In: *IG Medien Forum*, Heft 11/1993, S. 6 ff., ders., Arbeitszeit – ein unzeitgemäßes Thema? In: *Jahrbuch Arbeit und Technik*, 1993, Bonn 1993, S. 189 ff.

52 Vgl. R. Bispinck, Tarifpolitik und Arbeitskämpfe. In: M. Kittner (Hg.), Gewerkschaftsjahrbuch 1993, Köln 1993, S. 166 ff., E. Spitznagel, Beschäftigungsförderung, a.a.O., S. 6, H. Kohler, Jahresarbeitszeit und Arbeitsvolumen sowie ihre Komponenten. *IAB-Werkstattbericht* Nr. 17 vom 23. 8. 1993, S. 9.

53 Vgl. K. Lang, Gewerkschaftliche Arbeitszeitpolitik – 35-Stunden-Woche und was danach? In: H. Seifert (Hg.), Jenseits der Normalarbeitszeit. Perspektiven für eine bedürfnisgerechte Arbeitszeitgestaltung. Köln 1993, S. 264 ff.

54 Vgl. auch E. Spitznagel, H. Kohler, Kann Arbeitszeitverlängerung zur Lösung der Arbeitsmarktprobleme beitragen? *IAB-Werkstattbericht* Nr. 14 vom 26. 7. 1993.

55 Vgl. H. Seifert, Arbeitszeitverkürzungen neu diskutiert. In: *WSI-Mitteilungen*, Heft 11/1993, S. 748.

56 Die folgenden Modellrechnungen beruhen – soweit nicht gesondert angeführt – auf eigenen Berechnungen mit Datenmaterial aus den in Fußnoten 52 und 54 genannten Literaturquellen.

57 H. Seifert, Arbeitszeitverkürzungen, a.a.O., S. 749.

58 Vgl. auch K. Schuldt, Gerechte(re) Umverteilung der Arbeit durch drastische Arbeitszeitverkürzungen – mehr als ein Rechenexempel? In: *Memo-Forum*, Heft 20/1993, S. 74 ff.

59 Vgl. V. Meinhard, R. Zwiener, Vorruhestandsregelung sollte verlängert werden. In: *DIW-Wochenberichte* 4/88.

59a Vgl. G. Bäcker, B. Stolz-Willig, Teilzeitarbeit – Probleme und Gestaltungschancen. In: *WSI-Mitteilungen*, Heft 9/1993, S. 545 ff.

60 B. Hof, T. Vajna, Arbeitzeitpolitik in der Bundesrepublik Deutschland. Köln 1983.

61 Vgl. E. Spitznagel, Beschäftigungsförderung, a.a.O., S. 7.

62 Vgl. B. Stolz-Willig, Wandel in Familien und Partnerschaften und Arbeitszeitpolitik. In: H. Seifert (Hg.), Jenseits der Normalarbeitszeit, a.a.O., S. 209 ff.

63 Vgl. auch die Vorschläge von F. Maier, R. Schettkat, Beschäftigungspotentiale der Arbeitszeitpolitik, in: *Aus Politik und Zeitgeschichte* 3/90, S. 44.

Die Autoren

Rudolf Hickel, geb. 1942; Promotion; Professor für Politische Ökonomie und Finanzwissenschaft im Studiengang Wirtschaftswissenschaft der Universität Bremen; Mitglied der Arbeitsgruppe Alternative Wirtschaftspolitik; zahlreiche Publikationen zur Wirtschafts- und Finanzpolitik sowie zum Aufbau der fünf neuen Bundesländer und zum ökologischen Umbau; beispielsweise zusammen mit Jan Priewe, Finanzpolitik für Arbeit und Umwelt, Köln 1989. Mitautor einer Studie für den Senat von Rostock zur kommunalen Wirtschaftspolitik, 1991 zusammen mit Jan Priewe: »Der Preis der Einheit. Bilanz und Perspektiven der deutschen Vereinigung.« (Fischer Taschenbuch Verlag, Nr. 11272, 1991.)

Jan Priewe, geb. 1949 in Itzehoe; Studium der Volkswirtschaft und Soziologie in Konstanz und Marburg. 1982–93 Professor für Volkswirtschaftslehre an der Fachhochschule Darmstadt, seit 1993 an der Fachhochschule für Technik und Wirtschaft Berlin. Arbeitsgebiete: Makroökonomische Theorie, vor allem der Beschäftigung und des Arbeitsmarktes, Umweltökonomie, Wirtschaftspolitik. Zahlreiche Veröffentlichungen, zuletzt mit Rudolf Hickel: »Der Preis der Einheit. Bilanz und Perspektiven der deutschen Vereinigung.« (Fischer Taschenbuch Verlag, Nr. 11272, 1991.)